VÖGEL

K. HUDEC

VÖGEL

beobachten
und
bestimmen

VERLAG
WERNER DAUSIEN
HANAU

Verzeichnis der Fotografen
(die Zahlen in den Klammern geben die Seite an, auf der sich die Fotografie befindet):

J. Anderle (131, 266)
F. Balát (32, 33, 86, 114, 115, 117)
J. Bohdal (30, 65, 84, 112, 182, 214, 224)
G. Gagnucci, Panda photo (99, 211, 231)
J. Formánek (151, 168, 171, 177, 247, 271, 283)
Š. Harvančík (78, 92, 136, 181, 190, 206, 239, 242, 245)
L. Hauser (48, 49, 58, 59, 109, 134, 222, 237, 262)
J. Hlásek (34, 75, 76, 79, 80, 83, 105, 107, 122, 123, 159, 175, 198, 202, 217, 223, 234, 254, 267, 272, 273)
L. Hlásek (35, 50, 54, 60, 64, 72, 82, 85, 87, 89, 90, 100, 130, 132, 135, 143, 150, 156, 157, 158, 176, 185, 187, 192, 193, 199, 200, 201, 208, 212, 225, 230, 235, 246, 249, 261, 265, 278, 279)
P. Macháček (27, 28, 31, 36, 38, 42, 44, 45, 46, 47, 77, 88, 93, 95, 96, 98, 101, 103, 106, 111, 113, 126, 152, 160, 170, 186, 189, 197, 203, 210, 213, 215, 226, 270, 274, 277)
P. Pavlík (40, 62, 63, 66, 67, 69, 70, 74, 110, 124, 128, 129, 133, 137, 139, 140, 141, 142, 144, 145, 146, 147, 153, 154, 155, 162, 163, 164, 165, 166, 167, 169, 172, 173, 174, 178, 180, 184, 188, 191, 195, 196, 204, 205, 207, 209, 216, 219, 220, 227, 228, 229, 232, 233, 236, 238, 240, 241, 243, 244, 248, 256, 257, 258, 260, 268, 269, 276, 280, 281, 282)
A. Petretti, Panda photo (104, 116)
P. Podpěra (194, 264)
V. Podpěra (108, 138)
H. Scheufler (81, 91)
E. Studnička (52, 55, 56, 68, 94, 120, 127, 218, 253, 255)
J. Ševčík (26, 39, 41, 57, 61, 71, 97, 102)
M. Zelinka (179)
J. Zumr (73, 252, 259)

VÖGEL beobachten und bestimmen
Text von Dr. Karel Hudec
Illustrationen von Jan Dungel und Miloš Váňa
Landkarten von Zdeněk Hedánek
Graphische Gestaltung von Pavel Helísek
Ins Deutsche übertragen von Jürgen Ostmeyer

VERLAG WERNER DAUSIEN · HANAU/MAIN
ISBN 3-7684-2271-2
3/07/19/52-01

Inhalt

Vogelbestimmung in der Natur 6
Größe 6
Gestalt 6
Färbung 9
Stimme 11
Bewegung 11
Nisten und Brüten 13
Nahrung 15
Tagesaktivität 15
Lebensraum 16
Zahlenstärke 16
Jahresperiodizität des Vorkommens 17
Beobachtung und Kartierung 17
Bedeutung und Schutz 19
Methodische Anleitung 21
Bildteil 23
Wasservögel 25
Greifvögel und Eulen 119
Singvögel 149
Vögel der offenen Landschaften, Felsen und Wälder 251
Literatur 285
Register der deutschen Namen 287
Register der lateinischen Namen 292

Vogelbestimmung in der Natur

In Wäldern und Wiesen, in Parks und Gärten, sogar mitten in der Stadt begegnet man täglich einer Vielzahl von Vogelarten. Der aufmerksame Beobachter wird manche Art immer wieder entdecken, ihre Stimme erkennen und bald auch ihren Namen wissen wollen. Hier setzt dieses Buch an. Die Beschreibung der Vögel hebt besonders die Merkmale hervor, die in der Natur auch bei einer flüchtigen Begegnung leicht festzustellen sind, ebenso die häufigste Stimmäußerung und die Verhaltensweisen, die besonders typisch sind. Daneben findet man Angaben darüber, wann und wie man die einzelnen Vogelarten in der Natur aufspüren kann. Diese Fragen sind für Naturfreunde und beginnende Ornithologen von erstrangiger Bedeutung. Sehr wichtig sind sie auch für die in immer breiterem Umfang betriebenen systematischen Feststellungen und vor allem Kartierungen des Artenvorkommens. Jeder Feldornithologe weiß, daß sich manche Vogelarten in der Natur immer und gut feststellen lassen, einige leicht in der Brutzeit, aber schwierig außerhalb, andere genau umgekehrt, und daß man das Vorkommen gewisser Arten überhaupt nicht planmäßig feststellen kann. Darüber hinaus weiß er auch, daß die Angaben für die Suche nach Nest oder Vogel in Mitteleuropa woanders nicht unbedingt zutreffen.

Über die genaue und rasche Bestimmung (Determination) eines Vogels entscheiden richtig gewählte Merkmale in der Rangfolge ihrer Wichtigkeit. Diese können sich natürlich im Lauf des Jahres ändern. So ist z.B. die Stimme bei manchen Arten ganzjährig das ausschlaggebende Bestimmungsmerkmal, bei anderen nur während der Brutzeit. Dies gilt auch für die Färbung im ganzen oder einzelner Körperteile, und sogar morphologische Merkmale können sich wandeln, z.B. Vorhandensein oder Größe einer Holle.

Selbstverständlich hängen Auswahl und Rangfolge der Bestimmungsmerkmale von den Kenntnissen des Beobachters ab. Mit zunehmender Erfahrung vereinfacht sich diese Auswahl und es kommen zwei weitere, häufig ausschlaggebende Merkmale hinzu: Umgebung und Zeit des Vorkommens. Während die Zeit im Jahresablauf vor allem von der geographischen Lage der Beobachtungsstelle abhängt, ist es nützlich, die Umgebung immer zu beachten, da sie ganz stark die Auswahl der in Frage kommenden Arten beeinflußt.

Größe

Die absolute Größe einer Art wird gewöhnlich als Körperlänge in Zentimetern angegeben, bei einigen Arten kommt noch die Flügelspannweite hinzu. Das sind Durchschnittswerte, notwendigerweise muß man hier die Unterschiede zwischen den Individuen, zwischen Männchen und Weibchen oder jungen und alten Tieren einberechnen. Diese Abweichungen sind aber im Normalfall für die Vogelbestimmung in der Natur unerheblich.

Nützlicher als der absolute Wert ist bei der Größenschätzung eines Vogels im Gelände vielfach der Vergleich des beobachteten Tieres mit einer bestimmten bekannten Art.

Gestalt

Für die Bestimmung einer Vogelart sind meist die morphologischen Merkmale am günstigsten, also die Form der einzelnen Körperteile, ihre Größe sowie ihre

Größentypen bekannter Vogelarten (von oben nach unten):
Sperling (14,5 cm),
Star (21,5 cm),
Amsel (25 cm),
Taube (33 cm),
Krähe (46 cm),
Gans (85 cm)

Relation zur Größe anderer Partien. Häufig genügt zur Bestimmung der Art oder wenigstens zur Einordnung in eine andere Gruppe (Ente, Greifvogel) schon das Aussehen insgesamt.

Wichtige Merkmale sind die Schnabelform und -größe, manchmal auch sein Ansatz im Verhältnis zur Stirnbefiederung, was vor allem im Profil sichtbar wird. Wesentlich ist auch der Schwanz, zum einen seine Länge, zum andern sein Ende — ausgeschnitten, gerade keilförmig oder gestuft (wenn die Federn von der Mitte zu den Rändern hin deutlich kürzer werden). Bei einigen Arten kommt noch die Gestalt besonders exponierter Federn hinzu, vor allem der Randfedern, die z.B. bei den Schwalben lang, bei den Birkhühnern lyraförmig geschwungen sind. Die Flügelform wird normalerweise erst im Flug sichtbar. Wichtig sind Länge, Breite und Abschluß (spitz, abgerundet) der Flügel, manchmal auch ihre Lage am Körper (in der Mitte, vorn, hinten).

Bei den Beinen ist die relative Länge, die im Gelände gut zu erkennen ist, von vorrangiger Bedeutung, manchmal sieht man sie im Flug über den Schwanz hinausragen. Wichtig ist auch ihre Befiederung, denn einige Arten haben gänzlich befiederte, andere gänzlich kahle Beine,

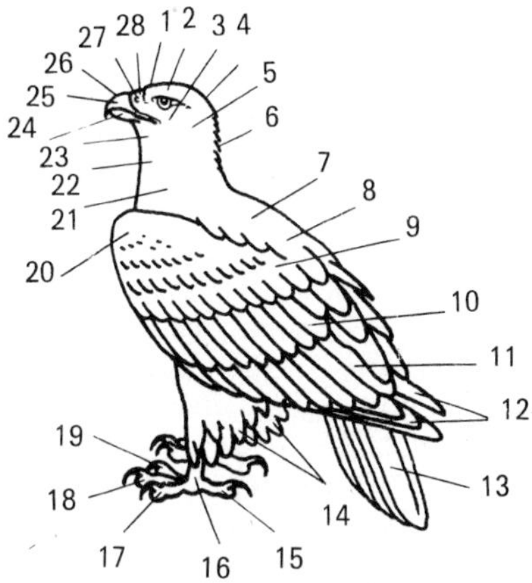

Topographie des Greifvogelkörpers:
1 — Stirn, 2 — Scheitel, 3 — Wange, 4 — Hinterhaupt, 5 — Ohrgegend, 6 — Nacken, 7 — Schulterblätter, 8 — Rücken, 9 — mittlere Flügeldecken, 10 — große Flügeldecken, 11 — Handschwingen, 12 — Unterarmschwingen, 13 — Steuerfedern, 14 — Hosen, 15 — hintere oder erste Zehe, 16 — Lauf, 17 — äußere oder vierte Zehe, 18 — mittlere oder dritte Zehe, 19 — innere oder zweite Zehe, 20 — Flügelbug, 21 — Hals, 22 — Kehle, 23 — Kinn, 24 — Unterkiefer, 25 — Oberkiefer, 26 — First, 27 — Nasenlöcher, 28 — Schnabel-Wachshaut.

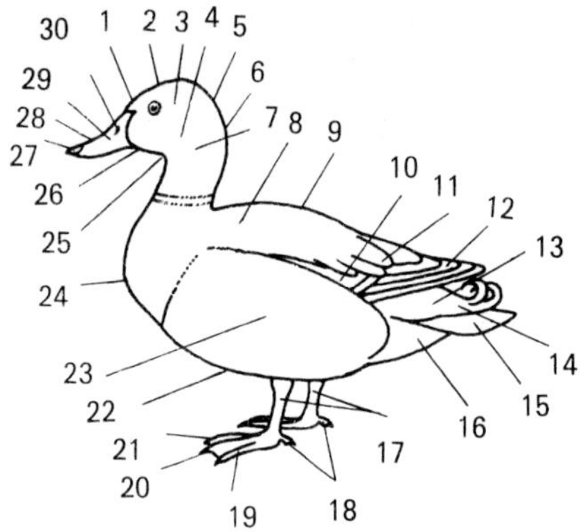

Topographie des Entenkörpers:

1 — Stirn, 2 — Scheitel, 3 — Ohrgegend, 4 — Wangen, 5 — Hinterhaupt, 6 — Nacken, 7 — Hals, 8 — Schulterblätter, 9 — Rücken, 10 — Unterarmschwingen, 11 — Schulterfittich, 12 — Handschwingen, 13 — Bürzel, 14 — Oberschwanzdecken, 15 — Steuerfedern, 16 — Unterschwanzdecken, 17 — Lauf, 18 — Hinterzehe, 19 — Außenzehe, 20 — Mittelzehe, 21 — Innenzehe, 22 — Bauch, 23 — Flanke, 24 — Brust, 25 — Kehle, 26 — Kinn, 27 — Nagel, 28 — First, 29 — Oberkiefer, 30 — Nasenlöcher

bei weiteren bilden die Federn sog. Hosen. Einige Vogelarten haben charakteristische Federgebilde, wie z.B. Hauben

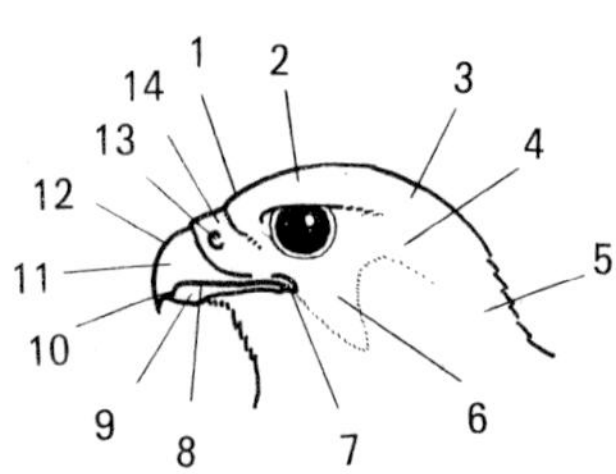

Greifvogelkopf:

1 — Stirn, 2 — Scheitel, 3 — Hinterhaupt, 4 — Ohrgegend, 5 — Nacken, 6 — Wange, 7 — Zügel, 8 — Schnabelkante, 9 — Unterkiefer, 10 — Falkenzahn, 11 — Oberkiefer, 12 — First, 13 — Nasenlöcher, 14 — Schnabel-Wachshaut

und Spitzen auf dem Kopf oder verlängerte Flügeldecken. Bei anderen Arten befinden sich am Körper völlig kahle Stellen, die in der Regel von einer stärkeren Hautschicht oder Hautauswüchsen bedeckt sind.

Morphologische Merkmale können zur Unterscheidung von Männchen und Weibchen (Geschlechtsdimorphismus), von jungen und alten Vögeln dienen, einige wandeln sich auch im Jahreslauf. So ist z.B. der Höcker auf der Oberschnabelwurzel des männlichen Höckerschwanes nur vor und während der Brutzeit auffällig vergrößert. In der übrigen Zeit ist er zwar auch sichtbar, jedoch weit weniger ausgeprägt.

Zur genauen Bestimmung einiger in freier Natur nur schwer bestimmbarer Arten muß der Ornithologe den Vogel einfangen und die sogenannte Flügelformel

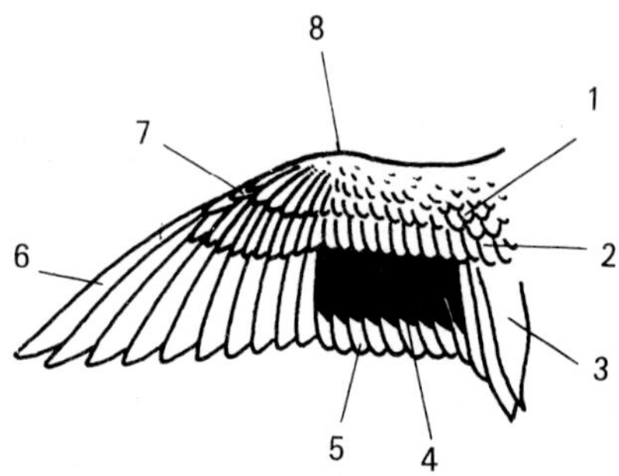

Entenflügel:

1 — mittlere Flügeldecken, 2 — große Flügeldekken, 3 — Schulterfittich, 4 — Flügelspiegel, 5 — Unterarmschwingen, 6 — Handschwingen, 7 — Eckfittich, 8 — Flügelbug

beurteilen. Damit ist das gegenseitige Längenverhältnis der einzelnen Handschwingen gemeint, zu dem in Einzelfällen auch noch die Lage der Kerbe auf der Fahne bestimmter Schwingen kommt.

Diese Flügelformel geht am besten aus den Abbildungen hervor, die beispielsweise den einzelnen Laubsängerarten beigefügt wurden.

Färbung

Die Gesamtfärbung der Vögel ist ganz unterschiedlich, und nur bei sehr wenigen Vogelgruppen ist das äußere Bild aller Individuen identisch. Zur Unterscheidung trägt häufig, zumal bei den Männchen, die auffällige Färbung einiger Körperteile bei, z.B. eine Kappe auf dem Scheitel, Kinn, Bart oder Überaugenstreifen. Manche Farbmerkmale sind allen Arten einer bestimmten Gruppe gemeinsam, z.B. der bunte Flügelspiegel der Schwimmenten, andere sind ausschließlich für eine einzige Art spezifisch, etwa die Streifen auf den Flügeln des Seidenschwanzes. Sehr häufig tritt bei Vögeln geschlechtsbedingte Verschiedenfarbigkeit auf (Dichroismus) — die Weibchen sind in der Regel schlichter gefärbt als die Männchen.

Bei allen Vögeln treten im Lauf ihres Lebens regelmäßige Färbungswechsel auf. Sie beruhen auf Abnutzung von Federn in der Mauser, bei der die alten Federn von den neu nachwachsenden herausgedrückt werden und abfallen. Bei der Teilmauser wird im Gegensatz zur Vollmauser nur ein Teil des Gefieders ausgewechselt. In den meisten Fällen vollzieht sich die Mauser zweimal jährlich — nach abgeschlossener Aufzucht der Jungen und vor Beginn der folgenden Brutzeit.

Der Farbwechsel nach der Mauser muß nicht unbedingt nur von den ausgewechselten Federn herrühren — manchmal schleifen andersfarbige neue Federspitzen nach und nach ab, so daß die Farbe der darunterliegenden Teile an die Oberfläche kommt. Beispiele dafür sind der schwarzwerdende Kopf des Bergfinken und der Verlust der Sprenkelung bei den Staren.

Das Gefieder oder Kleid der Vögel wechselt im Lebensablauf eines Individuums in einer ganz bestimmten Reihenfolge. Sofern sich die einzelnen Kleider sichtbar voneinander unterscheiden, haben sie auch verschiedene Bezeichnungen.

Dunenkleid nennt man das Federkleid der Jungen nach dem Schlüpfen (pullus). Manche haben nur einen dünnen Flaum, andere (durchweg nicht fütternde Arten, die sich bald nach dem Ausschlüpfen selbst ernähren) haben eine dichte, feine, pelzähnliche Körperdecke. Einige Jungvögel kommen völlig nackt aus dem Ei. Die Dunen- oder Daunenfeder hat nur einen ganz kurzen Kiel, von dem ein Büschel weicher Dunenstrahlen ausgeht. In Funktion und Gestalt ähnelt sie eher einem Fell. Dunen wachsen dicht an der Haut, sie isolieren hervorragend. Bei den Jungen von Seetaucherartigen, Eulenvögeln, Röhrennasen und Gänseartigen treten zwei Dunenkleidgenerationen auf, die sich voneinander unterscheiden können, aber nicht unbedingt müssen. Das Dunenkleid kann artspezifisch, aber auch bei den verschiedenen Arten und Gruppen gleich sein (z.B. weißer Flaum). Meist ist es bei den Jungvögeln beider Geschlechter gleich. Es ist nur auf einen kurzen Lebensabschnitt beschränkt, daher wird es in diesem Buch nicht erwähnt.

Das Jugendkleid (juvenilis) ist das erste vollständige Gefieder, das in der Regel bis zum ersten Winter oder noch darüber bleibt. Es ist meist schlicht gefärbt und ähnelt dem Kleid der Weibchen, nach Geschlechtern unterscheidet es sich nur bei sehr wenigen Arten. Bei den kleinen, schon im folgenden Kalenderjahr erwachsenen Vögeln folgt nun bereits das Erwachsenenkleid. Bei den großen Arten, die erst nach mehreren Jahren (Schwäne oder Adler z.B. erst nach 4 Jahren) erwachsen werden, wird das Jugendkleid mit jeder Mauser dem Erwachsenenkleid ähnlicher. Das Gefieder der noch nicht erwachsenen Vögel wird häufig auch als immaturus oder subadultus bezeichnet.

Das Erwachsenenkleid (adultus) ist voll artspezifisch ausgefärbt, auch wenn es im Lauf des Lebens dauernde Veränderungen erfahren kann (Grau kann z.B. im Alter in Weiß übergehen). Normalerweise treten im Jahreslauf zwei Erwachsenenkleider auf. Das Pracht- oder Brutkleid legen manche Vögel (z.B. Enten) vor der Brutzeit von Herbst bis Frühjahr an, andere (eine Reihe von Singvögeln) erst kurz vor oder nach dem Eintreffen an den Brutplätzen. Es ist ein typisch artgebundenes Kleid, in der Regel das farbenprächtigste, insbesondere bei den Männchen, und es entsteht in einer Teilmauser. Nach Beendigung der Brutzeit mausern sich die Vögel dann in das Ruhe-, Schlicht- oder Winterkleid, das meist dem Kleid der Weibchen und Jungvögel nahekommt. Im Ruhekleid ist die Unterscheidung der Geschlechter und manchmal auch des Alters der Vögel im Gelände recht schwierig, oft sogar ganz unmöglich.

Zwischen diese zwei wichtigsten Mausern schiebt sich manchmal noch eine weitere ein, und so kann die Färbung, wenn man die Übergangsfärbung sowie die von Alter und Geschlecht bedingten Unterschiede in Betracht zieht, bei einer einzigen Art recht verschieden ausfallen (z.B. bei der Eisente). Bei einigen wenigen Arten (Mäusebussard, Kampfläufermännchen) besteht auch eine große individuelle Variabilität in der Färbung. Manche Arten bringen verschiedene Farbmorphe oder -phasen hervor, in der Regel graue und braune bzw. helle und dunkle (z.B. Kuckuck, Waldkauz, Zwergadler). Daneben gibt es noch seltene Farbabweichungen (schwarz — Melanismus, weiß — Albinismus), die ganz (z.B. völlige Albinos) oder teilweise (z.B. normal gefärbter Vogel mit weißen Flecken) auftreten.

Die meisten Vogelarten bringen innerhalb ihres Areals unterschiedliche Unterarten — Subspezies — hervor. Sie werden in der Nomenklatur mit einem dritten Namen bezeichnet, z.B. *Aegithalos caudatus europaeus.* Bei manchen Arten gibt es diese Subspezies in nur geringer Zahl, bei der Stockente sind es z.B. sieben, bei der Spießente nur zwei, andere Arten haben viele Unterarten die Haubenlerche z.B. rund dreißig. Die Subspezies unterscheiden sich in Größe und Färbung, die Unterschiede sind teils beträchtlich, teils geringfügig, so daß man sie ohne direkten Vergleich einer größeren Anzahl Vögel nicht feststellen kann. In einigen Fällen spaltet sich eine Art in zwei oder mehr Subspeziesgruppen auf, zwischen denen beträchtliche Unterschiede bestehen können, während die Subspezies innerhalb der Gruppe einander ähneln.

Der Unterschied zwischen den Gruppen kann auch im Gelände sichtbar werden, wie im Fall von Nebel- und Rabenkrähen. Diese Fälle werden im Buch erwähnt, und die Gruppencharakteristik wird als Grundtyp bezeichnet. So wird z.B. die weißköpfige Subspeziesgruppe der Schwanzmeise als Typ „*caudatus*" bezeichnet, denn zu ihr gehört die Subspezies *Aegithalos caudatus caudatus*, die Gruppe mit dem dunklen Kopfstreifen als Typ „*europaeus*", da zu ihr die Unterart *A.c. europaeus* gehört.

Probleme bei der Bestimmung bereiten die sog. Zwillingsarten — sibling species. Das sind morphologisch einander so nahestehenden Arten, daß man sie oft nicht auseinanderhalten kann. Sie unterscheiden sich nur in Details, so daß bei manchen Individuen die Einordnung so gut wie unmöglich ist. Zwillingsarten unter den europäischen Vögeln stellen Wald-

und Gartenbaumläufer oder Teich- und Sumpfrohrsänger dar. Im Gelände ist die Bestimmung dieser Arten oft einfacher als anhand von morphologischen Details, denn ihr Verhalten und vor allem ihre Stimmen sind nicht selten beträchtlich verschieden.

Stimme

Vogelstimmen sind für eine Zuordnung im Gelände wichtig, manchmal sogar ausschlaggebend. In erster Linie gilt das für den Gesang der Singvögel. Der Gesang hängt mit der Vorbereitung auf das Brüten zusammen. Zunächst soll er die Besetzung eines Territoriums signalisieren und daher ertönt er überwiegend vor und während der Brutzeit, also von Februar bis Juli. Einige Arten singen das ganze Jahr über, sogar während des Aufenthaltes an den Winterplätzen. Charakteristisch sind ferner andere Stimmen oder Geräusche, z.B. das Rufen der Eulen, das Schnabelklappern des Weißstorches, der Schreckruf der Reiher oder mechanische Geräusche wie das sausende Fluggeräusch der Schellente und das „Meckern" der Schwanzfedern bei der Bekassine.

Erfassung und Beschreibung bzw. Wiedergabe von Vogelstimmen sind schwierig. Zur objektiven Aufzeichnung werden meist sog. Sonogramme benutzt, d.h. graphische Analysen von Tonbandaufnahmen. Diese Ausdrucksweise erfordert aber eine gewisse Interpretationskenntnis. Für nützlicher und einfacher halte ich daher den verbalen Ausdruck. Beim Kennenlernen der Vogelstimmen leisten Stimmenaufnahmen gute Dienste, wie sie heute für alle europäischen Vogelarten zur Verfügung stehen. Besser prägen sich aber die einzelnen Stimmen ins Gedächtnis ein, wenn man den Vogel gleichzeitig hören und sehen kann.

Flugtypen und Schwarmformen fliegender Vögel:
1 — regelmäßiger Flug, 2 — Gleitflug, 3 — Rütteln, 4 — Keilformation der Wildgänse, 5 — ungeordneter Entenschwarm, 6 — Kettenformation der Eiderenten.

Bewegung

Der Flug ist eine für die Vögel typische Fähigkeit, und nur einige wenige Gruppen haben sie sekundär wieder verloren (z.B. die Pinguine). Es gibt unterschiedliche Flugarten, aktive und passive. Die verbreitetste aktive Flugweise ist der regelmäßige Ruderflug, bei dem der Vogel wiederholt und im annähernd gleichen Rhythmus mit den Flügeln schlägt. Dieser Flug ist in der Regel geradlinig, bei einigen Arten aber auch gewunden oder von einer Seite auf die andere schlingernd. Im Gleitflug wechseln regelmäßige Flügelschläge mit Phasen ohne Flügelbewegung ab, in denen der Vogel von der Massenträgheit vorwärts getragen wird. Besonders ausgeprägt zeigt dies der wellige Flug der Klettervögel, bei dem einige

Flügelschläge den Vogel in die Höhe tragen, während er in der Gleitphase im Bogen abwärts sinkt. Eine eigenartige Flugweise ist das von schnellen Flügelbewegungen und -drehungen ermöglichte Rütteln auf der Stelle, bei dem der Vogel normalerweise nach einer Beute unter sich ausspäht. Dieses Rütteln wird häufig von einem schnellen Niederstoßen zur Erde abgelöst. Als passiv wird der Flug ohne Bewegung der gespreizten Flügel bezeichnet: Die Flügel sind gestreckt, Flugrichtung und -höhe reguliert der Vogel durch Drehen von Schwingen, kleinen Oberflügeldecken oder Schwanz. Beim Segelflug nutzen die Vögel aufsteigende Luftströmmungen, eventuell auch den Wechsel von Windrichtung und -geschwindigkeit.

Manche Vögel erscheinen und fliegen ausschließlich einzeln, andere — bevorzugt außerhalb der Brutzeit — in größerer bis riesiger Anzahl. Ihre Fluggruppierung kann locker sein, in Gruppen mit größeren Abständen zwischen den Tieren oder in Schwärmen von unterschiedlichem Typ. Diese haben entweder eine unregelmäßige Gestalt, manchmal mit einem charakteristischen Dichtewechsel und jähem synchronem Kurswechsel (Stare), oder sie bilden verschiedene Formationen, von denen vor allem die Ketten oder Keile (Gänse, Kraniche) kennzeichnend sind.

Bei einigen Arten stellen ganz besondere Flugvorführungen einen Bestandteil der Balz dar. Die Regenpfeifer umkreisen beispielsweise ihr Brutrevier, wobei sie meist laut rufen, sie fliegen auch unerwartete Wendungen und senken die Flughöhe, so daß sie abzustürzen scheinen, führen Sturzflüge aus usw. Einige Rohrsänger-, Grasmücken- und Pieperarten steigen singend über dem Gelände auf, um dann wieder niederzugehen, Girlitz und Grünling zeigen einen charakteristischen, fledermausähnlichen Singflug, wobei sie die Flügel weit gespreizt halten und schaukelnd die Flugrichtung ändern. Auf dem Boden bewegen sich manche Vögel sehr unbeholfen und nur unter Schwierigkeiten (z.B. Seetaucher). Andere sind flink und gewandt, gleich ob sie schreiten, laufen oder hüpfen. Manche Vögel beherrschen alle drei Fortbewegungsarten, andere nur eine einzige. Auch bei eng verwandten Arten kann sie unterschiedlich sein: der Haussperling hüpft, der Steinsperling schreitet.

Für die Wasservögel ist die Fortbewegung im Wasser wichtig. Normalerweise schwimmen sie mit wechselndem Beinschlag an der Oberfläche. Nur in Ausnahmen, etwa beim imposanten Schwimmen des Höckerschwanmännchens, rudert der Vogel mit beiden Füßen gleichzeitig. Als Folge davon schiebt sich der Vogel ruckweise auf dem Wasser voran.

Das Laufen auf der Wasseroberfläche unter kräftigen Flügelschlägen ist vorwiegend ein Anlauf zum Flug, typisch für das Bläßhuhn. Tauchen und Unterwasserschwimmen sind häufig, manchmal über beträchtliche Entfernungen. Eine charakteristische Bewegung der Schwäne, Schwimmenten oder auch des Bläßhuhns bei der Nahrungsuche ist das Gründeln oder Kopfstehen, d.h. das Untertauchen der Körpervorderpartie, wobei das Hinterteil senkrecht in die Höhe ragt.

Je nach Umgebungen bewegen sich die Vögel auf ganz unterschiedliche Weise. Auf den Bäumen hüpfen sie zwischen den Zweigen umher, klettern an Ästen, manchmal kopfüber oder mit dem Rükken nach unten, hängen sich an Zweige oder Zapfen, klettern auf den Stämmen umher, einige Arten (Baumläufer und Spechte) nur von unten nach oben, andere von oben nach unten (Kleiber). Auch im Röhricht und ähnlichem Krautdikkicht klettern die Vögel, indem sie meist nur an einem Stengel aufwärtshangeln (Rohrsänger), seltener spreizbeinig an zwei Halmen (Bartmeise).

Für die Bestimmung kann auch die Ruhestellung der einzelnen Arten von Bedeutung sein, ihre Körperhaltung (aufrecht, waagerecht), die Bein- oder Schwanzhaltung. Die Silhouetten der Vögel auf Leitungsdrähten erlauben schon eine Fernbestimmung der Art. Typisch sind die Silhouetten der Reiher, bei fliegenden Störchen kann man bereits über große Entfernung an der Haltung des Halses (auf oder unterhalb der Körperachse) die Art feststellen, bei Adlern am Flügelprofil von vorn (gerade, durchgebogen).

Nisten und Brüten

Als Areal einer Vogelart gilt nur das Gebiet, auf dem sie sich fortpflanzt, auch deshalb wird dem Brutvorkommen so große Aufmerksamkeit geschenkt. Da sich nun aber viele Vögel zur Brutzeit in einem Biotop aufhalten, ohne darin zu brüten, kann das Brutvorkommen nur durch den Fund von Nest oder Jungen belegt werden, die mit Gewißheit örtlicher Herkunft sind. Ohne Anleitung eines erfahrenen Ornithologen sollte allerdings kein Vogelliebhaber Nester suchen, zu leicht könnte er die Altvögel vertreiben oder sogar das Nest zerstören.

Mit dem Brutgeschäft hängt eine ganze Reihe von Verhaltensweisen zusammen, die eine Entdeckung und Bestimmung des Vogels erleichtern, auf der anderen Seite macht die Vorsicht der Vögel beim Brüten nicht selten den Nachweis ihres Vorkommens fast unmöglich. Zahlreiche Arten legen vor der Brutzeit ein auffälliges Brutkleid an, Paarbildung und der eigentliche Beginn des Nistens und Brütens sind häufig mit einer auffälligen Balz verbunden. Den Nestbau kann man in der Regel gut beobachten. Die meisten Vogelarten nisten territorial, d.h. sie haben um ihr Nest herum einen gewissen Raum, ihr Territorium abgesteckt, den sie durch auffälliges Verhalten, vor allem mit ihrer Stimme markieren und gegenüber anderen Individuen ihrer Art verteidigen. Manchmal beschränkt sich das Territorium auf die allernächste Umgebung des Nestes, z.B. in den Tölpel- und Möwenkolonien auf die Schnabelreichweite des auf dem Nest sitzenden Weibchens. Von Nistbeginn bis zum Ausführen der Jungen sind die Vögel an den Nistort gebunden und die Nistkolonien sind dann besonders auffällig. Das Füttern der Jungen wiederholt sich bei den meisten Arten sehr oft und hält den ganzen Tag über an, die Jungvögel halten mit den Eltern akustischen Kontakt, der manchmal auch noch nach dem Flüggewerden anhält.

Für manche Arten ist die Brutzeit bezeichnend. Die großen Greifvögel oder die Kolkraben beginnen schon sehr zeitig im Frühjahr, die Mehrzahl der Arten erst viel später, das hängt von der Zeit ihres Eintreffens aus dem Winterquartier ab. Mit dem Nistbeginn hängt auch die Zahl der Bruten im Jahr zusammen. Sie kann bei kleineren Vögeln höher liegen, z.B. brütet der Haussperling bis zu fünfmal im Jahr. Im Regelfall nisten aber nur einige Paare mehrmals jährlich. Bei Arten, die nicht in festen Paaren leben, kann ein Partner das Gelege bebrüten, während der andere mit einem weiteren erneut nistet. Dieses mehrfache Nisten muß man von der Ersatzbrut unterscheiden, bei der ein Paar erneut nistet, dessen erster Versuch fehlgeschlagen ist, und die auch bei den Arten vorkommt, die normalerweise nur einmal jährlich nisten.

Auch die geographische Breite und die Meereshöhe beeinflussen Beginn und Häufigkeit des Nistens, je höher in den Bergen und je weiter nach Norden, desto später und weniger häufig wird genistet.

Der Nestort ist oft artspezifisch, etwa die Röhren der Uferschwalben in steilen Erdwänden, das Weißstorchennest auf

Masten, Schornsteinen, Einzelbäumen, Dächern usw. Dasselbe gilt auch von Größe, Gestalt und Material eines Nestes. Die Anwesenheit einer Beutelmeise in einer Gegend stellt man manchmal erst im Herbst fest, wenn die typischen Nester in den Bäumen nach dem Laubfall sichtbar werden.

Einige Nester werden wiederholt benutzt, sie sind dauerhaft. Das gilt vor allem für die Nester der großen Vögel, etwa der Störche oder der großen Greifvögel. Gelegentlich sind nur die Nistplätze von Dauer und die Nestplazierung wechselt mit jedem Jahr; das gilt für größere Geländeabschnitte (z.B. Felsbarrieren, Wälder), aber auch für ganz kleine Einheiten. So baut z.B. die Beutelmeise alljährlich ein neues Nest auf dem gleichen Baum.

Ein sehr bezeichnendes Merkmal sind bei den meisten Arten Form, Größe und Färbung der Eier in ihrem Gelege. Die genaue Eibestimmung erfordert aber bei vielen Arten Vergleiche mit ähnlichen Eiern, was im Gelände normalerweise nicht durchführbar ist. Außerdem können bei vielen Arten die Eier recht unterschiedlich gefärbt sein, sowohl in der Grundfarbe als auch in Farbe, Größe und Umfang der Sprenkelung bzw. Fleckung. Eine gewisse Variationsbreite besteht auch bei allen Arten in der Eigröße. Lassen sich also ein gefundenes Nest und Gelege nicht zuverlässig bestimmen, bleibt nichts anderes übrig, als das Eintreffen der Altvögel abzuwarten.

Ein gutes Unterscheidungsmerkmal liefert in manchem Fällen das ganze Gelege, also die Eierzahl. Sie ist bei einigen Arten sehr konstant — Alken legen regelmäßig ein einziges Ei, Tauben zwei, Möwen drei, Regenpfeifer vier. Bei den meisten Arten ist aber die Eierzahl in einem Gelege recht veränderlich. Dabei muß man auch in Betracht ziehen, daß ein gefundenes Gelege nicht vollständig sein muß: bei außergewöhnlich vielen Eiern besteht auch die Möglichkeit, daß sie von mehreren Weibchen der gleichen Art in ein einziges Nest gelegt worden sind, was häufig bei Enten vorkommt. Eine weitere Komplikation stellen Mischgelege dar, die nicht nur bei der parasitischen Eiablage des Kuckucks, sondern gelegentlich auch bei anderen Arten entstehen. Das geschieht häufig an den gemeinsamen Brutplätzen von Enten oder anderen Wasservögeln, die auf die kleine Fläche des zum Nisten geeigneten Geländes auf Inselchen oder in den schmalen Ufervegetationsgürteln beschränkt sind.

Die Zeit des eigentlichen Brütens (Inkubation) ist bei den Vögeln unterschiedlich lang, sie schwankt je nach Körpergröße zwischen 10 und 60 Tagen. Einige Arten beginnen schon beim ersten Ei oder im Verlauf der Eiablage mit dem Brüten, andere erst auf dem vollständigen Gelege. Entsprechend schlüpfen die Jungen gleichzeitig oder nacheinander.

Gleichzeitiges Schlüpfen ist bei Vögeln normal, die nicht oder nur teilweise füttern und deren Junge nach dem Abtrocknen mit den Altvögeln das Nest verlassen. Diese Nestflüchter leben dann in der Umgebung des Nestes, manche kehren gelegentlich dorthin zurück (z.B. Bläßhuhn), andere nie (z.B. Gänse und Enten). Die Jungen der fütternden Vögel, die in den ersten Lebenstagen völlig auf die Brutpflege durch die Eltern angewiesen sind, bleiben normalerweise im Nest, bis sie flügge geworden sind. Manchmal verlassen sie es aber schon zu einer Zeit, zu der sie noch nicht fliegen können, und halten sich in der Nähe auf, wo sie von den Altvögeln gefüttert werden (z.B. Greifvögel). Das vorzeitige Verlassen des Nestes kann auch durch eine Störung zwangsweise herbeigeführt worden sein. Bei vielen Arten werden auch die bereits flüggen Jungen noch einige Zeit von den Eltern umsorgt und machen sich erst nach und nach selbständig.

Bei den paarweise lebenden Vögeln kümmern sich beide Partner um die Nachkommenschaft, in der Regel sowohl beim Brüten als auch bei der Aufzucht, doch ist die Verteilung der Aufgaben nicht ganz gleichmäßig. Manchmal brütet nur das Weibchen, das sich selbst ernähren muß oder vom Männchen gefüttert wird. In anderen Fällen wechseln sich die Vögel beim Brüten in unterschiedlichen Intervallen ab. Bei manchen Greifen jagt das Männchen und bringt Nahrung herbei, die dann von Weibchen zerkleinert und den Jungvögeln gereicht wird. Bei zweimaligem Nisten bebrütet das Weibchen manchmal das zweite Gelege, während das Männchen sich um die Jungen aus dem ersten kümmert (z.B. Rallen). Bei der Brutpflege helfen gelegentlich sogar die halbwüchsigen älteren Jungvögel mit (z.B. bei der Bartmeise). Bei Odinshühnchen ist die Aufgabenverteilung der Geschlechter umgekehrt — ausschließlich das schlichter gefärbte Männchen brütet und treibt Brutpflege. Bei vielen Vögeln, in der Regel bei den nicht fütternden, kümmert sich nur ein Vogel um Gelege und Junge. Bei den Enten verlassen die Männchen nach Brutbeginn die Nistplätze ganz. Bei den Gänsen brütet nur das Weibchen, doch wacht das Männchen in der Nähe, um sich nach dem Schlüpfen der Jungen der Familie anzuschließen. Die Familien leben manchmal offen (Schwäne oder Tauchenten), größtenteils aber verborgen.

Nahrung

Für die Vogelbestimmung ist die Nahrung von geringer Bedeutung, sehr wichtig ist sie aber im Hinblick auf das Verhalten der Vögel. Sie bedingt eine Vielzahl morphologischer Anpassungen und ist der wesentliche Hinweis für die Ansprüche eines Vogels an sein Biotop. Bei den Baumbewohnern ist das z.B. die Art der Nahrungssuche im Geäst (Kohlmeisen auf stärkeren, Blaumeisen auf schwächeren Zweigen, die Tannenmeisen auch auf der Unterseite), auf Fruchtzapfen (Zeisige), in der Borke und der Holzschicht darunter (Baumläufer, Kleiber), im Holz innen im Stamm (Spechte), am Boden unter den Bäumen (Drosseln). Die Wasservögel beschaffen sich die Nahrung durch Tauchen (Lappentaucher, Tauchenten), Gründeln (Schwäne, Schwimmenten), Tiefflug über der Wasseroberfläche (Wasserläufer), Herumklettern im Schilf (Rallen), Suchen auf trockenem Boden (Regenpfeifer), Stochern mit dem Schnabel im Schlamm (Wasserläufer), Abweiden von Gras (Gänse), Beutefang auf der Stelle (Reiher) u.a. Ihr Verhalten ist oft art- oder gruppenspezifisch und hat für die Bestimmung eine außerordentliche Bedeutung.

Tagesaktivität

Bei der Suche nach Vogelarten oder ihrer Bestimmung kann auch die Tagesaktivität den Ausschlag geben. Die überwiegende Mehrheit aller Vögel ist bei Tageslicht aktiv mit einem Maximum in den frühen Morgenstunden und am Spätnachmittag, Ruhe in der Nacht und verminderter Aktivität über Mittag. Ein bestimmter Rhythmus von ähnlichem Typ wird auch unter den Bedingungen des langen Tages in Nordeuropa eingehalten. Einige Arten sind fast ausschließlich nachtaktiv (Eulen), bei ihnen ist ein entsprechender nächtlicher Aktivitätsrhythmus zu finden. Die Aktivität wandelt sich im Jahreslauf, insbesondere im Zusammenhang mit dem Vogelzug. Die ansonsten tagsüber höchst aktiven kleinen Insektenfresser ziehen nachts, ähnlich die Watvögel, die an den Tagesruhe- und Sammelplätzen gegen Abend zu hören sind. Auch vor und in der Brutzeit können Tagvögel nachtaktiv werden, vor allem beim Gesang (Nachtigallen, Rohrsänger, Schwirle) bzw. ihre Aktivität bis in die späten Abendstunden verlängern. Dämpfend wirken sich biologisch ungünstige Faktoren auf die Aktivität aus — Kälte, Regen, Wind, verhangenes oder nebliges Wetter. Die Tagesaktivität zeigt sich auch in auffälligem Sozialverhalten, vor allem im Zusammenhang mit den gemeinsamen Schlafplätzen. Die Vögel fliegen diese Plätze manchmal aus großen Entfernungen an und fallen weithin sichtbar ein (Stare, Krähen). Bei manchen Vögeln (Sperlinge, Amseln) hängen diese abendlichen Versammlungen mit lauter Stimmtätigkeit zusammen.

Lebensraum

Der Lebensraum ist ein außerordentlich wichtiges Bestimmungsmerkmal, das unter allen Umständen Beachtung finden muß. Zunächst helfen die Grundtypen — Wald, Wasser, menschliche Ansiedlungen usw. — die Auswahl der Arten, zu denen ein beobachteter Vogel gehören kann, enger zu umgrenzen. Die ökologische Nische der einzelnen Arten, d.h. die Bindung jeder Art an bestimmte Umweltelemente ist jedoch viel enger bemessen. So können beispielsweise die am Wasser lebenden Vögel die Wasseroberfläche, die schlammigen Ufer und den Grund oder die Sumpfvegetation am Wasser nutzen, die Waldvögel die Baumkronen oder -stämme, andere das Buschwerk usw. Einige Arten nutzen die Umgebung vielseitiger, z.B. die Kohlmeise, andere sind auf einen ganz ausgeprägten Biotoptyp angewiesen, so brauchen z.B. Drosselrohrsänger oder Bartmeisen Schilfdickichte. Folglich sucht man die einzelnen Arten in unterschiedlicher oder nur in einer ganz bestimmten Umgebung. Von großer Bedeutung für die Anwesenheit einzelner Arten an einem bestimmten Ort sind auch die jahreszeitlichen Wandlungen mit ihrer Auswirkung auf die ganze Vegetation, aber auch Veränderungen in kleinerem Ausmaß, z.B. das Zufrieren des Wassers und Schneefall, Schnitt oder Pflügen von Feldern.

Zahlenstärke

Die Zahlenstärke einer Art wird als Stückzahl pro Flächeneinheit im Areal ausgedrückt. Sie ist nicht konstant und hängt von vielen Faktoren ab, in erster Linie von der Menge, Verteilung und Erreichbarkeit der Nahrung. Große Nahrungsmengen auf begrenztem Raum gestatten auch das Vorkommen einer großen Zahl von Vögeln einer Art, ihre Konzentration zu Schwärmen oder ein Nisten in Kolonien. Demgegenüber zwingt eine kleinere, verteilte Nahrungsmenge die Vögel zum Besetzen hinreichend großer Territorien, vor allem in der Brutzeit, und somit auch zu einem zerstreuten Vorkommen. Zur Zahlenregulierung trägt ferner der Charakter eines Geländes bei, das damit verbundene Angebot geeigneter Nistplätze und Schlupfwinkel, die Klimaverhältnisse und die direkte Verfolgung der Art. Die Gesamtstärke der Individuen einer Art kann einige Dutzend oder Hunderte von Tieren ausmachen, wie z.B. bei den Kranichen oder großen Greifvögeln, andererseits aber auch Hunderttausende, ja Millionen von Individuen umfassen, wie das bei einigen kleinen Singvögeln der Fall ist.

Diese Gesamtstärke muß im Gelände nicht unmittelbar sichtbar werden. Der Hauptgrund besteht in der Verteilung — eine Art kann als zahlreich nur an einigen wenigen Orten charakterisiert werden, wo die ganze Population zusammenkommt, oder im Gegenteil überall anwesend sein, jedoch nie in größerer Zahl. Diese sogenannte Dispersionsweise wandelt sich gewöhnlich im Jahreslauf: In Kolonien nistende Vögel können außerhalb der Brutzeit über eine große Fläche verstreut einzeln leben (z.B. Seevögel) oder umgekehrt konzentrieren sich oft einzeln brütende Vögel außerhalb der Brutzeit auf einige wenige Orte (z.B. Gänse). Dabei kommt es auch auf die Geländebeschaffenheit und die Lebensweise der Vögel an — manche Arten halten sich in sehr unübersichtlicher Umgebung auf oder leben sehr heimlich und sind daher nur unter Schwierigkeiten zu entdecken.

Jahresperiodizität des Vorkommens

Die geographische Lage Europas führt zu jährlichen Schwankungen im Vorkommen der Vögel. Einige Arten sind Standvögel, der überwiegende Teil jedoch Zugvögel, die sich vor Winteranbruch in klimatisch günstigere Gebiete verschieben. Zwischen den Zug- und Standvögeln stehen die Strichvögel, die außerhalb der Brutzeit normalerweise in der Nähe ihrer Brutplätze herumstreichen. Einige Zugvogelarten verschieben sich über den Winter nur über eine geringe Entfernung, schon das Ostseegebiet dient verschiedenen höher im Norden brütenden Arten als Winterquartier. Die regelmäßigen Winterplätze einer größeren Anzahl von Arten befinden sich jedoch in West- und Südeuropa, wieder andere Arten verlassen Europa. Außer den ganzjährig anwesenden brütenden Standvogelarten und den davonfliegenden Zugvögeln kann man überall mehr oder weniger zahlreich auch nicht brütende Arten antreffen — Wintergäste, Durchzugsgäste oder Arten, die am betreffenden Ort in der Brutzeit auftauchen, ohne zu nisten. Der Charakter ihres Aufenthaltes ist außerordentlich bunt — vom regelmäßigen alljährlichen mehr oder weniger zahlreichen Vorkommen bis zum Auftauchen von ausgesprochen raren Irrgästen, die nur alle paar Jahrzehnte einmal angetroffen werden. Auf jedem Gebiet können dabei Vögel der verschiedenen Kategorien zusammenkommen; zur standfesten Starenpopulation Großbritanniens gesellen sich im Winter die ziehenden Stare aus Nordosteuropa oder es findet ein Austausch von Populationen ein und derselben Art statt. Bei den Saatkrähen in Mitteleuropa ziehen beispielsweise die am Ort brütenden Vögel über den Winter fort und werden von den hier nur überwinternden Populationen aus Nordosteuropa abgelöst. Eine Art, die in einem Gebiet Standvogel und in einem anderen Zugvogel ist, gilt als Teilzieher.

Auch die Zeiten von Ankunft und Abflug der nicht ganzjährig vorkommenden Arten weisen innerhalb kleinerer Gebietsteile Unterschiede auf. Die Durchschnittswerte von Ankunfts- und Abflugzeiten hängen von der Lage des Ortes ab und schwanken je nach konkreten Bedingungen in den einzelnen Jahren. Diese Spanne ist sehr breit, die Vögel treffen von Februar bis Juni ein und ziehen zwischen Juli und November davon. Bei den zeitig im Frühjahr eintreffenden und erst im Spätherbst abfliegenden Arten schwanken die konkreten Daten von An- und Abflug alljährlich stärker als bei Arten, die später eintreffen und früher wegfliegen.

Beobachtung und Kartierung

Für einen beginnenden Vogelkundler ist es am sinnvollsten, sich zunächst schrittweise mit den in der nächsten Umgebung auftretenden Vögeln bekannt zu machen. Zur Ausrüstung gehört ein Feldstecher (7—10fache Vergrößerung genügt), grundlegende Bestimmungsliteratur und ein Tagebuch. Von Vorteil ist es, sich Vogelstimmenaufnahmen anzuhören. Kann man jedoch die belauschte Stimme bei der Vogelbeobachtung identifizieren, so prägt sich die daraus gewonnene Erfahrung besonders im Gedächtnis ein. Nützlich ist freilich auch die Begleitung eines erfahrenen Ornithologen. Dieses erste Beobachten und Erkennen fängt bei den häufigsten Arten in allen Biotoptypen das ganze Jahr über an. So sammelt man Kenntnisse über die grundlegenden Arten einschließlich ihrer Bionomie (Lebensweise) und die Durchschnittsverhältnisse am Ort in den unterschiedlichen Jahreszeiten.

Die nächste Stufe ist das gezielte Aufsuchen ornithologisch interessanter Lokalitäten, die für das konzentrierte Vorkommen verschiedenster Arten bekannt sind. Dabei ist es bereits angebracht, sich mit einem Partner zusammenzutun. Soll die Vogelbeobachtung in der Folge ernsthafter betrieben werden, empfiehlt sich die Kontaktaufnahme mit dem zuständigen Bund für Vogelschutz oder der Vogelschutzwarte und die allmähliche Teilnahme an lokalen oder regionalen Forschungsaktionen. Die systematisch betriebene Feststellung von Vogelvorkommen führt nicht nur zu vollendeten Geländekenntnissen, sondern auch zur schrittweisen Bekanntschaft mit den allermeisten örtlichen Arten. Eine Dokumentation der Beobachtungen und ihre spätere Verarbeitung liefert ein Bild vom Vogelvorkommen in einem bestimmten Gebiet und wird zusätzlich zu wertvollem Material für den Naturschutz. Die Endstufe dieser Forschungsarbeiten sind systematische, breiter angelegte Aktionen wie etwa Kartenwerke über die Brutverbreitung im gesamteuropäischen Rahmen, regelmäßige Untersuchungen zur Quantität, die Kartierung der winterlichen Verbreitung usw. Bald ist es nicht mehr schwer, eine eigene Problemstellung zu finden, doch sind gründliche Vogelkenntnisse und zuverlässige Bestimmung die notwendige Voraussetzung. Für die Anwendung und Vertiefung der erworbenen Kenntnisse ist vor allem die Mitarbeit an der Nist-Kartierung nützlich, die heute in den meisten europäischen Staaten durchgeführt wird. Jeder Staat wurde in Planquadrate von bestimmtem Flächeninhalt aufgeteilt, in denen dann Artenzusammensetzung und Aufenthaltsweise der gesamten vorgefundenen Vögel eingehend untersucht werden. Bei den Organisatoren dieser Aktion steht das Planquadrat-Gitternetz zur Verfügung, daneben auch Verfahrenshinweise für die Überprüfung des Brutvorkommens — d.h. von der einfachen Beobachtung einer Art in der Brutzeit bis zum Fund des Nestes mit den Jungen bzw. am Ort aufgezogener Jungvögel. Zur Kartierung der Brutverbreitung reicht es nicht aus, das Vorkommen von Vögeln während der Brutzeit festzustellen, auch der Nachweis für das Brüten muß erbracht werden, indem man das Nest oder noch nicht selbständige Jungvögel aufspürt. Für die eigene Arbeit ist es am besten, sich zuerst einmal mit dem Planquadrat vertraut zu machen. Dazu muß man herausfinden, welche Biotoptypen mit unterschiedlicher Avifauna (Vogelwelt) es umfaßt — z.B. die einzelnen Vegetationsstufen, Größe der Waldfläche und die einzelnen Waldtypen, Landwirtschaftsflächen (Weiden, Felder, Wiesen), die Ansiedlungen der unterschiedlichen Größen, Gewässer, verschiedene Fremdelemente in einer Umgebung wie Felsen, Steinbrüche oder Lehmkuhlen. Hierzu sollte man geobotanische Karten, Vegetationskarten usw. heranziehen. Die Vogelschutzorganisationen verfügen in der Regel auch über Artenlisten, in die dann die Anwesenheit einer Art und der Gewißheitsgrad ihres Brütens eingetragen werden. Der erfahrene Beobachter kann bereits im voraus in dieser Liste die zu erwartenden Arten kennzeichnen und damit den Verlauf und Umfang der eigenen Feldarbeiten so effektiv wie möglich planen.

Für eine möglichst umfassende Erkenntnis der brütenden Avifauna eines Planquadrates muß man etwa zehn von Winterende bis Sommerausgang (II.—IX.) verteilte Exkursionen ansetzen, wobei das Schwergewicht natürlich auf die Brutzeit entfallen muß (IV.—VI.). Mindestens zwei Exkursionen müssen den Nachtvögeln gewidmet werden.

Die Zeit zwischen Morgendämmerung und Mittag ist für Feldbeobachtungen am günstigsten, dann sind die Vögel am emsigsten und lassen sich am meisten hören. Den nachtaktiven Arten muß man natürlich nachts nachgehen. Dabei kann man gelegentlich auch die Stimmen tagaktiver Arten feststellen, die sich jedoch bei Tag weniger auffällig verhalten, z.B. den nächtlichen Gesang der Nachtigall, der kilometerweit zu hören ist, den Gesang der Schwirle oder die Stimme der Triele. Außerhalb der Brutzeit sind Beobachtungen auch gegen Abend sinnvoll, wenn die Vögel an ihren Schlafplätzen einfallen und sich auch öfter hören lassen. Unerläßlich ist aber die Beobachtung über einen längeren Zeitraum hinweg, auch wenn man nur brütenden Vögeln nachgeht. Die Mehrzahl der auffälligen Verhaltensweisen, z.B. Gesang, Revierflüge und Balz, hängt mit dem Brutgeschäft zusammen und spielt sich bald nach dem Eintreffen oder zu Beginn des Brütens ab. Beim eigentlichen Brutgeschäft verhalten sich die Vögel weniger auffällig. Einige Arten nisten schon zeitig im Frühjahr, daher muß man Eulenrufe und Revierflüge der Greifvögel bereits bei Winterende verfolgen. Andere Vogelarten nisten im Herbst oder gar im Winter, auch wenn das eine seltenere Erscheinung ist (z.B. die Kreuzschnäbel während der Kiefern- und Fichtenzapfenreife), also gänzlich außerhalb der Brutzeit der meisten Arten. Manche Arten kommen normalerweise sehr spät an die Brutplätze, andere ziehen nach vergeblichen Brutversuchen erst spät um. Das Feststellen von aufgezogenen Jungvögeln ist gewöhnlich gegen Ende der Brutsaison am leichtesten, wenn die Jungen bereits flügge sind und sich rufend mit den Altvögeln verständigen.

Diese Anregungen sind ein Ergebnis langjähriger Beobachtungen der verschiedensten Vogelarten. Sie sollen dem Vogelbeobachter, besonders am Anfang, als Anleitung und Grundlage für eigene Erkenntnisse dienen.

Bedeutung und Schutz

Die Vögel sind ein dauernder und erheblicher Bestandteil in der Umwelt des Menschen, der ihnen gegenüber unterschiedliche Standpunkte bezog und innehat. Am Anfang stand natürlich die Beziehung zu den Vögeln als einer Nahrungsquelle, die sich bis auf den heutigen Tag in der Nutzung einiger Arten bzw. deren Produkte fortsetzt. Ein weiterer Aspekt sind die von den Vögeln in einigen Bereichen der menschlichen Tätigkeit angerichteten Schäden. Die Zahl der wirtschaftlich bedeutsamen Vögel ist begrenzt, doch haben die meisten Arten für den Menschen eine zunehmende kulturelle Bedeutung. Diese liegt in erster Linie im ästhetischen Bereich, im Genuß, den ihr Anblick und Gesang bereiten. Für viele Menschen hat sich das Interesse an den Vögeln aber allmählich in die Forschung verlagert, wobei eine reine Liebhaberei zur Sammlung von wissenschaftlich wertvollem Material wird. Somit wurde die Ornithologie zu einem bedeutenden Teilgebiet der Biologie, insbesondere in den ökologischen und ethologischen Disziplinen.

Die Resultate dieser Untersuchungen werden heute in höherem Maße rückwirkend zur Bioindikation heranzogen, d.h. für die Beurteilung der Auswirkungen gegenwärtiger Landschaftsveränderungen auf lebende Organismen sowie deren Reaktionsweisen auf diese Veränderungen. Gebietsbezogene Vogelforschung, besonders in Verbindung mit quantitativen Werten, dient zur Bestimmung des Schädigungsgrades von Natur und Umwelt.

Mit der gegenwärtigen Verschlechterung der natürlichen Umwelt auf dem ganzen Erdball haben sich auch die Existenzbedingungen für viele Vogelarten verschlechtert, das ist allgemein bekannt. Die Internationale Union für Naturschutz (IUCN) hat daher das „Red Data Book" der bedrohten Organismen einschließlich Vögel zusammengestellt. Für kleinere Territorien werden laufend sog. Rote Listen aufgestellt und Rote Bücher erarbeitet. Während die Rote Liste nur eine Aufzählung der bedrohten Arten gibt, enthalten die Roten Bücher eingehendere Angaben, vor allem über die Schutzmöglichkeiten für solche Arten. Neben den Roten Listen und Büchern regeln auch die Jagdgesetze und entsprechenden Erlasse eines jeden Staates den Schutz und die eventuelle wirtschaftliche Nutzung der Vögel.

Die Angaben über den Gefährdungsgrad der einzelnen Vogelarten in diesem Buch sind der „Roten Liste der gefährdeten Tiere und Pflanzen in der Bundesrepublik Deutschland" (J. Blab, E. Nowak, W. Trautmann, H. Sukopp; 4. Auflage 1984, Greven) entnommen. Die Gefährdungsgrade weisen für Arten, die sich im Gebiet der Bundesrepublik Deutschland regelmäßig vermehren, bzw. vermehrten folgende Abstufung auf:

0 Ausgestorbene oder verschollene Arten;
1 Vom Aussterben bedrohte Arten;
2 Stark gefährdete Arten;
3 Gefährdete Arten;
4 Potentiell gefährdete Arten.

Für Arten, die sich in der Bundesrepublik Deutschland nicht regelmäßig vermehren, jedoch alljährlich während bestimmter Entwicklungsphasen auftreten, gelten folgende Rubriken:

I Gefährdete Vermehrungsgäste;
II Gefährdete Durchzügler, Überwinterer, Übersommerer und Wandergäste

Zu den häufigsten Gefährdungsursachen zählen die Entwässerung von Feuchtgebieten, die Verbauung der See-, Fluß- und Bachufer sowie die Gewässerverschmutzung. Hier ist in erster Linie die Erhaltung entsprechender Biotope nötig. Die intensive Kultivierung sowie die flächendeckende Nutzung und Düngung großer Grünlandareale gelten neben der Schaffung zahlreicher Monokulturen, inklusive deren intensiver Pflege (Entwässerung, Schädlingsbekämpfung), als weitere maßgebliche Ursachen für den Rückgang der Vogelartbestände. Diese Eingriffe haben neben den direkten Auswirkungen auch indirekte Folgen, was sich u.a. in einer Verringerung des Nahrungsangebotes sowie in einem Wandel der Konkurrenzverhältnisse widerspiegelt.

Die Untersuchung der Bedingungen und Möglichkeiten zum Schutz von bedrohten Arten ist eine der elementarsten Aufgaben der heutigen Ornithologie und die Nutzung dieser Kenntnisse zu praktischen Maßnahmen ist die Hauptaufgabe des Vogelschutzes. Die Möglichkeiten des Einzelnen sind im Vogelschutz oft auf ein Minimum beschränkt (Anbringung von Nistkästen, Winterfütterung, Aufklärungsarbeit). Ein umfassender Schutz liegt größtenteils oder sogar gänzlich bei staatlichen oder privaten Organisationen, deren Tätigkeit mit allen Mitteln unterstützt werden sollte. Über diese

Organisationen geben in der Regel die nationalen Sektionen des Internationalen Rats für Vogelschutz (ICBP) Auskunft, in Deutschland der Deutsche Bund für Vogelschutz.

Beim aktiven Schutz, insbesondere beim Ausbringen von Nistkästen und der Winterfütterung sollte man Ziel und Folgen der durchgeführten Maßnahme überdenken. Sinnlos ist es, übermäßig solche Arten zu fördern, deren Zahlen auf natürlichem Weg zunehmen und die bei zu großen Beständen verschiedene Probleme hervorrufen (Tauben in Städten usw.). Daher ist auch aus der Sicht des Vogelschutzes ein ökologisch begründeter Landschaftsschutz und allgemeine Bemühungen um eine Umweltverbesserung von größerer Bedeutung.

Methodische Anleitung

Die in den folgenden vier Kapiteln zusammengefaßten Erkenntnisse sollen dem Leser bei der Suche und Bestimmung von Vögeln helfen, die in ganz Europa, von Island bis zum Mittelmeer sowie vom Ural und Kaspischen Meer bis zum Atlantik vorkommen. Sie wurden so prägnant und übersichtlich wie möglich angelegt, um eine schnelle und zuverlässige Arbeit im Gelände zu erlauben. Die Abschnitte enthalten genaue Angaben über 241 Vogelarten, die Dokumentation dazu liefern Farbfotos und kleine anschauliche Illustrationen. Der erste Abschnitt faßt Vogelarten mit einer wasserverbundenen Lebensweise zusammen, der zweite die Greife und Eulen. Der dritte Teil widmet sich den Singvögeln, der vierte den Arten, die an das Leben im Fels, in Wäldern und Steppen angepaßt sind.

Die verschiedenen Vogelgruppen werden in der Einleitung zu jedem Abschnitt kurz durch den Vergleich mit einer allgemein bekannten Art charakterisiert. Diese stellt dann nach Aussehen, Verhalten und Lebensweise die Grundform der jeweiligen Gruppe dar. Die Informationen sind bei den einzelnen Arten in einer bestimmten Reihenfolge zu thematischen Blöcken geordnet.

Unter dem Stichwort **Merkmale** sind Angaben zusammengefaßt, die zur Bestimmung von Art, Alter und Geschlecht eines beobachteten Vogels dienen. Zuerst sind die Bestimmungsmerkmale ihrer Bedeutung nach aufgeführt — das wichtigste steht also an erster Stelle. Der Lebensraum wird hier nur dann erwähnt, wenn sie eng artspezifisch ist und man diese Vogelart in einem anderen Biotop praktisch nicht vorfinden kann.

Zu den Erkennungsmerkmalen gehört in erster Linie die Größe. Sie wird durch die Körperlänge in Zentimetern angegeben, manchmal noch durch die Flügelspannweite, relativ auch durch den Vergleich mit einer wohlbekannten Art oder mit einer allgemeinen Feststellung — klein, groß, mittelgroß. Der Unterschied zwischen Männchen und Weibchen wird nur dort erwähnt, wo er besonders markant ist. Die Bemerkungen über Gestalt und Färbung beschränken sich auf das Erscheinungsbild insgesamt, auf die im Flug sowie in den einzelnen Kleidern sichtbaren Merkmale. In Klammern sind die Monate genannt, in denen die Vögel das jeweilige Kleid tragen. Wird kein Unterschied betont, gilt die Beschreibung für beide Geschlechter. Ferner wird auf das bedeutsamste, typische und am häufigsten beobachtete Verhalten verwiesen. Unter den Stimmäußerungen werden die besonders charakteristischen erwähnt. Sie werden mit Silben oder Lauten wiedergegeben, manchmal auch mit allgemeinen Geräuschen verglichen.

Der Abschnitt über die **ähnlichen Arten** gibt an, ob und mit welchen Vögeln eine Art leicht verwechselt werden kann.

Das Thema **Lebensraum** ist besonders wichtig, denn es umfaßt alles Wesentliche über die Umwelt der Vögel einer jeden Art, aber auch Möglichkeiten zur Orientierung bei der Suche im Gelände. Zunächst wird das Biotop für die Brut- und die Ruhezeit genannt. Die nach der Höhe über dem Meeresspiegel unterschiedenen Stufen werden als Tiefebene (bis 200 m ü.M.), Hügelland (ca. 200–600 m ü.M.), Bergvorland (von ca. 600 m ü.M. bis zur Untergrenze der Bergwaldstufe), Bergwaldstufe, Knieholz- oder Latschenkiefernstufe, Subalpinstufe (Alpenmatten), Alpinstufe (Fels oberhalb der oberen Waldgrenze) und Nivalstufe (ewiger Schnee und Eis) bezeichnet. Man muß also bei der Suche und Bestimmung von Vögeln vom Biotoptyp ausgehen.

Grundinformationen über die **Lebensweise** der einzelnen Arten sind dem folgenden Abschnitt zu entnehmen. Er gibt an, ob die Art ein Stand-, Zug- oder Strichvogel ist und wann man sie an den Brutplätzen antreffen kann. Ferner finden sich Angaben über Plazierung, Form, Größe und Baumaterial der Nester, Anzahl, Größe und Färbung der Eier, Zeitpunkt und Häufigkeit des Nistens und welcher Altvogel wie lange brütet. Ist nichts vermerkt, wechseln sich beide Altvögel ab. Die Brutpflege wird beschrieben und die Zeit bis zur Selbständigkeit der Jungvögel angegeben. Alle Angaben sind Mittelwerte zur Orientierung, ihre Variationsbreite ist wirklich sehr groß.

Die Winterplätze der Vögel kann man den Karten entnehmen, sie sind mit einer Linie umrandet. Vielfach liegen sie außerhalb der Karte, manchmal geht auch das Brutgebiet über den Kartenrand hinaus. In beiden Fällen wird die Lage durch Pfeile angedeutet. Die Brutgebiete sind auf der Karte schwarz angegeben.

Im Abschnitt **Nahrung** sind nur die wichtigsten Komponenten erwähnt sowie die Art der Beschaffung, wenn sie charakteristisch ist.

Unter dem Stichwort **Gefährdungsgrad** wird angegeben, ob eine Vogelart bedroht ist und in welchem Ausmaß, gegebenenfalls auch ihre wirtschaftliche Nutzung.

Bildteil

Abkürzungen und Symbole

ad. — erwachsen (adultus)

juv. — jung (juvenilis)

♂ — Männchen

♀ — Weibchen

ssp. — Subspezies (Unterart)

$>$ — ist größer als . . .

$<$ — ist kleiner als . . .

1
4
2
5
3

Wasservögel

Wasserbiotope sind vielgestaltig und nahrungsreich, daher leben in ihnen in großer Anzahl Vögel, die sich auf unterschiedliche Weise an die Nutzung dieser Nahrungsquellen angepaßt haben.

Die Grundform der Vögel, die ihre Nahrung tauchend erbeuten, stellen die Prachttaucher (**1**) dar. Zu sehen sind sie normalerweise nur, wenn sie tief eingetaucht auf der Wasseroberfläche schwimmen. Sie tauchen sehr lange und über weite Strecken.

Die Vögel, die schwimmend ihre Nahrung suchen, werden von der Stockente (**2**) vertreten. Sie sind auf der Wasseroberfläche gut zu sehen; ihre Nahrung sammeln oder jagen sie gründelnd. Einige Arten können auch untertauchen.

Viele Wasservögel spähen im Flug nach Nahrung im Wasser aus. Sie werden von der Lachmöwe (**3**) charakterisiert. Im Flug sind sie gut zu beobachten, zur Nahrungsaufnahme gehen sie entweder aufs Wasser nieder oder tauchen in jähem Sturzflug ein.

Die Vögel, die in seichtem Wasser auf ihre Beute lauern bzw. ihr watend nachstellen, vertritt der Seidenreiher (**4**). In der Regel sind sie größer, haben einen langen Hals sowie lange Beine und Schnäbel. Größtenteils halten sie sich an offenen Stellen auf und sind gut zu sehen, einige Arten leben in Schilf und Ufergebüsch weitgehend heimlich.

Der Grünschenkel (**5**) kennzeichnet die Vögel, die ihre Nahrung an verschlammten Ufern suchen. Meist schreiten oder laufen sie trippelnd auf dem Schlamm oder im seichten Wasser umher. Sie sind gewöhnlich schwarmweise zusammen und streichen häufig hin und her.

Die Arten, die sich nur auf dem Trockenen aufhalten, haben meist kurze Läufe und Schnäbel. Sie finden sich größtenteils an offenen Ufern ein und sind weithin zu sehen. Weniger häufig bewegen sie sich im Schilf versteckt. Sie werden von den Rallen vertreten.

1

Prachttaucher

Gavia arctica

Seetaucher

Gaviidae

Merkmale: Aussehen — Verhalten — Stimme — Färbung
Größer als eine Stockente (65 cm). Der lange Rumpf liegt beim Schwimmen sehr tief im Wasser, der Hals ist lang, der Kopf klein, der Schnabel länger und gerade (**3**). Bei erwachsenen Vögeln im Brutkleid (III.—VII.) sind Hals und Körperoberseite schwarz mit weißen Sprenkeln oder Streifen; ♂ = ♀. Juv. und ad. Vögel im Schlichtkleid sind insgesamt grau, die Unterseite weiß. Übergangskleid auf Abb. **1.** Schwimmt meist auf dem Wasser, taucht oft und lange unter. Um sich in die Luft zu erheben, nehmen die Vögel auf der Wasseroberfläche Anlauf, ihr Flug ist jäh und geradlining (**2**). Ist außerhalb der Nistplätze nur selten mit einem tiefen, klagenden Rufen zu hören, in der Balz kommen noch Lach- oder Bellgeräusche hinzu.
Ähnliche Arten: Hauptsächlich der in Nordeuropa nistende, in West-, Mittel- und Südeuropa überwinternde Sterntaucher (*G. stellata* — **5**), seltener der Eistaucher (*G. immer* — **4**), der im Norden Europas überwintert. Der Gelbschnabel-Eistaucher (*G. adamsii* — **6**) überwintert vereinzelt im nördlicheren Europa.
Lebensraum: Abgelegene tiefe Seen, außerhalb der Brutzeit Meeresküsten, seltener Binnengewässer. Läßt sich auf dem Wasser beobachten, an den Niststellen der Stimme nach suchen. Die Jungvögel werden auf dem Wasser geführt und gefüttert.
Lebensweise: Zugvogel. An den Nistplätzen von IV.—IX. anzutreffen, lebt außerhalb der Brutzeit einzeln oder in kleineren, lockeren Gruppen. Das Nest am Gewässerufer, vorwiegend auf Inselchen, besteht aus nachlässig zusammengescharrtem Laub, Gras usw. 2 braune Eier mit lockerer schwarzbrauner Sprenkelung (84,2×51,6 mm) werden zwischen IV. und VI. gelegt. Nistet 1mal jährlich, brütet einzeln 28 Tage. Die Jungen sind Nestflüchter, werden von beiden Eltern auf dem Wasser geführt und gefüttert, sind mit 60 Tagen flügge.
Nahrung: Vorwiegend kleinere, unter Wasser erbeutete Fische.
Gefährdungsgrad: Die Art ist zahlreich.

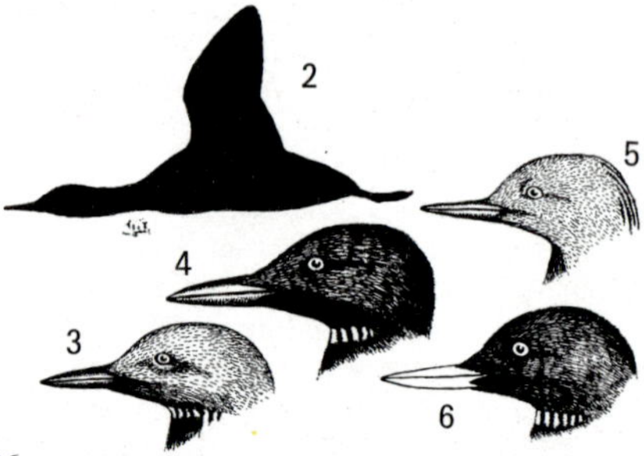

2 5 4 3 6

1

Zwergtaucher

Tachybaptus ruficollis

Lappentaucher

Podicipedidae

Merkmale: Lebensraum — Stimme — Aussehen — Verhalten

Der kleinste Taucher (27 cm), hat einen gerundeten Körper mit schmalem Hals und kleinem Kopf. Vögel im Brutkleid (III.—IX.) sind dunkel braunschwarz, der rotbraune Kopf trägt einen gelbgrünen Fleck an der Schnabelwurzel (**1**) ♂ = ♀. Ruhe- und Jugendkleid (VI.—III.) sind grauweiß. Der Zwergtaucher schwimmt auf dem Wasser, taucht ausdauernd und lebt oft in der Ufervegetation verborgen. Er fliegt höchst selten. An ihren Nistplätzen rufen die Vögel häufig ein auffälliges, durchdringendes „bibibibibi".

Ähnliche Arten: Im Ruhekleid ähnelt sie dem Schwarzhalstaucher (**2**), der jedoch größer ist, einen längeren Hals und eine kontrastreichere Färbung hat.

Lebensraum: Bewohnt in tieferen Lagen verschiedene Gewässertypen einschließlich kleiner Ziergewässer in Parks. Läßt sich an den Nistplätzen anhand der Stimme suchen (IV.—VIII.), auch während er seine Jungen füttert (V.—VIII.). Ist zu entdecken, wenn man längere Zeit die Wasseroberfläche beobachtet. Im Winter findet man den Zwergtaucher auf nicht zufrierenden Wasserläufen.

Lebensweise: Teilweise Zugvogel. An den Nistplätzen von III.—X. anzutreffen. Außerhalb der Nistzeit tritt er einzeln und in losen Gruppen auf. Das Nest in der Ufervegetation nahe der Wasserfläche ist ein kegelförmiger, schwimmender Bau aus verwesendem Pflanzenmaterial mit einer seichten Nestmulde. Die 4—6 weißen, allmählich braun werdenden Eier (37,1×25,9 mm) werden von IV.—VIII. gelegt. Zwergtaucher nisten 1—3mal jährlich, einzeln, brüten 19 Tage. Um die Jungen kümmern sich beide Eltern, sie können sofort schwimmen und werden mit 56 Tagen flügge.

Nahrung: Wasserinsekten und deren Larven, unter Wasser erbeutet.

Gefährdungsgrad: Stellenweise im Rückgang begriffen, doch ist ein besonderer Schutz kaum möglich.

2

Haubentaucher

Podiceps cristatus

Lappentaucher

Podicipedidae

Merkmale: Lebensraum — Aussehen — Stimme — Verhalten

Größter Lappentaucher (48 cm, Spannweite 88 cm). Im Brutkleid (**1**) ist auf dem Kopf ein zweigeteilter, spitz auslaufender Schopf, die Wangen tragen eine auffällige weiß-rotbraun-schwarze Zeichnung. Im Ruhekleid sind die Federspitzen der Haube nur angedeutet, der Kopf grauweiß. Ad. Vögel sind auf der Rückenseite braungrau, auf der Unterseite leuchtendweiß. ♀ < ♂, matter gefärbt. Die Jungen im Dunenkleid haben eine ausdruckvoll kontrastierende Kopffärbung (**3** — Haubentaucher, **4** — Schwarzhalstaucher, **5** — Rothalstaucher, **6** — Zwergtaucher). Juvenile Vögel (V.—X.) haben graubraun längsgestreifte Wangen und Halsseiten. Schwimmt vorwiegend auf dem freien Wasser umher, taucht häufig. Liegt schwimmend sehr tief im Wasser, den Hals aufgereckt. Im Flug ist der Körper ganz gestreckt, die Flügel sind spitz (**2**). Haubentaucher schlafen mit nach vorn weisendem, auf dem Rücken ruhendem Kopf auf der Wasseroberfläche. Sie fliegen nur selten, niedrig, mit schnellen, regelmäßigen Flügelschlägen. An den Nistplätzen ist häufig, auch bei Nacht, ein lautstark tutendes „örr körr-arr" zu hören, in der Balz ein wiederholtes „kökkök" und während der Fütterung von den Jungvögeln dauernd ein lautes Pfeifen.

Ähnliche Arten: Der Rothalstaucher ist ebenso groß, hat aber einen kürzeren, kräftigeren Hals, in jedem Kleid sind Hals und Brust dunkler.

Lebensraum: Größere seichte Gewässer mit Sumpfvegetation, außerhalb der Brut-
1 zeit auch auf Flüssen sowie an Küsten.

Bei Beobachtung der Wasseroberfläche in der Nistzeit auch an der Stimme zu identifizieren. Das Nest befindet sich manchmal frei auf dem Wasser. Die Jungen werden auf dem freien Wasser gefüttert und sind dabei unablässig laut.

Lebensweise: Überwiegend Zugvogel, hält sich an den Nistplätzen von II.—X. auf. Außerhalb der Brutzeit lebt er einzeln oder gruppenweise. Das Nest ist meist am Vegetationsrand unmittelbar am Wasser, es ist ein schwimmender Haufen aus verwesendem Pflanzenmaterial mit einer seichten Mulde. Die 3—6 weißen, allmählich braun werdenden Eier mit Kalküberzug (55,3×37,3 mm) werden in den Monaten IV.—VIII. gelegt. Er nistet 1—2mal jährlich, einzeln, manchmal auch in lockeren Kolonien. Er brütet 27 Tage. Die Jungvögel sind sofort schwimmfähig. Sie werden von beiden Eltern geführt, sogar auf dem Rücken getragen. Flügge werden sie mit 70 Tagen.

Nahrung: Kleine Fische, Wasserinsekten und deren Larven, unter Wasser erbeutet. Haubentaucher können in Laich- und Brutteichen Schäden anrichten.

Gefährdungsgrad: Die Art ist zahlreich und nimmt stellenweise sogar zu.

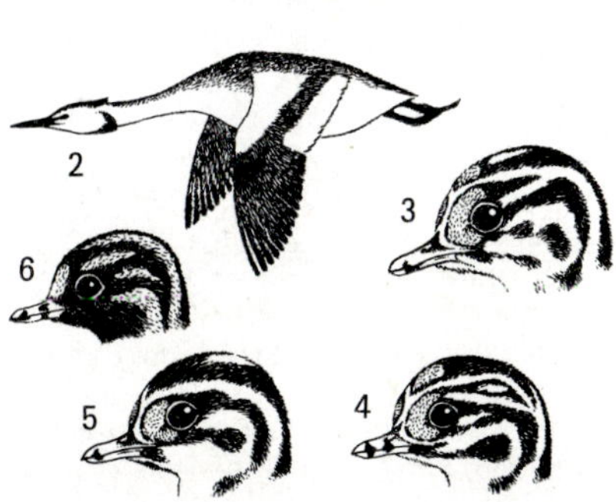

1

Rothalstaucher

Podiceps griseigena

Lappentaucher

Podicipedidae

Merkmale: Lebensraum — Aussehen — Färbung — Stimme

In der Größe wie der Haubentaucher (48 cm). Großer Kopf mit einem ganz kleinen Nackenschopf, kürzerer, kräftiger Hals. Im Brutkleid (**1**) (III.—IX.) hat er weiße Wangen und eine rotbraune Brust, im Ruhekleid ist die Brust hell. ♂ = ♀. Im Jugendkleid ist die Brust hellrötlich, zu beiden Kopfseiten sitzt eine rotbraune Streifung. Schnabelwurzel stets gelb. Der Vogel ist vorwiegend auf der Wasseroberfläche, taucht häufig, fliegt nur selten, geradlinig und jäh mit schnellen Flügelschlägen. Zur Brutzeit läßt er oft ein lautes, wieherndes „ööö" hören, die Jungen pfeifen ausdauernd „bibibi".

Ähnliche Arten: Der Haubentaucher hat einen längeren, schlankeren Hals, eine rote Schnabelwurzel und eine weiße Brust.

Lebensraum: Größere seichte, stark verkrautete Gewässer, in der Ruhezeit auf größeren Flüssen und an Meeresküsten. Auf dem Wasser, in der Brutzeit (V.—VII.) auch am Ruf zu entdecken. Die Jungen werden auf dem Wasser gefüttert und sind unablässig laut. Zur Beachtung: die noch nicht ausgefärbten flüggen Jungvögel verlassen im Flug die Nistplätze (ab VII.), ihre Anwesenheit bedeutet nicht, daß die Vögel am Ort gebrütet haben.

Lebensweise: Zugvogel, der sich an den Nistplätzen von III.—IX. aufhält und in der Ruhezeit normalerweise einzeln lebt. Das Nest befindet sich in der Regel nahe am Wasser in der Vegetation; es ist ein Haufen aus faulendem Pflanzenmaterial mit einer seichten Nestmulde. Die 4—5 weißen, sich mit der Zeit braun färbenden Eier (51,0×34,2 mm) werden in den Monaten V.—VI. gelegt. Rothalstaucher nisten 1(—2)mal jährlich, einzeln, sie brüten 22 Tage. Brutpflege betreiben beide Eltern. Die Jungen sind sofort schwimmfähig, die Altvögel tragen sie auf dem Rücken und füttern sie 60 Tage lang.

Nahrung: Kleine Fische, größere Insekten oder deren Larven, unter Wasser erbeutet.

Gefährdungsgrad: Im Rückgang begriffene Art. Gehört zu den „gefährdeten" Arten in großen Teilen des einheimischen Verbreitungsgebietes.

1

Schwarzhalstaucher

Podiceps nigricollis

Lappentaucher

Podicipedidae

Merkmale: Aussehen — Größe — Färbung — Verhalten
Eine kleinere Lappentaucherart (31 cm). Hat einen größeren Kopf mit kleinen Federschöpfchen, einen längeren Hals und einen kurzen, rundlichen Körper. Im Brutkleid (**1**) (III.—IX.) haben die Vögel eine fast schwarze Oberseite, einen weißen Bauch, hinter den roten Augen sitzen goldgelbe Federbüschel; ♂ = ♀. Im Ruhe- und Jugendkleid ist die Oberseite schwarzbraun, die Unterseite einschließlich Kehle weiß. Der Vogel schwimmt meist auf dem Wasser, taucht häufig unter, die Bewegungen sind recht schnell, ruckhaft. Er fliegt nur sehr selten, geradlinig und schnell. Sein leises Pfeifen ertönt nur wenig.

Ähnliche Arten: Vor allem der Ohrentaucher (*P. auritus*, Abb. **2** im Ruhekleid); nistet in Nordeuropa, überwintert in West- und Südeuropa, ist nicht allzu zahlreich.

Lebensraum: Seichte größere Gewässer mit Sumpfvegetation, lebt in der Ruhezeit auch auf nicht verkrauteten Gewässern und an Küsten. Auf der Wasseroberfläche in Vegetationsnähe zu sehen, in der Ruhezeit auch außerhalb. Das Führen und Füttern der Jungen kann man auf dem freien Wasser nahe am Nistplatz beobachten.

Lebensweise: Zugvogel, an den Nistplätzen von IV.—VIII. anzutreffen, hält in der Ruhezeit in Gruppen zusammen. Schwarzhalstaucher nisten meist kolonienweise, seltener einzeln. Ihr Nest ist ein kegelförmiger, schwimmender Haufen auf Pflanzenmaterial, häufig in Lachmöwenkolonien. Die 3—5 weißen, sich allmählich braun verfärbenden Eier (43,7×30,0 mm) werden in den Monaten IV.—VII. gelegt. Die Art nistet 1mal, evtl. auch 2mal jährlich und brütet 21 Tage. Die Jungen schwimmen sofort und werden wahrscheinlich mit 21 Tagen flügge. Brutpflege betreiben beide Eltern, sie tragen die Jungen oft auf dem Rücken.

Nahrung: Kleine wasserbewohnende Wirbellose.

Gefährdungsgrad: Wird zu den „stark gefährdeten" Arten gezählt.

2

1

Eissturmvogel
Fulmarus glacialis
Sturmvögel
Procellariidae

Merkmale: Aussehen — Verhalten — Färbung
Etwas größer als die Lachmöwe (46 cm, Spannweite 110 cm). Der Eissturmvogel hat einen kurzen Rumpf, einen kurzen, kräftigen Schnabel, einen starken Hals, einen kurzen geraden Schwanz, breite und lange, in der Körpermitte angesetzte Flügel. Die häufigere helle Form (**1, 2**) ist weiß, Flügeloberseite und Rücken hellbraun, bei der dunklen Form sind der ganze Körper und der Kopf grau. ♂ = ♀ = juv. Der Vogel sitzt schwimmend hoch auf dem Wasser. Ausdauernder Segelflug ohne Flügelschlag dicht über dem Wasser, folgt oft Schiffen und hält sich an Land nur zur Brutzeit auf. Stößt in Schwärmen oft ein rauhes „ög ög ög orrr“ aus, ein gedämpftes „krau“ oder „kar“.
Ähnliche Arten: Die Großalbatrosse, die selten an den europäischen Küsten erscheinen, vor allem der Mollymauk (*Diomedea melanophris*). Die anderen häufigen Sturmvogelarten sind dunkel, besonders auf der Oberseite (z.B. der Schwarzschnabelsturmtaucher — *Puffinus puffinus* — **3**).
Lebensraum: Hochsee, die Nistplätze befinden sich auf Schären und Felsküsten. Man beobachtet Vogelsammlungen um die Nistplätze, kontrolliert visuell Felsklippen, außerhalb der Brutzeit den Raum dicht über dem Wasser.
Lebensweise: Außerhalb der Brutzeit über den ganzen Atlantik verstreut, hält sich von V.—IX. an den Nistplätzen auf. Das Nest sitzt auf kahlem Fels. Die 1—2 weißen, später gelblichen oder gefleckten Eier (74,0×50,5 mm) werden in den Monaten V.—VI. gelegt. Nistet 1mal jährlich in manchmal riesigen Kolonien und brütet 50 Tage. Beide Eltern betreiben Brutpflege, die Jungen bleiben 55 Tage im Nest.
Nahrung: Meereslebewesen und Abfälle, die im Flug oder schwimmend von der Wasseroberfläche aufgenommen werden.
Gefährdungsgrad: Der Eissturmvogel ist eine „potentiell gefährdete“ Art.

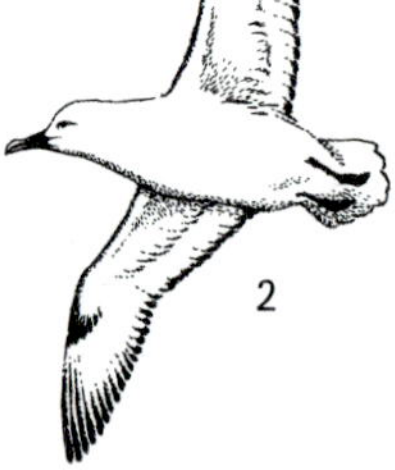

2

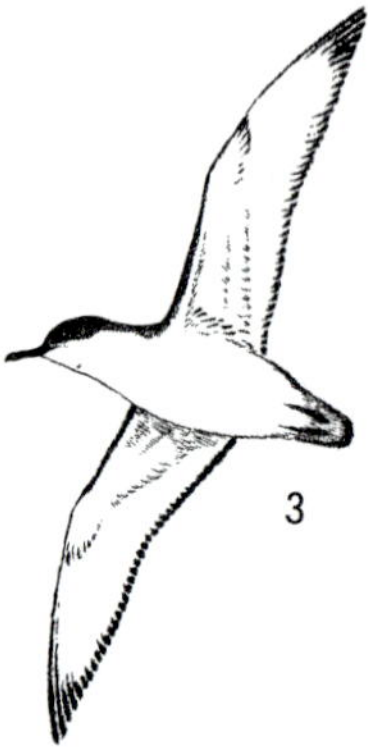

3

1

Sturmschwalbe

Hydrobates pelagicus
Sturmschwalben
Hydrobatidae

Merkmale: Größe — Verhalten — Aussehen — Färbung
Ein sehr kleiner Sturmvogel (15 cm, Spannweite 35 cm) mit rundem Kopf, kleinem Schnabel, schlanken, im Flug gewinkelten Flügeln und einem kurzen, geradrandig endenden Schwanz. Der ad. Vogel (**1**) ist ganz schwarzbraun mit einem weißen Streifen auf dem Unterflügel und einem weißen Bürzel. Läufe schwarz. ♂ = ♀. Der juv. Vogel hat helle Federspitzen. Schwimmend sitzt die Sturmschwalbe hoch auf dem Wasser, den Kopf erhoben, die Flügel über den Schwanz hinausragend. Sie bewegt sich in flatterndem Flug mit hängenden Läufen dicht über dem Wasserspiegel, als ob sie auf dem Wasser liefe (**2**). Schiffbegleiter. Auf See schweigsam, gibt an den Nistplätzen einen katzenähnlichen Schnurrlaut von sich, der in einem deutlichen „hikav" endet.
Ähnliche Arten: Ähnlich gefärbte, aber größere Sturmvögel sind der Wellenläufer (*Oceanodroma leucorrhoa*), der regelmäßig in Europa das ganze Jahr über auftritt, und die Buntfuß-Sturmschwalbe (*Oceanites oceanicus*), die selten von VIII.—XII. anzutreffen ist.
Lebensraum: Hochsee, in der Brutzeit Inseln und Küsten. Auf See zu beobachten; die Nistplätze erkennt man an der nächtlichen Aktivität. Die Vögel kommen in der Nacht angeflogen und melden sich lautstark.
Lebensweise: Kommt in der Ruhezeit überall auf hoher See vor, ist an den Nistplätzen von V.—VIII. anzutreffen. Das Nest sitzt in Felsritzen oder gescharrten Höhlen. Das einzige weiße Ei mit einem Ring aus dunkelbraunen Flecken (27,7×21,3 mm) wird in den Monaten V.—VII. gelegt. Die Art nistet in Kolonien 1mal jährlich und brütet 38 Tage. Um die Jungen kümmern sich beide Eltern, sie bleiben 60 Tage im Nest.
Nahrung: Kleine Meereslebewesen, im Flug von der Wasseroberfläche aufgenommen.
Gefährdungsgrad: Sturmschwalben zählen bisher zu den noch nicht unmittelbar gefährdeten Arten.

2

1

Baßtölpel

Sula bassana

Tölpel

Sulidae

Merkmale: Lebensraum — Größe — Aussehen — Verhalten

Von der Größe einer Graugans (91 cm, Spannweite 170 cm), hat er einen großen Kopf mit einem kräftigen, langen kegelförmigen Schnabel, einen langen Rumpf mit einem kürzeren, keilförmigen Schwanz, lange, zugespitzte Flügel und kurze Läufe. Der erwachsene Baßtölpel (**1**) ist weiß mit gelblichem Kopf und Hals sowie schwarzen Flügelspitzen, ♂ = ♀. Juv. Vogel (ab VI.) dunkelbraun, verfärbt sich allmählich (2.—3. Jahr) ins Weiße. Der Vogel schwimmt mit erhobenem Kopf und Schwanz auf dem Wasser, guter Taucher. Fliegt (**2**) mit langsamem Flügelschlag, von kurzem Segeln unterbrochen, in geringer Höhe, den Schnabel bei der Jagd aufs Wasser gerichtet, stößt hin und wieder im Sturzflug mit angelegten Flügeln ins Wasser herunter (**3**). Baßtölpel jagen einzeln, doch finden sich an den Jagdgründen immer zahlreiche Vögel ein. An den Nistplätzen sind oft bellende und tief brummende Rufe wie „ärrah", „kirra kirra" zu hören.

Ähnliche Arten: Unverwechselbar.

Lebensraum: Hochsee, Nistkolonien an Felsküsten, hauptsächlich auf unbewohnten Inseln. Irrgäste kommen im Binnenland an verschiedenen Gewässern vor. Über dem Wasser zu beobachten. Die Nistplätze kann man von See aus betrachten, sie werden vom zahlreichen und regelmäßigen Auftreten der Vögel in ihrer Nähe sowie deren Flugrichtung verraten.

Lebensweise: Überwintert auf hoher See im Atlantik, seltener im Mittelmeer und hält sich von III.—VII. an den Nistplätzen auf. Die Nester befinden sich auf den Vorsprüngen steiler Felsklippen 1(—2), bläuliche Eier mit Kalküberzug (78,5×49,8 mm) werden in den Monaten III.—V. gelegt. Baßtölpel nisten 1mal jährlich und brüten 44 Tage. Brutpflege betreiben beide Eltern, die Jungen sitzen 56 Tage im Nest.

Nahrung: Seefische.

Gefährdungsgrad: Laut Roter Liste zählt er nicht zu den gefährdeten Arten.

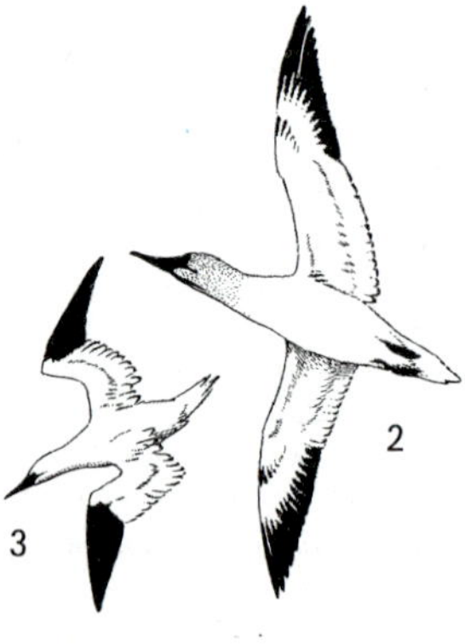

2

3

1

Rosapelikan
Pelecanus onocrotalus
Pelikane
Pelecanidae

Merkmale: Größe — Aussehen — Färbung — Verhalten
Einer der größten europäischen Vögel (160 cm, Spannweite 350 cm). Er hat einen riesigen Schnabel mit einem Hautsack, einen langen Hals; Rumpf, Schwanz und Läufe sind kurz. Die Stirnbefiederung läuft in Spitzen aus (**4**). Ad. Vögel (**1**) sind weiß mit einem Rosaschimmer; ♂ = ♀. Juv. Vögel sind braun und werden mit der Zeit (2.—3. Jahr) weiß. Pelikane schwimmen hoch auf dem Wasser (**2**) mit zurückgeneigtem Kopf. Sie fliegen mit langsamen, gleichmäßigen Flügelschlägen, segeln gelegentlich und tragen im Flug den Kopf an den Rücken zurückgezogen (**3**). Nur an den Nistplätzen sind Brummtöne zu hören.
Ähnliche Arten: An gleichen Orten lebt der ähnliche Krauskopfpelikan (*P. crispus*). Sein Gefieder zeigt einen Grauton und die Stirnbefiederung ist gerade (**5**).
Lebensraum: Tiefliegende Sumpflandschaften und Seen mit reichem Fischvorkommen, außerhalb der Brutzeit auch Küsten. Nistplätze erkennt man am ständigen Vorkommen der Vögel und regelmäßigen Überflügen. In der Ruhezeit stellt man die Vögel über dem Wasser oder auf ihren Strichflügen fest.
Lebensweise: Zugvogel, an den Nistplätzen von III.—IX. anzutreffen. Außerhalb der Brutzeit halten sich die Vögel in Gruppen, seltener einzeln auf. Die Nester bestehen aus schwimmenden Haufen von Pflanzenmaterial. Die 2 weißen Eier (94,0×59,0 mm) werden von IV.—VI. gelegt. Pelikane nisten kolonienweise 1mal jährlich und brüten 33 Tage. Die Jungvögel schwimmen schon bald am Nest umher und werden von beiden Eltern geführt. Flügge werden sie mit 75 Tagen.
Nahrung: Fische, die er in seinen Kehlsack fängt. Dabei drängen die in einer Reihe jagenden Vögel die Fische ins Flachwasser.

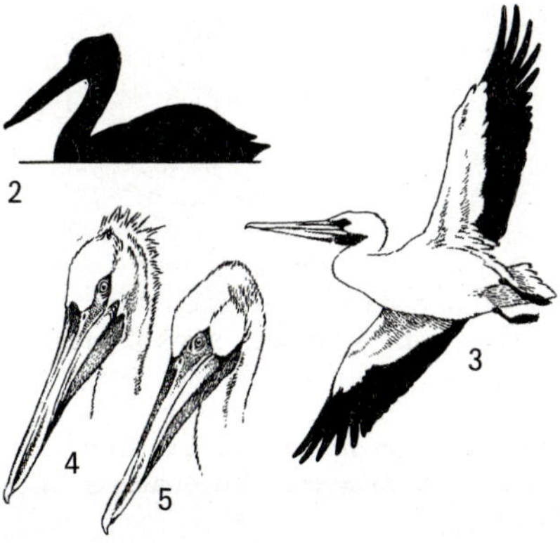

Kormoran

Phalacrocorax carbo

Kormorane

Phalacrocoracidae

Merkmale: Größe — Aussehen — Färbung — Verhalten
Von der Größe einer Graugans (91 cm, Spannweite 130 cm). Kleiner Kopf, der sich nach vorn in den langen, kräftigen Schnabel verjüngt. Im Brutkleid (X.—VII.) haben die Vögel der ssp. *Ph.c. carbo* (an der Atlantikküste) einen dunklen Kopf mit weißem Kinn und weißen Wangen, die Vögel der ssp. *Ph.c. sinensis* (aus Mittel-, Süd- und Osteuropa) ein auf Scheitel, Nacken und den Halsseiten überwiegend weißes Gefieder. Die gleiche Färbung weisen auch ältere Exemplare der ssp. *carbo* auf. Im Ruhekleid ist der Kopf bei beiden Subspezies dunkel. Juv. Vögel (**1**) sind auf der Oberseite braun, von unten weiß, manche Exemplare haben einen braunen Bauch. Der Vogel schwimmt tief eingetaucht mit angezogenem Hals und schräg nach oben gerichtetem Schnabel (**2**), taucht häufig. Er sitzt aufgerichtet auf Stämmen, Baumstümpfen oder Bäumen im Wasser oder an sumpfigen Ufern, trocknet oft seine halb gespreizten Flügel (**3**). Kormorane fischen meist in ganzen Gruppen und übernachten auch zusammen auf Bäumen. Ruft nur am Nistplatz ein tiefes „gok", beim Anflug auf das Nest wiederholt „gok gok go gogogok" und andere Laute.
Ähnliche Arten: Die Krähenscharbe (*Ph. aristotelis* — **4**).
Lebensraum: Größere fischreiche Gewässer. Zu beobachten sind schwimmende, sitzende und sich trocknende bzw. fliegende Vögel. Die Brutplätze erkennt man am regelmäßigen Vorkommen der Vögel und an deren Flugrichtung, wenn sie die Nester anfliegen. Abends wechseln die Vögel jedoch zu ihren Schlafbäumen über. Die Nester mit brütenden Altvögeln oder bereits größeren Jungen sind gut sichtbar.
Lebensweise: Zugvogel, an den Nistplätzen von III.—IX. anzutreffen. Kormorane brüten in Kolonien: die Vögel der ssp. *sinensis* auf Bäumen, seltener auch im Schilf, die der ssp. *carbo* auf Klippen. Die großen Nester (Durchmesser 50—60 cm) bestehen aus kräftigen Ästen. Die 1—4 hellblauen Eier mit einem starken Kalküberzug (63,0×39,4 mm) werden in den Monaten III.—V. gelegt. Kormorane nisten 1mal jährlich und brüten 23 Tage. Beide Eltern pflegen die Jungen, die schon nach kurzer Zeit in Nestnähe herumkriechen. Flügge werden sie mit 50 Tagen, gefüttert werden sie noch weitere 50 Tage.
Nahrung: Kleinere Fische, unter Wasser erbeutet.
Gefährdungsgrad: In ihrem Verbreitungsgebiet sind die Kormorane „vom Aussterben bedroht".

1

Rohrdommel

Botaurus stellaris

Reiher

Ardeidae

Merkmale: Lebensraum — Stimme — Aussehen — Verhalten

Dieser mittelgroße Reiher (75 cm) hat einen langen, geraden Schnabel, Hals und Läufe sind kürzer und kräftig, die Flügel breit und gerundet. Die ausgewachsene Rohrdommel (**1**) ist fleckig gelbbraun. ♂ = ♀. Juv. Vögel sind heller mit einer stärker braunen Fleckung, der Bart am Schnabel ist noch wenig ausgeprägt. Der Vogel lebt einzeln sehr heimlich im Rohrdickicht, wechselt manchmal in niedrigem Flug mit langsamen, gleichmäßigen Flügelschlägen auf andere Standorte über. Im seichten Wasser oder im Röhricht nimmt die Rohrdommel ihre reglose Pfahlstellung ein. In der Brutzeit ruft das ♂ häufig, besonders bei Nacht, sein laut dröhnendes „hum hum" in Abständen von einigen Sekunden.

Ähnliche Arten: Sehr ähnlich ist die Nordamerikanische Rohrdommel (*B. lentiginosus*), die sehr selten als Irrgast in Westeuropa auftritt.

Lebensraum: Bewohnt ganzjährig ausgedehnte alte Röhrichtbestände. In der Brutzeit findet man die Rohrdommel nach der Stimme, doch heißt das nicht, daß sie an solchen Plätzen wirklich nistet.

Lebensweise: Zugvogel, der an den Nistplätzen von III.—IX. vorkommt. Das Nest aus trockenen Schilfhalmen befindet sich inmitten des Rohrdickichts nahe am Wasser in einem dichtem Röhrichthorst. Die 4—6 hellolivbraunen Eier (53,0×38,5 mm) werden in den Monaten IV.—VI. gelegt. Rohrdommeln nisten 1mal jährlich einzeln, polygam, das ♀ brütet 24 Tage. Brutpflege betreibt nur das ♀, die Jungen kriechen bald in der Umgebung des Nestes herum, flügge werden sie mit 56 Tagen.

Nahrung: Kleinere Wasserlebewesen, die der Vogel lauernd im seichten Wasser oder an der Oberfläche erbeutet.

Gefährdungsgrad: In der letzten Zeit stark zurückgehende Art, sie ist „vom Aussterben bedroht".

1

Zwergdommel

Ixobrychus minutus

Reiher

Ardeidae

Merkmale: Lebensraum — Größe — Aussehen — Stimme — Verhalten
Dieser kleinste Reihervogel (35 cm) von nicht einmal Krähengröße hat einen großen Kopf mit einem langen, geraden Schnabel und einen starken Hals. Das ad. ♂ (**2**) ist kontrastierend gelbbraun und schwarz, das ♀ ist brauner und matter. Die juv. Vögel (VII.—X.) sind gelbbraun mit einer dunklen Längsfleckung (**1**). Der Vogel lebt heimlich in der Sumpfvegetation, über die er oft dahinstreicht. Er sitzt auf Schilfstengeln oder Zweigen dicht am Wasser. In der Brutzeit ruft er bei Tag und Nacht oft sein unaufdringliches, aber weithin vernehmbares, dumpfes „wup" in regelmäßigen, kurzen Intervallen.

Ähnliche Arten: Unverwechselbar.

Lebensraum: Sumpfvegetation, vor allem Rohrdickichte und Weidengebüsche. In der Brutzeit entdeckt man den Vogel an der Stimme und durch längeres Beobachten der Pflanzenbestände, in der Ruhezeit nur durch Zufall.

Lebensweise: Zugvogel, der an den Brutplätzen von IV.—IX. vorkommt und in der Ruhezeit einzeln lebt. Das Nest befindet sich dicht über dem Wasserspiegel im Schilf oder Gebüsch. Es hat einen Durchmesser von etwa 20 cm, seine Grundlage wird von konzentrisch angeordneten alten Halmen gebildet. Die 4—7 weißen Eier (35,2×25,9 mm) legt der Vogel in den Monaten V.—VII. Er nistet 1mal jährlich einzeln, manchmal finden sich auch nahe beieinander mehrere Pärchen ein und brütet 18 Tage. Beide Eltern kümmern sich um die Jungen, die sich ab dem 7. Tag auch in der Umgebung des Nestes aufhalten und mit 22 Tagen flügge werden.

Nahrung: Wasserinsekten und deren Larven, die lauernd auf der Wasseroberfläche erbeutet werden.

Gefährdungsgrad: Diese Art ist „vom Aussterben bedroht". Alte Schilfbestände sollten erhalten werden.

2 ♂

1

Nachtreiher

Nycticorax nycticorax

Reiher

Ardeidae

Merkmale: Lebensraum — Aussehen — Stimme — Verhalten
Ein kleiner Reiher (61 cm) mit kurzem Hals und kurzen Läufen. Das ad. ♂ (**1**) ist grau und weiß, hat einen dunkelgrünen Scheitel mit zwei lang herausragenden weißen Federn, das ♀ ist matter und hat kürzere Zierfedern. Juv. Vögel (VI.—I.) zeigen starke Abweichungen — sie sind braun mit weißen Flecken. Der Vogel steht auf den niedrigsten Ästen am Wasser oder am Rand des Rohrdickichts. Er fliegt niedrig und gemächlich mit langsamen Flügelschlag und wechselt vor allem in der Morgen- und Abenddämmerung vom Brutplatz in die Umgebung über. Im Flug und am Brutplatz ruft er oft sein lautes, dumpfes „quak, quak quak".

Ähnliche Arten: Nicht zu verwechseln.

Lebensraum: Sumpfbiotope in tieferen Lagen. Wahrscheinliche Niststellen kann man anhand von regelmäßigem Auftreten der Vögel und ihren Strichflügen in die Umgebung und zurück zum Nest vor allem gegen Abend und am frühen Morgen feststellen. Vorkommen in der Brutzeit ist nicht unbedingt ein Beweis fürs Brüten. In der Ruhezeit läßt sich der Nachtreiher auch an kleineren Gewässern oder auf seinen Strichflügen beobachten und hören.

Lebensweise: Zugvogel, der sich an den Nistplätzen von III.—IX. aufhält, außerhalb der Brutzeit einzeln oder in kleinen Grüppchen lebt. Die Nester befinden sich an wasserumsäumten Stellen — auf Bäumen, im Gebüsch oder Schilf, sie sind lockere Bauten aus Zweigen und Halmen. Die 2 blauen Eier (49,7×35,6 mm) werden in den Monaten IV.—VII. gelegt. Der Nachtreiher nistet 1mal jährlich, in den Kolonien brüten nicht alle Vögel zugleich, sondern in mehreren Wellen. Gebrütet wird 22 Tage, beide Eltern betreiben Brutpflege, die Jungen halten sich mit 20 Tagen auch in der Umgebung auf und werden mit 42 Tagen flügge.

Nahrung: Kleinere Fische und wasserbewohnende Wirbellose, lauernd an der Wasseroberfläche erbeutet.

Gefährdungsgrad: Eine stellenweise zahlreiche Art, doch schwanken die Bestände. Er ist „potentiell gefährdet".

1

Seidenreiher
Egretta garzetta
Reiher
Ardeidae

Merkmale: Aussehen — Größe — Verhalten
Ein kleiner Reiher (60 cm) mit langem, geradem Schnabel, langem, dünnem Hals, kurzem Schwanz und ziemlich langen Läufen. Ad. Vögel sind reinweiß. Schnabel und Läufe sind schwarz, im Brutkleid (XI.—VII.) haben sie auf dem Nacken lang herabhängende Schmuckfedern (**1**). ♂ = ♀. Juv. Vögel haben noch keine langen Schmuckfedern. Der Reiher steht an Gewässern auf Schlammbänken, Sträuchern und Schilf, schreitet langsam durch das seichte Wasser. Er fliegt langsam mit gleichmäßigem Flügelschlag, kurzen Gleitflügen, den Kopf angezogen, die Beine ragen über den Schwanz hinaus. Oft hält er sich mit anderen Reihern zusammen auf. Ist häufiger nur am Brutplatz mit einem heiser-leisen „rrä" oder „karrk" zu hören.
Ähnliche Arten: Vor allem der Silberreiher (*E. alba*), der in Süd- und Mitteleuropa stellenweise regelmäßig auftritt. In diesen Gebieten kommen auch ähnliche kleinere Arten vor: der Rallenreiher (*Ardeola ralloides*) und der Kuhreiher (*Bubulcus ibis*).
Lebensraum: Ausgedehnte Sumpflandschaften in tieferen Lagen. Nistplätze erkennt man am regelmäßigen Auftreten, einzelne Pärchen brüten oft in der Gesellschaft anderer Reiherarten. In der Ruhezeit kann man den Seidenreiher an den verschiedensten Gewässern beobachten.
Lebensweise: Zugvogel; hält sich an den Brutplätzen von IV.—IX. auf, lebt in der Ruhezeit vorwiegend einzeln. Die Jungen zerstreuen sich nach dem Ausführen (VII.—IX.) in allen Richtungen. Die Nester befinden sich auf Bäumen, im Strauchwerk und Röhricht und haben einen Durchmesser von etwa 33 cm; sie werden aus langen, dünnen Halmen errichtet. Die 4—5 blaugrünen Eier (46,4×33,6 mm) werden in den Monaten IV.—VII. gelegt. Die Art nistet 1mal jährlich und brütet 22 Tage. Beide Eltern betreiben Brutpflege, mit 30 Tagen verlassen die Jungvögel das Nest und werden mit 40 Tagen flügge.
Nahrung: Kleinere Wasserlebewesen, die lauernd an der Wasseroberfläche erbeutet werden.
Gefährdungsgrad: Die Art zählt zu den „gefährdeten Wandergästen". Notwendig ist die Erhaltung von Brutplätzen und der Schutz von Sumpfbiotopen.

Graureiher, Fischreiher
Ardea cinerea
Reiher
Ardeidae

Merkmale: Aussehen — Größe — Stimme
Der größte europäische Reiher (91 cm, Spannweite 140 cm), größer als eine Gans. Kopf und Schnabel sind lang und schlank, Hals und Läufe lang. Das grauweiß-schwarze Kleid der ad. Vögel (**1**) zeigt einen deutlichen schwarzen Streifen hinter dem Auge, der sich in den Schmuckfedern im Nacken fortsetzt. ♂ = ♀. Juv. Vögel (VI.—I.) sind weniger kontrastreich gefärbt, die langen Schmuckfedern am Hinterkopf sind kürzer. Der Vogel steht reglos (**2**) an Gewässerrändern, im Flachwasser und auf gemähten Feldern, schreitet gelegentlich langsam, sitzt auch manchmal auf Bäumen. Fliegt geruhsam mit langsamen Flügelschlägen und gelegentlichem Gleitflug, vor allem beim Niedergehen. Der Hals ist im Flug S-förmig an den Rücken gezogen, die Beine ragen hinten weit über den Schwanz hinaus (**3**). Ruft an den Brutplätzen oft sein lautstarkes, tiefes „krau". Die Nestjungen quaken bei Anwesenheit der Alten „kakaka".
Ähnliche Arten: Unverwechselbar.
Lebensraum: Sumpfbiotope und Waldgebiete mit Gewässern von der Tiefebene bis ins Bergvorland, außerhalb der Brutzeit auch wasserlose Landschaften. Die großen Nistkolonien werden über lange Zeit benutzt und die Nester sind auffällig (**4**). Oft treten in der Brutzeit (III—VII) jedoch auch Vögel auf, die nicht nisten.
Lebensweise: Zugvogel, der sich an den Nistplätzen von III.—VIII. aufhält und ganzjährig einzeln oder in Gruppen anzutreffen ist. Die flüggen Jungreiher streichen von VII.—IX. in allen Richtungen umher. Nistet in Kolonien von manchmal vielen hundert Paaren, aber auch einzeln. Die Nester sitzen in Baumkronen, manchmal auch im Schilf, sind aus Zweigen gebaut und haben einen Durchmesser von etwa 75 cm. In den Kolonien werden die alten Nester benutzt und vor dem Brüten nur ausgebessert. Die 2—5 hellblaugrünen Eier (60,5×43,1 mm) werden in den Monaten III.—VII. gelegt. Die Vögel nisten 1mal jährlich und brüten 26 Tage. Brutpflege betreiben beide Eltern. Mit dem 20. Tag klettern die Jungvögel im Geäst um die Nester herum, bis zum 50. Tag bleiben sie am Nest.
Nahrung: Kleine Fische, größere Insekten, Frösche, Feldmäuse. Gelegentlich richten Graureiher an Fischteichen mit intensiver Brutaufzucht Schäden an.
Gefährdungsgrad: Stellenweise sehr zahlreich, doch schwanken die Bestandstärken häufig, daher „potentiell gefährdet".

2

3

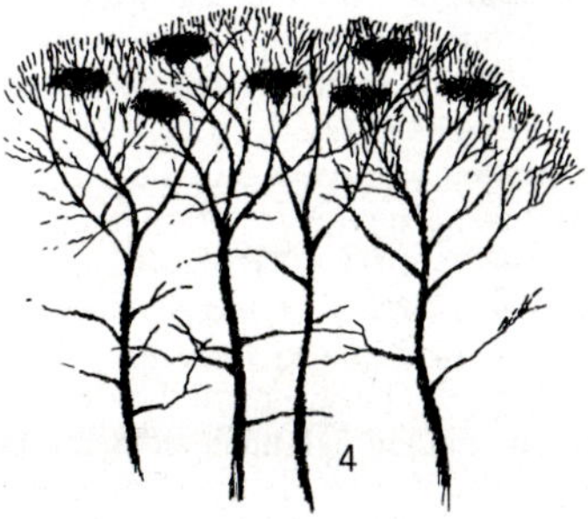
4

1

Purpurreiher

Ardea purpurea

Reiher

Ardeidae

Merkmale: Aussehen — Färbung — Größe
Ein großer (85 cm, Spannweite 130 cm), schlanker Reiher mit langem, geradem Schnabel, Hals und Läufe sind lang. Der ad. Vogel (**1**) ist dunkel rotbraun mit einer grauen Körperoberseite. ♂ = ♀. Der juv. Vogel (VI.—I.) ist mattbraun ohne kontrastierende schwarze Kopfzeichnung. Der Vogel steht am Rand seichter Gewässer, schreitet manchmal langsam, fliegt nur selten auf. Er fliegt langsam mit regelmäßigem Flügelschlag, zwischendurch kurze Gleitflüge. Nicht besonders häufig hört man sein kurzes heiseres „kreek", beim Niedergehen aufs Nest „korr" und von den Jungen im Nest „kekeke".

Ähnliche Arten: Der Graureiher hat im Flug eine größere Spannweite, seine Handschwingen sind stärker gespreizt.

Lebensraum: Sümpfe und seichte größere Gewässer mit ausgedehnten Rohrdickichten in tieferen Lagen. An den Nistplätzen sind zahlreichere Flüge zu sehen, ferner das Einfallen von Altvögeln am Nest.

Lebensweise: Zugvogel, der sich an den Brutplätzen von III.—VIII. aufhält. Nach der Brutzeit (VII.—IX.) zerstreuen sich die Jungvögel in alle Richtungen. Purpurreiher brüten überwiegend in kleineren Kolonien, manchmal auch einzeln. Die Lage der Brutplätze ändert sich. Ihre relativ großen Nester aus Schilfstengeln bauen die Vögel im Röhricht oder Strauchwerk niedrig über dem Wasser; sie legen die 4—6 hellblaugrünen Eier (56,3×40,7 mm) in den Monaten IV.—VI. Sie nisten 1mal jährlich und brüten 26 Tage, beide Eltern treiben Brutpflege. Die Jungen können nach 10 Tagen aus dem Nest flüchten, flügge werden sie mit 50 Tagen.

Nahrung: Kleine Fische, Wasserinsekten und deren Larven, die der Reiher lauernd an der Wasseroberfläche erbeutet.

Gefährdungsgrad: Eine weniger häufige, offenbar zurückgehende und „potentiell gefährdete" Art.

1

Schwarzstorch
Ciconia nigra
Störche
Ciconiidae

Merkmale: Größe — Aussehen — Färbung — Verhalten
Geringfügig kleiner (97 cm, Spannweite 150 cm) als der Weißstorch, dem er im Aussehen weitgehend ähnelt. Ad. Vögel (**1**) sind glänzendschwarz mit weißem Bauch. Schnabel und Beine sind rot; ♂ = ♀. Juv. Vögel (VII.—I.) sind mattschwarzbraun mit hellen Flecken. Schnabel und Beine grün. Der Schwarzstorch steht in seichtem Wasser oder an dessen Rand, schreitet geruhsam, steht oft auf Baumästen oder -wipfeln. Er fliegt mit gestrecktem Hals und gleichmäßigen, langsamen Flügelschlägen, häufig von langen Gleitflugphasen unterbrochen. Hals und Kopf hält er dabei unterhalb der Rückenhöhe (**3**). Nur selten ruft er an den Brutplätzen ein zischendes „schilih" und andere Rufe.
Ähnliche Arten: Über große Entfernung im Flug der Weißstorch (**2**), bei dem jedoch die ganze Unterseite außer dem hinteren Flügelsaum weiß ist.
Lebensraum: Alte Waldbestände um Gewässer von der Tiefebene bis in die Berge. Die Nähe der Brutplätze erkennt man am regelmäßigen Vorkommen der Altvögel, doch bewegen sie sich in beträchtlicher Entfernung vom Nest. Nester kann man auf einem Streifzug oder im Winter auf entlaubten Bäumen entdecken.

Lebensweise: Zugvogel, hält sich an den Brutplätzen von III.—IX. auf und lebt in der Ruhezeit einzeln oder in kleinen Grüppchen. Die Nester werden dauernd belegt, auf alten Bäumen, manchmal auf Fels; sie sind aus Ästen gefertigt und haben etwa 1 m Durchmesser. Die 3—5 weißen Eier (65,4×48,8 mm) werden in den Monaten IV.—V. gelegt. Der Vogel nistet 1mal jährlich, einzeln und brütet 36 Tage. Beide Eltern betreiben Brutpflege, die Jungstörche bleiben 66 Tage im Nest.
Nahrung: Kleinere Fische, Frösche, größere Insekten, denen der Storch lauernd im Wasser nachstellt.
Gefährdungsgrad: Der Schwarzstorch zählt zu den „vom Aussterben bedrohten" Arten.

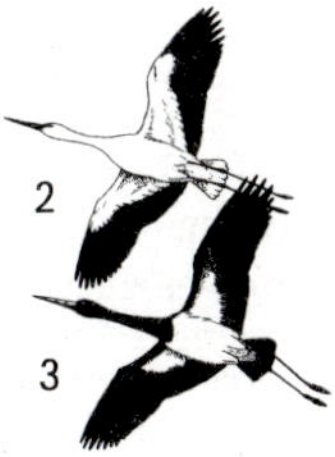

1

Weißstorch

Ciconia ciconia

Störche

Ciconiidae

Merkmale: Größe — Aussehen — Färbung — Verhalten
Ein großer Vogel (110 cm, Spannweite 160 cm) mit kleinem Kopf und langem, geradem Schnabel. Hals und Beine sind lang, die Flügel lang und breit. Der ad. Vogel (**1**) ist weiß mit schwarzen Flügelspitzen und -säumen, Schnabel und Beine sind rot; ♂ = ♀. Der juv. Vogel (VI.—I.) hat eine schwarze Farbe mit einem Hauch von Braun und einen schwarzbraunen Schnabel. Der Storch steht an Gewässern, auf Wiesen und Feldern, schreitet langsam, sitzt auf Bäumen, Dächern, Strohhaufen und Schornsteinen. Er fliegt langsam mit gestrecktem Hals, wechselt Flügelschläge und langes Kreisen im Gleitflug ab. Am Nest ist oft lang anhaltendes Schnabelklappern zu hören.
Ähnliche Arten: Im Flug ähnelt ihm der Schwarzstorch, bei dem aber die ganze Unterseite mit Ausnahme des Bauchs schwarz ist; Kopf und Hals trägt er niedriger als den Rücken.
Lebensraum: Tiefebene bis Bergvorland mit Sümpfen und Gewässern in Brutplatznähe, jagt auch häufig auf Feldern und Wiesen. In der Ruhezeit bewohnt der Storch Steppen und Savannen. Störche sind auf ihren Flügen zu entdecken, ihr Nest ist in der Regel weithin sichtbar, meist sieht man hier auch einen der Altvögel. An einem Nest können sich jedoch auch Einzeltiere oder Pärchen aufhalten, ohne zu brüten. Außerhalb der Brutzeit trifft man Störche auf der Nahrungssuche an.
Lebensweise: Zugvogel, hält sich von III.—VIII. an den Brutplätzen auf. Nicht brütende Vögel sowie Vögel außerhalb der Brutzeit halten meist in Gruppen oder sogar großen Schwärmen zusammen. Die Nester sind dauerhafte und recht große Bauten (ca. 1 m Durchmesser) aus Stöcken und Zweigen auf Gebäuden, Schornsteinen, Leitungsmasten oder Bäumen. Die 3—5 weißen Eier (72,9×52,9 mm) werden in den Monaten IV.—V. gelegt. Störche nisten 1mal jährlich, einzeln oder in kleineren Kolonien, sie brüten 34 Tage. Beide Eltern betreiben Brutpflege, 60 Tage lang bleiben die Jungen im Nest.
Nahrung: Frösche und andere Kleinwirbeltiere, große Insekten, die der Storch im seichten Wasser, am Ufer oder auf Feldern lauernd jagt.
Gefährdungsgrad: Der Weißstorch ist bei uns „vom Aussterben bedroht".

1

Löffler

Platalea leucorodia
Löffler
Threskiornithidae

Merkmale: Größe — Aussehen — Verhalten
Kleiner als der Storch (85 cm, Spannweite 140 cm). Der Löffler hat lange Beine und einen platten, löffelförmig erweiterten Schnabel. Ad. Vögel sind ganzjährig weiß mit schwarzen Läufen und Schnäbeln, im Brutkleid haben sie einen gelblichen Schopf (**1**); ♂ = ♀. Juv. sind weiß mit schwarzen Flügelenden, rosabraunen Schnäbeln und Läufen. Der Vogel steht an seichten Stellen im Wasser, schläft mit über den Rücken gelegtem Hals und Kopf. Löffler waten im seichten Wasser herum und bewegen ihren Schnabel in seitlicher Richtung hin und her. Sie fliegen geradlinig mit schnellem Flügelschlag, Hals und Beine gestreckt (**2**). Nur an den Brutplätzen gibt er tiefe Grunzlaute von sich und klappert gelegentlich mit dem Schnabel.

Ähnliche Arten: An ähnlichen Stellen kommt der Silberreiher (*Egretta alba*) vor, er hat jedoch einen anderen Schnabel.

Lebensraum: Ausgedehnte Sumpfbestände und seichte Gewässer in der Tiefebene. Die Brutplätze erkennt man an regelmäßigem Vorkommen und Überflügen, die Vögel halten sich an den Nestern auf. Nicht brütende Vögel kommen im Sommer auch außerhalb der Kolonie vor. In der Ruhezeit ist der Löffler auch an kleineren Gewässern zu sehen.

Lebensweise: Zugvogel, hält sich von III.—VIII. an den Brutplätzen auf. Außerhalb der Brutzeit lebt er einzeln oder in kleinen Grüppchen. Nach der Aufzucht streichen die Jungvögel in allen Richtungen umher. Die Nester befinden sich im Röhricht, selten auf Strauchwerk oder Bäumen, sie werden aus Zweigen und Halmen gebaut. Seine 3—6 weißen Eier mit rostbrauner Sprenkelung (67,2×45,5 mm) legt der Löffler in den Monaten IV.—VI. Er nistet kolonienweise, selten einzeln, 1mal jährlich und brütet 25 Tage. Beide Eltern betreiben Brutpflege, die Jungen bleiben 42 Tage im Nest.

Nahrung: Kleine Wirbellose, die er mit dem Schnabel aus Wasser und Schlamm seiht.

Gefährdungsgrad: Zählt zu den „gefährdeten Vermehrungsgästen".

2

1

Flamingo
Phoenicopterus ruber
Flamingos
Phoenicopteridae

Merkmale: Größe — Aussehen — Verhalten
Ein großer Vogel (132 cm, Spannweite 150 cm) mit einem kleinen Kopf und einem typischen massiven, abwärts geknickten Schnabel. Hals und Beine sind sehr lang. Ad. Vögel (**1** rechts) sind weißlich, rosa von unterschiedlicher Intensität und haben rote Beine; ♂ = ♀. Juv. haben einen graubraunen Kopf, Hals und Rükken, voll ausgefärbt sind sie erst im 3.—4. Lebensjahr. Flamingos stehen im seichten Wasser und jagen ihre Nahrung mit untergetauchtem Kopf oder eingetauchtem Schnabel, den sie unablässig hin- und herbewegen. Sie fliegen langsam mit regelmäßigen Flügelschlägen (**2**). An den Brutplätzen geben sie ein zwitscherndes „wrruk“, ein langezogenes „krau“ von sich, im Flug trompeten sie lautstark.
Ähnliche Arten: Unverwechselbar. Gelegentlich erscheinen in Europa aus der Gefangenschaft entwichene Exemplare des Roten Flamingos (*Ph. ruber ruber* — **1** links) und des Chileflamingos (*Ph. chilensis*), der graue Läufe mit rosigen Fersengelenken hat.
Lebensraum: Seichte Salzgewässer an der Küste, salzhaltige Binnenseen, flache Meeresküsten, kommt auf seinen Streifzügen auch am Süßwasser vor. In Europa sind vereinzelte Brutkolonien bekannt, typisch für sie ist eine große Konzentration von Vögeln.
Lebensweise: Stand- und Zugvogel, hält sich von III.—X. an den Brutplätzen auf. Die Nester sind kegelförmige Bauten aus Schlamm und Pflanzenmaterial im Flachwasser. Die 1—3 gelbgrünen Eier mit Kalküberzug (90,0×54,5 mm) werden im Mai gelegt. Flamingos nisten kolonienweise 1mal jährlich und brüten 32 Tage. Die Jungen bleiben nur 4 Tage im Nest, flügge werden sie erst nach mehreren Monaten.
Nahrung: Kleine Tiere und Pflanzen, die aus dem seichten Wasser und Schlamm geseiht werden.

2

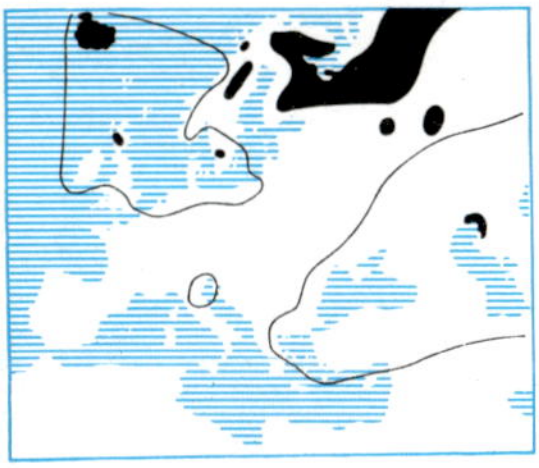

1

Singschwan

Cygnus cygnus

Schwäne, Gänse und Enten

Anatidae

Merkmale: Aussehen — Größe — Verhalten — Stimme

Die Körpermaße entsprechen dem Höckerschwan (150 cm, Spannweite 230 cm). Langer Hals, Schnabel stets ohne Stirnhöcker. Ad. Vögel (**1**) sind weiß, der Schnabel schwarzgelb. Das gelbe Schnabelfeld reicht keilförmig von der Schnabelwurzel bis vor die Nasenlöcher (**2**); ♂ = ♀. Juv. Schwäne sind graubraun und werden erst im Lauf der Zeit weiß (2.—3. Lebensjahr). Der Schwan schwimmt meist auf dem Wasser, dabei wird der Hals gerade und senkrecht zur Wasserfläche gehalten. Er fliegt mit gestrecktem Hals, langsamen gleichmäßigen Flügelschlägen und laut pfeifendem Fluggeräusch. Läßt ziemlich häufig sein trompetendes „an-ghe" hören, an den Brutplätzen auch andere Rufe.

Ähnliche Arten: In Nordwesteuropa überwintert der sehr ähnliche Zwergschwan (*C. columbianus* — **3**). In ganz Europa ist der Höckerschwan verbreitet, der jedoch einen roten Schnabelhöcker hat, den Hals geschwungen hält und schweigsamer ist.

Lebensraum: Große seichte Gewässer mit ausgedehnten Schilfbeständen um die Ufer von den Tiefebenen bis in hohe Lagen. Außerhalb der Brutzeit kommt er auch auf Flüssen vor, an Küsten usw. Er ist auf dem offenen Wasser zu sehen. Das Nest ist nicht besonders versteckt, auch Familien mit Jungschwänen halten sich nicht verborgen.

Lebensweise: Zugvogel, der sich von IV.—VIII. an den Brutplätzen aufhält und dort paarweise oder im Familienverband auftritt; nicht nistende Vögel erscheinen sogar in ganzen Schwärmen. Das Nest ist ein Haufen von Pflanzenmaterial im Röhricht. Die 2—7 gelbweißen Eier (112,5×72,6 mm) werden in den Monaten IV.—VI. gelegt. Die Art nistet 1mal im Jahr und brütet 70 Tage. Die Jungen sind Nestflüchter, werden von beiden Eltern geführt und sind mit 2 Monaten flügge.

Nahrung: Fast ausschließlich pflanzliche Nahrung, die über oder unter Wasser gerupft wird.

Gefährdungsgrad: Nach einem langfristigen Rückgang erholen sich die Bestände wieder etwas. Der Singschwan zählt dennoch zu den „gefährdeten" Arten.

3

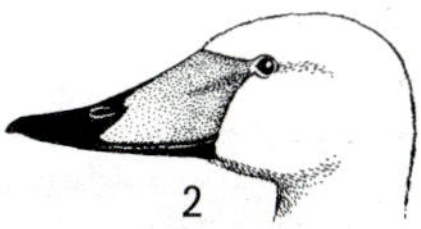

2

Höckerschwan
Cygnus olor
Schwäne, Gänse und Enten
Anatidae

Merkmale: Aussehen — Färbung — Verhalten
Großer Vogel (150 cm, Spannweite 230 cm) mit langem Hals, kleinem Kopf und kräftigem Schnabel. Ad. Vögel sind weiß; ♂ (**1**) > ♀, hat im Brutkleid einen auffälligen Stirnhöcker über dem Schnabel. Juv. Vögel sind graubraun, im Lauf von 3 Jahren werden sie allmählich weiß. Schwimmt meist auf dem Wasser, ♂ oft mit halb gehobenen Flügeln, den Hals S-förmig zurückgelegt (**3**). Bewegt sich an Land mit schaukelndem Gang. Zur Nahrungsaufnahme taucht er den Kopf unter oder gründelt. Schwäne fliegen nicht hoch, mit gestrecktem Hals (**2**), gleichmäßigen Flügelschlägen, die von einem weithin hörbaren, tiefen rhythmischen Sausen begleitet werden. Hin und wieder stößt er tiefe Grunzlaute aus, die Jungen pfeifen.
Ähnliche Arten: In den gleichen Gebieten lebt der Singschwan (**4**). Der ihm ähnliche Zwergschwan (*C. columbianus* — **5**) überwintert in Nordwesteuropa.
Lebensraum: Stehende oder träge fließende Gewässer mit einer großen Oberfläche, vielen Wasserpflanzen und ausgedehnten Rohrdickichten. Auf dem Zug und im Winter halten sich die Schwäne mit Vorliebe an Küsten, Flüssen und Seen auf. Die Nester sind nicht sonderlich versteckt, im Schilf, auf Inseln oder am Ufer, in der Regel wachen die ♂♂ in der Nähe auf dem Wasser. Familien mit Jungschwänen halten sich an den Brutplätzen frei auf dem Wasser auf. Die kleinen Dunenjungen verstecken sich manchmal im Rückengefieder der Alten.
Lebensweise: Teilweise Zugvogel, an den Brutplätzen von III.—X. Die Höckerschwanbestände sind in den letzten Jahrzehnten stark gestiegen, ihr Areal hat sich vergrößert. Meist paarweise bzw. in Familien, nicht brütende Vögel in großen Schwärmen. Das Nest im Röhricht ist ein großer Bau aus Pflanzenmaterial, die Stengel rings herum werden abgebissen. Der Nestmuldenrand ist mit Dunenfedern ausgekleidet. Die 2—12 graugrünen Eier (112,5×73,5 mm) werden in den Monaten III.—V. gelegt. Schwäne nisten 1mal jährlich, überwiegend brütet das ♀ 35 Tage. Die Jungen im Dunenkleid sind grau, bei der Var. *immutabilis* weiß. Nach dem Abtrocknen verlassen sie das Nest und werden von beiden Eltern geführt. Flügge werden sie mit 18 Wochen.
Nahrung: Weiche Wasserpflanzen, aber auch verschiedene Abfälle.
Gefährdungsgrad: Wird oft in Park- und anderen Gewässern als Ziervogel gehalten. An Orten mit Schwanenkonzentration ist es nicht empfehlenswert, die Vögel durch zu reichliche Fütterung zu unterstützen.

Saatgans

Anser fabalis

Schwäne, Gänse und Enten

Anatidae

Merkmale: Stimme — Aussehen — Verhalten — Färbung

Eine Gans von mittlerer Größe (75 cm, Spannweite 160 cm). Kräftiger Schnabel, langer Hals, gedrungener Körper, kurzer Schwanz und kurze Läufe, breite, spitz zulaufende Flügel. Ad. Vögel (**1**) sind dunkelgraubraun, ihr Schnabel ist schwarzgelb; ♂ = ♀, juv. haben keine weiße Farbe um die Schnabelwurzel. Die Unterarten werden hauptsächlich an Schnabelform und -färbung unterschieden. *A. f. fabalis* aus Nordeuropa ist größer, hat einen längeren und niedrigeren Schnabel mit einer großen, gelben Zone in der Mitte (**2**), die zusammengelegten Flügel ragen nicht über den Schwanz hinaus. *A. f. rossicus* aus Nordosteuropa ist kleiner, gedrungener, die zusammengelegten Flügel ragen über den Schwanz hinaus, der Schnabel ist kurz und hoch, geschrägt mit einem schmalen gelben Band in der Mitte (**3**). *A. f. serrirostris* bewohnt die asiatischen Tundren und hat einen auffällig langen, schlanken Schnabel (**4**). Guter Schwimmer, der auf dem Wasser oder am Ufer schläft. Weidet auf Feldern und Grasflächen. Fliegt oft in Reihen oder in Keilformation (**6**). Bei den Landemanövern lassen sich die Vögel mit jähen Drehungen und Wendungen nieder. Außerhalb der Brutzeit unternehmen sie regelmäßige Flüge von den Versammlungsplätzen auf die nahe Weide. Ruft vor allem im Flug oft laut und mehrsilbig „kajak-kajajak“ usw.

Ähnliche Arten: Die Bläßgans ist kleiner, hat eine kleine Blesse auf der Stirn und auch eine andere Stimme. In Westeuropa kommt von X.—III. die Kurzschnabelgans (*A. brachyrhynchus* — **5**) vor.

Lebensraum: Nistplätze an den Gewässern der Taiga und Tundra, in der Ruhezeit auf offenen Flächen in Wassernähe. In der Ruhezeit stellt man die Gänse auf dem Wasser bei ihren Sammelplätzen fest. Zählungen führt man am besten beim abendlichen Ab- oder morgendlichen Anflug durch.

Lebensweise: Zugvogel, hält sich von III.—IX. an den Brutplätzen auf. Ort der Sammelplätze und Zahl der sich dort einfindenden Tiere schwanken stark im Jahresablauf und auch in den verschiedenen Jahren. Außerhalb der Brutzeit sind die Gänse in Familien zusammen, aber auch in Schwärmen zu Tausenden von Tieren. Das Nest ist eine mit Dunenfedern ausgepolsterte Erdmulde. Die 4—6 schmutzigweißen Eier (84,0×55,9 mm) werden in den Monaten V.—VI. gelegt. Saatgänse nisten 1mal jährlich, einzeln, das ♀ brütet 28 Tage. Die Jungen verlassen sofort das Nest, werden von beiden Eltern geführt und sind mit 50 Tagen flügge.

Nahrung: Weidend aufgenommene grüne Pflanzen.

Gefährdungsgrad: Es besteht keine Gefährdung dieser Art in unseren Breiten.

2

3

4

5

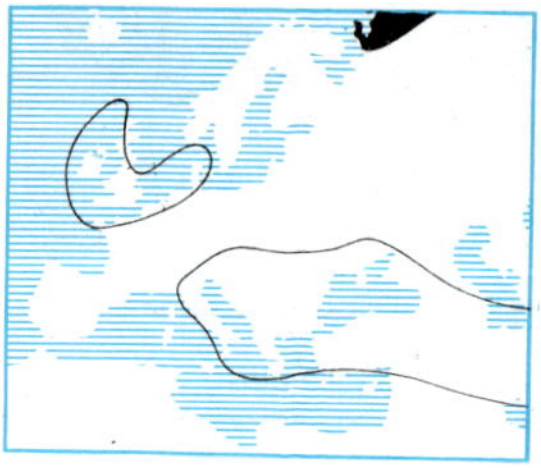

1

Bläßgans

Anser albifrons

Schwäne, Gänse und Enten

Anatidae

Merkmale: Stimme — Aussehen — Färbung — Verhalten
Eine kleinere Gänseart (71 cm). Färbung graubraun, Schwanz weiß mit einer schwarzen Binde vor dem Ende. Ad. Vögel (**1**) haben eine auffällige weiße Blesse auf der Stirn und schwarze Bauchflekken; ♂ = ♀. Juv. Vögel haben keine Blesse, ihr Bauch ist nicht oder nur wenig gefleckt. In Europa leben zwei Subspecies: auf Grönland die gelbschnabelige, in Großbritannien überwinternde *A. a. flavirostris*, im übrigen Europa *A. a. albifrons* mit rosa Schnabel. Die Gans schwimmt meist auf dem Wasser, wo sie auch ausruht; weidet auf offenen Flächen. Flug mit gleichmäßigen Flügelschlägen, oft in Reihen- oder Keilformation. Ruft ihr weithin hörbares „kiik kiik" oft im Flug.

Ähnliche Arten: Saat- und Graugans sind größer, haben keine weiße Blesse und einen anderen Ruf. In Osteuropa lebt die Zwerggans (*A. erythropus* — **2**) in geringer Zahl.

Lebensraum: Brütet in der Sumpftundra nördlich der Waldgrenze, bewohnt außerhalb der Brutzeit Küsten und offene Landschaften mit Feldern, Weiden und Wiesen in der Nähe von Gewässern. An den Nistplätzen registriert man die Art an den Strichflügen und am Verhalten. Außerhalb der Brutzeit lebt die Bläßgans normalerweise mit anderen Gänsearten zusammen, vor allem mit der Saatgans auf den Sammelplätzen und in deren Umgebung.

Lebensweise: Zugvogel, an den Nistplätzen von IV.—IX. In der Ruhezeit hält die Art meist in Schwärmen zusammen, deren Zahl und Sammelplätze sich ändern. Das Nest besteht aus einer mit Dunenfedern gepolsterten Erdmulde. Die 4—6 schmutzig-weißen Eier (79,0×53,3 mm) werden in den Monaten V.—VI. gelegt. Diese Gans nistet 1mal jährlich, einzeln, die ♀♀ brüten 28 Tage. Die Jungen verlassen sofort das Nest, werden von beiden Eltern geführt und sind mit 50 Tagen flügge.

Nahrung: Grünteile von Pflanzen und Samen, die abgeweidet werden.

Gefährdungsgrad: Bedeutendes Federwild. Notwendig ist eine rationale Nutzung der einzelnen Populationen einschließlich Abschußregulierung.

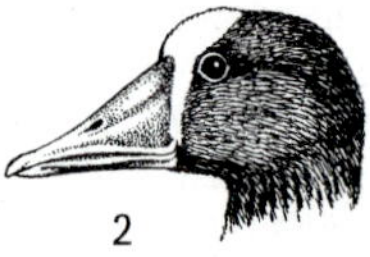

2

1

Anser anser
Schwäne, Gänse und Enten
Anatidae

Merkmale: Stimme — Aussehen — Färbung — Verhalten
Eine große Gans (80 cm, Spannweite 160 cm) mit kräftigem Schnabel. Sie ist hellgraubraun, Oberflügel im Flug sehr hell, Schwanz weiß mit einer breiten, dunklen Binde vor dem Ende, Schnabel orangegelb bis rosa. Ad. Vögel haben meist einen schmalen weißen Saum um die Schnabelwurzel, die Körperunterseite ist dunkel braunfleckig (**1**); ♂ = ♀ = juv. Die Gans schwimmt auf dem Wasser, badet, taucht kopfüber, ruht am Ufer (auch weiter entfernt vom Wasser) oder im Flachwasser. Sie fliegt mit langsamen gleichmäßigen Flügelschlägen, größere Scharen fliegen in Reihen- oder Keilformation. Sie grast auf Feldern oder Weideflächen. Oft und lautstark ist sie wie die Hausgans mit „gagaga" usw. zu hören.
Ähnliche Arten: Am nächsten kommt ihr die Saatgans, die jedoch kleiner ist, im ganzen dunkler, und einen schwarzen Schnabel mit gelber Zeichnung hat, sowie die Kurzschnabelgans (*A. brachyrhynchus*), die einen kleinen Schnabel mit rosa Zeichnung hat. Beide Arten haben einen anderen, mehrsilbigen Ruf.
Lebensraum: Seichte, verkrautete Gewässer, Küsten, in der Ruhezeit offene Landschaften in Wassernähe. An den Brutplätzen kann man sie bei den Strichflügen und am Ruf verfolgen. Außerhalb der Brutzeit fallen die Strichflüge in der Umgebung der Sammelplätze auf.
Lebensweise: Zugvogel, hält sich an den Nistplätzen von II.—VIII. auf, findet sich nach der Brutzeit in großen Schwärmen an den Sammelplätzen ein. Das Nest ist ein Haufen aus Pflanzenmaterial mit Dunenfedern auf dem Boden, in der Vegetation oder auf Bäumen. Die 2—10 weißlichen Eier (85,8×58,4 mm) werden in den Monaten III.—V. gelegt. Nistet 1mal jährlich, das ♀ brütet 28 Tage. Außerhalb des Nestes führen beide Eltern die Jungen, die mit 55 Tagen flügge werden.
Nahrung: Grünteile und Samen von Pflanzen, die sie im Wasser oder weidend aufnimmt.
Gefährdungsgrad: Der Vogel ist ein bedeutendes Federwild. Notwendig ist ein Schutz der Nistplätze sowie eine rationale Bejagung.

1

Kanadagans

Branta canadensis

Schwäne, Gänse und Enten

Anatidae

Merkmale: Aussehen — Färbung — Stimme — Verhalten
Beträchtlich größer als die Graugans (195 cm), mit langem Hals und kräftigem Körper. Hals und Kopf sind schwarz mit einem weißen Halbmond über dem Kinn (**1**). ♂ = ♀ = juv. Der Vogel schwimmt auf dem Wasser, gründelt, weidet an offenen Stellen, streicht regelmäßig in der Umgebung der Nist- und Sammelplätze zum Weiden umher. Fliegt mit gleichmäßigem, gemächlichem Flügelschlag, bei größerer Anzahl in Ketten oder Keilen. Ruft oft laut trompetend „a-honk" o.ä.
Ähnliche Arten: Unverwechselbar.
Lebensraum: Gewässer mit Vegetation und Inselchen, vorwiegend in offener Landschaft mit umliegenden Feldern, Weiden und Wiesen. Besiedelt außerhalb der Brutzeit auch Meeresküsten. Nistplätze erkennt man am regelmäßigen Auftauchen der Vögel und ihren Strichflügen zwischen Nest und Umgebung; das Nest ist meist nicht besonders verborgen. In der Ruhezeit kann man die Kanadagans an den Sammelplätzen entdecken.
Lebensweise: Teilweise Zugvogel, hält sich außerhalb der Brutzeit normalerweise in Schwärmen an Sammelplätzen auf, selten einzeln. Das Nest besteht aus einem Haufen Pflanzenmaterial mit Dunenfedern und wird in der Vegetation auf dem Wasser oder am Ufer errichtet. Die 5—7 weißlichen Eier (86,0×56,2 mm) werden in den Monaten III.—V. gelegt. Kanadagänse nisten einzeln oder in größerer Zahl 1mal jährlich und brüten 28 Tage. Außerhalb des Nests pflegen beide Eltern die Jungen, die mit 45 Tagen flügge werden.
Nahrung: Grünteile und Samen von Pflanzen, weidend.
Gefährdungsgrad: Die Kanadagans wurde erfolgreich aus Nordamerika eingeführt. In Nordeuropa ist sie zahlreich und breitet sich ständig aus. Die europäischen Populationen werden bislang nicht bejagt.

1

Nonnengans, Weißwangengans
Branta leucopsis
Schwäne, Gänse und Enten
Anatidae

Merkmale: Aussehen — Färbung — Verhalten — Stimme
Eine kleine Gans (63 cm) mit kurzem, kräftigem Hals und kleinem Schnabel. Kopf, Hals und Brust sind sehr dunkel. Wangen und Stirn weiß (**1**); im Flug kontrastiert der weiße Bauch mit der schwarzbraunen Brust. ♂ = ♀. Die juv. Vögel (VI.—I.) sind stärker graubraun, graue Flecken sitzen auch auf den weißen Wangen. Guter Schwimmer, ruht an Land aus. Die Gans fliegt schnell mit gleichmäßigem Flügelschlag in Schwärmen, sie weidet auf offenen Flächen. Ruft sehr oft ihr wiederholtes rhythmisches kurzes „knak knak".
Ähnliche Arten: Unverwechselbar.
Lebensraum: In der Brutzeit arktische Tundra und Felsplateaus nahe am Wasser, in der Ruhezeit Küsten, ausnahmsweise Binnengewässer. Die Brutplätze und die Sammelplätze der Ruhezeit sind räumlich begrenzt und bekannt. Die Vögel verstecken sich nicht, daher lassen sich Nisten und Vorkommen ohne Schwierigkeiten feststellen.
Lebensweise: Zugvogel, hält sich von IV.—IX. an den Brutplätzen auf. Das Nest ist eine dunengepolsterte Erdmulde zwischen Steinen. Die 4—5 gelblichweißen Eier (76,7×50,2 mm) werden in den Monaten V.—VI. gelegt. Die Nonnengans nistet kolonienweise 1mal jährlich und brütet 25 Tage. Beide Eltern betreiben Brutpflege, die Jungen verlassen sofort nach dem Schlüpfen das Nest und werden nach 49 Tagen flügge.
Nahrung: Grünteile, seltener auch Samen von abgeweideten Pflanzen.
Gefährdungsgrad: Nur stellenweise und in geringerer Zahl verbreitet. Nach einem starken Rückgang erholen sich derzeit die Bestände wieder. Sie ist dennoch ein „gefährdeter Wandervogel".

1

Ringelg:

Branta bernicla

Schwäne, Gänse und Enten

Anatidae

Merkmale: Aussehen — Färbung — Verhalten — Stimme

Etwas kleiner als die Nonnengans (60 cm) mit dem typischen Aussehen einer Gans; kurzer Schnabel; Kopf, Hals und Brust sind braunschwarz, die Oberflügel dunkel mit schwarzem Hinterrand und Spitzen, der weiße Schwanz hat eine dunkle Endbinde (**1**). Sie bringt zwei Subspecies hervor: *B. b. bernicla* aus Nordeuropa hat einen schwarzbraunen Bauch, *B. b. hrota* aus Spitzbergen und Grönland einen grauweißen. Die ad. Vögel beider Subspecies haben einen weißen Streifen zu beiden Halsseiten; ♂ = ♀. Den juv. Vögeln (VII.—XI.) fehlt der weiße Halsstreifen, ihre Oberflügel sind weiß gefleckt. Guter Schwimmer, ruht oft an Land aus. Fliegt schnell mit gleichmäßigen Flügelschlägen, in Ketten- und Keilformationen. Ruft oft ein lautstarkes „rott rott rott".

Ähnliche Arten: Unverwechselbar.

Lebensraum: Die Ringelgans brütet in der Tundra und bewohnt in der Ruhezeit Flachküsten. Brut- und Winterplätze gibt es in Europa nur stellenweise, sie sind jedoch bekannt. Die Gans lebt unverborgen, so daß die Feststellung von Auftreten und Nisten nicht schwierig ist.

Lebensweise: Zugvogel, der außerhalb der Brutzeit in Schwärmen zusammenbleibt und sich von IV.—IX. an den Nistplätzen aufhält. Das Nest ist eine seichte Erdmulde an felsiger Stelle und mit Dunen ausgepolstert. Die 2—5 gelblichweißen Eier (70,7×46,7 mm) werden im Juni gelegt. Die Ringelgans nistet kolonienweise 1mal jährlich, das ♀ brütet 28 Tage. Die Jungen verlassen sofort das Nest und werden von beiden Eltern geführt. Mit 49 Tagen sind sie flügge.

Nahrung: Grüne Pflanzenteile, die an Land abgeweidet oder im Wasser gerupft werden.

Gefährdungsgrad: Nach starken Populationsrückgängen gilt die Ringelgans nach wie vor als „gefährdeter Wandervogel".

1

Rostgans

Tadorna ferruginea

Schwäne, Gänse und Enten

Anatidae

Merkmale: Aussehen — Färbung — Verhalten

Diese kleine Gans (65 cm) ähnelt einer Ente, ihre Färbung ist insgesamt rotbraun. Hals und Kopf sind heller, der Schwanz schwarz, die Oberflügel am Körper weiß, am Ende schwarz mit einem glänzend grünen Flügelspiegel. ♀ < ♂ (**1**), ohne schwarzen Halsstreifen, stärker braun mit einem graueren Kopf. Die juv. Vögel sind wie das ♀ gefärbt, jedoch matter und mit braunem Rücken. Guter Schwimmer, hält sich aber viel außerhalb des Wassers am Ufer oder auf offenen Flächen in Wassernähe paarweise und in kleinen Gruppen auf. Fliegt ziemlich schnell mit gleichmäßigem Flügelschlag. Läßt nicht besonders häufig ein lautes nasales „ahang" hören.

Ähnliche Arten: Unverwechselbar.

Lebensraum: Lebt an seichten Steppenseen oder größeren Flüssen, in der Ruhezeit auch in offener Kulturlandschaft. Ist auf Gewässern und an Ufern zu sehen. Familien mit Jungen halten sich auf dem Wasser auf.

Lebensweise: Teilweise Zugvogel, hält sich von IV.—IX. an den Brutplätzen auf. Das dunengepolsterte Nest befindet sich in Erd- oder Baumhöhlen. Die 8—12 gelblichen Eier (68,0×47,0 mm) werden im Mai gelegt. Die Rostgans nistet 1mal jährlich, das ♀ brütet 28 Tage. Die Jungen verlassen sofort das Nest, werden von beiden Eltern geführt und sind nach 55 Tagen flügge.

Nahrung: Samen und grüne Pflanzenteile, in geringem Umfang auch Kleintiere; weidet oder sammelt Nahrung an Land und im Wasser.

Gefährdungsgrad: Diese Art wird als nicht gefährdet angeführt.

1

Brandgans, Brandente

Tadorna tadorna

Schwäne, Gänse und Enten

Anatidae

Merkmale: Aussehen — Färbung
In der Größe zwischen Gans und Ente (62 cm), mit kräftigem, aufwärts geschwungenem Schnabel und spitzen Flügeln. Brutkleid vorwiegend weiß mit einem rostroten Brustband, ♂ (**1**) hat einen roten Schnabel mit Stirnhöcker, ist größer und lebhafter gefärbt als ♀. Im Ruhekleid haben ♀♀ und ♂♂ rosarote Schnäbel. Juv. Vögel haben einen grauen Rücken und Kopf sowie eine weiße Brust. Der Vogel ruht und bewegt sich auf Schlammgrund, guter Schwimmer. Flug geradlinig mit langsamem Flügelschlag. Ruft nur in der Brutzeit ein wiederholtes „eg eg eg".

Ähnliche Arten: Unverwechselbar.

Lebensraum: Flachküsten mit Schlickbänken. Sucht in der Brutzeit Sanddünen auf, in Osteuropa auch Steppenseen. Erwachsene Vögel lassen sich in den genannten Biotopen beobachten. Familien mit ausgeführten Jungen sind auf dem Wasser zu sehen.

Lebensweise: Teilweise Zugvogel. Zur Mauser (VI.—IX.) führt eine Massenmigration der Vögel aus Nordwesteuropa an die Nordsee. In der Ruhezeit finden sich die Vögel in manchmal rund tausendköpfigen Schwärmen zusammen. Das Nest befindet sich in Höhlen, meist Sandröhren. Die 7—12 gelblichweißen Eier (65,6×47,3 mm) werden in den Monaten V.—VI. gelegt. Die Brandgans nistet einzeln 1mal jährlich und brütet 28 Tage. Die Jungen verlassen sofort das Nest, werden von beiden Eltern geführt und sind mit 47 Tage flügge.

Nahrung: Fast ausschließlich Meeresweichtiere und andere Kleinlebewesen, die sie bei Ebbe oder Niedrigwasser im Schlick suchen.

Gefährdungsgrad: Die Art ist bei uns nicht gefährdet.

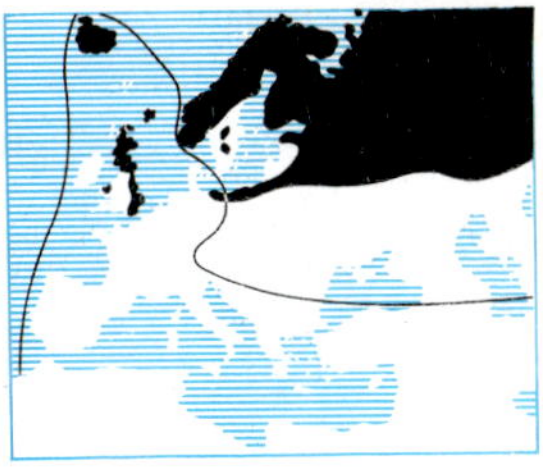

1

Pfeifente

Anas penelope

Schwäne, Gänse und Enten

Anatidae

Merkmale: Färbung — Aussehen — Stimme

Eine kleinere (48 cm) Schwimmente mit kleinem Kopf, hoher Stirn und kurzem Schnabel. Im Flug hat das ♂ ein auffälliges weißes, von hinten gesehen V-förmiges Feld im Flügel (**2**), die Flügelspiegel sind bei beiden Vögeln grün. Das ♂ im Brutkleid (**1**) hat einen rotbraunen Kopf mit weißlicher Blesse; ♀, ♂ im Ruhekleid und juv. Vögel sind rostig-braun mit einem unauffälligen weißen Streifen auf den Seiten. Die Ente schwimmt größtenteils auf dem Wasser, läuft aber auch gut an Land, wo sie gleichfalls Nahrung aufnimmt. Fliegt schnell und in Schwärmen. Läßt ziemlich häufig ihr hohes, fallendes Pfeifen „huiit" hören.

Ähnliche Arten: ♂♂ im Brutkleid sind unverkennbar. Größe, Kopfform und Flügelfärbung im Ruhekleid sind charakteristisch.

Lebensraum: Seichte stehende Gewässer mit Sumpfvegetation, in der Ruhezeit hauptsächlich Flachküsten, im Binnenland größere Gewässer. Ist auf Gewässern zu beobachten, macht häufig durch ihr Pfeifen auf sich aufmerksam. Die Familien leben heimlich.

Lebensweise: Vorwiegend Zugvogel, bleibt während der Ruhezeit in Schwärmen zusammen, die im Winter an der Küste recht zahlreich werden können. Das dunengepolsterte Nest befindet sich in der Sumpfvegetation. Die 7—10 sahnegelben Eier (54,5×37,7 mm) werden in den Monaten V.—VII. gelegt. Diese Ente nistet einzeln 1mal jährlich, das ♀ brütet 25 Tage. Die Jungenten verlassen sofort das Nest, werden nur vom ♀ geführt und sind mit 42 Tage flügge.

Nahrung: Grünpflanzen und Samen, die abgeweidet bzw. an Land und auf dem Wasser gesammelt werden.

Gefährdungsgrad: Die Pfeifente zählt bei uns zu den „gefährdeten Vermehrungsgästen".

2 ♂

2 ♀

1

Schnatterente

Anas strepera

Schwäne, Gänse und Enten

Anatidae

Merkmale: Aussehen – Färbung
Eine mittelgroße (50 cm), ganz unscheinbare Schwimmente mit einem unauffälligen weißen Streifen an den Seiten, der vom weißen, schwarz und bronzefarben gesäumten viereckigen Flügelspiegel gebildet wird (**2**). Das ♂ im Brutkleid (**1**) ist einheitlich grau mit einem schwarzen Körperende, das ♀ ist fleckig braun. Das ♂ im Ruhekleid sieht dem ♀ ähnlich, die juv. Vögel gleichfalls, doch sind sie brauner und an der Körperunterseite dunkler. Der Vogel schwimmt meist auf dem Wasser, wo auch die Nahrungssuche betrieben wird. Selten am Ufer, schneller Flieger, bildet keine geschlossenen Schwärme. Ruft nur selten, das ♂ einen tiefen Pfeifton, das ♀ „rek rek".

Ähnliche Arten: Unterscheidet sich im Ruhekleid von anderen Entenarten durch den weißen Spiegel. In Südeuropa ähnelt ihr die seltene Marmelente (*Marmaronetta angustirostris*).

Lebensraum: Seichte Gewässer mit Sumpfvegetation, außerhalb der Brutzeit auch andere Gewässer. Läßt sich in Brut- und Ruhezeit auf der Wasseroberfläche beobachten. Die Familien führen ein recht heimliches Leben.

Lebensweise: Teilweise Zugvogel, hält sich an den Brutplätzen von II.–X. auf. Bleibt meist paarweise zusammen, in der Ruhezeit gelegentlich auch in größeren Gruppen. Das Nest befindet sich am Ufer oder auf Inselchen in der dichten Vegetation und wird während des Brütens mit Dunenfedern ausgepolstert. Die 7–12 gelblichen Eier (53,6×38,5 mm) werden in den Monaten IV.–VII. gelegt. Die Art nistet 1mal jährlich, das ♀ brütet 27 Tage. Die Jungen verlassen sofort das Nest und werden nur vom ♀ geführt, flügge sind sie mit 55 Tagen.

Nahrung: Grünteile und Samen von Pflanzen, die auf dem Wasser gesammelt werden.

Gefährdungsgrad: Die Art wird bei uns als „potentiell gefährdet" eingestuft.

2 ♂

2 ♀

1

Krickente

Anas crecca

Schwäne, Gänse und Enten

Anatidae

Merkmale: Größe — Verhalten — Färbung — Stimme
Kleinste, etwa taubengroße (36 cm) Schwimmente mit kleinem Kopf und kurzem Schnabel. Auf dem Flügel sitzt ein glänzendgrüner, vorn weiß gesäumter Spiegel (**2**). Das ♂ im Brutkleid (**1**) hat einen kastanienbraunen Kopf, ein glänzend grünes Augenband und ein gelbes Rumpfende. Das ♀ ist braun gefleckt, das ♂ im Ruhekleid und juv. Vögel ähneln dem ♀. Die Ente schwimmt meist auf dem Wasser, watet oft im Uferschlamm und Flachwasser. Sie fliegt sehr schnell mit ruckhaften Bewegungen, schaukelt von einer Seite auf die andere, oft in großen Schwärmen. Vor allem beim Auffliegen ist vom ♂ ein leises „krick“ zu hören, vom ♀ „knäck“.

Ähnliche Arten: ♂ im Brutkleid unverkennbar. Im Ruhekleid ist die Knäkente recht ähnlich. Sie hat aber einen hellen Oberflügel, einen anderen Flügelspiegel und an der Schnabelwurzel einen hellen Fleck.

Lebensraum: Sümpfe mit kurzem Bewuchs von der Tiefebene bis ins Gebirge, Wiesen, Wasserränder u.ä. Außerhalb der Brutzeit tauchen sie sehr häufig auf den verschlammten Ufern und Gründen trokkengelegter Fischteiche auf. Nistplätze erkennt man am Dauervorkommen von Vögeln. Die Familien leben hier sehr heimlich.

Lebensweise: Teilweise Zugvogel, hält außerhalb der Brutzeit vorwiegend in Schwärmen zusammen, tritt an den Nistplätzen von III.—X. auf. Das Nest ist in dichter Vegetation am Boden verborgen und wird während des Brütens mit Dunenfedern ausgepolstert. Die 8—11 gelblichen Eier (45,5—32,8 mm) werden in den Monaten IV.—VI. gelegt. Krickenten nisten 1mal jährlich, das ♀ brütet 23 Tage. Die Jungen verlassen das Nest gleich, werden nur vom ♀ geführt und sind mit 30 Tagen flügge.

Nahrung: Samen, Grünteile von Pflanzen, kleine, an der Wasseroberfläche und im Schlamm gesammelte Wirbellose.

Gefährdungsgrad: Stellenweise ein bedeutendes Federwild. Die Art geht mit dem Schwinden von Sumpfbiotopen zurück und ist bereits „gefährdet“.

2 ♂

2 ♀

1

Stockente

Anas platyrhynchos
Schwäne, Gänse und Enten
Anatidae

Merkmale: Aussehen — Färbung — Verhalten — Stimme
Eine große (58 cm) Schwimmente mit großem Schnabel, auf dem Flügel ein violetter, weiß gesäumter Spiegel (**2**). Im Brutkleid (**1**) (X.—VI.) hat das ♂ einen glänzend grünen Kopf, eine kastanienbraune Brust und einen gelbgrünen Schnabel; das ♀ ist fleckig braun, hat einen graugrünen, dunkel gefleckten Schnabel mit rötlichen Rändern. Im Ruhekleid ist das ♂ dem ♀ ähnlich, nur sein Schnabel bleibt gelbgrün. Die juv. Vögel ähneln dem ♀. Die Ente schwimmt vorwiegend auf dem Wasser, gründelt, ruht und weidet an Land. Schneller Flug mit gleichmäßigem Flügelschlag. Ist häufig zu hören, das ♀ ruft meist ein lautes „qua qua", ähnlich wie die Stimme der Hausente, das ♂ gibt nur ein hohes, piepsendes „fiep" von sich.
Ähnliche Arten: ♂ im Brutkleid ist unverkennbar; Vögel im Ruhekleid oder Jungvögel können mit den übrigen Entenarten verwechselt werden. Bei der Bestimmung muß man immer Größe, Flügelspiegel und Stimme vergleichen.
Lebensraum: Binnengewässer aller Art und ihre Umgebung einschließlich kleiner Wasserflächen in Städten. Das ganze Jahr über auf den verschiedensten Gewässern zu sehen.

Lebensweise: Teilweise Zugvogel, hält sich von II.—VIII. an den Brutplätzen auf. Das Nest befindet sich in der Sumpfvegetation, an den Ufern oder auch weit vom Wasser weg, sogar in nicht zu tiefen Baumhöhlen usw. Es wird während des Brütens mit Dunenfedern ausgepolstert. Die 4—13 gelblichen bzw. grünlichen Eier (58,0×41,7 mm) werden in den Monaten II.—VII. gelegt. Stockenten nisten 1mal jährlich, das ♀ brütet 26 Tage. Die Jungen verlassen sofort das Nest, das ♀ führt sie in verkrauteten, seichten Gewässern; flügge werden sie mit 55 Tagen.
Nahrung: Vorwiegend Grünteile und Samen von Pflanzen, die im Wasser abgerupft oder abgeweidet werden, auch Wasserkleintiere.
Gefährdungsgrad: Ein wichtiges Federwild.

2 ♂

2 ♀

1

Spießente
Anas acuta
Schwäne, Gänse und Enten
Anatidae

Merkmale: Aussehen — Färbung
Eine stockentengroße Schwimmente (58 cm) mit einem langen, aufrecht getragenen Hals, einem langen Schnabel und einem längeren, spitzen Schwanz, auf dem Flügel ein unauffälliger Spiegel (**2**). Das ♂ im Brutkleid (**1**) (X.—VI.) hat einen braunen Kopf, in den zu beiden Halsseiten ein langer, spitzer Ausläufer der weißen Brustfarbe reicht, ♀♀ im Brutkleid, ♂♂ im Ruhekleid und juv. Vögel sind braun gefleckt. Die Ente hält sich größtenteils auf dem Wasser auf, gründelt oft, an Land kommt sie selten. Schneller Flug, regelmäßiger Flügelschlag. Selten läßt sie einen kurzen Pfiff hören.
Ähnliche Arten: ♂ im Hochzeitskleid ist unverkennbar, sonst bleiben der lange Hals und Schnabel, der spitze Schwanz und der Flügelspiegel charakteristisch.
Lebensraum: Seichte stehende Gewässer und Sümpfe, auch Buchten an der Küste. Ist auf dem Wasser oder bei Strichflügen zu sehen. ♀ und Junge leben heimlich in der Vegetation.
Lebensweise: Überwiegend Zugvogel, hält sich von III.—X. an den Brutplätzen auf, außerhalb der Brutzeit lebt die Art größtenteils in kleinen Schwärmen oder paarweise. Das Nest ist eine Erdmulde, normalerweise auf dem Trockenen, sogar weit vom Wasser entfernt angelegt und während des Brütens vom ♀ mit Dunen ausgepolstert. Die 8—10 gelblichen Eier (55,4×38,3 mm) werden in den Monaten III.—VI. gelegt. Diese Ente nistet einzeln 1mal jährlich und brütet 23 Tage. Die Jungen verlassen das Nest sofort, werden nur vom ♀ geführt und sind mit 42 Tagen flügge.
Nahrung: Grünteile und Samen von Pflanzen sowie kleine Wassertiere.
Gefährdungsgrad: Mancherorts ein wichtiges Federwild. Bei uns gilt diese Art als „potentiell gefährdet“.

2♂

2♀

1

Knäkente

Anas querquedula

Schwäne, Gänse und Enten

Anatidae

Merkmale: Aussehen — Färbung — Stimme

Eine taubengroße Schwimmente (38 cm) mit kurzem Hals, das ♂ im Brutkleid (X.—VI.) ist graubraun mit einem auffälligen weißen Streifen auf dem braunen Kopf (**1**). ♂ im Ruhekleid, ♀ und juv. Vögel sind hellbraun mit dunklen Flekken. In jedem Federkleid wird der sehr helle graublaue Vorderflügel sichtbar, vor allem beim ♂ (**2**). Der Flügelspiegel ist mattgrün, vorn und hinten weiß gesäumt. Der Vogel schwimmt meist auf dem Wasser, in der Regel paarweise oder in kleinen Grüppchen. Flug schnell, geradlinig. Im Frühjahr ruft das ♂ oft ein auffälliges „rrep", das ♀ ein schwaches „knak".

Ähnliche Arten: ♂ im Brutkleid ist unverkennbar, Vögel im Ruhekleid und juv. ähneln der Krickente, bei der jedoch die Flügel dunkler sowie Spiegel, Stimme und Flug anders sind.

Lebensraum: Nasse Wiesen, Sümpfe, Ufervegetation an seichten Gewässern. Läßt sich auf dem Wasser oder bei Strichflügen beobachten. Die Familien führen ein sehr heimliches Leben in der Vegetation.

Lebensweise: Zugvogel, erscheint an den Brutplätzen von III.—IX. Das Nest befindet sich am Boden in dichter, niederwüchsiger Vegetation, oft weit vom Wasser entfernt, sehr gut versteckt. Während des Brütens wird es mit Dunen ausgekleidet. Die 6—12 sahnegelben Eier (45,7×32,9 mm) werden in den Monaten IV.—VI. gelegt. Knäkenten nisten einzeln 1mal jährlich, das ♀ brütet 23 Tage. Die Jungen werden nur vom ♀ geführt, verlassen sofort das Nest und werden mit 30 Tagen flügge.

Nahrung: Kleine Wassertiere, Samen und Grünteile von Pflanzen, die an der Wasseroberfläche gesammelt werden.

Gefährdungsgrad: Federwild von geringer Bedeutung. Auf Grund des Rückgangs von Feuchtbiotopen ist diese Art bei uns bereits „gefährdet".

2♂

2♀

1

Löffelente

Anas clypeata

Schwäne, Gänse und Enten

Anatidae

Merkmale: Aussehen — Färbung — Verhalten
Eine Schwimmente mit einem auffälligen, langen Löffelschnabel, geringfügig kleiner als eine Stockente (50 cm). Das ♂ im Brutkleid (**1**) (X.—VI.) hat einen dunkelgrünen Kopf, rotbraune, weiß gesäumte Seiten, auf der Oberseite hellblaugraue Flügel und grüne Flügelspiegel (**2**). ♀♀ und juv. Vögel sind braun gefleckt, die Oberflügel dunkler; das ♂ im Ruhekleid sieht ähnlich aus, doch sind seine Oberflügel blaugrau. Die Ente schwimmt meist mit raschen Bewegungen, den Schnabel aufs Wasser gelegt, dreht sich oft im Kreis. Schneller Flieger. Läßt selten ein lautes Quaken hören.

Ähnliche Arten: Unverwechselbar.

Lebensraum: Feuchtbiotope — seichte Gewässerränder, nasse Wiesen und Überschwemmungszonen in tieferen Lagen. Kann auf der Wasserfläche beobachtet werden. Die Familien leben heimlich.

Lebensweise: Zugvogel, hält sich von III.—VII. an den Brutplätzen auf, bleibt außerhalb der Brutzeit in kleinen Gruppen oder sogar Schwärmen zusammen. Das Nest befindet sich in der dichten, niederwüchsigen Vegetation am Boden, normalerweise am Ufer, manchmal aber auch recht weit vom Wasser entfernt. Es wird während des Brütens mit Dunenfedern ausgepolstert. Die 6—13 gelblichen Eier (52,9×37,2 mm) werden in den Monaten IV.—VII. gelegt. Löffelenten nisten paarweise 1mal jährlich, das ♀ brütet 23 Tage. Die Jungen verlassen sogleich das Nest, werden nur vom ♀ geführt und sind mit 40 Tagen flügge.

Nahrung: Pflanzensamen, kleine wasserbewohnende Wirbellose, auf der Wasseroberfläche gesammelt.

Gefährdungsgrad: Die Löffelente zählt zu den „potentiell gefährdeten" Arten.

2 ♂

2 ♀

1

Kolbenente

Netta rufina

Schwäne, Gänse und Enten

Anatidae

Merkmale: Aussehen — Färbung
Eine fast stockentengroße Tauchente (55 cm). Das ♂ im Brutkleid (XI.—VII.) hat eine kleine gelbe Haube über der Stirn, ansonsten ist seine Färbung auffällig schwarz-weiß-braun (**1**). ♀, ♂ im Ruhekleid und juv. Vögel sind braun, ihre weißen Wangen kontrastieren mit dem dunklen Häubchen (**2**). Das ♂ hat in jedem Kleid einen korallenroten Schnabel, das ♀ einen grauen mit einem rötlichen Querband. Im Flug zeigt sich in den braunen Flügeln eine breite weiße Binde. Die Ente schwimmt meist auf dem Wasser, gründelt und taucht wenig. In den Schwärmen fällt die Überzahl der ♂♂ auf. Flug schnell, geradlinig. Ruft selten ein heiseres „karrr".

Ähnliche Arten: Das ♂ ist im Brutkleid unverkennbar. Nicht ausgefärbte Vögel ähneln dem ♀ der Trauerente (*Melanitta nigra* — **3**), das jedoch dunkler ist und dem die weiße Flügelbinde fehlt.

Lebensraum: Wenig tiefe, stark verkrautete stehende Gewässer. Ist auf dem Wasser zu sehen, hier werden auch die Jungen ausgeführt. Die ♀♀ führen auch manchmal die Jungen anderer Entenarten.

Lebensweise: Zugvogel, tritt außerhalb der Brutzeit einzeln und auch in kleinen Schwärmen auf. An den Nistplätzen erscheint er von II.—VIII. Das Nest befindet sich nahe am oder in der Ufervegetation im Wasser, während des Brütens wird es von einem mächtigen Wall aus Dunenfedern umgeben. Oft legen mehrere ♀♀ ihre Eier in ein Nest oder sogar in Nester anderer Entenarten. Die 4—20 gelblichen Eier (56,7×41,7 mm) werden in den Monaten IV.—VII. gelegt. Kolbenenten nisten einzeln 1mal jährlich und brüten 27 Tage. Die Jungen verlassen sofort das Nest, das ♀ führt sie auf dem Wasser, flügge werden sie mit 56 Tagen.

Nahrung: Wasserpflanzen, die sie an der Oberfläche sammeln oder unter Wasser abkneifen.

Gefährdungsgrad: Trotz steigender Bestandzahlen gilt diese Art als „potentiell gefährdet".

2

3 ♀

1

Tafelente

Aythya ferina
Schwäne, Gänse und Enten
Anatidae

Merkmale: Aussehen — Färbung — Verhalten
Eine mittelgroße Tauchente (48 cm) mit großem Kopf, hoher Stirn und einem breiten weißen Streifen über die ganze Flügellänge. Das ♂ im Brutkleid (**1**) hat einen rotbraunen Kopf und eine schwarze Brust. ♀, ♂ im Ruhekleid und juv. Vögel sind braun und haben hinter den Augen gelbliche Streifen. Die Dunenjungen (**2**) sind gelbbraun gefleckt mit gelben Wangen. Der Vogel schwimmt überwiegend auf dem Wasser, taucht häufig, schläft meist am Ufer oder auf Gegenständen unmittelbar am Wasser (Baumstümpfe, Steine usw.). Ruft hin und wieder, vor allem im Flug, ein lautes, dumpfes „körr körr".
Ähnliche Arten: ♂ im Brutkleid unverkennbar. In den anderen Kleidern der Reiherente und den Meerentenarten ähnlich, die aber durchweg dunkler sind und eine andere Gesichtszeichnung haben. In Mittel- und Osteuropa lebt in geringer Zahl die ähnliche Moorente (*A. nyroca*).
Lebensraum: Seichte Binnengewässer mit Ufervegetation. Ist auf der Wasseroberfläche zu sehen.
Lebensweise: Zugvogel, an den Brutplätzen von II.—X. anzutreffen. Außerhalb der Brutzeit tritt die Art meist in größeren Gruppen auf. Die ♂♂ ziehen zu den Mauserplätzen (VI.—VIII.), nach der Brutzeit fliegen die Jungvögel in alle Richtungen auseinander. Das Nest liegt nicht weit vom offenen Wasser in Schilf, Segge usw., während des Brütens wird es mit Dunenfedern ausgekleidet. Die 5—12 ovalen grünlichen Eier (59,0×42,8 mm) werden in den Monaten IV.—VII. gelegt. Tafelenten nisten einzeln 1mal jährlich, die ♀♀ brüten 25 Tage. Die Jungvögel verlassen sofort das Nest, sie werden nur vom ♀ geführt, flügge werden sie nach 50 Tagen.
Nahrung: Wasserpflanzen und kleinere Wirbellose, die unter Wasser erbeutet werden.
Gefährdungsgrad: Ein bedeutendes Federwild.

2

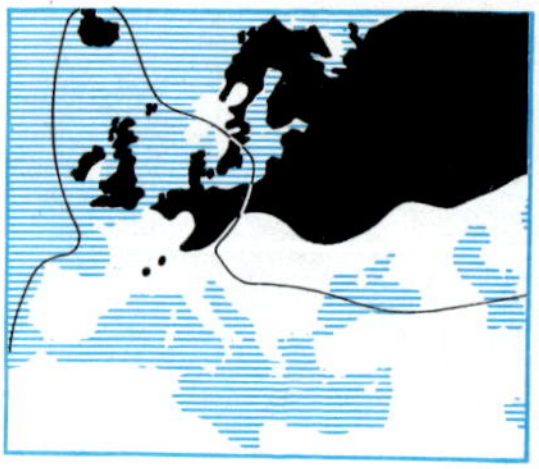

1

Reiherente

Aythya fuligula

Schwäne, Gänse und Enten

Anatidae

Merkmale: Aussehen — Färbung — Verhalten

Eine kleinere Tauchente (45 cm) mit Kopffedern, die nackenwärts in eine lang überhängende Haube auslaufen, mit einem kurzen Hals und einem ziemlich langen, breiten Schnabel. Im Flug fällt der breite weiße Streifen im dunkelbraunen Flügel auf. Das ♂ im Brutkleid (**1**) ist schwarz mit weißen Seiten und einer längeren Nackenhaube, die im Ruhekleid kurz ist; Kopf, Körperoberseite und Schwanz sind schwarzbraun, die Seiten grau mit dunkler, quer verlaufender Fleckung; das ♀ ähnelt dem ♂ im Ruhekleid, hat um den Schnabel normalerweise ein schmales weißes Band und eine viel dunklere Körperunterseite. Die juv. Vögel ähneln dem ♀, um den Schnabel fehlt die weiße Farbe jedoch fast ganz. Das Dunenjunge ist ganz schwarzbraun (**2**). Die Ente schwimmt meist auf dem Wasser, taucht sehr häufig unter. Fliegt geradlinig und sehr schnell. Ruft regelmäßig beim Auffliegen ein heiseres „karr".

Ähnliche Arten: Vor allem die Bergente (*A. marila*) aus Nordeuropa.

Lebensraum: Stehende oder träge fließende Binnengewässer mit reicher Vegetation und Inselchen, außerhalb der Brutzeit an den verschiedensten Gewässertypen. Das ganze Jahr über auf dem Wasser anzutreffen. Die Familien halten sich frei auf dem Wasser auf.

Lebensweise: Vorwiegend Zugvogel, bleibt außerhalb der Brutzeit normalerweise in Grüppchen zusammen und hält sich von III.—X. an den Brutplätzen auf. Das Nest befindet sich in der Ufervegetation, vor allem in Seggenhorsten und auf Inselchen, während des Brütens wird es mit Dunenfedern ausgepolstert. Die 5—12 grünlichen grauen Eier (58,5×40,7 mm) werden in den Monaten IV.—VII. gelegt. Die Art nistet 1mal jährlich, die ♀♀ brüten 24 Tage. Die Jungen verlassen sofort das Nest, werden vom ♀ geführt und sind mit 49 Tagen flügge.

Nahrung: Überwiegend tauchend unter Wasser erbeutete Weichtiere.

Gefährdungsgrad: Der Vogel ist ein bedeutendes Federwild, erforderlich ist eine rationale Bejagung.

2

1

Eiderente

Somateria mollissima

Schwäne, Gänse und Enten

Anatidae

Merkmale: Größe — Aussehen — Färbung — Verhalten

Eine große Tauchente (60 cm) mit großem Kopf und kräftigem, in einer Linie mit der Stirn verlaufendem Schnabel. Das ♂ im Brutkleid (**1**) hat einen weißen Rücken und ein schwarzes Augenband, die Flügel sind am Körper über die ganze Breite weiß, im Ruhekleid sind Kopf und Körpervorderpartie braun. Das ♀ ist braun, hat eine dunklere, quer verlaufende Fleckung (**2**) und eine schmale weiße Binde in den Flügeln. Der juv. Vogel ähnelt dem ♀, ist jedoch matter und zeigt keinerlei Flügelzeichnung, das ♂ verfärbt sich allmählich im 2.—3. Lebensjahr durch Erweiterung der weißen Partien. Die Ente schwimmt vorwiegend auf dem Wasser, den Kopf auf den Rücken gelegt, taucht häufig. Fliegt oft in Kettenformation niedrig über dem Wasser. In der Balz führt das ♂ eigenartige Bewegungen aus, wobei der Kopf zurückgelegt wird. Während der Balz ruft das ♂ heiser „kuh rua“, das ♀ „korrr“.

Ähnliche Arten: In der arktischen Zone Europas sieht ihr die Prachteiderente (*S. spectabilis*) ähnlich (**3**).

Lebensraum: Vegetationsarme Flachküsten und Inseln, kommt außerhalb der Brutzeit auch auf hoher See vor. Läßt sich auf dem Wasser vor der Küste beobachten, das Nest ist nicht sonderlich versteckt. Die Familien halten sich frei auf dem Wasser auf.

Lebensweise: Nur teilweise Zugvogel. Das Nest sitzt auf dem Boden und erhält während des Brütens eine üppige Polsterung aus Dunenfedern. Die 4—10 graugrünen Eier (77,8×52,1 mm) werden in den Monaten V.—VI. gelegt. Eiderenten nisten oft kolonienweise 1mal jährlich, die ♀♀ brüten 28 Tage. Die Jungenten verlassen sofort das Nest, werden nur vom ♀ geführt, flügge sind sie mit 56 Tagen.

Nahrung: Kleinere Lebewesen, die im Flachwasser tauchend und an der Oberfläche erbeutet werden.

Gefährdungsgrad: Wirtschaftliche Bedeutung als Federproduzent. Schutz der Brutplätze notwendig. Die Eiderente ist nicht unmittelbar gefährdet.

2

3

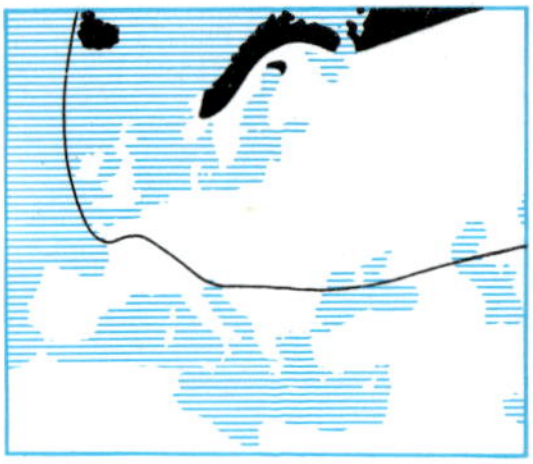

1

Eisente

Clangula hyemalis

Schwäne, Gänse und Enten

Anatidae

Merkmale: Färbung — Aussehen — Stimme — Verhalten

Eine mittelgroße Tauchente (50 cm) mit verlängertem, schräg nach oben ragendem Schwanz, besonders lang beim ad. ♂. Im Jahresablauf unterliegt die Färbung erheblichen Schwankungen, doch findet sich immer — wenn auch in unterschiedlichem Umfang — Weiß auf Kopf und Seiten, die Flügel sind braunschwarz. Das ♂ im Brutkleid (**2**) hat weiße Kopfseiten, ansonsten sind Kopf, Hals und Brust schwarz, im Ruhekleid (**1**) ist der Kopf weiß und hat dunkle Seiten. Beim ♀ im Brutkleid (**3**) sind Scheitel, Nacken, Kinn und Halsunterpartie dunkel, unter den Augen sitzt ein großer dunkler Fleck; im Ruhekleid sind der Scheitel und ein kleiner Fleck unter dem Auge braun. Juv. Vögel ähneln dem ♀ im Brutkleid, haben aber vor den Augen einen weißen Fleck. Kinn und Halsvorderteil sind bei ihnen hell. Die Ente schwimmt auf dem Wasser, taucht häufig und lange, fliegt schnell, jäh, mit wenig ausholenden Flügelschlägen, von einer Seite auf die andere schaukelnd. Läßt oft einen hohen nasalen Pfiff hören.

Ähnliche Arten: Unverwechselbar.

Lebensraum: Seetundra, außerhalb der Brutzeit auf dem Meer, oft fern von der Küste, kommt selten auch auf Binnengewässern vor. Ist im küstennahen Wasser zu sehen, an der Stimme zu erkennen.

Lebensweise: Teilweise Zugvogel, tritt außerhalb der Brutzeit in der Regel schwarmweise auf, ist an den Brutplätzen von V.—VIII. anzutreffen. Das Nest sitzt nahe am Wasser auf dem Boden, während des Brütens wird es mit Dunenfedern ausgepolstert. Die 6—7 gelbgrünen Eier (53,7×38,4 mm) werden in den Monaten V.—VII. gelegt. Diese Ente nistet meist einzeln, stellenweise auch in größerer Zahl, 1mal im Jahr, das ♀ brütet 24 Tage. Die Jungen verlassen sofort das Nest, werden nur vom ♀ geführt und sind mit 35 Tagen flügge.

Nahrung: Unter Wasser erbeutete Wirbellose.

Gefährdungsgrad: Stellenweise von Bedeutung als Federwild. Die Art ist in Nordeuropa sehr zahlreich.

2

3

1

Samtente

Melanitta fusca

Schwäne, Gänse und Enten

Anatidae

Merkmale: Aussehen — Färbung — Verhalten
Eine fast stockentengroße Tauchente (55 cm) mit großem Kopf und kräftigem Schnabel, kurzem Hals und Schwanz. Das ♂ ist schwarz, hat einen weißen Augenfleck und Flügelspiegel, der manchmal seitlich am Körper zu sehen ist, das ♀ (**1, 2**) ist dunkelbraun mit weißem Spiegel, vor und hinter dem Auge sitzen rundliche helle Flecken. Juv. Vögel ähneln dem ♀, sind jedoch heller. Der Vogel schwimmt und taucht gut, oft der ganze Schwarm auf einmal, fliegt dicht über dem Wasser, geradlinig und jäh, über größere Entfernung in Ketten. Ist nur selten zu hören, ♂ pfeifend „huor-or", ♀ mit röchelnden Lauten.

Ähnliche Arten: Auf dem gleichen Territorium kommt häufig die Trauerente (*M. nigra*) vor, aus Nordamerika erscheint als seltener Irrgast die Brillenente (*M. perspicillata*).

Lebensraum: Küsten, Seen und Flüsse in Taiga und Tundra. Bewohnt außerhalb der Brutzeit die Meeresküsten einschließlich Stein- und Felsküsten. Die Samtente läßt sich auf küstennahem Wasser beobachten. Das Nest stellt man am Verhalten der Vögel zu Beginn der Brutzeit fest. Die Familien halten sich meistens auf dem Wasser auf.

Lebensweise: Zugvogel, der sich außerhalb der Brutzeit vorwiegend in kleineren Gruppen zusammenfindet. An den Brutplätzen tritt er von IV.—VIII. auf. Das Nest ist auf dem Boden, manchmal auch in hohlen Bäumen und weiter weg vom Wasser, es wird während des Brütens mit Dunenfedern ausgepolstert. Die 6—10 bräunlich-gelben Eier (72,0×48,4 mm) werden in den Monaten V.—VI. gelegt. Die Samtente nistet einzeln 1mal jährlich, das ♀ brütet 28 Tage. Die Jungenten verlassen sofort das Nest und werden vom ♀ 35 Tage geführt.

Nahrung: Vorwiegend tauchend erbeutete Weichtiere.

Gefährdungsgrad: Stellenweise bejagte Art.

2 ♀

1

Schellente

Bucephala clangula

Schwäne, Gänse und Enten

Anatidae

Merkmale: Aussehen — Färbung — Stimme — Verhalten

Kleinere Tauchente (46 cm) mit großem, rundem Kopf, hoher Stirn und schlankem längerem Hals. Das ♂ ist im Brutkleid (**1**) schwarz-weiß mit grünschwarzem Kopf und hat im Ruhekleid einen dunkelbraunen Kopf; die Körperoberseite ist dunkel graubraun, die Unterseite heller mit einer dunklen, quer verlaufenden Fleckung; das ♀ ähnelt dem ♂ im Ruhekleid, hat aber oft ein weißes Halsband. Das weiße Feld im Flügel wird von zwei schwarzen Querbändern unterbrochen, der Schnabel trägt ein gelbes Band. Juv. Vögel ähneln dem ♀, haben aber kein weißes Halsband. Die Ente schwimmt, taucht sehr oft und lange. Schneller Flieger mit einem weithin hörbaren pfeifenden Flügelgeräusch. Auch außerhalb der Brutzeit vollführen die ♂♂ ausgesprochene Balzbewegungen, sie werfen vor allem den Kopf nach hinten und legen ihn so über den Rücken, daß der Schnabel senkrecht nach oben weist. Das ♂ pfeift beim Werfen des Kopfes oder gibt ein heiseres „kr keu" vor sich, das ♀ ein schnarrendes „karrr".

Ähnliche Arten: Auf Island lebt die ähnliche Spatelente (*B. islandica*), sehr selten kommt in Europa die nordamerikanische Büffelkopfente (*B. albeola*) vor.

Lebensraum: Seen, Flüsse und andere Gewässer in Waldlandschaften. Hält sich außerhalb der Brutzeit auch auf dem Meer auf, oft fern der Küste. Ist auf den Gewässern das ganze Jahr durch zu beobachten. Das Nest stellt man anhand des Verhaltens der Vögel fest, die Familien halten sich frei auf dem Wasser auf.

Lebensweise: Größtenteils Zugvogel, an den Brutplätzen von IV.—IX. anzutreffen, lebt paarweise. Das Nest sitzt in einer Baumhöhle oder einem Nistkasten, manchmal weit vom Wasser weg, während des Brütens wird es mit Dunenfedern ausgepolstert. Die 4—14 blaugrünen Eier (59,2×42,6 mm) werden in den Monaten IV.—VI. gelegt. Diese Art nistet 1mal jährlich, das ♀ brütet 30 Tage. Die Jungenten springen sofort aus dem Nest und werden augenblicklich aufs Wasser gelockt, wo sie nur das ♀ für 50 Tage führt.

Nahrung: Tauchend erbeutete wirbellose Wassertiere.

Gefährdungsgrad: Stellenweise ein bedeutendes, jedoch „potentiell gefährdetes" Federwild.

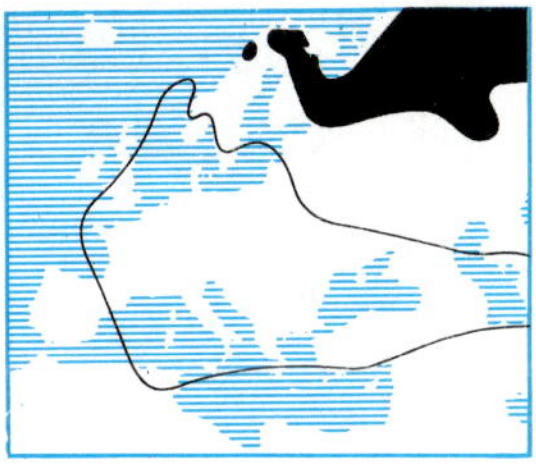

1

Zwergsäger

Mergus albellus

Schwäne, Gänse und Enten

Anatidae

Merkmale: Aussehen — Färbung
Eine kleine Entenart (41 cm) mit kurzem Hals, einem größeren Kopf mit einem unscheinbaren Schopf und einem kleinen, schlanken Schnabel. Das ♂ im Hochzeitskleid (X.—VI.) ist auffällig weiß-schwarz (**1**), das ♀ (**2**) ist graubraun, sein rotbraunes Häubchen kontrastiert mit den weißen Wangen. Das ♂ im Ruhekleid ist wie das ♀ im Brutkleid gefärbt, doch ist sein Rücken dunkler und der weiße Fleck auf den Oberflügeldecken größer. Der juv. Vogel ist wie das ♀ gefärbt, hat aber weiße Oberflügeldecken mit graubraunen Spitzen, die schwarze Zeichnung vor den Augen geht ins Braune. Der Vogel taucht häufig. Fliegt geradlinig, schnell, mit gestrecktem Hals in Schwärmen und auch Kettenformation. Geht an Land in aufrechter Haltung. Ist nur selten zu hören, das ♂ durch Pfeiftöne, das ♀ mit einem heiseren „karr".

Ähnliche Arten: Das ♂ im Brutkleid ist unverkennbar, es unterscheidet sich vom ♂ der Schellente auf große Entfernung durch den weißen Kopf. Nicht ausgefärbte Vögel erinnern entfernt an die Kolbenente und die Trauerente (*Melanitta nigra*).

Lebensraum: Seen und Flüsse in Wäldern, außerhalb der Brutzeit größere Gewässer einschließlich Meeresküsten. Ist auf den Wasserflächen anzutreffen.

Lebensweise: Zugvogel, der außerhalb der Brutzeit in kleinen Grüppchen lebt und von IV.—IX. an den Brutplätzen zu finden ist. Das Nest befindet sich in einer Baumhöhle, die während des Brütens mit Dunen ausgekleidet wird. Die 6—9 cremefarbenen Eier (52,7×37,5 mm) werden in den Monaten V.—VI. gelegt. Der Zwergsäger nistet einzeln 1mal jährlich, das ♀ brütet 30 Tage und führt seine Jungen sofort aufs Wasser, flügge werden sie offenbar im Alter von 6 Wochen.

Nahrung: Kleine Wasserlebewesen einschließlich Fische, die unter Wasser erbeutet werden.

Gefährdungsgrad: Der Zwergsäger ist ein „gefährdeter Wintergast". Das Nisten in Brutgebieten kann durch Anbringen von Nistkästen unterstützt werden.

2 ♀

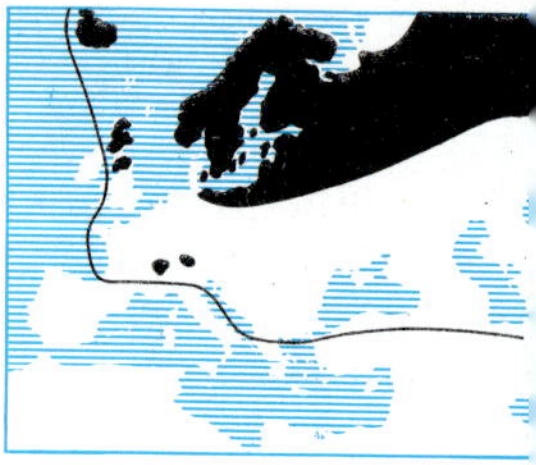

1

Gänsesäger

Mergus merganser

Schwäne, Gänse und Enten

Anatidae

Merkmale: Aussehen — Größe — Färbung
Große Tauchente (62 cm) mit langem Körper, schlankem Hals und großem Kopf, einer Nackenhaube und einem langen, schlanken Schnabel. Im Brutkleid (**1**) ist das ♂ schwarz-weiß mit grünschwarzem Kopf, Körperhinterpartie und Schwanz grau, der Schnabel rot. Im Ruhekleid sind Kopf und Halsoberteil braun, die Flügel am Körper weiß, ab der Beuge dunkel. Das ♀ (**2, 3**) sieht dem ♂ im Ruhekleid ähnlich, doch ist seine Haube größer, der ganze Körper hellgrau, die Flügel am Körper nur in der Hinterhälfte weiß. Der juv. Vogel ähnelt dem ♀, aber seine Haube ist kleiner, die Färbung von Kopf und Körper weniger intensiv. Der Vogel schwimmt meist auf dem Wasser, taucht häufig und lange. Sein Flug ist geradlinig, rasch, mit vorgerecktem Hals und Kopf (**4**). Ist nur selten zu hören, das ♂ mit einem rasselnden Laut, das ♀ mit einem rauhen „karr".
Ähnliche Arten: Der häufige Mittelsäger (*M. serrator* — **5, 6, 7**).
Lebensraum: Seen und Flüsse in Waldlandschaften, außerhalb der Nistzeit auf größeren Gewässern sowohl im Binnenland als auch an den Meeresküsten. Kann das ganze Jahr über auf der Wasseroberfläche beobachtet werden.

Lebensweise: Überwiegend Zugvogel, der außerhalb der Brutzeit in Gruppen lebt, die sogar Hunderte von Tieren umfassen können. An den Brutplätzen zeigen sich die Vögel von IV.—VIII. Das Nest befindet sich in einer Baumhöhle, aber auch in Hohlräumen unter den Wurzeln oder in einem alten Krähennest. Es wird während des Brütens mit Dunenfedern ausgepolstert. Die 7—13 sahnefarbenen Eier (67,5×46,5 mm) werden in den Monaten IV.—VII. gelegt. Gänsesäger nisten einzeln 1mal jährlich, das ♀ brütet 32 Tage. Die Jungen werden gleich aufs Wasser gebracht und vom ♀ 35 Tage lang geführt.
Nahrung: Kleinere Fische.
Gefährdungsgrad: Der Gänsesäger zählt in seinem Verbreitungsgebiet zu den „stark gefährdeten" Arten.

1

Wasserralle

Rallus aquaticus

Rallen

Rallidae

Merkmale: Stimme — Verhalten — Aussehen
Etwas kleiner als ein Rebhuhn (28 cm). Langer, gerader, auffällig roter Schnabel. Hals und Beine lang, Flügel und Schwanz kurz. Der ad. Vogel (**1**) ist auf der Oberseite braun, auf der Unterseite grau mit weiß-schwarz gestrichelten Seiten; Augen rot, das ♀ hat eine hellere Kehle. Juv. Vögel sind matter mit hell gefleckter Brust. Die Wasserralle lebt sehr heimlich im Rohrdickicht, wo sie sich in der untersten Schicht dicht am Wasser bewegt. Im Gehen wippt die Ralle mit dem Schwanz; sie ist ein guter Läufer und schwimmt auch zuweilen. An den Brutplätzen (IV.—VII.) ist sie auffällig zu hören, oft auch in der Nacht, ihr Ruf ist ein lautes Quieken mit folgendem tiefem Brummen, das in der Regel in einer Reihe immer schnellerer und tieferer Töne endet. Der Lockruf ist ein leises „kik kik".

Ähnliche Arten: Stimme unverkennbar. Alle anderen Rallenvögel haben einen kürzeren Schnabel.

Lebensraum: Sumpfvegetation, vor allem Schilf und Seggen. Außerhalb der Brutzeit findet man die Wasserralle auch an kleineren Gewässern. Am Nistplatz ist sie an der Stimme zu erkennen. In der Ruhezeit kann man sie an den Rändern oder Schneisen im Röhricht sehen.

Lebensweise: Zugvogel, nistet und lebt einzeln, hält sich von III.—X. an den Brutplätzen auf. Das Nest wird aus breiteren Blättern gebaut und befindet sich in einem Gras- oder Schilfhorst dicht über dem Wasserspiegel. Die 6—12 sahnefarbenen, locker rotbraun gesprenkelten Eier (34,3×25,5 mm) werden in den Monaten IV.—IX. gelegt. Die Vögel nisten 2—3mal jährlich und brüten 20 Tage. Beide Eltern pflegen die Jungen, die zwar bald das Nest verlassen, aber wieder zurückkehren und mit 50 Tagen flügge werden.

Nahrung: Kleine, in der Vegetation an der Wasseroberfläche erbeutete Lebewesen.

Gefährdungsgrad: Eine zurückgehende und daher „gefährdete" Art. Notwendig ist die Erhaltung von Sumpfbiotopen.

1

Kleines Sumpfhuhn
Porzana parva
Rallen
Rallidae

Merkmale: Stimme — Verhalten — Aussehen
Starengroß (19 cm), Körper, Beine und Schwanz kurz, kleiner Kopf mit kurzem Schnabel. Der ad. Vogel ist auf der Oberseite dunkelbraun mit einer schwarzweißen Längsfleckung, hat grüne Beine, einen gelbgrünen Schnabel mit roten Winkeln. Das ♂ ist auf der Unterseite schiefergrau, das ♀ gelbbraun (**1**), von den Beinen an nach hinten helle Querstreifung. Der juv. Vogel ähnelt dem ♀, ist auf der Unterseite dunkel quergestreift. Der Vogel lebt heimlich in der Sumpfvegetation, wo er sich in der dichten Vegetationsschicht unmittelbar am Wasserspiegel aufhält. Schreitet oder läuft meist, schwimmt selten, fliegt nur ausnahmsweise. In der Brutzeit gibt das ♂ ein immer schneller und tiefer werdendes Glucken „quek quek", „ko ko" u.ä. von sich. Der Lockruft klingt wie „quek".
Ähnliche Arten: Eigenwillige Stimme, bei längerem Anhören unverkennbar. Im Aussehen ist nur das Zwergsumpfhuhn (*P. pusilla*) ähnlich, das aber auffallend querstreifte Bauchseiten hat.
Lebensraum: Sumpfvegetation, vor allem Röhricht- und Seggenbestände. An den Brutplätzen erkennt man das Kleine Sumpfhuhn an der Stimme, die Vögel rufen oft in der Umgebung ihres Nests. Verharrt man reglos, kann man sie auch an offenen Stellen beobachten.
Lebensweise: Zugvogel, an den Brutplätzen von III.—X. anzutreffen. Das Nest befindet sich im dichten Pflanzengewirr unmittelbar über dem Wasser und ist von oben gedeckt. Die 4—8 gelbbraunen Eier mit dichter rotbrauner Sprenkelung (31,6×22,0 mm) werden in den Monaten IV.—VIII. gelegt. Die Art nistet einzeln 1—2mal jährlich und brütet 17 Tage. Gleich nach dem Schlüpfen verlassen die Jungen das Nest, sie werden von beiden Eltern geführt und sind mit 45 Tagen flügge.
Nahrung: Kleinlebewesen, weniger Pflanzenteile und Samen, auf der Wasseroberfläche und in der Vegetation gesammelt.
Gefährdungsgrad: Das Kleine Sumpfhuhn wird bei uns als „potentiell gefährdet" angeführt.

1

Teichhuhn

Gallinula chloropus

Rallen

Rallidae

Merkmale: Stimme — Aussehen — Verhalten

Rebhuhngroß (33 cm). Kleiner Kopf, Schnabel mit einer Stirnblesse, kurzer Schwanz und lange Beine. Die ad. Vögel (**1**) sind grauschwarz und braun, mit einer weißen Rinde auf den Seiten und weißen Unterschwanzdecken, leuchtend rotem Schnabel und grünen Beinen; ♂ = ♀. Juv. Vögel sind auf der Unterseite hell, ihnen fehlt die rote Blesse. Der Vogel lebt heimlich in den Sumpfpflanzendickichten, schwimmt manchmal unweit der Vegetation aufs offene Wasser hinaus, zieht sich aber bei einer Störung sogleich wieder zurück. Schwimmt nur wenig eingetaucht. Körperhinterpartie und Schwanz ragen nach oben (**2**); dabei wippt er ständig mit dem Schwanz, so daß die weiße Farbe seiner Unterseite sichtbar ist, klettert gut im Bewuchs umher, fliegt selten. Ruft oft sein hervorgestoßenes „kirrr".

Ähnliche Arten: Unverwechselbar.

Lebensraum: Seichte, dicht verkrautete Gewässer, stellenweise auch kleine Teiche bei menschlichen Ansiedlungen. Bewegt sich außerhalb der Nistzeit auch auf Flüssen mit geringer Ufervegetation und warmen Abwässern. An den Brutplätzen ist das Teichhuhn anhand seiner Rufe oder durch Beobachtung des Wassers an den Vegetationsrändern zu finden.

Lebensweise: Das Nest ist ein fester Bau aus platten Blättern in der dichten Vegetation, normalerweise nahe am Wasserspiegel; nach oben ist es durch die umliegenden Pflanzen gedeckt. Die 5—11 okkergelben Eier mit rotbraunen Flecken (41,9×29,7 mm) werden in den Monaten III.—IX. gelegt. Teichhühner nisten 1—3mal jährlich einzeln, sie brüten 21 Tage. Die Jungvögel bleiben 2—3 Tage im Nest, dann leben sie heimlich im Bewuchs und werden von beiden Eltern geführt. Mit 35 Tagen sind sie flügge.

Nahrung: Samen, Pflanzenteile sowie wirbellose Kleinlebewesen, die an der Wasseroberfläche oder im Sumpf aufgenommen werden.

Gefährdungsgrad: Ein besonderer Schutz ist nicht erforderlich.

2

1

Bläßhuhn
Fulica atra
Rallen
Rallidae

Merkmale: Aussehen — Färbung — Stimme — Verhalten
Ein großer Rallenvogel (37 cm). Sitzt schwimmend niedrig auf dem Wasser, das Hinterteil gesenkt. Ad. Bläßhühner (**1**) sind dunkel grauschwarz, Schnabel und Blesse weiß; ♂ = ♀. Juv. Vögel haben keine Blesse, ihre Halsvorderseite ist weiß. Das Bläßhuhn schwimmt meist mit angezogenem Hals, taucht gut, läuft bei Störung oder beim Auffliegen unter Flügelschlagen auf der Wasserfläche und läßt dabei eine typische Bahn hinter sich (**2**). Fliegt wenig, aber schnell und geradeaus, die Beine hängen nach dem Start frei herab. Kommt gelegentlich ans Ufer. Im Frühjahr ist das von Zweikämpfen der Rivalen begleitete Territorialverhalten auffällig. Sein lautstarkes, auffälliges „köw" und ein durchdringendes, manchmal wiederholtes „pix" sind oft zu hören.
Ähnliche Arten: In Südspanien lebt das ähnliche Kammbläßhuhn (*F. cristata*).
Lebensraum: Seichte Gewässer mit Vegetation, hält sich außerhalb der Brutzeit auch auf Flüssen, unverkrauteten Seen oder an der Küste auf, weicht auch Städten nicht aus. In Brut- und Ruhezeit leicht auf dem Wasser zu beobachten. Die Altvögel füttern die Jungen auf dem Wasser unweit der Vegetation.
Lebensweise: Teilweise Zugvogel, bleibt außerhalb der Brutzeit in Gruppen oder geschlossenen Schwärmen zusammen. Das Nest befindet sich im Bewuchs nahe am Wasser, manchmal fast frei auf der Oberfläche, ist aus Blättern errichtet und oft mit einem Brückchen ins Wasser versehen. Die 4—12 gelblich braunen, schütter schwarz gesprenkelten Eier (52,2×35,9 mm) werden in den Monaten III.—VII. gelegt. Bläßhühner nisten einzeln 1—3mal jährlich und brüten 23 Tage. Die Jungen verlassen bald das Nest, werden von den Alten auf dem Wasser gefüttert, verbergen sich im Bewuchs und sind mit 56 Tagen flügge.
Nahrung: Pflanzenteile, weniger wirbellose Wassertiere, die auf und unter Wasser, aber auch an Land angenommen werden.
Gefährdungsgrad: Sehr zahlreiche Art.

2

1

Austernfischer

Haematopus ostralegus

Austernfischer

Haematopodidae

Merkmale: Größe — Färbung — Verhalten — Stimme

Großer Watvogel (43 cm), größer als ein Kiebitz. Kurze Beine, ein langer, kräftiger Hals, ein runder Kopf mit einem langen, geraden Schnabel und ein kurzer Schwanz. Im Brutkleid (**1**) ist der Austernfischer auf der Oberseite schwarz, von unten weiß, Schnabel und Beine rot. Im Flug (**2**) wird auf den Flügeln ein breiter weißer Streifen sichtbar, ein weißer Bürzel und der mit einer schwarzen Binde endende weiße Schwanz. Im Ruhekleid hat er einen quer zur Kehle verlaufenden weißen Streifen; ♂ = ♀. Der juv. Vogel ist auf der Oberseite ocker gefleckt, hat graue Beine und einen gelblichen Schnabel. Der Vogel läuft an den Ufern herum und sticht seinen Schnabel in den Schlick. Die Schwärme fliegen in einer typischen V-Formation. Oft ist sein lautes durchdringendes „püliet" zu hören, sein Warnruf ist ein wiederholtes „pik pik". In der Balz ist auch ein hoher, fallender Triller zu hören.

Ähnliche Arten: Unverwechselbar.

Lebensraum: Sand- und Schlickküsten, stellenweise auch Ufer größerer Flüsse und Seen. Ist am Strand oder auf kurzen Grasnarben in Wassernähe zu sehen, vor allem an der Küste. Das Nest stellt man anhand des Verhaltens der Vögel fest.

Lebensweise: Überwiegend Zugvogel, hält sich außerhalb der Brutzeit normalerweise in Schwärmen auf, an den Brutplätzen erscheint er von III.—IX. Das Nest ist eine Mulde an einer erhöhten Stelle im Sand, zwischen Steinen, auf Gras. Die 2—4 ockerfarbenen, dunkel gefleckten Eier (56,5×39,8 mm) werden in den Monaten V.—VI. gelegt. Austernfischer nisten einzeln 1mal jährlich und brüten 26 Tage. Beide Altvögel betreiben Brutpflege, die Jungen verlassen das Nest sofort und werden mit 32 Tagen flügge.

Nahrung: Kleine Wasserlebewesen, die am Strand und im Watt schreitend erjagt werden.

Gefährdungsgrad: Ein besonderer Schutz ist nicht erforderlich.

2

1

Stelzenläufer

Himantopus himantopus
Stelzenläufer
Recurvirostridae

Merkmale: Aussehen — Färbung
Einem kleinen Storch ähnlich, 38 cm groß; langer, schlanker Hals, langer Schnabel und sehr lange Beine. Im Brutkleid sind Körper- und Flügeloberseite schwarz, der Rest weiß, die Beine leuchtendrot; das ♂ hat einen schwärzlichen Scheitel und Nacken, im Ruhekleid ist diese Färbung nur schwach zu sehen, das ♀ hat stets einen weißen Kopf (**1**). Juv. Vögel haben einen dunkelbraunen Scheitel und Nacken, die Rückenfedern sind ocker gesäumt. Der Stelzenläufer watet im Flachwasser umher. Geradliniger Flug mit gleichmäßigem Flügelschlag, die Beine ragen weit über den Schwanz hinaus. Er ruft nicht besonders häufig ein lautes, durchdringendes „kyip kyip".

Ähnliche Arten: Unverwechselbar.

Lebensraum: Seichte Gewässer mit niedriger Vegetation an der Küste und im Binnenland. Ist an den Wasserrändern zu sehen. Die geführten Jungvögel entdeckt man am Verhalten der Altvögel.

Lebensweise: Zugvogel, hält sich von III.—X. an den Brutplätzen auf. Hin und wieder kommt es zu Invasionen dieser Vögel in nördlicher Richtung. Dann können einzelne Pärchen auch nördlich der Arealgrenzen nisten. Die Art lebt das ganze Jahr über einzeln oder in losen Grüppchen. Das Nest befindet sich in einem Vegetationshorst oder einfach auf dem Boden nicht weit vom Wasser, auch auf dem Wasser. Die 3—5 gelbbraunen Eier mit der lockeren dunklen Sprenkelung (44,0×31,0 mm) werden in den Monaten V.—VI. gelegt. Stelzenläufer nisten 1mal jährlich und brüten 26 Tage. Die Jungen verlassen nach dem Schlüpfen das Nest, werden von beiden Eltern in Nestnähe geführt und sind mit 32 Tagen flügge.

Nahrung: Vorwiegend kleine wirbellose Wasserlebewesen, die im seichten Wasser oder auf dem Grund erbeutet werden.

Gefährdungsgrad: Eine nur an wenigen Stellen zahlreiche, eher zurückgehende Art, daher den „gefährdeten Vermehrungsgästen" zuzuordnen.

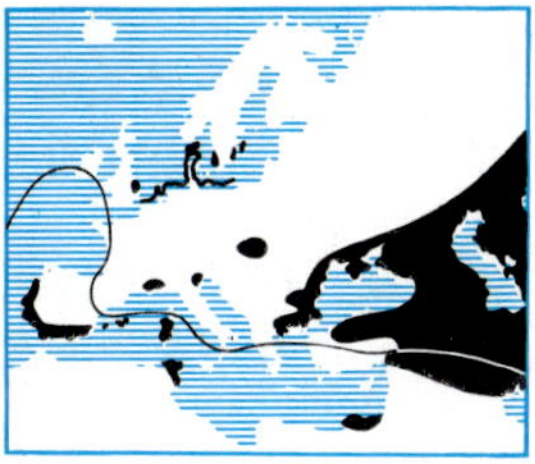

1

Säbelschnäbler

Recurvirostra avosetta
Stelzenläufer
Recurvirostridae

Merkmale: Aussehen — Färbung — Verhalten
Ein großer Watvogel (43 cm) mit langen Beinen, langem, schlankem Hals und einem langen, aufwärts gekrümmten Schnabel. Die ad. Vögel sind kontrastreich schwarzweiß (**1**), ♂ = ♀. Bei den juv. Vögeln gehen die schwarzen Partien ins Braune. Der Vogel watet im seichten Wasser, auf Nahrungssuche säbelt er mit seinem Schnabel seitlich hin und her. Der Flug ist geradlinig, die Beine ragen weit über den Schwanz hinaus. Ruft ziemlich oft sein weiches, melodisches „kluiit", der Warnruf klingt wie „blik blik".
Ähnliche Arten: Unverwechselbar.
Lebensraum: Flache Küstenabschnitte sowie die Ufer von salzigen und süßen Gewässern. Läßt sich an Küsten und Ufern beobachten. Auf das Nest wird man durch die brütenden Altvögel aufmerksam.
Lebensweise: Teilweise Zugvogel, hält sich von III.—IX. an den Brutplätzen auf. Die Art tritt vorwiegend in größerer Zahl auf und nistet auch so, seltener einzeln. Das Nest ist eine seichte, spärlich ausgepolsterte Vertiefung im Boden nahe am Wasser. Die 3—5 gelbbraunen, dunkel gesprenkelten Eier (50,6×35,0 mm) werden in den Monaten IV.—VII. gelegt. Säbelschnäbler nisten 1mal jährlich und brüten 25 Tage. Die geschlüpften Jungvögel verlassen sofort das Nest und werden von beiden Eltern geführt. Flügge sind sie mit 35 Tagen.
Nahrung: Kleine Wirbellose, die auf dem schlammigen Gewässergrund gesammelt werden.
Gefährdungsgrad: Stellenweise zahlreich. Schutz ist nur durch die Erhaltung entsprechender Biotope und die Vermeidung von Störungen an den Brutplätzen möglich.

1

Flußregenpfeifer

Charadrius dubius
Regenpfeifer
Charadriidae

Merkmale: Stimme — Aussehen — Verhalten
Körper sperlingsgroß (15 cm); großer, runder Kopf mit kurzem Schnabel, Schwanz und Beine kurz. In den Flügeln fehlt ein weißer Streifen (**2**). Ad. Vögel (**1**) sind auf der Oberseite braun, auf der Unterseite weiß, auf dem Kopf ist eine ausdrucksvolle schwarzweiße Zeichnung; ♂ = ♀. Bei den juv. Vögeln ist die Zeichnung auf Kopf und Brust braun, ihnen fehlt der weiße Fleck hinter den Augen. Der Vogel läuft meist an flachen Ufern umher, sehr schnell und in kleinen Abschnitten; duckt sich bei Erregung. Der Flug ist niedrig, schnell, der Balzflug fledermausähnlich. Täuscht zur Verteidigung der Jungen Verletzung vor. Läßt oft ein lautes, weiches „tiü" hören, das manchmal in schneller Frequenz wiederholt wird.
Ähnliche Arten: Der Seeregenpfeifer (*Ch. alexandrinus* — **3, 4**) lebt vorwiegend an Meeresküsten, der Sandregenpfeifer ist größer mit einer ausgeprägten Zeichnung, gelbem Schnabel, gelben Beinen und einer deutlichen weißen Binde im Flügel.
Lebensraum: Flache Schlamm- oder Sandufer seichter Gewässer im Binnenland. Kommt in der Ruhezeit auch an der Küste vor. Hält sich fast ausschließlich an flachen Uferabschnitten auf, oft ist sein Ruf zu hören und man kann die fliegenden Vögel sehen.
Lebensweise: Zugvogel, von III.—IX. an den Brutplätzen. Das Nest ist eine spärlich ausgepolsterte Vertiefung im Boden, meist nahe am Wasser. Die (3—)4 hell sandfarbenen Eier mit schwarzbraunen Sprenkeln (29,8×22,2 mm) werden in den Monaten IV.—VII. gelegt. Der Flußregenpfeifer nistet einzeln 1mal jährlich und brütet 25 Tage. Die Jungvögel verlassen bald das Nest, werden von beiden Eltern geführt und sind mit 21 Tagen flügge.
Nahrung: Kleine Wirbellose, die am Ufer gesammelt werden.
Gefährdungsgrad: Ein besonderer Schutz ist nicht erforderlich.

2 3 4

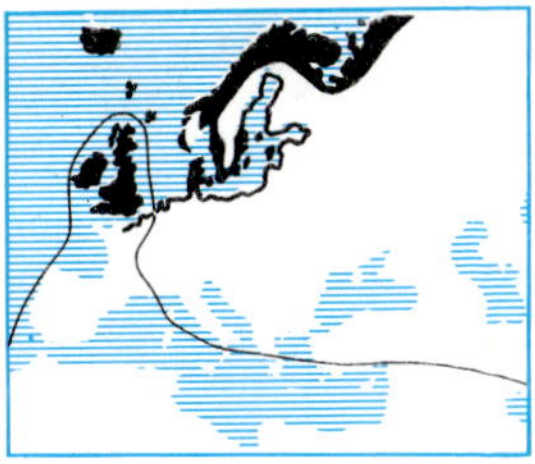

1

Sandregenpfeifer

Charadrius hiaticula

Regenpfeifer

Charadriidae

Merkmale: Aussehen — Verhalten — Färbung

Haubenlerchengroß (18 cm). Großer, runder Kopf mit kurzem Schnabel, Beine und Schwanz kurz. In den Flügeln eine weiße, mit dem dunklen Hinterrand kontrastierende Binde (**2**), dunkler Schwanz; Schnabel gelb mit dunkler Spitze, Beine gelb. Die ad. Vögel (**1**) haben eine ausgeprägte schwarzweiße Zeichnung auf Kopf und Brust; ♂ = ♀. Die Kopfzeichnung der juv. Vögel ist braun, seitlich auf der Brust sitzen große, in der Mitte nicht verbundene braune Vierecke. Der Vogel trippelt hastig über Schlamm und Sandufer, duckt sich bei Erregung nieder. Der Flug ist niedrig und langsam. Am Nest mit Jungen stellt sich der Altvogel verwundet. Sein Ruf ist ein flöhendes „tüi".

Ähnliche Arten: Am ähnlichsten ist der Flußregenpfeifer, der jedoch kleiner ist. Er hat eine weniger ausdrucksvolle Kopfzeichnung, keine weiße Flügelbinde. Beine und Schnabel sind graubraun, die Schwanzwurzel ist seitlich weiß.

Lebensraum: Meeresküsten, Nordlandtundra und Sümpfe, in der Ruhezeit Flachküsten. Läßt sich am besten in der Balz und beim Nisten beobachten. Außerhalb der Brutzeit sieht man ihn, wenn er auf den flachen Uferabschnitten umherläuft, oder auf seinen Strichflügen.

Lebensweise: Zugvogel, der sich von III.—X. an den Brutplätzen aufhält. Außerhalb der Brutzeit lebt er meist in Gruppen bis Schwärmen zusammen. Das Nest ist eine wenig ausgepolsterte Mulde im Boden. Die (3—)4 sandgelben, dunkel gesprenkelten Eier (35,2×25,6 mm) legt er in den Monaten III.—VI. Die Art nistet 1—3mal jährlich, einzeln, sie brütet 24 Tage. Die Jungvögel verlassen bald das Nest und werden von beiden Eltern geführt, flügge sind sie mit 25 Tagen.

Nahrung: Kleine wirbellose Uferlebewesen.

Gefährdungsgrad: Bislang ist die Art relativ zahlreich.

2

1

Mornellregenpfeifer

Eudromias morinellus

Regenpfeifer

Charadriidae

Merkmale: Aussehen — Verhalten — Stimme
Ein mittelgroßer Regenpfeifer (21 cm) von ungefähr Starengröße. Er hat einen kurzen Hals mit einem großen, runden Kopf, lange spitze Flügel ohne Binden (**2**), Beine und Schwanz sind kurz und gelb. Im Brutkleid (**1**) ist der Kopf grau und weiß, der Hals grau, durch ein weißes Streifchen von der rotbraunen Unterseite abgesetzt; ♂ = ♀. Im Ruhe- und Jugendkleid sind die Vögel unscheinbar graubraun, die weißlichen Augenstreifen treffen im Nacken auseinander, ein weißliches Streifchen zieht sich über die Brust. Der Vogel läuft meist trippelnd auf dem Boden umher, macht häufig kurz halt, fliegt niedrig, aber sehr schnell. Läßt oft ein pfeifendes „uit-i-wi" hören.

Ähnliche Arten: Im Brutkleid nicht zu verwechseln, im Ruhekleid den Regenpfeifern der Gattung *Pluvialis* ähnlich, die aber größer und kontrastreicher gefärbt sind, keine Querbinden auf der Brust haben und deren Augenstreifen nicht bis in den Nacken verläuft.

Lebensraum: Tundra oder Subalpinstufe der Gebirge, kommt nur ausnahmsweise in tieferen Lagen vor. Bewohnt außerhalb der Brutzeit Felder, Weideflächen und Steppen. An den Brutplätzen erkennt man ihn an der Stimme, auf Nest und Jungvögel wird man durch Beobachten der Alten aufmerksam.

Lebensweise: Zugvogel, außerhalb der Brutzeit auch in kleinen Gruppen zusammen. Das Nest ist eine flache, spärlich ausgepolsterte Grube im Boden, meist neben einem Stein. Die 2—4 olivbraunen, gefleckten Eier (41,3×28,5 mm) werden in den Monaten V.—VI. gelegt. Die Art nistet einzeln 1mal jährlich, polyandrische ♀♀ können aber bis 3 Gelege im Jahr zustande bringen. Die ♂♂ brüten allein 24 Tage, sie führen auch die Jungen, die bald das Nest verlassen und mit 30 Tagen flügge werden.

Nahrung: Wirbellose Kleinlebewesen, die am Boden gesammelt werden.

Gefährdungsgrad: Diese Art ist bei uns „ausgestorben oder verschollen".

2

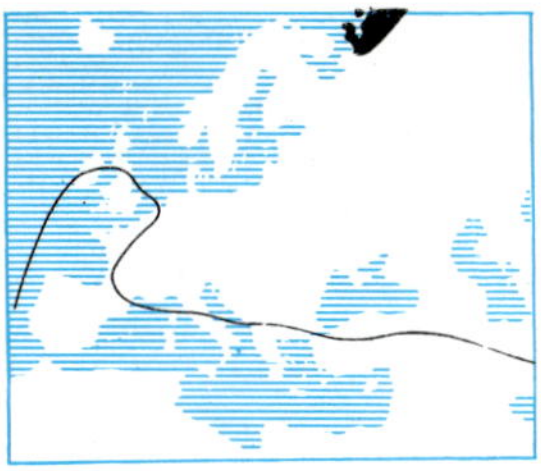

1

Kiebitzregenpfeifer
Pluvialis squatarola
Regenpfeifer
Charadriidae

Merkmale: Aussehen — Stimme — Verhalten — Färbung
Diese fast kiebitzgroße Regenpfeiferart (28 cm) hat einen großen, runden Kopf, einen gedrungenen Rumpf, längere Beine, breite und spitze Flügel. Bei den Vögeln im Brutkleid (**1**) ist die Unterseite von den Augen bis zum Bauch schwarz, die Oberseite weiß mit dunklen Flecken, in den Flügeln ein helles Band, der Bürzel weiß, der Schwanz quer gefleckt, die Unterflügel hell mit einem dunklen Fleck unter der Achsel (**2**). Im Ruhekleid sind die Wangen dunkel gefleckt, die Unterseite ist sahnegelb; ♂ = ♀. Das Jugendkleid ähnelt dem Ruhekleid, ihm fehlt der hellere Überaugenstreifen und die helle Stirn. Der Vogel läuft mit trippelnden Schritten auf schlammigen und vegetationslosen Böden umher, stets verhält er nach ein paar Schritten. Er fliegt schnell, geradlinig, wenn auch langsamer als die kleineren Regenpfeiferarten. Ziemlich häufig ruft er ein laut flötendes „dwi-jih".
Ähnliche Arten: In den gleichen Gebieten lebt der Goldregenpfeifer (*P. apricaria* — **3**), dessen Oberseite braun ist.
Lebensraum: Tundra, vorwiegend die trockeneren Bereiche. In der Ruhezeit überwiegend Schlickstrände an den Küsten, selten im Binnenland. Man kann den Vogel durch seinen Ruf entdecken. Nicht brütende Vögel halten sich auch außerhalb der Nistplätze auf.
Lebensweise: Zugvogel, von V.—VIII. an den Brutplätzen, bildet außerhalb der Brutzeit höchstens kleine Grüppchen. Das Nest befindet sich am Boden. Die 4 bräunlichen Eier mit dunkelbrauner Sprenkelung (52,0×36,3 mm) werden in den Monaten VI.—VII. gelegt. Dieser Regenpfeifer nistet einzeln 1mal jährlich und brütet 26 Tage. Brutpflege betreiben beide Altvögel außerhalb des Nestes 40 Tage lang.
Nahrung: Wirbellose Kleinlebewesen, die am Boden gesammelt werden.
Gefährdungsgrad: Die Art ist den „gefährdeten Wandervögeln" zuzuordnen.

2

3

1

Kiebitz

Vanellus vanellus

Regenpfeifer

Charadriidae

Merkmale: Aussehen — Färbung — Stimme — Verhalten
Ein großer Watvogel (30 cm). Hals und Beine sind kurz, auf dem Kopf ist eine spitze Haube, die Flügel sind breit, gerundet. Ad. Vögel (**1**) sind kontrastreich schwarzweiß, im Flug (**2**) sind ihre Oberflügel dunkel, die Schwanzwurzel weiß, die Unterflügel am Körper weiß, das ♀ hat in der schwarzen Farbe von Scheitel, Kinn und Kehle helle Flecken. Juv. Vögel haben eine kürzere Haube, ihre dunkle Farbe geht ins Braune und ist weiß durchsetzt. Der Kiebitz läuft mit vielen Unterbrechungen auf dem Boden umher, reckt und verneigt sich, fliegt häufig auf. Sein Flug ist gewandt mit einem langsameren Flügelschlag. Der Balzflug im Frühjahr ist akrobatisch mit jähen Wendungen und Überschlägen. Ruft häufig sein laut klagendes „kie-wit", auf dem Zug auch „gieh".

Ähnliche Arten: Unverkennbar.

Lebensraum: Wiesen, Weiden, Felder, hauptsächlich in der Nähe von Wasser, Schlammufer. Man erkennt ihn an den Brutplätzen am unverwechselbaren Ruf und am Flugstil, das Nest entdeckt man am Verhalten der Altvögel; Eier und Junge haben eine vollendete Tarnfärbung. Außerhalb der Brutzeit hält sich der Kiebitz an flachen, schlammigen Ufern auf.

Lebensweise: Teilweise Zugvogel, tritt während der Ruhezeit in Schwärmen auf, die mitunter sehr groß sein können. Das Nest ist eine Erdmulde mit spärlicher Auskleidung. Die (3—)4 oliv-gelbbraunen, dicht und dunkel gesprenkelten Eier (46,6×33,3 mm) werden in den Monaten II.—VI. gelegt. Kiebitze nisten 1mal jährlich, oft mehrere Paare zusammen, sie brüten 24 Tage. Die Jungen flüchten bald das Nest, werden von beiden Eltern geführt und sind mit 33 Tagen flügge.

Nahrung: Auf dem Boden gesammelte kleine Wirbellose.

Gefährdungsgrad: Früher wurden Kiebitzeier gesammelt. Bislang ist die Art noch zahlreich.

2

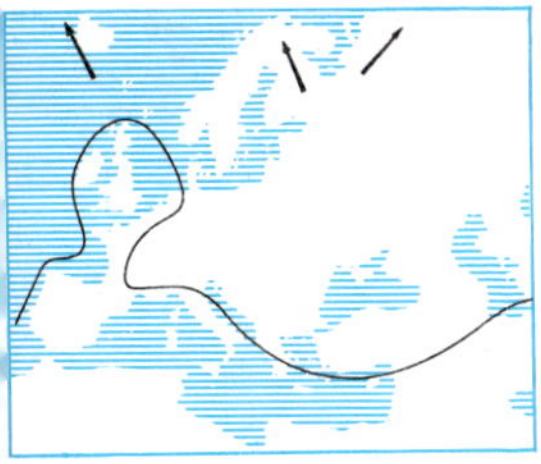

1

Sanderling
Calidris alba
Schnepfenvögel
Scolopacidae

Merkmale: Aussehen — Färbung — Verhalten
Diese etwa haubenlerchengroße Strandläuferart (20 cm) hat kurze Beine und einen geraden, kopflangen Schnabel. Im Flug (**2**) wird eine klare weiße Binde im Flügel sichtbar, ein grauer, zu beiden Seiten seiner Wurzel weißer Schwanz, in der Mitte über die ganze Länge dunkelbraun. Vögel im Brutkleid sind auf der Oberseite fleckig braun, auf der Unterseite weiß. Das Ruhekleid ist sehr hell — die Unterseite völlig weiß. Scheitel und Rücken weißgrau, Flügelbeuge und -ende dunkel; ♂ = ♀. Das Jugendkleid (**1**) hat einen Braunton auf Scheitel und Brust, Körperoberseite dunkel gefleckt. Der Vogel läuft leicht und geschwind an den Wasserrändern entlang, weicht vor Wellen zurück. Schneller Flieger. Ruft nicht besonders häufig, bei Erregung ein kräftiges „pit pit", aus der Nähe ist nur ein leises „trrr" zu vernehmen.
Ähnliche Arten: In Größe und Aussehen ähnelt die Art weiteren Strandläufern aus der Gattung *Calidris*, z.B. dem Knutt (*C. canutus* — **3**) und dem Meerstrandläufer (*C. maritima* — **4**), doch sind Färbung, Flügelbinde und Verhalten charakteristisch.
Lebensraum: Arktische Tundra und Sandstrände, in der Ruhezeit flache Ufer, vor allem Meeresküsten. An den Brutplätzen fällt das Verhalten der Altvögel in Nestnähe auf. In der Ruhezeit kann man den Vogel an flachen Ufern beobachten.
Lebensweise: Zugvogel, an den Brutplätzen von V.—VII. Außerhalb der Ruhezeit tritt die Art meist gruppenweise auf. Das Nest ist eine spärlich ausgepolsterte Mulde im Boden. Die 3—4 olivgrünen, dunkel gesprenkelten Eier (35,6×24,6 mm) werden in den Monaten VI.—VII. gelegt. Sanderlinge nisten einzeln 1mal jährlich und brüten 24 Tage. Die Jungen verlassen bald das Nest, werden von beiden Alten geführt und sind mit 30 Tagen flügge.
Nahrung: Kleine, an den Gewässerrändern gesammelte Wirbellose.
Gefährdungsgrad: Die Art ist nicht gefährdet.

1

Zwergstrandläufer

Calidris minuta

Schnepfenvögel

Scolopacidae

Merkmale: Aussehen — Größe — Färbung — Stimme
Etwa rotschwanzgroß (13 cm). Hat kurze Beine und einen geraden, schlanken Schnabel, kürzer als der Kopf. Im Flug (**4**) werden die helle Flügelbinde, der grauweiße Schwanz mit dem dunklen Längsstreifen in der Mitte und die schwarzen Beine sichtbar. Das Brutkleid ist auf der Oberseite braun, das Ruhekleid (**2**) grau mit schwarzbrauner Sprenkelung, die Unterseite ist bei beiden Kleidern weiß; ♂ = ♀. Juv. Vögel (VII.—XI.) sind auf der Oberseite fleckig braun, auf den Schulterblättern bilden die Flecken ein typisches „V" (**1**). Der Vogel läuft behende auf den Schlammstreifen am Wasser umher, fliegt häufig und schnell. Sehr oft ist sein feines hohes „tirr-tit-tit" zu hören.

Ähnliche Arten: In ganz Europa hauptsächlich der Temminckstrandläufer (*C. temminckii* — **3, 5**), der jedoch einen einfarbigen Rücken, helle Beine und weiße Schwanzränder hat.

Lebensraum: Sumpftundra, in der Ruhezeit flache Schlammufer. An den Brutplätzen stellt man den Vogel an seinem Verhalten fest. Außerhalb der Brutzeit hält sich der Zwergstrandläufer normalerweise mit anderen Watvogelarten zusammen an flachen Uferabschnitten auf.

Lebensweise: Zugvogel, der an den Brutplätzen von VI.—VIII. vorkommt. Außerhalb der Brutzeit finden sich normalerweise mehrere Tiere zusammen. Das Nest ist eine spärlich ausgepolsterte Grube an einer trockeneren Stelle. Die 4 olivbraunen Eier mit den dunklen Flecken (29,0×20,7 mm) werden in den Monaten VI.—VII. gelegt. Die Vögel nisten einzeln, brüten 20 Tage, die Jungen sind Nestflüchter und werden von beiden Altvögeln geführt.

Nahrung: Kleine Wirbellose von den Gewässerrändern.

Gefährdungsgrad: Der Zwergstrandläufer ist bei uns eine „gefährdete Wandervogelart".

1

Alpenstrandläufer
Calidris alpina
Schnepfenvögel
Scolopacidae

Merkmale: Größe — Aussehen — Färbung
Der Schnabel dieses mittelgroßen Strandläufers (18 cm) ist geringfügig abwärts gekrümmt und länger als der Kopf. Seine Beine sind kurz. Im Flug (**2**) erscheint in den Flügeln eine helle Binde, ein dunkler, am Bürzel weißer, von einem dunklen Längsstreifen geteilter Schwanz. Vögel im Brutkleid (**1**) haben eine braune Oberseite mit dunklen Flecken, ihre Unterseite ist schwarz. Das Ruhekleid hat eine graue, dunkel gefleckte Oberseite, die Unterseite ist weißlich mit einer grauen Brust; ♂ = ♀. Bei juv. Vögeln sind sowohl Rücken als auch Brust braun mit dunkler Fleckung. Der Vogel läuft auf flachen Ufern herum. Schneller Flieger, die Schwärme vollführen jähe Wendungen. Oft in der Gesellschaft anderer Arten (Zwerg- u. Sichelstrandläufer u.a.). Aufgeschreckt läßt er oft ein hartes, schepperndes „tritt" hören, in der Balz ruft er eine Reihe summender Töne.

Ähnliche Arten: Vor allem der Sichelstrandläufer (*C. ferruginea* — **3**), der in ganz Europa ziemlich häufig ist. In Osteuropa kommt der nicht allzu häufige Sumpfläufer (*Limicola falcinellus* — **4**) vor.

Lebensraum: Sümpfe und Moore, in der Ruhezeit sumpfige Ufer. An den Brutplätzen fällt das Verhalten der Vögel am Nest auf. Außerhalb der Brutzeit kann man sie an sumpfigen Ufern beobachten.

Lebensweise: Teilweise Zugvogel, hält sich von IV.—VIII. an den Brutplätzen auf. Bleibt außerhalb der Brutzeit in Schwärmen zusammen, die manchmal recht groß sind. Das Nest ist eine spärlich ausgepolsterte Vertiefung im Gras. Die 4(—5) oliv-gelbbraunen Eier mit der dunkleren Sprenkelung (34,6×24,3 mm) werden in den Monaten IV.—VI. gelegt. Der Vogel nistet einzeln 1mal jährlich und brütet 17 Tage. Die Jungen verlassen sofort das Nest, werden von beiden Eltern geführt und sind mit 26 Tagen flügge.

Nahrung: Kleine, auf dem Boden und im Schlamm gesammelte Wirbellose.

Gefährdungsgrad: In den südlichen Arealabschnitten „vom Aussterben bedroht".

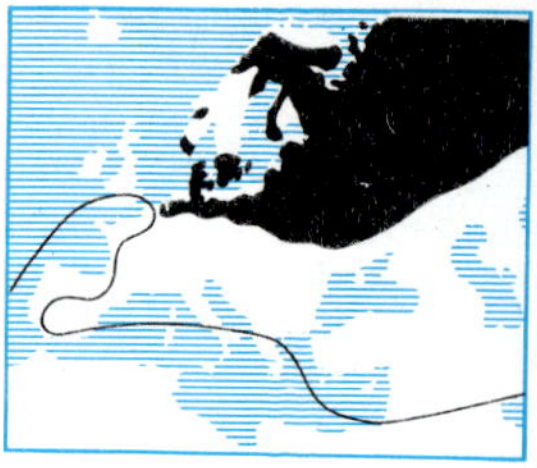

1

Kampfläufer
Philomachus pugnax
Schnepfenvögel
Scolopacidae

Merkmale: Aussehen — Färbung
Ein größerer Watvogel (♂ 28 cm, ♀ 22 cm). Beine und Hals lang. Schnabel verhältnismäßig kurz, so lang wie der Kopf. Im Flug (**2**) zeigt sich in den Flügeln eine auffällige weiße Binde, die von hinten gesehen ein weißes „V" bildet. Im Brutkleid hat das ♂ eine aufstellbare Halskrause, die Gesamtfärbung ist bei jedem Exemplar anders und sehr ausdrucksvoll (weiß — braun — schwarz — grün). Das ♀ (**1**) ist hellbraun, das ♂ im Ruhekleid ähnelt dem ♀, ist aber größer. Juv. Vögel sind wie das ♀ gefärbt, haben aber ockerfarben gesäumte Rückenfedern. Der Vogel schreitet langsam durch seichtes Wasser oder auf verschlammten Stränden. Der Flug ist schnell, die Schwärme wechseln häufig die Flugrichtung. Im Frühjahr sind die Zweikämpfe der ♂♂ typisch. Ruft selten und nur an den Brutplätzen, bei Störung ein ausdrucksloses „gaga".
Ähnliche Arten: ♂ im Brutkleid unverkennbar. ♂ im Ruhekleid, ♀ und juv. Vögel unterscheiden sich von den meisten Strandläufern durch die langen Beine, von den Wasserläufern durch den kurzen Schnabel.
Lebensraum: Naßbiotope, feuchte Wiesen, Torfmoore, außerhalb der Brutzeit auch schlammige Ufer. An den Brutplätzen fällt sein Verhalten bei der Balz auf. In der Ruhezeit sieht man ihn beim Umherlaufen auf schlammigen Ufern.
Lebensweise: Zugvogel, von IV.—X. an den Brutplätzen, nicht nistende Vögel erscheinen während dieser Zeit überall in Europa. Kampfläufer brüten meist gruppenweise, in der Ruhezeit bleiben sie in Schwärmen zusammen, die manchmal in die Tausende gehen. Das Nest ist eine spärlich ausgepolsterte Mulde im Gras. (3—)4 olivgrüne Eier mit dichter, dunkler Sprenkelung (43,5×30,6 mm) werden in den Monaten V.—VI. gelegt. Kampfläufer nisten 1mal jährlich, das ♀ brütet 21 Tage. Die Jungvögel verlassen bald das Nest, werden von beiden Eltern geführt und sind mit 26 Tagen flügge.
Nahrung: Kleine Wirbellose, die im Schlamm oder Gras gesammelt werden.
Gefährdungsgrad: Diese Art ist in der Bundesrepublik Deutschland „vom Aussterben bedroht".

2

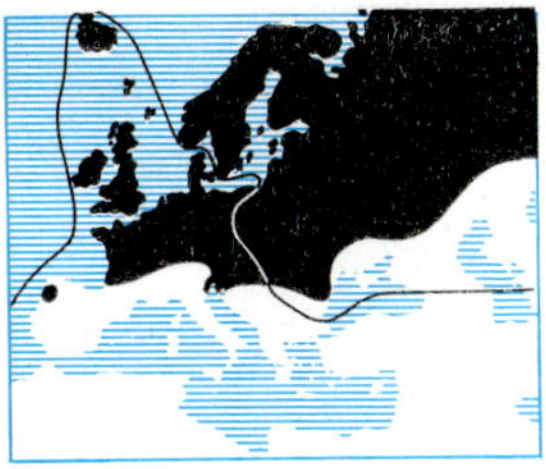

1

Bekassine
Gallinago gallinago
Schnepfenvögel
Scolopacidae

Merkmale: Verhalten — Aussehen — Stimme
Diese kleinere, etwa starengroße Schnepfenart (26 cm) hat kurze Beine, einen kurzen Hals und einen sehr langen, geraden Schnabel. Ad. Vögel (**1, 5**) sind fleckig braun, in den Flügeln befindet sich keinerlei Binde oder anderes farbiges Merkmal, die Schwanzseitenränder sind schmal weiß gesäumt. ♂ = ♀ = juv. Steht oft an Gewässerrändern und stochert mit dem Schnabel im Schlamm. Fliegt jäh auf, vor einem Menschen meist erst im letzten Augenblick, ihr Flug ist schnell und zickzackartig (**2**). Auf dem Balzflug umkreist sie abwechselnd auf- und absteigend ihr Revier. Der Schreckruf ist ein zischendes „ätsch ätsch". Bei der Balz kommt in der Sturzflugphase durch das Vibrieren der Schwanzfedern ein Geräusch zustande, das dem Meckern einer Ziege ähnlich ist, sie ruft auch leise „tüke tüke".
Ähnliche Arten: Seltener ist in Europa die Doppelschnepfe (*G. media*), die sich in Größe, Kopfzeichnung und Flug (**3**) unterscheidet, und die Zwergschnepfe (*Lymnocryptes minimus* — **4**).
Lebensraum: Sümpfe, Moore, nasse Wiesen, schlammige Flußufer. An den Brutplätzen erkennt man die Bekassine am auffälligen Balzruf. In der Ruhezeit ist die Bekassine auf schlammigen Stränden zu entdecken.
Lebensweise: Teilweise Zugvogel, an den Brutplätzen von III.—X. Das Nest ist eine spärlich ausgepolsterte Vertiefung im Gras. Die 4 dunkel gesprenkelten, olivgrünen Eier (39,2×28,3 mm) werden in den Monaten III.—VII. gelegt. Die Art nistet einzeln 1mal, eventuell 2mal jährlich, das ♀ brütet 19 Tage. Die nestflüchtenden Jungvögel werden von beiden Eltern geführt, flügge sind sie mit 20 Tagen.
Nahrung: Kleine Wirbellose aus dem Erdboden oder Schlamm.
Gefährdungsgrad: Ein nicht allzu bedeutendes Federwild, das in der Kulturlandschaft schwindet. Bei uns „stark gefährdet".

2

3

4 5

1

Waldschnepfe
Scolopax rusticola
Schnepfenvögel
Scolopacidae

Merkmale: Biotop — Aussehen — Verhalten — Stimme
Im Rumpf kiebitzgroß (34 cm). Kleiner Kopf mit langem, geradem Schnabel, sehr hoch angesetzten Augen, kurzer Hals, gedrungener Rumpf, kurzer Schwanz und kurze Beine. Das braune Gefieder ist dunkelbraun gefleckt (**1**), ♂ = ♀, die juv. Vögel haben eine gefleckte Stirn. Der Vogel lebt einzeln und heimlich an feuchten Stellen fast ausschließlich in Wäldern. Auffällig verhält sich die Waldschnepfe nur in der Balz, da ist ihr Flug fledermausähnlich mit seitlichen Bewegungen. Der charakteristische Ruf des ♂ ist in der Dämmerung beim Balzflug zu hören: zuerst ein tiefes, dumpfes „kworr kworr", dann ein hohes scharfes „psii psii".
Ähnliche Arten: Unverkennbar.
Lebensraum: Wälder von der Tiefebene bis an die obere Waldgrenze, vorwiegend feuchtere Orte, in der Ruhezeit auch außerhalb des Waldes. Man sieht und hört die Waldschnepfe auf ihren Revierflügen, dem sog. Schnepfenstrich, der über Lichtungen und an Waldrändern nur eine kurze Zeit am frühen Abend stattfindet, entweder nach der Ankunft (III.—IV.) oder beim zweiten Nisten (VI.—VII.).
Lebensweise: Zugvogel, an den Brutplätzen von III.—IX. Das Nest aus dürrem Laub befindet sich am Fuß eines Baumes, an einem Baumstumpf oder einem Grashorst, die 4 braun gesprenkelten, gelblichen Eier (44,0×33,6 mm) werden in den Monaten III.—VII. gelegt. Die Waldschnepfe nistet einzeln 1—2mal jährlich, das ♀ brütet 21 Tage. Die Jungvögel verlassen sogleich das Nest, das ♀ trägt sie bei Gefahr davon, flügge werden sie mit 40 Tagen.
Nahrung: Die Schnepfe wurmt, sie stochert Regenwürmer und andere Bodenlebewesen mit dem Schnabel aus dem Boden.
Gefährdungsgrad: Ein bedeutendes Federwild, jedoch als „gefährdete" Art eingestuft.

1

Uferschnepfe
Limosa limosa
Schnepfenvögel
Scolopacidae

Merkmale: Größe — Aussehen — Verhalten — Stimme
Dieser große Watvogel (42 cm) hat einen kleinen Kopf mit einem sehr langen geraden Schnabel, einen langen Hals, lange Beine und einen kurzen Schwanz. Im Flug (**2**) werden die breite weiße Flügelbinde und der weiße Schwanz mit der dunklen Binde am Ende sichtbar. Im Brutkleid (**1**) sind Kopf und Hals rotbraun, die Körperoberseite grau und rostfarben; im Ruhekleid sind Körperoberseite, Hals und Kopf graubraun; ♂ = ♀. Das Jugendkleid sieht ähnlich aus, der Hals ist jedoch grau, zu beiden Seiten braun, die Körperoberseite graubraun mit dunkler Fleckung. Der Vogel schreitet langsam, fliegt schnell und geradlinig. In der Balz und bei einer Bedrohung des Nestes umkreist der Vogel mit lauten Rufen sein Revier. Sein klangvolles „gwuieh" ähnelt dem Kiebitzruf, bei Erregung ruft er „gegegeek", in der Balz klagend-flötend „grytjo".
Ähnliche Arten: In ganz Europa in erster Linie die Pfuhlschnepfe (*L. lapponica* — **3**), der die Flügelbinde feht.
Lebensraum: Nasse Wiesen, Weiden, Gewässerränder mit niederem Bewuchs usw., außerhalb der Brutzeit Schlammstrände. Die Brutplätze erkennt man am Ruf der balzenden Vögel. Ad. Vögel sind meist schreitend oder auch fliegend zu sehen.
Lebensweise: Zugvogel, in der Ruhezeit meist gruppenweise zusammen, hält sich von III.—IX. an den Brutplätzen auf. Das Nest ist eine spärlich ausgekleidete Vertiefung auf dem Boden. Die 4 dunkelgrünen, schwarzbraun gefleckten Eier (55,1×37,8 mm) werden in den Monaten IV.—VI. gelegt. Die Art nistet 1mal jährlich und brütet 23 Tage. Die Jungen verlassen sofort das Nest, werden von beiden Altvögeln geführt und sind nach 30 Tagen flügge.
Nahrung: Wirbellose Kleinlebewesen, die auf dem Boden und im Schlamm in seichtem Wasser gesammelt werden.
Gefährdungsgrad: Eine im Schwinden begriffene und damit „gefährdete" Art. Nötig ist ein Schutz der Naßbiotope.

2

3

1

Großer Brachvogel

Numenius arquata

Schnepfenvögel

Scolopacidae

Merkmale: Stimme — Größe — Aussehen
Ein großer Watvogel (55 cm) mit einem kleinen Kopf und einem sehr langen, abwärts geschwungenen Schnabel, längerem Hals und hohen Beinen. Ad. Vögel (**1**) sind hellbraun mit dunklen, längs verlaufenden Tupfen, im Flug zeigen sie keine auffällige Färbung; ♂ = ♀. Juv. Vögel sind etwas heller, ihr Schnabel ist kürzer. Der Vogel schreitet meist geruhsam auf dem Boden dahin, sein Flug ist nicht besonders schnell. In der Balz umkreist er fliegend das Brutrevier und ruft sein laut flötendes, manchmal wiederholtes „tlo-ied".

Ähnliche Arten: In ganz Europa vor allem der Regenbrachvogel (*N. phaeopus* — **2**), in Osteuropa der Dünnschnabel-Brachvogel (*N. tenuirostris*), der in Westeuropa als Irrgast erscheint.

Lebensraum: Feuchte Wiesen, Weiden, Moore, manchmal auch Felder, in der Ruhezeit Schlammbänke an Ufern. Einen Nistplatz kann man an den Rufen während der Balz ausfindig machen, doch wird das Revier gelegentlich auch von nicht brütenden Tieren verteidigt. In der Ruhezeit entdeckt man den Brachvogel an der Stimme oder man beobachtet ihn beim Schreiten und Jagen auf Schlammufern.

Lebensweise: Größtenteils Zugvogel, an den Brutplätzen von III.—X., in der Ruhezeit meist in Gruppen und Schwärmen zusammen. Das Nest ist eine seichte Mulde im dichten Gras nahe beim Wasser. Die (3—) 4 grünbraunen, dunkel gesprenkelten Eier (67,8×47,5 mm) werden in den Monaten III.—VI. gelegt. Die Art nistet einzeln 1mal jährlich, an günstigen Plätzen treten auch zahlreiche Paare auf, sie brüten 28 Tage. Die Jungen sind Nestflüchter, werden von beiden Eltern geführt und sind mit 40 Tagen flügge.

Nahrung: Kleine Wirbellose aus Erdreich und Schlamm.

Gefährdungsgrad: Geht in der Kulturlandschaft zurück, zählt zu den „stark gefährdeten" Arten.

2

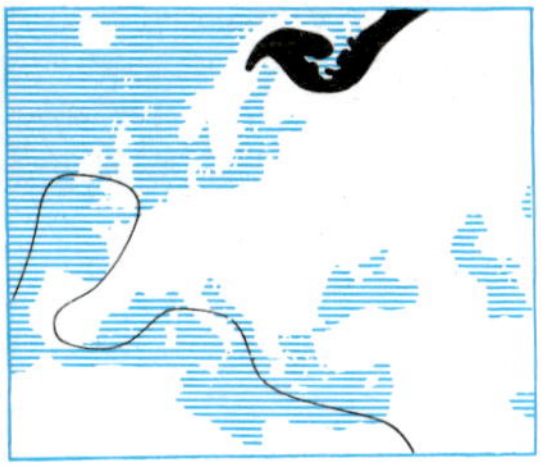

1

Dunkler Wasserläufer

Tringa erythropus
Schnepfenvögel
Scolopacidae

Merkmale: Aussehen — Stimme — Färbung
Ein etwa misteldrosselgroßer Wasserläufer (30 cm) mit langen Beinen, langem Schnabel und einem längeren, schlanken Hals. Die Beine sind dunkelrot, der Schnabel schwärzlich mit roter Unterkieferwurzel; im Flug (**2**) sind die Oberflügel einfarbig, der weiße Bürzel läuft spitz auf dem Rücken zwischen den Flügeln aus. Ad. Vögel im Brutkleid (**1**) sind fast schwarz. Das Ruhekleid ist auf der Oberseite graubraun, auf der Unterseite weiß; ♂ = ♀. Das juv. Kleid ähnelt dem Ruhekleid, ist aber merklich dunkler und mehr gefleckt, besonders auf der Unterseite. Der Vogel schreitet auf dem Boden oder im seichten Wasser umher, fliegt sehr schnell. Die Balz macht sich durch Balzflug und -rufe bemerkbar. Der Ruf ist oft zu hören, aufgeschreckt gibt der Vogel ein lautes „tjuwit" von sich.
Ähnliche Arten: Im Ruhekleid ähnelt ihm vor allem der Rotschenkel, der jedoch stärker gefleckt ist, im Flügel eine auffällige weiße Binde hat und außerdem anders ruft.
Lebensraum: Sumpftundra, in der Ruhezeit Schlickbänke an Küsten und Ufern. Der Brutplatz fällt durch Stimme und Verhalten der Altvögel auf. In der Ruhezeit ist der dunkle Wasserläufer auf Schlammstränden zu beobachten und an der Stimme zu erkennen.
Lebensweise: Zugvogel, an den Brutplätzen von V.—IX. tritt in der Ruhezeit vorwiegend schwarmweise auf. Das Nest ist eine Bodenmulde im Gras. Die (3—)4 graugrünen, dunkel gefleckten Eier (47,1×32,3 mm) werden in den Monaten V.—VI. gelegt. Die Art nistet überwiegend einzeln 1mal jährlich, die Jungen verlassen bald das Nest und werden von beiden Altvögeln geführt. Es ist nicht genau bekannt, wie lange die Vögel brüten und die Jungen führen.
Nahrung: Auf dem Boden und an Schlammstränden gesammelte kleine Wirbellose.
Gefährdungsgrad: Zahlreiche Art.

2

1

Rotschenkel

Tringa totanus
Schnepfenvögel
Scolopacidae

Merkmale: Stimme — Aussehen — Färbung — Verhalten
Ein mittelgroßer Watvogel (28 cm) mit langem Schnabel, hohen Beinen, längerem schlankem Hals und kurzem Schwanz. Schnabel und Beine sind leuchtendrot. Im Flug (**2**) werden eine auffallende weiße Binde am Flügelhinterrand, der weiße Bürzel und graubraune Schwanz sichtbar. Ad. Rotschenkel (**1**) sind auf der Oberseite braun, dunkel gefleckt, auf der Unterseite weiß; ♂ = ♀. Juv. Vögel sind stärker gefleckt und matter. Der Vogel schreitet auf dem Boden umher, ist ein schneller Flieger, umkreist auf dem Balzflug sein Brutrevier. Läßt oft, insbesondere in der Balz, ein lautstarkes flötendes „dija dija" hören, auch ein dreisilbiges „djididi" oder „diji".
Ähnliche Arten: Der Dunkle Wasserläufer im Ruhekleid, doch hat der eine rote Schnabelwurzel, das Rot seiner Beine ist dunkler, die weiße Flügelbinde fehlt und die Stimme ist anders.
Lebensraum: Nasse Wiesen, Weiden, Gewässerränder mit niederwüchsiger Vegetation, in der Ruhezeit schlammige Strände. Einen Brutplatz erkennt man am Ruf und am Verhalten der Vögel. In der Ruhezeit lassen sich ad. Vögel an günstigen Stellen beobachten und an der Stimme identifizieren.

Lebensweise: Überwiegend Zugvogel, hält sich an den Brutplätzen von III.—VIII. auf, lebt und nistet einzeln oder auch in kleinen Gruppen. Das Nest ist eine Mulde im Gras auf dem Boden. Die 4 gelbbraunen, dunkel gesprenkelten Eier (44,1×31,0 mm) werden in den Monaten III.—VI. gelegt. Die Art nistet 1mal jährlich und brütet 24 Tage lang. Die Jungvögel verlassen bald das Nest, beide Eltern betreiben Brutpflege, flügge sind die Vögel mit 30 Tagen.
Nahrung: Kleine, auf dem Boden oder Schlammgrund gesammelte Wirbellose.
Gefährdungsgrad: Eine bei uns schwindende und „stark gefährdete" Art.

2

1

Grünschenkel

Tringa nebularia
Schnepfenvögel
Scolopacidae

Merkmale: Stimme — Größe — Färbung Ein großer Wasserläufer (31 cm) mit einem sehr langen, ein wenig aufwärts gebogenen Schnabel, langem Hals und langen Beinen. Im Flug (**2**) sind die Oberflügel einfarbig, der weiße Bürzel läuft keilförmig zwischen den Flügeln auf dem Rücken aus, der Schwanz ist weiß mit grauen Streifen. Das Brutkleid (**1**) ist auf der Oberseite hellbraun mit dunkleren Flecken, auf der Bauchseite weiß. Das Ruhekleid ist etwas heller, seine Oberseite geht ins Graue; ♂ = ♀. Juv. Vögel sind brauner und stärker gefleckt. Der Vogel schreitet auf dem Boden und auf Ufern umher, watet oft bis zur Brust im Wasser oder schwimmt sogar, bei der Verfolgung kleiner Fische werden seine Bewegungen auffällig rascher. Schneller Flieger. Lautstark und häufig ertönt sein flötendes „dja dji", manchmal auch nur ein einsilbiges, bei Erregung durchdringendes „kjik-jik".

Ähnliche Arten: In Osteuropa der nicht häufige Teichwasserläufer (*T. stagnatilis*), der jedoch kleiner und heller ist und ein trillerndes „bibibi" ruft.

Lebensraum: Tundra und Waldtundra, außerhalb der Brutzeit flache Küstenabschnitte und flache Ufer an Süßwasser. Einen Brutplatz erkennt man an Ruf und Verhalten der Vögel. In der Ruhezeit kann man die Vögel an der Küste sehen oder hören.

Lebensweise: Zugvogel, hält sich an den Brutplätzen von IV.—VIII. auf. Nicht brütende Vögel können in der Brutzeit häufig auch weiter im Süden auftauchen. Außerhalb der Brutzeit tritt die Art einzeln oder in kleinen Gruppen auf. Das Nest ist eine Mulde im Gras am Boden. Die 4 gelbbraunen, dunkel gesprenkelten Eier (50,8×34,5 mm) werden in den Monaten IV.—VI. gelegt. Der Grünschenkel nistet 1mal jährlich und brütet 24 Tage lang. Die Jungen verlassen bald das Nest, werden von beiden Alten geführt und sind mit 30 Tagen flügge.

Nahrung: Kleinlebewesen aus dem Boden, Schlamm und Wasser.

Gefährdungsgrad: Besondere Schutzmaßnahmen sind nicht erforderlich.

2

1

Bruchwasserläufer

Tringa glareola

Schnepfenvögel

Scolopacidae

Merkmale: Aussehen — Verhalten — Stimme — Färbung

Ein kleinerer Wasserläufer von Drosselgröße (20 cm), Schnabel länger als der Kopf, Beine gelb und ziemlich lang. Im Flug (**2,3**) sind die Oberflügel dunkel, die Unterflügel hell, der Bürzel weiß, der Schwanz zeigt eine feine graue Streifung. Vögel im Brutkleid sind auf der Oberseite dunkelbraun, fein gesprenkelt, auf der Unterseite heller mit einer helleren Sprenkelung, Bauch weiß. Das Ruhekleid sieht ähnlich aus, ist aber weniger gesprenkelt; ♂ = ♀. Juv. Vögel (**1**) gehen stärker ins Braune, ihre Federränder sind gelblich. Der Vogel schreitet auf flachen Ufern oder im seichten Wasser umher, schneller Flieger. In der Balz umkreist er sein Nistrevier, bei den Jungen reagieren die Altvögel aggressiv. Oft ist sein klangvolles, weiches, mehrsilbiges „gigi gigigi" zu hören, in der Balz ein wiederholtes lautes „didldidl".

Ähnliche Arten: In ganz Europa hauptsächlich der Waldwasserläufer (*T. ochropus*).

Lebensraum: Torfmoore, nasse Wiesen, Vorflutgelände. Außerhalb der Brutzeit flache Ufer, vorwiegend am Süßwasser. Brutplätze erkennt man am Verhalten und den Rufen in der Balz. In der Ruhezeit kann man diese Wasserläufer an ihrer Stimme oder durch Beobachtung günstiger Stellen entdecken.

Lebensweise: Zugvogel, an den Brutplätzen von IV.—VIII. Nicht nistende Vögel bleiben auch während der Brutzeit in südlicheren Bereichen. In der Ruhezeit bleiben die Vögel in Gruppen oder sogar größeren Schwärmen zusammen. Das Nest ist eine Erdmulde im Gras. Die 4 dunkel gesprenkelten, ockerfarbenen Eier (38,4×26,4 mm) werden in den Monaten IV.—VI. gelegt. Bruchwasserläufer nisten einzeln 1mal jährlich und brüten 23 Tage. Die Jungen sind Nestflüchter, werden von beiden Altvögeln geführt, nach etwa 10 Tagen normalerweise nur noch von einem.

Nahrung: Kleine Wirbellose aus Boden und Schlamm.

Gefährdungsgrad: Der Bruchwasserläufer ist bei uns als Brutvogel „vom Aussterben bedroht".

2

3

1

Flußuferläufer

Actitis hypoleucos

Schnepfenvögel

Scolopacidae

Merkmale: Aussehen — Verhalten — Stimme — Färbung

Ein kleiner Wasserläufer (20 cm), etwa starengroß. Sehr kurze Beine, ein kopflanger Schnabel. In den Flügeln eine deutliche weiße Binde, der Schwanz hat eine dunkle Mitte und helle Ränder (**2**). Im Brutkleid (**1**) auf der Oberseite dunkel graubraun, auf der Unterseite weiß, die Kehle graubraun. Das Ruhekleid geht stärker ins Braune, ist weniger gefleckt; ♂ = ♀. Im Jugendkleid bilden die gelbbraunen Federsäume eine ausgeprägte Fleckung der Oberseite. Der Vogel schreitet mit vorgeneigtem Körper die Ufer ab, wippt fast unablässig mit dem Rumpfhinterteil auf und ab, zuckt mit dem Kopf. Fliegt schnell dicht über dem Wasser mit sehr raschem, hin und wieder unterbrochenem Flügelschlag; die Flügel scheinen herabzuhängen. In der Balz umkreist er sein Brutrevier. Er ist oft zu hören, vor allem in der Balz, sein Ruf ist ein helles, durchdringendes „hididi".

Ähnliche Arten: Unterscheidet sich von den kleinen Wasserläufern durch die kurzen Beine, von den Strandläufern durch den längeren Schnabel, das Verhalten und die Stimme.

Lebensraum: Süßwasserufer, vor allem Sand- und Kiesbänke, aber auch schlammige Gewässergründe. In der Ruhezeit auch an der Meeresküste. Ist nach der Stimme und durch Beobachtung zu finden. Außerhalb der Brutzeit ist der Vogel besonders in den frühen Abendstunden zu hören.

Lebensweise: Zugvogel, von IV.—VIII. an den Brutplätzen, lebt das ganze Jahr über einzeln. Das Nest ist eine spärlich gepolsterte Mulde im Boden, normalerweise neben einem Pflanzenbüschel. Die (3—)4 gelbbraunen Eier mit graubrauner Sprenkelung (36,1×25,8 mm) werden in den Monaten IV.—VI. gelegt. Die Art nistet 1mal jährlich und brütet 22 Tage. Die Jungen verlassen früh das Nest, sie werden von beiden Eltern gepflegt und sind mit 27 Tagen flügge.

Nahrung: Kleinlebewesen von den Gewässerrändern.

Gefährdungsgrad: Zahlreiche Art. Ihre Brutplätze sind durch Fluß- und Bachregulierungen bedroht. Eine Gefährdung der Bestände besteht nicht.

2

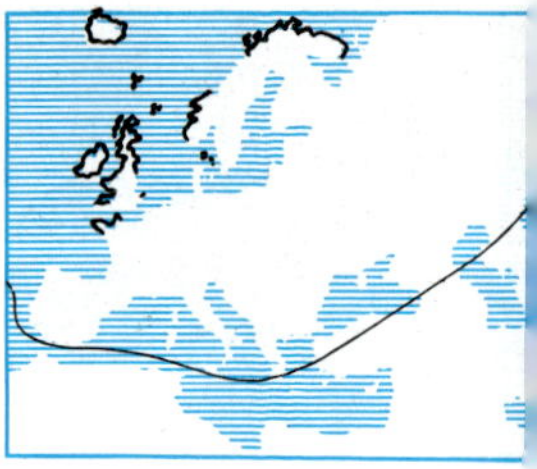

1

Steinwälzer

Arenaria interpres

Schnepfenvögel

Scolopacidae

Merkmale: Aussehen — Färbung — Verhalten
Kleinerer Watvogel von Drosselgröße (23 cm). Kurzer Hals und kurze Beine, Schnabel kürzer als der Kopf, kegelförmig, leicht aufwärts gebogen. Im Flug werden in den Flügeln zwei weiße, durch ein schwarzes „V" voneinander getrennte Binden sichtbar. Das Brutkleid (**2**) ist scheckig und kontrastreich — schwarz, grau, weiß und braun. Das ♂ hat eine fast weiße Kopfoberseite, eine schwarze Brust, das ♀ hat einen dunkel gefleckten Scheitel, die Brust schwarz mit helleren Flecken. Im Ruhekleid (**1, 3**) ist die ganze Körperoberseite graubraun, die Brust schwarz gesprenkelt, das Kinn weiß, die Beine orange. Juv. Vögel sehen wie erwachsene im Ruhekleid aus, jedoch stärker braun, gefleckt, ihre Beine sind gelblich. Der Vogel schreitet auf flachen Ufern umher und wendet mit dem Schnabel kleinere Steinchen um. In der Balz fallen die erbitterten Zweikämpfe der ♂♂ auf, ebenso der niedrige Taumelflug über dem Brutrevier. Läßt häufig, insbesondere abends und nachts auf dem Zug ein rauhes „khya, kes" hören, ansonsten gibt er ein hartes „khikikikikik" von sich, bei Erregung ruft er ein „tjük tjük tjük rurrurrurrur".
Ähnliche Arten: Unverkennbar.

Lebensraum: Meeresküsten, vor allem Kies- und Steinküsten, im Binnenland an schlammigen Ufern. Brutplätze erkennt man an der auffallend lautstarken Balz. Außerhalb der Brutzeit lassen sich die Vögel an der Küste beobachten.
Lebensweise: Teilweise Zugvogel, an den Brutplätzen von IV.—IX. Das Nest ist eine kleine Vertiefung zwischen den Steinen. Die (3—)4 oliv gesprenkelten, braungrünen Eier (40,7×29,2 mm) werden in den Monaten V.—VII. gelegt. Die Art nistet einzeln 1mal jährlich und brütet 23 Tage. Die Jungen verlassen bald das Nest, werden von beiden Altvögeln gepflegt und sind mit 20 Tagen flügge.
Nahrung: Kleine küstenbewohnende Wirbellose.
Gefährdungsgrad: Diese Art ist in der Bundesrepublik Deutschland bereits „ausgestorben oder verschollen".

2

3

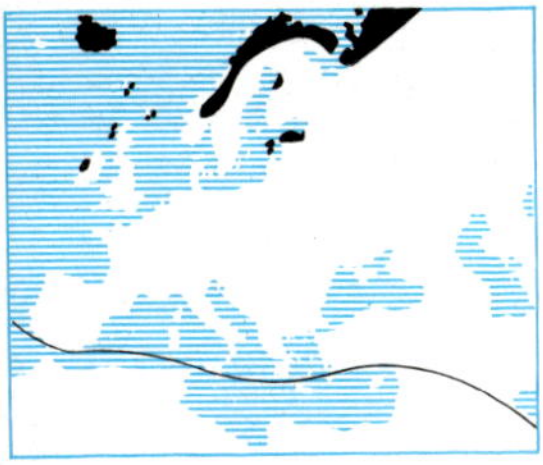

1

Odinshühnchen

Phalaropus lobatus

Schnepfenvögel

Scolopacidae

Merkmale: Aussehen — Verhalten — Färbung
Ein kleinerer Watvogel (16 cm). Hals und Beine kurz, Schnabel so lang wie der Kopf. Im Flügel sitzt ein auffälliger weißer Streifen. Bürzel und Schwanz sind schwarzbraun mit weißlichen Rändern. Das Brutkleid hat eine dunkelgraue Oberseite mit rostfarbenen Federsäumen, die Unterseite ist bis auf die graue Brust weiß, das Kinn wird von einem rotbraunen Streifen eingefaßt. Die ♂♂ gehen mehr ins Braune. Das Ruhekleid hat eine graue Oberseite mit dunkler Fleckung, Unterseite weiß, Stirn und Streifen oberhalb der Augen weiß, über die Augen verläuft ein dunkles Streifchen; ♂ = ♀. Das Jugendkleid (**1**) ähnelt dem Ruhekleid, hat jedoch eine viel dunklere, fast schwarzbraune Oberseite. Der Vogel schwimmt meist auf dem Wasser, wobei er sehr leicht und hoch sitzt (**2**), auf der Nahrungssuche dreht er sich um die eigene Achse. Sein Flug ist leicht und schnell. Ruft nicht besonders häufig ein durchdringend scharfes „pitpit“.

Ähnliche Arten: Kleineren Strandläuferarten der Gattung *Calidris* ähnelt das Odinshühnchen in der Gestalt.

Lebensraum: Seen und Sümpfe in der Tundra, außerhalb der Brutzeit die offene See, selten andere Gewässer. Brutplätze erkennt man an Balz und Verhalten der Altvögel. In der Ruhezeit lassen sich die Vögel auf dem Wasser beobachten.

Lebensweise: Zugvogel, überwintert auf offener See, nur selten im Binnenland. An den Brutplätzen von V.—X. Lebt außerhalb der Brutzeit einzeln oder in kleinen Grüppchen zusammen. Das Nest ist eine kleine Mulde im Gras. Die 4 olivbraunen Eier mit einer dichten, dunklen Sprenkelung (29,5×20,7 mm) werden in den Monaten V.—VI. gelegt. Die Art nistet normalerweise in kleinen Kolonien 1mal jährlich. Nur das ♂ brütet 20 Tage lang. Die Jungvögel verlassen bald das Nest, werden nur vom ♂ geführt, flügge sind sie nach 20 Tagen.

Nahrung: Wirbellose Kleinlebewesen auf der Wasseroberfläche.

Gefährdungsgrad: Nicht besonders zahlreich, gehört zu den „gefährdeten Wandervögeln“.

2

1

Große Raubmöwe, Skua

Stercorarius skua

Raubmöwen

Stercorariidae

Merkmale: Aussehen — Größe — Färbung
Fasanengroß (56 cm). Kräftiger Schnabel, gedrungener Rumpf, kurzer, leicht keilförmiger Schwanz (**2**). Ad. Vögel (**1**) dunkelbraun mit hellerer Sprenkelung, auf den Flügeln an den Handschwingenwurzeln ein auffälliger weißer Fleck; ♂ = ♀. Die juv. Vögel sind stärker rostfarben, ihre Sprenkel sind rundlich, der weiße Fleck auf dem Flügel schmaler. Der Vogel fliegt gemächlich, mit langsamem Flügelschlag, hin und wieder im Gleitflug. Bei der Verfolgung eines beutetragenden Vogels fliegt er schneller und kurvenreicher, greift auch im Sturzflug an. Auf dem Wasser schwimmt er mit Leichtigkeit, ist an den Brutplätzen sehr aggressiv. Ist hin und wieder zu hören, beim Angriff mit einem kehligen „tak tak", ferner mit einem rauhen „skirr" und einem tieferen, bellenden „ok ok".

Ähnliche Arten: In Nordeuropa leben weitere Raubmöwenarten, die kleiner sind und sich in der Schwanzausformung unterscheiden, die Schmarotzerraubmöwe (*S. parasiticus* — **4**), die Spatelraubmöwe (*S. pomarinus* — **3**) und die Falkenraubmöwe (*S. longicaudus* — **5**).

Lebensraum: Nistet in den Torfmooren und Tundren des hohen Nordens, hält sich außerhalb der Brutzeit auf dem Meer auf, seltener an der Küste, nur ausnahmsweise an Binnengewässern. Brutplätze erkennt man am konzentrierten Vorkommen der Vögel und ihren Flügen; die Nester sind ungedeckt.

Lebensweise: Zugvogel, überwintert auf dem Atlantik, hält sich an den Brutplätzen von III.—IX. auf. Außerhalb der Brutzeit lebt die Skua einzeln oder in lokkeren Gruppen. Das Nest ist eine Erdmulde. Die (1—) 2 olivbraunen, braun gesprenkelten Eier (73,0×49,4 mm) werden in den Monaten V.—VI. gelegt. Die Art nistet kolonienweise 1mal jährlich und brütet 29 Tage. Die Jungen werden von beiden Eltern gepflegt, flügge sind sie mit 44 Tagen.

Nahrung: Wirbeltiere, die sie Möwen, Seeschwalben usw. abjagen, auch Aas.

Gefährdungsgrad: Seltene Art. Gesetzlicher Schutz und Ungestörtheit der Brutplätze notwendig.

1

Zwergmöwe
Larus minutus
Möwen
Laridae

Merkmale: Größe — Färbung
Die kleinste Möwe (28 cm), etwa von der Größe einer Turteltaube. Runder Kopf, schwacher Schnabel, stark gerundete Flügel. Im Brutkleid (**2**) hat sie einen kohlschwarzen Kopf — die schwarze Farbe reicht bis weit in den Nacken; Oberflügel grau, Unterflügel schwarz mit weißem Rand. Im Ruhekleid (**1**) ist der Kopf hellgrau mit einem schwarzen Flecken hinter dem Auge und einem schwarzgrauen Scheitel; ♂ = ♀. Bei juv. Vögeln (**3**) ist der Kopf wie bei den Vögeln im Ruhekleid, ihre Unterflügel sind jedoch weiß, die Oberflügel grau mit einem schwarzen Band, das von hinten gesehen wie ein weit gestrecktes „M" aussieht. Guter Flieger, meist niedrig über dem Wasser, steigt manchmal höher hinauf, hält an und vollführt eine jähe Wendung. Schwimmt leicht und taucht nicht tief ein. Ist oft mit anderen Möwen zusammen zu sehen. Ruft nur selten ein ausgestoßenes, manchmal wiederholtes „kek".
Ähnliche Arten: Im Brutkleid unverkennbar. Juv. Vögel ähneln der Dreizehenmöwe und der Trauerseeschwalbe.
Lebensraum: Von Sumpfvegetation verkrautete Gewässer, vorwiegend an der Küste, seltener an Binnengewässern. Brutplätze erkennt man am Verhalten der Altvögel. In der Ruhezeit kann man die Zwergmöwe auch auf dem freien Wasser beobachten.
Lebensweise: Zugvogel, hält sich von IV.—IX. an den Brutplätzen auf. Nest auf dem Wasser oder im Bewuchs, häufig in Lachmöwen- oder Seeschwalbenkolonien. Die 3 olivbraunen, dunkel gesprenkelten Eier (41,5×30,1 mm) werden in den Monaten V.—VI. gelegt. Zwergmöwen nisten gruppenweise 1mal jährlich und brüten 22 Tage. Die Jungen bleiben in Nestnähe, werden von beiden Eltern betreut und sind mit 24 Tagen flügge.
Nahrung: Vorwiegend kleine Wirbellose, die auf dem Wasserspiegel oder im Flug erbeutet werden.
Gefährdungsgrad: Diese Art wird zu den „gefährdeten Vermehrungsgästen" gezählt.

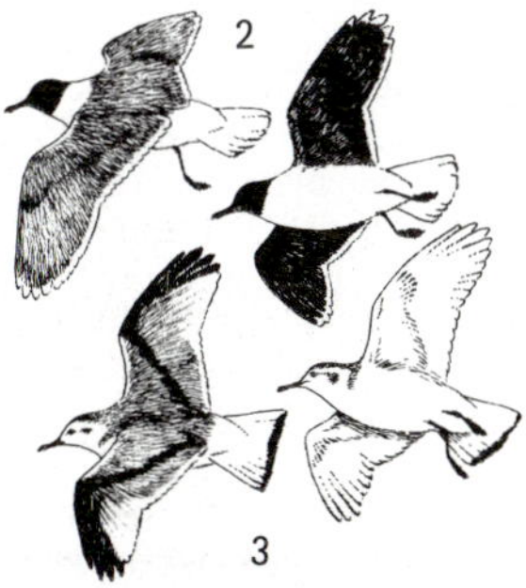

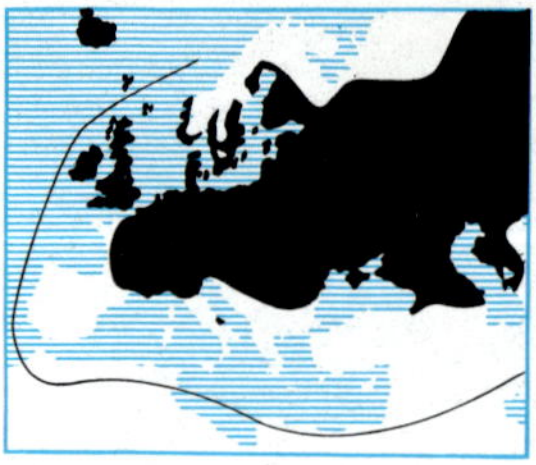

1

Lachmöwe

Larus ridibundus

Möwen

Laridae

Merkmale: Größe — Aussehen — Färbung — Stimme

Eine kleinere Möwe (35 cm), etwa taubengroß. Kleinerer Kopf mit schlankem Schnabel, Beine und Schnabel rot. Im Brutkleid (**1, 3**) reicht die braunschwarze Färbung des Kopfes nicht bis in den Nakken; im Ruhekleid ist der Kopf weiß, der Scheitel grau, hinter dem Auge sitzt ein dunkelbrauner Fleck; ♂ = ♀. Jugendkleid (**2**) wie das Ruhekleid, jedoch mit braunen Schwingen sowie einer schwarzen Binde am Schwanzende. Ausgezeichneter Flieger, kreist manchmal im Gleitflug, über größere Entfernungen fliegen die Schwärme in Keilformation. Schwimmt leicht, schreitet und läuft gewandt. Verhält sich an den Brutplätzen sehr aggressiv und lautstark, ruft sehr oft ihr laut lachendes „kräp" das warnende „kwerr", „kriririp" usw.

Ähnliche Arten: In Südosteuropa die Schwarzkopfmöwe (*L. melanocephalus*), die jedoch eine bis in den Nacken reichende schwarze Haube und um das Auge einen gelben oder weißen Ring hat.

Lebensraum: Sümpfe, stehende Gewässer mit Inselchen. Kommt in der Ruhezeit auch auf anderen Gewässern im Binnenland und an der Küste vor, fliegt auch weiter weg vom Wasser, in Städten häufig. An allen genannten Plätzen ist sie ohne Mühe zu sehen und zu hören.

Lebensweise: Überwiegend Zugvogel, an den Brutplätzen von III.—VII., danach fliegen die Vögel in verschiedene Richtungen fort. In der Ruhezeit bleiben sie schwarmweise zusammen, seltener sieht man einzelne Tiere. Das Nest befindet sich auf dem Wasser, in der Vegetation oder an Land. Die 3 meist dunkelgrünen, dicht und dunkel gesprenkelten Eier (51,9×36,7 mm) werden in den Monaten IV.—VII. gelegt. Die Art nistet in ganzen Kolonien 1mal jährlich, sie brütet 23 Tage. Die Jungen halten sich am Nest auf, werden von beiden Altvögeln betreut und sind mit 27 Tagen flügge.

Nahrung: Vorwiegend Kleinlebewesen, in geringerem Umfang auch Früchte (z.B. Kirschen) und Abfälle. Lachmöwen sammeln ihre Nahrung am Boden, auf Bäumen, im Wasser und in der Luft.

Gefährdungsgrad: Stellenweise überhandnehmend.

2 3

1

Sturmmöwe
Larus canus
Möwen
Laridae

Merkmale: Größe — Aussehen — Färbung
Deutlich größer als eine Lachmöwe (40 cm). Runder Kopf mit nicht allzu kräftigem Schnabel, gerundeter Schwanz. Das ad. Kleid (**1, 3**) ist weiß-grau, die Flügelspitzen schwarz mit weißen Flekken, der Schnabel grün, die Beine gelb; ♂ = ♀. Juv. Vögel (**2**) haben einen hellbraunen Scheitel, Rücken und Oberflügel schwarzbraun, Schwanz weiß, schließt mit einer breiten dunkelbraunen Binde ab. Fliegt langsamer als die Lachmöwe mit ruhigerem Flügelschlag. Schiffbegleiter. Schwimmt gut, steht am Ufer. Ruft nicht besonders häufig ein höheres durchdringendes „gege", „gijä" usw.
Ähnliche Arten: In ganz Europa lebt die ähnliche Silbermöwe, die jedoch größer ist und einen starken Schnabel besitzt. In den Lachmöwenschwärmen hebt sich die Sturmmöwe durch ihren größeren Körperbau, den runden Kopf mit der hohen Stirn und dem kräftigeren Schnabel ab, juv. Vögel durch ihre braune Färbung.
Lebensraum: In der Brutzeit überwiegend an Meeresküsten, um Seen, Moore und Hügel in Küstennähe. In der Ruhezeit in Küstennähe, ist aber auch im Binnenland häufig, vor allem an größeren Flüssen, großen Fischteichen und Talsperren. Läßt sich an Gewässern beobachten, man sieht die an den Brutplätzen umherfliegenden und die brütenden Vögel.
Lebensweise: Überwiegend Zugvogel, an den Brutplätzen von IV.—X., findet sich außerhalb der Brutzeit zu losen Gruppen zusammen. Die Nester befinden sich auf dem Erdboden, in Halbhöhlen, in Bäumen auf alten Nestern anderer Vögel, selten auch im Fels. Die 3 olivbraunen, dunkel gesprenkelten Eier (56,2×40,8 mm) werden in den Monaten V.—VI. gelegt. Sturmmöwen nisten kolonienweise 1mal jährlich, sie brüten 23 Tage. Die Jungvögel halten sich in Nestnähe auf, werden von beiden Eltern gepflegt und sind mit 35 Tagen flügge.
Nahrung: Kleine Wirbellose aus Erdreich und Wasser.
Gefährdungsgrad: Stellenweise zahlreich, die Bestände nehmen zu.

2 3

1

Heringsmöwe

Larus fuscus

Möwen

Laridae

Merkmale: Aussehen — Größe — Färbung

Eine große Möwe (53 cm) mit einem kräftigen Schnabel und einem stark gerundeten Schwanz. Bei ad. Tieren sind Kopf, Körperunterseite und Schwanz weiß, Körper- und Flügeloberseite sind schiefergrau (*L.f. graellsii*) bis schwarz (*L.f. fuscus* — **1**). Der Schnabel ist gelb mit einem schwarzen Fleck, die Beine sind gelb oder fleischrot; ♂ = ♀. Bei juv. Vögeln ist der Scheitel hellbraun, Rücken und Oberflügel fleckig dunkelbraun. Im 2. Jahr ist der Rücken bereits dunkler, im 3. auch die Oberflügel, doch ist der Schwanz immer noch gefleckt. Langsamer Flug mit langsamen Flügelschlägen. Sitzt oft an der Küste, nimmt zum Auffliegen einen kurzen Anlauf, folgt Schiffen. Guter Schwimmer. Ist oft mit lauten miauenden, bellenden oder lachenden Rufen zu hören.

Ähnliche Arten: Überall in Europa die Silbermöwe, juv. Vögel beider Arten sind praktisch nicht zu unterscheiden; in Nordeuropa die Mantelmöwe (*L. marinus*, **2** — ad. Vögel, **3** — juv. Vögel).

Lebensraum: Bewohnt vor allem sandige Flachküsten, hält sich außerhalb der Brutzeit auf hoher See auf. Ist vorwiegend an der Küste oder großen Binnengewässern zu beobachten; Brutplätze erkennt man an Flugrichtung und Verhalten der Vögel.

Lebensweise: Überwiegend Zugvogel, lebt in losen Gruppen, ist von IV.—X. an den Brutplätzen zu finden. Das Nest sitzt am Boden im Gras, im Sand oder zwischen Steinen. Die 3 olivbraunen, dunkel gesprenkelten Eier (67,0×46,7 mm) werden in den Monaten IV.—VI. gelegt. Heringsmöwen nisten in ganzen Kolonien 1mal jährlich, brüten 27 Tage. Die Jungvögel bleiben in Nestnähe, werden von beiden Eltern betreut und sind nach 35 Tagen flügge.

Nahrung: Die verschiedensten Meerestiere und ihre Überreste, die im Wasser und an der Küste gesammelt werden.

Gefährdungsgrad: Ein besonderer Schutz ist nicht notwendig.

2

3

1

Silbermöwe

Larus argentatus
Möwen
Laridae

Merkmale: Größe — Aussehen — Färbung — Verhalten
Etwa so groß wie die Heringsmöwe (56 cm). Auch diese Art hat einen starken Schnabel, einen gerundeten Schwanz und einen weißen Kopf, doch sind bei den ad. Vögeln (**1**) Unterseite und Schwanz weiß, Oberflügel und Rücken hellgrau (**2**). Der gelbe Schnabel trägt einen roten Fleck. Die Beine der südeuropäischen Ssp. und einiger Populationen aus Nordeuropa (*omissus*) sind gelb, die der übrigen fleischfarben; ♂ = ♀. Juv. Tiere haben im 1. Lebensjahr die gleiche Färbung wie Heringsmöwenjunge, ab dem 2. Jahr beginnt sich ihr Rücken grau zu färben. Die Möwe fliegt gemächlich mit langsamen Flügelschlägen, folgt Schiffen. Sitzt oft an der Küste, sucht Abfälle an den Stränden, erhebt sich mit einem kurzen Anlauf in die Luft und ist ein guter Schwimmer. Läßt oft lautstark lachende, miauende und bellende Rufe hören.
Ähnliche Arten: Hauptsächlich die Heringsmöwen, die juv. Tiere der beiden Arten lassen sich praktisch nicht unterscheiden.
Lebensraum: Meeresküsten, im Binnenland große stehende Gewässer und auch Ströme. Brutplätze erkennt man am konzentrierten Vorkommen, an den Strichflügen und dem Verhalten der Vögel.

Lebensweise: Stand-, teilweise auch Zugvogel, erscheint auch außerhalb der Brutzeit normalerweise in größerer Zahl. An den Brutplätzen trifft man die Art von IV.—VII. an. Das Nest sitzt auf dem Boden, doch kann es auch auf Gebäuden angelegt werden. Die 3 dunkel gesprenkelten oliv-gelbbraunen Eier (70,5 × 49,1 mm) werden in den Monaten IV.—VI. gelegt. Silbermöwen nisten 1mal jährlich und brüten 26 Tage lang. Die Jungen bleiben in Nestnähe, werden von beiden Eltern gepflegt und sind mit 37 Tagen flügge.
Nahrung: Verschiedene Meereslebewesen, Vogeleier und Nestlinge. Abfälle, die am Boden und auf dem Wasser gesammelt werden.
Gefährdungsgrad: Hat stellenweise überhand genommen, mancherorts wird ihre Zahl reguliert.

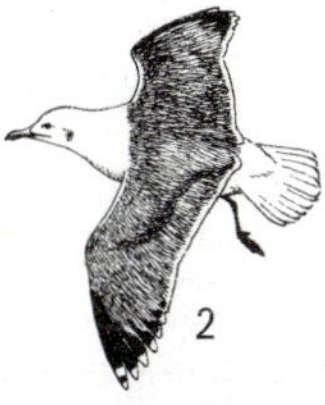

2

1

Dreizehenmöwe
Rissa tridactyla
Möwen
Laridae

Merkmale: Größe — Aussehen — Färbung
Ein wenig größer als eine Lachmöwe (41 cm). Runder Kopf mit dünnem Schnabel, kurze Beine, die hintere Zehe ist verkümmert. Der ad. Vogel (**3**) ist weiß, Rücken und Oberflügel sind grau, Flügelspitzen schwarz; ♂ = ♀. Der juv. Vogel (**1, 2**) hat einen weißen Kopf, ein schwarzes Querband über dem Nacken, Oberflügel mit einer Zickzackbinde (sieht von hinten wie ein weit offenes M aus), am Schwanzende sitzt ein schwarzes Band. Die Möwe fliegt mit Leichtigkeit, den Seeschwalben ähnlich, oft in großer Zahl dicht über dem Wasser, schwimmt leicht. Ruft an den Brutplätzen ihr charakteristisches „kitti-week", sonst kaum zu hören.
Ähnliche Arten: Den ad. Vögeln ähnelt die Sturmmöwe, die jedoch an den Enden der schwarzen Flügelspitzen weiße Flekken und auch einen gerundeten Schwanz hat. Mit den juv. Vögeln ist die Zwergmöwe zu verwechseln, sie ist aber kleiner, hat einen schwarzen Scheitel und keine quer verlaufende Nackenbinde.
Lebensraum: Meere, nistet in den Felsgebilden der Steilküsten, auch auf Gebäuden. Vor allen Dingen an der Küste anzutreffen, die Brutplätze erkennt man an der Konzentration, der Richtung der Strichflüge und dem Verhalten der Vögel.
Lebensweise: Zug- und Strichvogel, die Ruhezeit bringt diese Möwe schwarmweise überwiegend auf dem Atlantik zu. An den Brutplätzen hält sie sich von IV.—IX. auf. Die Nester befinden sich auf Felsbändern. Die 2 hell grünbraunen und dunkel gesprenkelten Eier (50,6×41,2 mm) werden in den Monaten V.—VI. gelegt. Die Art nistet kolonienweise 1mal jährlich und brütet 27 Tage. Die Jungen bleiben in Nestnähe, werden von beiden Eltern gepflegt und sind mit 43 Tagen flügge.
Nahrung: Verschiedene Meereslebewesen, auf dem Wasser gesammelt.
Gefährdungsgrad: Diese Art ist bei uns „potentiell gefährdet".

2

3

1

Flußseeschwalbe

Sterna hirundo

Seeschwalben

Sternidae

Merkmale: Aussehen — Verhalten — Größe — Färbung — Stimme
Eine mittelgroße Seeschwalbe (35 cm) mit schlankem Rumpf, langen, spitzen Flügeln, kurzen Beinen und einem stark gegabelten langen Schwanz. Das Brutkleid (**1**) ist weiß mit grauer Oberseite und schwarzem Käppchen, der Schnabel rot mit schwarzer Spitze, die Beine rot. Im Ruhekleid ist die Stirn weiß. Beine und Schnabel sind dunkel; ♂ = ♀. Juv. Kleid wie Ruhekleid, Körperoberseite aber braun gefleckt. Schnabelwurzel und Beine sind gelblich. Der Vogel lebt gesellig, sitzt oft am Ufer oder auf Gegenständen, die aus dem Wasser ragen (z.B. auf Pfählen). Fliegt (**2**) sehr leicht mit einem kleinen Aufschwung bei jedem Flügelschlag und häufigem Richtungswechsel, rüttelt gelegentlich über dem Wasser, um dann zum Stoßtauchen hinabzuschießen. Fliegend trägt er oft einen Fisch im Schnabel. Ruft häufig ein durchdringendes „kirr kirr krrijär“, beim Angriff auf einen Störenfried ein scharfes „kikikiki“.

Ähnliche Arten: In Nordeuropa lebt die sehr ähnliche Küstenseeschwalbe (*S. paradisaea* — **3**), bei den britischen Inseln die gleichfalls sehr ähnliche Rosenseeschwalbe (*S. dougallii*).

Lebensraum: Sumpfbiotope, seichte Gewässer mit Inselchen, Flußanschwemmungen und auch Küsten. Diese Seeschwalbe erkennt man an der Stimme und durch Beobachtung vor allem der fliegenden Tiere. An den Brutplätzen sitzen und fliegen sie in großer Zahl.

Lebensweise: Zugvogel, an den Brutplätzen von IV.—X. Das Nest befindet sich am Boden, auf einem Pflanzenhäufchen, in angeschwemmten Pflanzenmaterial usw. Die 2—4 dunkel gesprenkelten, olivbraungelben Eier (41,5×30,5 mm) werden in den Monaten IV.—VII. gelegt. Die Flußseeschwalbe nistet kolonienweise und 1mal jährlich und brütet 24 Tage. Die Jungen bleiben in der Nähe des Nestes und werden mit 28 Tagen flügge. Brutpflege betreiben beide Eltern.

Nahrung: Wasserlebewesen einschließlich kleiner Fische, die unter Wasser erbeutet werden.

Gefährdungsgrad: Die Flußseeschwalbe gilt bei uns als eine „stark gefährdete“ Art.

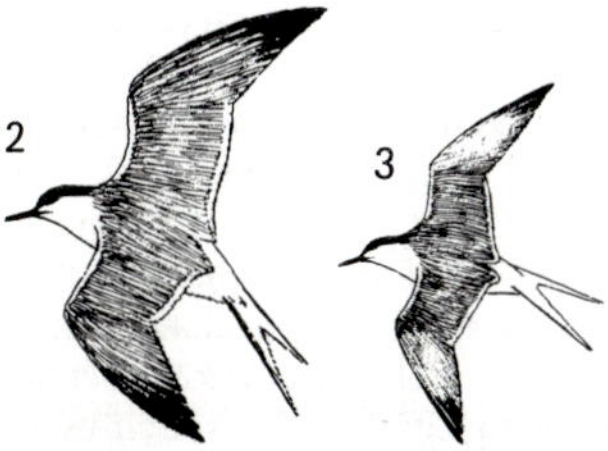

1

Zwergseeschwalbe
Sterna albifrons
Seeschwalben
Sternidae

Merkmale: Aussehen — Größe — Färbung
Die kleinste, etwa starengroße Seeschwalbenart (23 cm). Sie hat einen kurzen, wenig ausgeschnittenen Schwanz (**2**), einen gelben Schnabel mit schwarzer Spitze und gelbe Beine, Rücken und Oberflügel sind grau. Im Brutkleid (**1**) hat sie eine schwarze Kappe mit weißer Stirn, im Ruhekleid ist auch die Kopfoberpartie weiß: ♂ = ♀. Juv. Vögel haben einen braun gefleckten Rücken. Sie fliegt schneller als die größeren Seeschwalbenarten mit einem rascheren Flügelschlag, dicht über dem Wasser, häufiger auf der Stelle rüttelnd. Ihre Nahrung erbeutet sie stoßtauchend (**3**). Ruft oft ein durchdringendes, lautes „uit uit", ein hohes „krik-ik", und ein singendes „kirri-kirri-kirri" und ein scharfes „kitt".
Ähnliche Arten: Unverkennbar.
Lebensraum: Sand- und Kiesküsten, Schären, im Binnenland Flußanschwemmungen, außerhalb der Brutzeit auch andere Gewässer. An den erwähnten Standorten kann man hauptsächlich fliegende Vögel beobachten, die auch am Ruf zu erkennen sind.
Lebensweise: Zugvogel, an den Brutplätzen von IV.—X. Lebt in losen Gruppen, aber auch einzeln. Das Nest ist eine Mulde im nackten Boden, die 2—3 grau-ockerfarbenen, dunkel gesprenkelten Eier (32,3×23,8 mm) werden in den Monaten V.—VII. gelegt. Die Art nistet kolonienweise 1mal jährlich und brütet 21 Tage. Die Jungen halten sich in Nestnähe auf, werden von beiden Altvögeln betreut und sind mit 20 Tagen flügge.
Nahrung: Ausschließlich Wasserlebewesen, vor allem Krustentiere und Kleinfische, in kleinem Ausmaß Weichtiere und Insekten.
Gefährdungsgrad: Diese im Rückgang begriffene Art ist bei uns „stark gefährdet".

2

3

1

Trauerseeschwalbe
Chlidonias niger
Seeschwalben
Sternidae

Merkmale: Aussehen — Verhalten — Färbung
Eine kleinere Seeschwalbe von Amselgröße (24 cm) mit wenig ausgeschnittenem Schwanz. Im Brutkleid (**1, 2**) sind Kopf und Rumpf schwarz, der Schwanz grau. Im Ruhekleid (**4**) ist der Rumpf weiß, auf dem Kopf bleibt nur der Scheitel schwarz sowie Flecken zu beiden Seiten des Nackens, in der Mauser ist das Gefieder verschieden gefleckt (**3**). Schnabel und Beine sind stets dunkel. ♂ = ♀. Das juv. Kleid (**5**) ist auf der Oberseite braun gefleckt mit einer Kopfzeichnung wie im Ruhekleid. Der Vogel fliegt in der Regel dicht über dem Wasser mit häufigem Richtungswechsel, dreht sich manchmal und jagt im Sturzflug, Insekten auf dem Wasser. Bleibt normalerweise in kleinen Grüppchen zusammen, die dann auf Gegenständen im Wasser sitzen. An den Brutplätzen sind sie aggressiv. Läßt oft ein klagendes „kliäh" hören, ein rasch ausgestoßenes „kitt", bei Angriffen am Brutplatz „kitkitkitkjä".
Ähnliche Arten: Vor allem in Osteuropa ist diese Art mit der Weißflügelseeschwalbe (*Ch. leucopterus* — **6**), in Süd- und Südosteuropa stellenweise mit der Weißbartseeschwalbe (*Ch. hybrida* — **7**) zu verwechseln. Juv. Vögel sind der Zwergmöwe ähnlich.

Lebensraum: Sümpfe im Binnenland, alte Flußarme, Stauseen usw., außerhalb der Brutzeit auch Küsten. Zu beobachten bei ihren Tiefflügen über dem Wasser. Brutplätze erkennt man an Konzentration und Verhalten der Vögel.
Lebensweise: Zugvogel, an den Brutplätzen von IV.—X. zu finden. Das Nest ist in der Regel eine Anhäufung aus groberen Pflanzenteilen auf einer schwimmenden Unterlage aus Pflanzenmaterial. Die 2—3 gelbbraunen, dunkel gesprenkelten Eier (34,8×25,2 mm) werden in den Monaten V.—VII. gelegt. Die Art nistet koloniendweise 1mal jährlich und brütet 16 Tage. Beide Altvögel betreiben Brutpflege, flügge werden die Jungen mit 28 Tagen.
Nahrung: Überwiegend Insekten, die in und auf dem Wasser gefangen werden.
Gefährdungsgrad: In der Bundesrepublik Deutschland zählt sie zu den „vom Aussterben bedrohten" Arten.

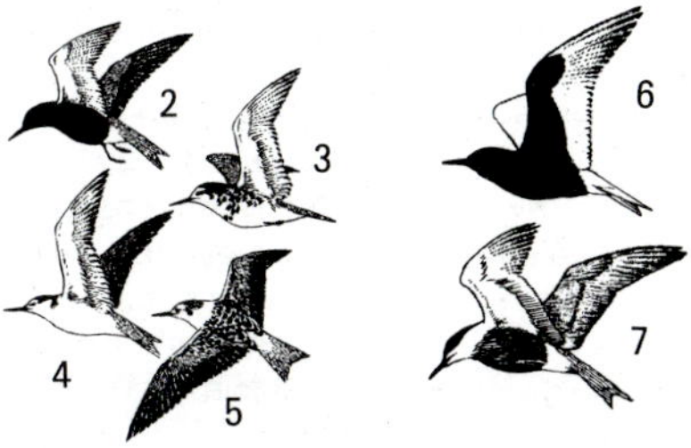

1

Trottellumme

Uria aalge

Alken

Alcidae

Merkmale: Aussehen — Färbung — Verhalten
Sieht wie ein kleiner Pinguin aus (40 cm), hat einen längeren, schlanken Hals, Flügel, Schwanz und Beine sind kurz, der Kopf geht kegelförmig in einen langen, schlanken Schnabel über (**4**). Das Brutkleid (**1**) hat eine schwarze Ober- und weiße Unterseite, der Kopf ist gänzlich schwarz, weist nur bei einem Teil der Vögel einen schmalen weißen Augenring auf (sog. Ringellummen). Das Ruhekleid ist fast gleich, doch sind Kehle und Wangen weiß, hinter dem Auge sitzt ein schmales, schwarzes Streifchen. ♂ = ♀. Das Jugendkleid ist auf der Oberseite geschuppt dunkelbraun. Diese Lumme lebt schwarmweise und nistet in ganzen Kolonien mit anderen Vögeln zusammen auf Bändern und Simsen von Felsklippen. Ein sehr guter Schwimmer und Taucher, fliegt schnell (**2**) und geradlinig, oft in Reihen. Ruft vorwiegend an den Brutplätzen ein lautstarkes verschieden moduliertes „errr".

Ähnliche Arten: In Nordeuropa lebt die häufige Dickschnabellume (*U. lomvia* — **3**), die durch die Dicke ihres Schnabels und den weißen Streifen an seiner Basis zu unterscheiden ist; der Krabbentaucher (*Plautus alle*) ist wesentlich kleiner und hat einen kürzeren Schnabel (**5**).

Lebensraum: Seevögel. Die Brutplätze befinden sich auf den Felsklippen der Stellküsten, vor allem auf Inseln und sind schon von weitem auffällig. Außerhalb der Brutzeit Zufallsbeobachtungen.

Lebensweise: Teilweise Zugvogel, überwintert auf dem Atlantik, an den Brutplätzen von IV.—VIII. anzutreffen. Nistet 1mal jährlich auf Fels, baut kein Nest. Das birnenförmige grünliche Ei mit dunklen Flecken (81,5 × 49,7 mm) wird in den Monaten V.—VI. gelegt und 32 Tage bebrütet. Die Jungvögel bleiben 20 Tage an der Stelle des Ausschlüpfens, dann springen sie von den Felsen in die See und die Eltern betreuen sie, bis sie flügge werden.

Nahrung: Fast ausschließlich Fische, die tauchend erbeutet werden.

Gefährdungsgrad: Sehr zahlreich, wird mancherorts bejagt, die Eier werden gesammelt. Erforderlich ist eine rationelle Nutzung.

1

Tordalk

Alca torda

Alken

Alcidae

Merkmale: Größe — Aussehen — Färbung
In Größe (40 cm) und Aussehen ähnelt dieser Art der Trottellumme, hat aber einen großen, abgeflachten Kopf mit einem kräftigen, seitlich zusammengedrückten Schnabel. Das Brutkleid (**1**) hat eine schwarze Oberseite mit einer schmalen weißen Binde über den Flügelhinterrand, die Unterseite ist weiß. Das Ruhekleid sieht ähnlich aus, doch sind jetzt auch Kinn und Wangen weiß. ♂ = ♀. Das Jugendkleid sieht wie das Ruhekleid aus, doch fehlt ihm die weiße Schnabelzeichnung. Steht aufrecht auf den Küstenklippen. Fliegt schnell (**3**), auf dem Meer meist dicht über dem Wasser und in großer Zahl. Schwimmt ausgezeichnet (**2**), taucht häufig. Läßt nur an den Brutplätzen Knurrgeräusche hören.

Ähnliche Arten: An den gleichen Standorten kommen die ebenso großen Trottellummen, Dickschnabellummen und Gryllteisten vor.

Lebensraum: Seevogel. Brütet gemeinsam mit anderen Alken- und Möwenarten auf Felsklippen an den Küsten. Die Brutplätze sind an der Vogelkonzentration leicht zu erkennen. Außerhalb der Brutzeit nur Zufallsbeobachtungen.

Lebensweise: Teilweise Zugvogel, überwintert einzeln oder gruppenweise auf dem Atlantik, der Ostsee und auf dem Mittelmeer. An den Brutplätzen hält er sich von IV.—VIII. auf. Tordalke bauen keine Nester, die Eier liegen auf dem bloßen Fels in Spalten, unter Vorsprüngen oder zwischen Felsbrocken. Das einzige Ei ist weiß mit verlaufenden dunklen Flecken (75,3×47,8 mm) und wird in den Monaten V.—VI. gelegt. Die Art brütet in Kolonien 1mal jährlich, die Tiere sitzen 36 Tage auf dem Ei. Die Jungen bleiben 20 Tage am Nistplatz, dann schwimmen sie aufs Meer hinaus, wo sie von beiden Altvögeln bis zur Flugfähigkeit versorgt werden.

Nahrung: Kleine Fische, seltener auch weitere Wasserlebewesen, die tauchend erbeutet werden.

Gefährdungsgrad: Der Tordalk zählt zu den „potentiell gefährdeten“ Arten.

2

3

1

Gryllteiste

Cepphus grylle

Alken

Alcidae

Merkmale: Aussehen — Färbung — Größe — Verhalten

Ein mittelgroßer Alkenvogel (33 cm) mit einem schlanken, längeren Hals und einem kleinen Kopf, der in einen langen, schlanken, geraden Schnabel ausläuft. Das Brutkleid (**1, 3**) ist völlig schwarz, mit einem großen weißen Flecken auf den Flügeln, im Ruhekleid (**2**) ist die schwarze Körperoberseite mit Weiß durchsetzt, die Unterseite ist weiß, die Flügelzeichnung bleibt erhalten. ♂ = ♀ Juv. Vögel haben im weißen Flügelfleck schwarze Federn. Hält sich mehr als andere Alkenvögel an der Küste auf, häufiger auf steinigen Küstenabschnitten. Schwimmt und taucht gut, fliegt geradlinig mit schnellem Flügelschlag dicht über dem Wasser dahin. Läßt im Frühjahr häufiger ein hohes röchelndes „wih-wih“ hören.

Ähnliche Arten: Von den an gleichen Orten lebenden Lummen der Gattung *Uria* unterscheidet sich die Gryllteiste vor allem durch die Flügelzeichnung in allen Kleidern.

Lebensraum: Felsküsten und Klippen, außerhalb der Brutzeit die offene See. Ist an den Küsten zu beobachten, das Nest findet man anhand von Ruf und Verhalten der Vögel.

Lebensweise: Teilweise Zugvogel, überwintert auf hoher See, aber auch an den Küsten von Nordatlantik und Ostsee. An den Brutplätzen von III.—IX. anzutreffen. Das ganze Jahr über lebt die Gryllteiste einzeln oder in kleinen Gruppen. Das Nest befindet sich am Boden zwischen Steinbrocken, auch in Felsritzen oder -spalten. Die 2 grünlichen, dunkel gesprenkelten Eier (58,1×39,5 mm) werden in den Monaten V.—VI. gelegt. Die Art nistet 1mal jährlich und brütet 30 Tage. Die Jungvögel werden von beiden Eltern gepflegt und bleiben 40 Tage lang in Nestnähe.

Nahrung: Überwiegend kleine Fische, unter Wasser erbeutet.

Gefährdungsgrad: Nur mancherorts zahlreich. Dort wird der Vogel des Fleisches wegen gejagt, auch seine Eier werden gesammelt.

2

3

1

Papageitaucher

Fratercula arctica

Alken

Alcidae

Merkmale: Aussehen — Färbung — Verhalten

Eine kleinere Alkenart (30 cm) mit einem auffälligen, hohen, seitlich zusammengedrückten bunten Schnabel, Hals, Flügel und Schwanz sind kurz. Das Brutkleid (**1**) hat eine schwarze Oberseite, die Unterseite und die Wangen sind weiß, im Ruhekleid sind die Wangen grau. ♂ = ♀. Juv. Vögel (**2**) haben einen wesentlich flacheren, spitzen Schnabel, ihre Wangen sind dunkelgrau. Der Vogel schwimmt gut, hält dabei den Hals aufrecht, guter Taucher. Fliegt schnell, oft in Reihen dicht über dem Wasser. Die zum Nest gebrachten Fische hält er quer im Schnabel, so daß sie bartähnlich beidseitig herabhängen. Sitzt auf Felsen. Nur an den Brutplätzen ist ein kehlig-röchelndes „orrr“ zu hören.

Ähnliche Arten: Unverkennbar.

Lebensraum: Seevogel, der an Küsten mit grasbewachsenen Böschungen nistet. Außerhalb der Brutzeit lebt er schwarmweise auf offener See, im Binnenland erscheint er nur ausnahmsweise. Zu beobachten ist diese Art an der Küste und bei Zufallsbegegnungen auch auf hoher See. Brutplätze erkennt man am ständigen Vorkommen der Vögel in größerer Zahl, an der Richtung ihrer Strichflüge und an ihrem Verhalten.

Lebensweise: Teilweise Zugvogel, hält sich an den Brutplätzen von IV.—IX. auf. Nistet in Erdhöhlen — in Kaninchenbauen, Sturmvogelhöhlen oder in Löchern, die er mit Schnabel und Krallen selbst gräbt. Das einzige grauweiße, fein dunkel gesprenkelte Ei (60,8×42,3 mm) wird in den Monaten IV.—VI. gelegt. Die Art nistet kolonienweise 1mal jährlich und brütet 39 Tage. Die Jungen bleiben 40 Tage im Nest und werden von beiden Eltern betreut.

Nahrung: Kleine Fische, unter Wasser erbeutet.

Gefährdungsgrad: An den Brutplätzen und in deren Umgebung sehr zahlreich, wird wegen Fleisch, Fett und Eiern genutzt. Notwendig ist eine rationale Bewirtschaftung. Ist in der Bundesrepublik Deutschland „ausgestorben oder verschollen“.

2

3
2
4
1
5

Greifvögel und Eulen

Früher galten die Greifvögel (*Falconiformes*) und Eulen (*Strigiformes*) als eng miteinander verwandte Tag- und Nachtraubvögel. Die ihnen beiden gemeinsamen körperlichen Merkmale — der scharfe Schnabel und die Klauen — sind jedoch das Ergebnis ihrer Adaptation an die Jagd und die Aufnahme tierischer Nahrung, ansonsten unterscheiden sich ihre körperlichen Eigenschaften weitgehend, eine Verwandtschaft zwischen ihnen besteht nicht. Eulen sind unverwechselbare Vögel. Sie sind in eine starke Schicht aus weichem Gefieder gehüllt, haben einen großen runden Kopf sowie große Augen, die zum Sehen selbst bei ganz schwachem Licht befähigt sind. Ihre Grundform ist der Waldkauz **(1)**. Feldbeobachtungen von Eulen kommen nur zufällig zustande, doch kann man ihre Anwesenheit in der Brutzeit leicht an ihren auffälligen, bei Nacht weithin hörbaren Rufen feststellen.

Die Greifvögel sind nach Arten, Größe und Jagdweise eine weitaus differenziertere Gruppe. Systematisch werden sie heute in drei Familien gegliedert — in Neuweltgeier (*Cathartidae*), die nur Amerika bewohnen, ferner die weltweit verbreiteten Greife oder Habichtsartigen (*Accipitridae*) und die Falken (*Falconidae*). Unter den Greifen kann man die drei folgenden Typen unterscheiden: Die allergrößten, breitflügeligen Arten, die fast ausschließlich in den Höhen segeln und sich von Aas ernähren, charakterisiert der Gänsegeier **(2)**. Die nur geringfügig kleineren Arten mit breiten, an den Enden fingerartig gespreizten Flügeln und einem in der Regel kürzeren Stoß werden vom Steinadler **(3)** vertreten. Sie beherrschen den Gleitflug und greifen auch im Normalflug lebende Beute an. Schließlich gehören noch mittelgroße Arten mit breiten, gerundeten Flügeln und längerem Stoß hierher, die, im Gleit- und Ruderflug abwechselnd, lebende Beute angreifen. Ihre Grundform ist der Habicht **(4)**. Zu den Falken gehören kleine bis ganz kleine Arten vom Typus des Turmfalken **(5)** mit schmaleren, zugespitzten Flügeln und unterschiedlich langem Stoß, von denen manche in sehr schnellem Flug ihre Beute schlagen. Bei allen Gruppen ist das Männchen kleiner als das Weibchen. Die bei den einzelnen Arten angegebenen Maße drücken Durchschnittswerte ohne Rücksicht auf das Geschlecht aus. Alle Greifvögel lassen sich in der Regel leicht auf ihren Strichflügen feststellen. Sie nisten vorwiegend einzeln und verteidigen ihr manchmal großes Nahrungsrevier, lediglich Geier nisten in Kolonien.

Greifvögel und Eulen gehören überwiegend zu den gefährdeten bis stark bedrohten Arten — der Grund dafür liegt einerseits in direkter Verfolgung, andererseits in der Anhäufung der mit der Nahrung aufgenommenen Pestizidrückstände in ihrem Körper.

1

Wespenbussard

Pernis apivorus

Greife

Accipitridae

Merkmale: Aussehen — Verhalten
Ein mittlerer Raubvogel von der Größe eines Mäusebussards (55 cm, Spannweite 140 cm), schlank, mit einem kleinen, vorgereckten Kopf. Der ad. Vogel (**1**) ist dunkelbraun, hat meist einen grauen Kopf, auf den Unterflügeln dunkle Binden sowie einen dunklen Hinterrand, im Stoß eine doppelte dunkle Binde an der Wurzel sowie eine einfache am Ende (**2**); das ♀ ist geringfügig größer, in der Regel dunkler und braun. Die juv. Vögel sind unterschiedlich ausgefärbt von hellen bis sehr dunklen Tönen. Der Vogel fliegt langsam, segelt zuweilen, kreist nur wenig. Für die Balz (IV.—VI.) sind die Paarflüge charakteristisch, wobei die Tiere hin und wieder mit den Flügeln über den Körpern klatschen. Die Nahrungssuche wird auf dem Boden laufend betrieben. Nur zeitig im Frühjahr stößt er an den Brutplätzen hohe helle Schreie wie „kiä kiä" oder „pi ijah" aus.

Ähnliche Arten: Der sehr ähnliche Mäusebussard hat breitere Flügel, einen kürzeren Stoß, einen weniger vorgereckten Kopf, er kreist häufiger.

Lebensraum: Lebt in waldigen Gebieten, manchmal auch in offenen Landschaften. Den Brutplatz erkennt man an den regelmäßigen Flügen, vor allem in der Balz. Die von VII.—VIII. aufgezogenen Jungen kreisen gemeinsam mit den Altvögeln um den Nistplatz und rufen intensiv.

Lebensweise: Zugvogel, auf dem Zug sogar in größeren, losen Gruppen zu sehen, an den Brutplätzen von IV.—IX. anzutreffen. Seinen Horst baut der Wespenbussard vorwiegend auf hohen Laubbäumen in einer Gabelung am Stamm, den Rand verkleidet er mit frischen Zweigen. Die 1—2 gelblichen, dicht dunkel gesprenkelten Eier (51,5×41,3 mm) werden in den Monaten IV.—VII. gelegt. Die Art nistet einzeln 1mal jährlich und brütet 35 Tage. Beide Altvögel betreiben Brutpflege. Die Jungen sind Nesthocker, bleiben 40 Tage im Horst und kehren noch weitere 14 Tage zu ihm zurück.

Nahrung: Hautflüglerinsekten und deren Larven, vor allem Wespen, die der Vogel aus dem Boden scharrt.

Gefährdungsgrad: Der Wespenbussard gilt als eine „gefährdete" Art.

2

1

Schwarzmilan

Milvus migrans

Greife

Accipitridae

Merkmale: Aussehen — Verhalten
Mäusebussardgroß (56 cm, Spannweite 150 cm), hat jedoch einen beträchtlich langen, deutlich gegabelten Stoß (**2**), einen kleinen Kopf und längere, schlanke Flügel. Der ad. Vogel (**1**) ist dunkelbraun, ♂ < ♀, der juv. Vogel heller und besonders auf der Flügelunterseite dunkel gefleckt. Der Vogel fliegt langsam in geringer Höhe, kreist viel, rüttelt manchmal auf der Stelle. Gelegentlich ertönt an den Brutplätzen sein ansteigendes „ajii", gefolgt von einem „trrr", ein wiederholtes „kikiki" und miauende Laute.

Ähnliche Arten: Rotmilan oder Gabelweihe (*M. milvus* — **3**). Diese Art hat jedoch einen auffallend langen, tief gegabelten Stoß, dessen Gabelung auch bei weitem Spreizen bleibt.

Lebensraum: Parklandschaften mit einem Wechsel von Wald, offenen Flächen und Gewässern, ist stellenweise auch in der Nähe menschlicher Siedlungen anzutreffen. Fällt bei seinen Strichflügen in Brutplatznähe auf. Der Horst wird in der Regel immer wieder belegt. In der Ruhezeit findet man den Schwarzmilan zufällig.

Lebensweise: Zugvogel, der die Ruhezeit einzeln oder in losen Gruppen zubringt. An den Brutplätzen leben einzelne Pärchen, gelegentlich kommen aber Kolonien zustande. Hält sich hier von III.—IX. auf. Der Horst sitzt auf einem hohen Baum in einer Gabelung nahe am Stamm, ist relativ klein (ca. 50 cm Durchmesser), in der Auspolsterung finden sich auch Textil- und Lederfetzen usw. Die 2—4 braun gesprenkelten, ins Graue gehenden Eier (54,0×43,0 mm) werden in den Monaten IV.—V. gelegt. Schwarzmilane nisten 1mal jährlich und brüten 32 Tage. Die Jungvögel werden von beiden Alten gepflegt, sie bleiben bis zu 46 Tagen im Horst.

Nahrung: Häufig Aas (Fische), aber auch Kleintiere, vor allem kleine Säuger und Insekten, die am Boden und auf dem Wasser erbeutet werden.

Gefährdungsgrad: Eine stellenweise im Rückgang befindliche Art, zählt zu den „gefährdeten" Arten.

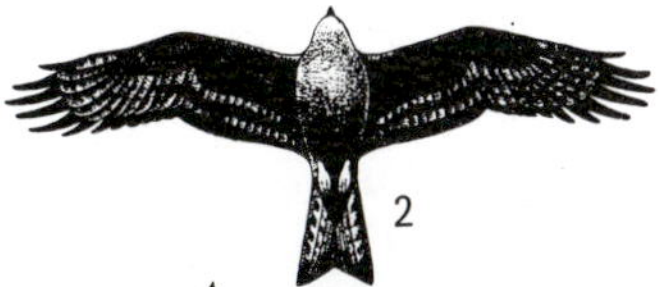

2

3

1

Seeadler

Haliaëtus albicilla

Greife

Accipitridae

Merkmale: Größe — Aussehen — Verhalten
Ein großer Raubvogel (88 cm, Spannweite 220 cm) mit einem kurzen Rumpf und breiten langen Flügeln, die fingerartig enden, einem kurzen Stoß und starkem Schnabel. Der ad. Vogel (**2**) ist dunkelbraun, sein Stoß ist weiß; ♂ < ♀. Der juv. Vogel (**1**) hat einen dunkelbraunen Stoß, der sich vom 2.—5. Lebensjahr allmählich weiß färbt. Der Vogel hockt gern auf Bäumen, am Boden oder auch auf dem Eis. Er fliegt geruhsam mit langsamen Flügelschlägen, segelt zuweilen, fliegt niedrig eine Beute an. Nur in der Balz und am Brutplatz ruft er wiederholt „kliklikli" und leiser ein bellendes „kakaka".

Ähnliche Arten: Ist kaum zu verwechseln. Nur in Osteuropa ähnelt ihm der seltene Bindenseeadler (*H. leucoryphus*).

Lebensraum: Gewässerreiche Landschaften — Küsten, Flußniederungen, größere Stauseen. Brutplätze erkennt man am regelmäßigen Auftreten und der Balz von ad. Vögeln, dabei kommen aber auch nicht brütende Tiere vor.

Lebensweise: Stand- und teilweise Zugvogel, streift zuweilen auch weit von seinem Brutplatz umher. In der Ruhezeit leben die Tiere einzeln, an den Winterplätzen können auch mehrere auf kleinem Raum erscheinen. Der Horst befindet sich in einem Baumwipfel oder nahe am Stamm, aber auch auf Felsen, er wird mehrere Jahre hindurch benutzt. Die 1—2 kalkweißen Eier (74,5 × 57,9 mm) werden in den Monaten II.—III. gelegt. Seeadler nisten einzeln, manchmal zu mehreren benachbarten Paaren 1mal jährlich. Brutpflege betreiben beide Altvögel, bis zum Alter von 90 Tagen bleiben die Jungen im Nest, außerhalb des Horsts wird die Pflege noch 30 Tage fortgesetzt.

Nahrung: Vorwiegend Tierkadaver, Fische, Vögel, Säuger bis zu Kaninchengröße, fliegt auf der Nahrungssuche im Tiefflug.

Gefährdungsgrad: Der Seeadler ist „vom Aussterben bedroht".

2

1

Gänsegeier
Gyps fulvus
Greife
Accipitridae

Merkmale: Größe — Aussehen — Verhalten
Einer der größten europäischen Greifvögel (100 cm, Spannweite 250 cm) mit breiten, brettartigen, gerundeten Flügeln. Kopf und Hals sind mit weißen Dunenfedern bedeckt, der lange Hals hat am Ansatz eine weiße Halskrause, der kleine Kopf trägt einen starken Schnabel. Der ad. Vogel (**1**) ist braun, Schwingen und Stoß sind schwarzbraun, auf den Flügelunterdecken sitzen in Reihen angeordnete weiße Flecken; ♂ = ♀. Juv. Geier haben eine hellere, mit den dunklen Schwingen kontrastierende Flügelunterseite, ihre Halskrause ist rötlichbraun. Der Vogel kreist in größer Höhe, ist ein ausgezeichneter Gleitflieger (**2**), fliegt am Boden Kadaver an, erhebt sich schwerfällig nach mehreren Sprüngen in die Luft. Gibt nur in Gruppen zischende und tiefe krächzende Laute von sich.
Ähnliche Arten: Unverkennbar. Die in Südeuropa lebenden Geier sind selten und von unterschiedlichem Aussehen: Mönchsgeier (*Aegypius monachus* — **3**), Schmutzgeier (*Neophron percnopterus* — **4**) und Bartgeier (*Gypaëtus barbatus* — **5**).
Lebensraum: Wenig kultivierte Landschaften, vor allem Gebirge und ihr Vorland. Auf seinen Streifzügen erscheint er in den verschiedensten Gegenden. Brutplätze erkennt man am regelmäßigeren Vorkommen des Vogels.
Lebensweise: Standvogel, streift aber im weiten Umkreis umher und fliegt regelmäßig auch sehr weit weg von seinen Brutplätzen. Die Horste befinden sich auf Felsen, seltener in Baumkronen. Das einzige kalkweiße Ei (92,4×69,7 mm) wird in den Monaten II.—V. gelegt. Gänsegeier nisten sowohl einzeln als auch in Kolonien 1mal jährlich und brüten 52 Tage lang. Das Junge wird von beiden Eltern 90 Tage im Horst betreut, nach weiteren 25 Tagen ist es selbständig.
Nahrung: Überwiegend Kadaver großer Tiere, die im Flug erspäht werden.
Gefährdungsgrad: Der Gänsegeier zählt bei uns zu den bereits „ausgestorbenen oder verschollenen“ Arten.

2

3

4

5

Wiesenweihe

Circus pygargus

Greife

Accipitridae

Merkmale: Aussehen — Verhalten
Kleiner und schlanker als der Mäusebussard (45 cm, Spannweite 110 cm). Das ad. ♂ (**1**) ist hellgrau, der Bauch ist hell mit rötlichbraunen Längsflecken, die Handschwingen sind über die ganze Länge dunkel, an den Wurzeln der Armschwingen sitzt ein dunkles Band (**3**). Bei juv. Wiesenweihen ist die Körperunterseite lebhaft rostbraun und nicht gefleckt, beim ♀ weißlicher mit einer dunklen Längstupfung. Der helle Kragen um den Hals des ♀ fehlt oder ist nur angedeutet (**6**). Der Flug ist niedrig, langsam, mit häufigem jähem Kurzwechsel und Niedergehen zur Erde. An den Brutplätzen läßt der Vogel nicht besonders häufig sein „käkäkä" und andere Rufe hören.

Ähnliche Arten: Sehr ähnlich ist die Kornweihe (*C. cyaneus*); das ♂ hat eine hell blaugraue Oberseite mit scharf kontrastierenden weißen Oberschwanzdekken. Alle Handschwingen haben weiße Basen, so daß das dunkle Flügelende zum Körper hin von einer senkrechten Linie begrenzt ist (**2**). Bei den ♀♀ und juv. ist die Körperunterseite braunweiß mit dunklen, längs verlaufenden Tupfen. Der helle Halskragen des ♀ ist deutlich, aber schmal, oft dunkel gestrichelt (**5**). Das ♂ der Steppenweihe (*C. macrourus* — **4**) hat eine weiße Körpervorderpartie, sein Bürzel ist niemals ganz weiß. Das dunkle Flügelende ist schmal kegelförmig. Beim ♀ und juv. Vögeln sind Rumpfunterseite und Unterflügeldecken lebhaft rostbraun. Der helle Halskragen des ♀ ist breit, die Halsseiten sind längsgetupft (7).

Lebensraum: Offene Landschaften, hauptsächlich mit feuchten Wiesen, vorwiegend in tieferen Lagen. Brutplätze entdeckt man am häufigeren Auftreten der Vögel, an ihrem Ruf und am Einfallen aufs Nest.

Lebensweise: Zugvogel, der außerhalb der Brutzeit einzeln lebt. Das Nest befindet sich am Boden in dichter, niedriger Vegetation und ist aus trockenen Stengeln errichtet. Die 3—5 grauweißen Eier (41,7×32,5 mm) werden in den Monaten IV.—VII. gelegt. Wiesenweihen nisten einzeln, an günstigen Stellen auch mehrere Pärchen nicht weit voneinander, 1mal jährlich und brüten 29 Tage. Beide Altvögel betreiben Brutpflege, die Jungen bleiben 40 Tage im Nest und werden dann noch weitere 12 Tage gefüttert.

Nahrung: Überwiegend kleine Säuger, die im Tiefflug dicht über dem Gelände geschlagen werden.

Gefährdungsgrad: Diese Art ist bei uns „vom Aussterben bedroht". Notwendig ist Ruhe an den Brutplätzen.

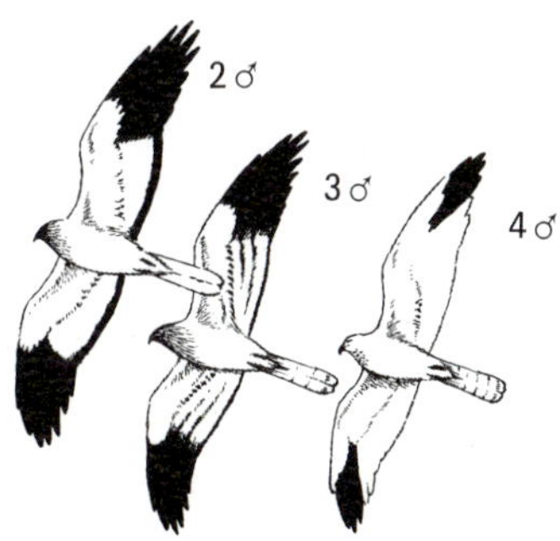

1

Rohrweihe
Circus aeruginosus
Greife
Accipitridae

Merkmale: Umgebung — Aussehen — Verhalten
Ein wenig kleiner als der Mäusebussard (52 cm, Spannweite 130 cm). Hat einen schlanken Rumpf, lange, verhältnismäßig schlanke Flügel mit fingerartig gespreizten, abgerundeten Enden, einen langen Schwanz. Der ad. Vogel ist braun; das ♂ (**2**) hat einen hellen Kopf, ein großes hellgraues Feld in den Flügeln, einen silbergrauen Schwanz; das ♀ (**1, 3**) ist gänzlich braun mit einem hellgelblichen Kopf. Der juv. Vogel ähnelt dem ♀, doch fehlt ihm meist der weißliche Flügelvorderrand und manchmal auch die helle Kopfzeichnung. Der Vogel fliegt niedrig, relativ langsam mit jähen Wendungen, kreist zuweilen, läßt sich zu Boden fallen. Gibt nur selten an den Brutplätzen ein schwaches Pfeifen von sich.
Ähnliche Arten: Unterscheidet sich von den anderen Weihen an der Färbung, sein Bürzel ist nie weiß.
Lebensraum: Rohrdickichte und deren Umgebung, außerhalb der Brutzeit auch andere offene Landschaften einschließlich Felder.
Lebensweise: Zugvogel, ist von III.—X. an den Brutplätzen. Hält sich außerhalb der Brutzeit einzeln oder in losen Gruppen auf, manchmal übernachten mehrere Vögel gemeinsam. Ihr Nest legt die Rohrweihe im Röhricht auf niederliegenden oder geknickten Halmen an, selten auch auf dem Boden, im Baumaterial finden sich trockene Zweige, Schilf und Kräuter aus der Umgebung. Die 4—5 weißlichen Eier (49,1×37,7 mm) werden in den Monaten IV.—VI. gelegt. Die Rohrweihe nistet einzeln 1mal jährlich, das ♀ brütet 33 Tage. Beide Altvögel betreiben Brutpflege, die Jungen bleiben 40 Tage lang im Nest und werden danach noch längere Zeit versorgt.
Nahrung: Wirbeltiere bis zu Möwengröße, auch größere Insekten, die in der Umgebung des Brutplatzes im Tiefflug dicht über dem Gelände geschlagen werden.
Gefährdungsgrad: Die Rohrweihe ist „potentiell gefährdet“.

2 ♂ 3 ♀

1

Habicht

Accipiter gentilis
Greife
Accipitridae

Merkmale: Aussehen — Größe — Verhalten — Stimme
Ein mittelgroßer Greifvogel (55 cm, Spannweite 110 cm). Flügel kurz, breit und gerundet, Stoß lang. Der ad. Vogel ist grau, auf der Oberseite dunkel (**3**), auf der Unterseite hell mit Querbänderung (**2**). Iris gelb. Der juv. Habicht (**1**) ist braun, die Zeichnung der hellen Bauchseite besteht aus tropfenförmigen Tupfen, Brust und Unterflügel sind lehmfarben. Die südeuropäische Ssp. (*A.g. arrigonii*) ist sehr dunkel, die nordeuropäische (*A.g. buteoides*) hell. Seiner Beute stellt er zwischen den Bäumen nach. Im Flug wechselt er immer einige Flügelschläge mit kurzen Gleitflugphasen ab, gelegentlich kreist er. Läßt nur in den Balzzeit ein tönendes „gigigi" oder „kiak kiak" hören.
Ähnliche Arten: Das Sperberweibchen ist fast so groß wie das Habichtmännchen.
Lebensraum: Wälder von der Tiefebene bis an die obere Baumgrenze. An den Brutplätzen erkennt man ihn im Vorfrühling am Ruf bei seinen Umflügen. Die Nistplätze sind konstant, im Revier findet man Beutereste. Ein besetzter Horst wird von den in der Umgebung verstreuten Federn des mausernden Weibchens und dem Geschmeiß darunter verraten.
Lebensweise: Standvogel, der im Umkreis seines Brutplatzes umherstreicht, die nördlichen Populationen verschieben sich über den Winter etwas südlicher. Lebt einzeln. Die Horste befinden sich in Baumkronen dicht am Stamm. Die 3—4 hellgraugrünen Eier (57,2×45,1 mm) werden in den Monaten III.—V. gelegt. Habichte nisten einzeln 1mal jährlich, das ♀ brütet 37 Tage. Brutpflege betreiben beide Altvögel — im Horst 38 Tage, außerhalb noch weitere 30 Tage.
Nahrung: Vögel und Säuger bis Hühnergröße, die Beute wird im Flug zwischen den Baumkronen oder auch am Boden geschlagen. In Jagdrevieren mit intensiver Niederwildhaltung können Habichte Schäden anrichten, dafür regulieren sie aber die Rabenvögel.
Gefährdungsgrad: Ihre Zahl hängt stark von der Verfolgung ab. Ein Schutz ist vor allem durch die Abschußregulierung möglich. Bei uns sind Habichte als „potentiell gefährdete" Art aufgeführt.

1

Sperber
Accipiter nisus
Greife
Accipitridae

Merkmale: Aussehen — Größe — Verhalten — Stimme
Etwa taubengroß (33 cm, Spannweite 65 cm), zeigt im Sitzen auffallend lange Beine und einen gedrungenen Rumpf. Flügel breit und gerundet (**2**), Stoß lang, Kopf klein. Das ad. ♂ (**1**) ist auf der Oberseite grau, auf der Unterseite dicht rotbraun gebändert. Das ♀ ist auf der Oberseite graubraun, von unten weißlich mit graubrauner Bänderung; ♀ > ♂. Juv. Vögel ähneln dem ♀, doch hat ihre braune Färbung einen rostigen Ton. Der Vogel hat seine Warte auf einzelstehenden Bäumen oder am Waldrand, fliegt in geringer Höhe zwischen Baumkronen, um Waldränder, häufiger auch über freiem Feld. Nur in der Balz ruft er durchdringend „kikiki".
Ähnliche Arten: Beim Habicht hat der Flügelhinterrand zwischen Hand- und Armschwingen, die im Bogen an den Rumpf stoßen, einen Knick. In Südeuropa lebt der ähnliche Kurzfangsperber (*A. brevipes*).
Lebensraum: Wälder von den Tiefebenen bis an die obere Waldgrenze. An den Brutplätzen findet man den Sperber im Vorfrühling (II.—IV.) am Ruf. In der Nähe des besetzten Horstes sind einzelne Schwung- oder Stoßfedern des mausernden ♀ verstreut, man findet auch zahlreiche Rupfungen mit Beuteresten. Außerhalb der Brutzeit ist der Sperber sogar über freiem Feld zu sehen, häufiger auch in Städten. Sein Auftauchen wird vom Geschrei anderer Vögel verraten.
Lebensweise: Standvogel, Einzelgänger, streicht unweit seiner Reviere umher, doch fliegt ein Teil der Vögel über den Winter bis nach Südeuropa. Die Horste befinden sich dicht am Stamm in den Kronen jüngerer, dichter Bäume. Die 4—5 grünlichen, braun gesprenkelten Eier (40,5 × 32,5 mm) werden in den Monaten IV.—VI. gelegt. Sperber nisten einzeln 1mal jährlich, das ♀ brütet 35 Tage. Brutpflege betreiben beide Altvögel, 27 Tage bleiben die Jungen im Horst, 25 Tage werden sie danach noch versorgt.
Nahrung: Kleine Vögel bis Amselgröße, die im gewandten Flug durch Gebüsch und Baumkronen geschlagen werden.
Gefährdungsgrad: Diese Art ist in der Bundesrepublik Deutschland als „potentiell gefährdet" eingestuft.

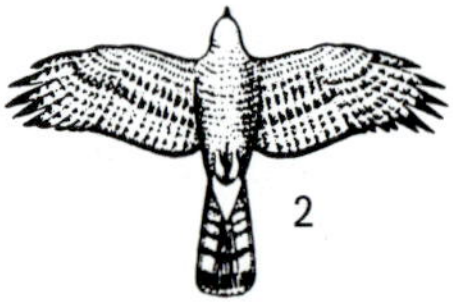

2

1

Mäusebussard

Buteo buteo

Greife

Accipitridae

Merkmale: Größe — Aussehen — Verhalten — Stimme

Der häufigste mitteleuropäische Greifvogel von mittlerer Größe (55 cm, Spannweite 120 cm) hat breite, gerundete Flügel und einen kurzen, abgerundeten, in der Regel weit aufgefächerten gebänderten Stoß (**2**). Die Färbung schwankt beträchtlich, am häufigsten ist der Vogel dunkelbraun mit einer hellen Flügelunterseite; ♂ = ♀ = juv. Langsamer Flieger, kreist häufig segelnd ohne Flügelschlag, rüttelt nur selten auf der Stelle. Jagt meist von erhöhten Warten, von Bäumen, Masten oder Pfählen aus, aber auch auf dem Boden (**1**). Ruft oft ein tönendes „kiäh kiäh", die Nestlinge pfeifen ausdauernd.

Ähnliche Arten: In den nördlicheren Teilen Europas der an manchen Stellen zahlreiche Rauhfußbussard, der aber einen weißlichen Bürzel hat, in Südosteuropa der seltene Adlerbussard (*B. rufinus* — **3**). Sehr ähnlich sieht der Wespenbussard aus, er ist jedoch schlanker, hat einen kleineren Kopf und längeren Stoß mit einer typischen Zeichnung.

Lebensraum: Bewaldete und offene Landschaften von den Tiefebenen bis an die obere Waldgrenze. Die Brutplätze erkennt man am ständigen Auftreten der Bussarde, die auffällig darüber kreisen, Flugspiele aufführen und laut schreien. Außerhalb der Brutzeit kann man in offenem Gelände fliegende und sitzende Vögel feststellen.

Lebensweise: Teils Zugvogel, kommt von II.—IX. an den Brutplätzen vor. Die Horste befinden sich in Baumkronen dicht am Stamm, manchmal auch in Einzelbäumen, auf Masten oder am Boden. Die 2—4 braun gesprenkelten bläulichen Eier (56,2×44,6 mm) werden in den Monaten III.—VI. gelegt. Der Mäusebussard nistet einzeln 1mal jährlich und brütet 35 Tage. Die Jungen werden von beiden Altvögeln gefüttert, 50 Tage im Nest, danach 50 Tage außerhalb.

Nahrung: Überwiegend am Boden erbeutete kleine Säuger.

Gefährdungsgrad: Ein bedeutender Feldmausvertilger, richtet in unerheblichem Umfang und auch nur stellenweise Schäden unter dem Wild an. Diese Art ist sehr zahlreich.

2

3

1

Rauhfußbussard
Buteo lagopus
Greife
Accipitridae

Merkmale: Aussehen — Größe — Verhalten
In Größe (58 cm, Spannweite 140 cm) und Aussehen dem Mäusebussard ähnlich; ♂ < ♀. Er hat breite, gerundete Flügel, einen kurzen, breiten Stoß und bis auf die Zehen befiederte Beine. Der ad. Vogel (**1**) ist auf der Oberseite dunkelbraun mit einer weißen Schwanzwurzel, die Unterseite ist braun-weiß durchsetzt, die Unterflügel sind überwiegend weiß mit einem typischen, auffälligen dunklen Fleck in der Beuge (**2**). ♂ = ♀ = juv. Der Vogel fliegt geruhsam mit langsamen Flügelschlägen, kreist häufig, fliegt dicht über dem Boden, rüttelt oft auf der Stelle. Seine Sitzwarten sind erhöhte Stellen am Boden. Nur selten läßt er ein klagendes „kiah" vernehmen.
Ähnliche Arten: Der Mäusebussard, der jedoch keine weiße Schwanzwurzel hat und in der Regel dunkler ist. In Südosteuropa der Adlerbussard (*B. rufinus*).
Lebensraum: Offene Landschaften — Felstundra, Felder usw. Außerhalb der Brutzeit ist der Rauhfußbussard leicht im Flug und auch aufgeblockt an deckungslosen Stellen zu beobachten.
Lebensweise: Zugvogel, der einzeln nistet und lebt, nur gelegentlich finden sich mehrere Tiere an einem Ort ein. An den Brutplätzen hält sich die Art von IV.—IX. auf. Der Horst befindet sich am Boden oder im Fels. Die 3—4 braun gesprenkelten weißlichen Eier (55,3 × 44,3 mm) werden in den Monaten IV.—VI. gelegt. Nistet 1mal jährlich, das ♀ brütet 30 Tage. Beide Altvögel betreiben Brutpflege 40 Tage im Horst, danach noch 30 Tage.
Nahrung: Kleine Säuger und Vögel, die in Niedrigflug erbeutet werden.
Gefährdungsgrad: Zahlreich, doch schwankt die Anzahl sehr stark. Vertilgt kleine Wirbeltiere, an den Winterplätzen vor allem Feldmäuse. Bei hohem Schnee, niedrigen Feldmausbeständen und hohen Bussardzahlen kann es lokal zu Schäden an Kleinwild kommen. Schutz ist durch eine Abschußregulierung möglich.

2

1

Schreiadler
Aquila pomarina
Greife
Accipitridae

Merkmale: Aussehen — Größe — Verhalten
Ein kleinerer Adler (63 cm, Spannweite 150 cm), nur ein wenig größer als ein Bussard. Er hat relativ lange, breite Flügel, geradrandig im Flug mit fingerartig gespreizten Handschwingen (**2**). Der ad. Vogel ist dunkelbraun, die Unterflügel kontrastierend heller. Von oben werden der weiße Fleck an den Handschwingenwurzeln und häufig auch die hellen Oberschwanzdecken in Form eines „U" sichtbar; ♂ < ♀. Der juv. Vogel (**1**) ist brauner mit einem weißlichen Nackenfleck, weißen Spitzen von Oberflügeldecken, Schwingen und Stoßfedern; im Flug kommen sowohl der weiße Fleck an der Schwingenwurzel als auch die weißen Ober- und Unterschwanzdecken zum Vorschein. Im 2.—4. Lebensjahr trägt der Vogel ein Übergangskleid. Er wartet aufgebaumt und auch an erhöhten Stellen am Boden sitzend, schreitet gewandt. Sein Flug ist langsam, er kreist oft segelnd. Gibt ein bellendes „jef jef" und ein pfeifendes „kju" von sich.
Ähnliche Arten: In Osteuropa lebt der sehr ähnliche Schelladler (*A. clanga* — **3**). Zu beachten sind die größeren Adlerarten der Gattung *Aquila*, vor allem der Steppen- (*A. rapax*) und der Kaiseradler (*A. heliaca*).

Lebensraum: Wälder, vor allem in den Gebirgen. Auf der Jagd und in der Ruhezeit ist er an offenen Stellen zu sehen. An den Brutplätzen verrät er sich nach der Ankunft (IV.—V.) durch ständiges Auftreten und den mit lauten Schreien verbundenen Hochzeitsflug.
Lebensweise: Zugvogel, lebt einzeln, ist von IV.—VIII. an den Brutplätzen. Die Horste befinden sich in Baumkronen dicht am Stamm oder in Astgabeln, sie sind mit frischen Zweigen belegt. Die 2 weißlichen, braun gesprenkelten Eier (62,9×50,7 mm) werden in den Monaten IV.—V. gelegt. Schreiadler nisten einzeln 1mal jährlich und brüten 40 Tage lang. Beide Altvögel betreiben Brutpflege, 55 Tage im Horst, danach noch 25 Tage.
Nahrung: Kleinere Tiere, vor allem am Boden erbeutete Kleinsäuger.
Gefährdungsgrad: In der Bundesrepublik Deutschland bereits „ausgestorben oder verschollen".

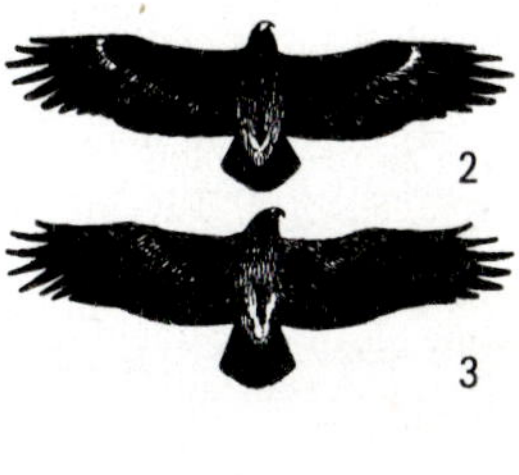

2

3

1

Steinadler
Aquila chrysaëtos
Greife
Accipitridae

Merkmale: Aussehen — Größe — Verhalten
Einer der größten europäischen Greifvögel (82 cm, Spannweite 210 cm). Er hat breite, gerundete, an den Enden fingerartig gespreizte Flügel (**2**), der Stoß ist kurz und gerundet. Der ad. Vogel (**1**) ist dunkelbraun mit einem helleren bis gelblichen Kopf; die seltene Form *fulvescens* ist gänzlich hellgelb; ♂ < ♀. Der juv. Vogel hat einen dunklen Kopf, in den Unterflügeln ein langes weißes Feld aus den weißen Basisabschnitten der Schwungfedern, das sich auf der Flügeloberseite auf einen Flecken an den Handschwingen beschränkt. Im 2.—3. Lebensjahr verschwindet die weiße Farbe allmählich. Der Vogel fliegt geruhsam mit weit durchgezogenem Flügelschlag, abgelöst von kurzem Gleiten, kreist häufig ausdauernd. Sitzt in waagerechter Haltung mit erhobenem Kopf am Boden (**1**). Selten läßt er sein „hia" und „kje kje kje" hören.
Ähnliche Arten: In Süd- und Osteuropa lebt sporadisch der Kaiseradler (*A. heliaca* — **3**) und selten der Steppenadler (*A. rapax* — **4**). Dort muß man auch auf kleinere Adlerarten achten, auf den Schrei- und den Schelladler (*A. clanga*).
Lebensraum: Wald- und Felsgebiete von der Tiefebene bis in die Subalpinzone der Gebirge, wo er derzeit am zahlreichsten auftritt. Einen Brutplatz erkennt man am dauernden Vorkommen und den Strichflügen. Der Horst wird immer wieder benutzt.
Lebensweise: Stand-, Strich- und Zugvogel, lebt einzeln, hält sich an den Brutplätzen von II.—IX. auf. Die Horste befinden sich im Fels oder in Baumkronen, vorwiegend in Nadelbäumen. Die 2(—3) gelblichen, verschiedenartig braun gesprenkelten Eier (75,5×58,0 mm) werden in den Monaten III.—V. gelegt. Steinadler nisten einzeln 1mal jährlich und brüten 40 Tage lang. Beide Altvögel füttern die Jungen 70 Tage im Horst, danach noch 90 Tage.
Nahrung: Wirbeltiere bis zur Größe eines Fuchses, die im Flug niedrig über dem Gelände geschlagen werden.
Gefährdungsgrad: Eine zurückgehende, „vom Aussterben bedrohte" Art.

1

Fischadler

Pandion haliaëtus

Fischadler

Pandionidae

Merkmale: Aussehen — Größe — Verhalten — Lebensraum
Ein kleinerer Adler (57 cm, Spannweite 160 cm) mit schlankem Körper, langen, gerundeten Flügeln und kurzem Stoß (**2**). Der ad. Fischadler (**1**) ist kontrastierend schwarzbraun und weiß gefärbt mit einem weißen Kopf und einem dunklen Augenstreifen; ♂ < ♀. Der juv. Vogel hat auf der Oberseite helle Federsäume, auf der Unterseite eine matte Zeichnung. Die Art sitzt häufig aufgebaumt am Wasser, fliegt langsam, wechselt immer einige wenige Flügelschläge mit längerem Gleiten ab, rüttelt über dem Wasser auf der Stelle, stürzt sich mit den Fängen voran auf die Beute ins Wasser. An den Brutplätzen ist ein kurzes pfeifendes „kai kai" o.ä. zu hören, auf dem Hochzeitsflug ein lautes, durchdringendes „tjib tjib".

Ähnliche Arten: Unverkennbar.

Lebensraum: Größere Wasserflächen in ungestörter waldreicher Umgebung. Brutplätze identifiziert man am dauernden Vorkommen, Strichflügen und den auffallend stimmfreudigen Hochzeitsflügen. Einzelne Vögel oder Pärchen können sich am Brutplatz aufhalten, ohne zu brüten. Außerhalb der Brutzeit sind Fischadler an verschiedenen Gewässern zu sehen.

Lebensweise: Zugvogel, lebt außerhalb der Brutzeit einzeln oder auch in kleinen Gruppen, erscheint an den Brutplätzen von III.—VIII. Der Horst wird immer wieder belegt, er befindet sich in der Regel im Wipfel eines freistehenden Baumes oder sogar auf einem Mast. Die 2—3 weißlichen, dicht dunkelbraun gesprenkelten Eier (61,8×46,2 mm) werden in den Monaten IV.—V. gelegt. Der Fischadler nistet einzeln 1mal jährlich und brütet 37 Tage. Die Jungen werden von beiden Altvögeln gefüttert, 53 Tage im Horst, danach noch etwa weitere 30 Tage.

Nahrung: Ausschließlich Fische, die an der Wasseroberfläche aus der Luft bzw. durch Sturz ins Wasser erbeutet werden.

Gefährdungsgrad: Der Fischadler ist in der Bundesrepublik Deutschland bereits „ausgestorben oder verschollen".

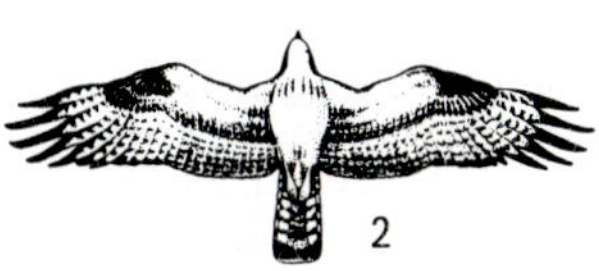

2

1

Turmfalke

Falco tinnunculus

Falken

Falconidae

Merkmale: Aussehen — Verhalten — Stimme

Ein kleiner Greifvogel (33 cm, Spannweite 75 cm), nur wenig größer als eine Turteltaube, mit längeren, schlanken, spitzen Flügeln und einem langen Stoß. Das ad. ♂ (**1**) hat einen grauen Kopf und Stoß, eine beigefarbene Körperunterseite, das ♀ ist größer, die Körperoberseite (**3**) ist ganz rotbraun mit dichten Flecken, die sich auch auf der Unterseite finden (**2**). Der juv. Vogel ähnelt dem ♀, trägt aber auf der Oberseite eine helle Fleckzeichnung. Die Art fliegt nicht besonders hoch und schnell, wechselt stets mehrere Flügelschläge mit Gleitflug ab, kreist häufig, rüttelt auf der Stelle. Sitzt aufgerichtet auf den Spitzen von Bäumen, Masten usw. Sein lautes „kikiki" ruft der Turmfalke oft vor der Paarungszeit und während der Brutpflege.

Ähnliche Arten: In Südeuropa kommt häufig der ähnliche Rötelfalke (*F. naumanni* — **4**) vor, zu beobachten sind auch die kleineren Greifvögel wie der Baumfalke, der Merlin und der Sperber.

Lebensraum: Kultur- und Parklandschaften, kommt immer häufiger in den Städten vor. Die Brutplätze fallen durch sein regelmäßiges Auftreten und die Strichflüge in die Umgebung auf. Im Frühjahr erkennt man ihn am Ruf, ähnlich dann die aufgezogenen Jungen. In der Ruhezeit entdeckt man ihn bei Beobachtungen im offenen Gelände, sitzende und fliegende Tiere fallen ins Auge.

Lebensweise: Teilweise Zugvogel, lebt in der Ruhezeit einzeln, hält sich von II.—VIII. an den Brutplätzen auf. Nistet in alten Krähennestern, Baumhöhlen, in Gebäuden, in Steilwänden aus Erdmaterial und im Fels, häufig zu mehreren Paaren. Die 3—7 gelbbraunen, braun gesprenkelten Eier (39,0×31,4 mm) werden in den Monaten III.—VII. gelegt. Turmfalken nisten 1mal jährlich und brüten 28 Tage. Beide Altvögel füttern die Jungen 30 Tage im Horst, danach noch 30 Tage.

Nahrung: Kleintiere, vor allem Feldmäuse und Haussperlinge, die im niedrigen Flug dicht über dem Boden geschlagen werden.

Gefährdungsgrad: Sie zählen zu den nicht unmittelbar gefährdeten Arten.

1

Rotfußfalke

Falco vespertinus

Falken

Falconidae

Merkmale: Aussehen — Verhalten — Färbung
Etwa so groß wie ein Turmfalke (30 cm, Spannweite 75 cm). Schlanker Rumpf, lange spitze Flügel, ein beträchtlich langer Stoß. Das ad. ♂ (**2**) ist dunkel schiefergrau mit rostroten Hosen, das ♀ (**1**) ist geringfügig größer, seine Oberseite ist blaugrau, die Unterseite (**3**) einschließlich Unterflügel hellrostfarben, der Scheitel bräunlich. Der juv. Vogel ähnelt dem ♀, ist aber dunkel gefleckt. Der Rotfußfalke sitzt auf erhöhten Warten, fliegt niedrig, nicht besonders schnell, rüttelt häufig auf der Stelle, erbeutet oft gewandt mehrere gemeinsam fliegende Insekten. Ruft an den Brutplätzen wiederholt „kikiki".

Ähnliche Arten: Im Aussehen ähneln ♀♀ und juv. Vögel — diese sogar in der Färbung — dem Baumfalken, der jedoch nie einen hellen Scheitel oder eine helle Stirn aufweist und einen kürzeren Stoß besitzt. In Südeuropa ähnelt dem ♂ die dunkle Phase des Eleonorenfalken (*F. eleonorae*).

Lebensraum: Steppen und Waldsteppen, Kulturlandschaft mit Steppen und Baumgruppen. Den Brutplatz erkennt man am regelmäßigen Auftreten dieser Falken in oft größerer Zahl. In der Ruhezeit kann man die Rotfußfalken auch an offenen Stellen beobachten.

Lebensweise: Zugvogel, lebt außerhalb der Brutzeit einzeln und auch in Gruppen, ist von V.—IX. an den Brutplätzen. Nistet in alten Krähen- und Raubvogelhorsten auf Bäumen, ausnahmsweise auch in Nisthöhlen oder am Boden, häufig kolonienweise. Die 3—4 rostfarbenen, dunkel gesprenkelten Eier (36,8×29,2 mm) werden in den Monaten V.—VI. gelegt. Diese Falkenart nistet 1mal jährlich und brütet 28 Tage lang. Beide Altvögel betreiben Brutpflege, 28 Tage im Horst, danach noch 10 Tage.

Nahrung: Insekten und Kleinsäuger, die mit den Fängen in der Luft gegriffen oder im Tiefflug dicht über dem Boden geschlagen werden.

Gefährdungsgrad: Die Art zählt bei uns zu den „gefährdeten Vermehrungsgästen". Erforderlich sind der völlige Schutz und eine Sicherung der Brutplätze. Bruthilfemaßnahmen bestehen in der Anfertigung und wohldurchdachten Anbringung von Nistunterlagen.

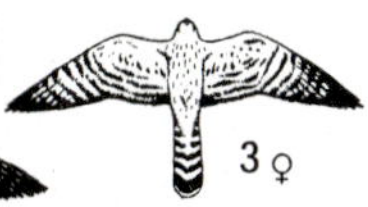

3 ♀

2 ♂

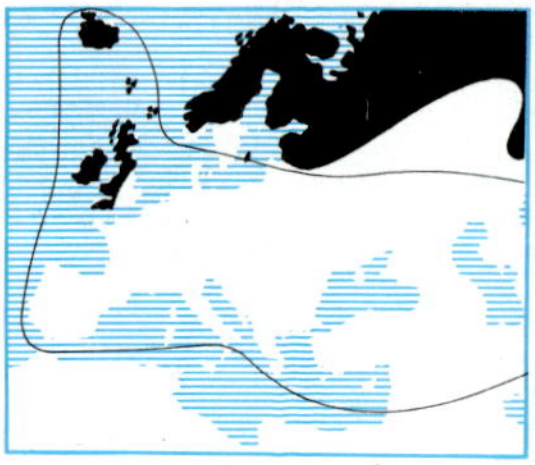

1

Merlin

Falco columbarius

Falken

Falconidae

Merkmale: Aussehen — Größe — Verhalten

Kleiner als ein Turmfalke (30 cm, Spannweite 65 cm), längere, schlanke, spitze Flügel und ein kurzer Stoß (**2,3**). Das ad. ♂ ist auf der Oberseite blaugrau, auf der Unterseite rostfarben mit einer schütteren dunklen Fleckung; das ♀ (**1**) ist größer, auf der Oberseite dunkelbraun, auf der Unterseite weißlich mit einer kräftigen, dunkelbraunen, tropfenförmigen Fleckzeichnung. Juv. Vögel ähneln dem ♀, sind jedoch dunkler und haben einen weißlichen Nackenfleck. Der Vogel fliegt schnell und in der Regel niedrig, wechselt schnelle Flügelschläge und kurze Gleitphasen mit angezogenen Flügeln ab, so daß ein wellenartiger Flug entsteht, er attackiert gewandt seine Beute. Sitzt aufgerichtet auf einer Warte (Bäume usw.). Ruft an den Brutplätzen ein schnelles, ziemlich hohes „kikiki", ähnlich dem Turmfalkenschrei.

Ähnliche Arten: Im Aussehen ähnelt ihm weitgehend der Baumfalke, der jedoch nur selten zwischen X. und IV. in Europa auftritt, einen dunklen Scheitel und Falkenbart sowie eine rötliche Unterseite hat. Fast genauso groß, aber weniger ähnlich sind Turmfalke und Sperber.

Lebensraum: Tundra, Waldtundra, Ebenen und Gebirge. Die Brutplätze erkennt man an seinem ständigen Vorkommen, den Strichflügen und seinen Rufen. Außerhalb der Brutzeit kann man den Merlin im offenen Gelände beobachten.

Lebensweise: Zugvogel, ist von V.—VI. an den Brutplätzen, lebt einzeln. Der Horst befindet sich am Boden, im Fels oder auch auf Bäumen. Die 3—5 dicht dunkelbraun gesprenkelten Eier (40,0×31,0 mm) werden in den Monaten V.—VI. gelegt. Der Merlin nistet einzeln 1mal jährlich und brütet 30 Tage lang. Beide Altvögel betreiben Brutpflege und füttern die Jungen 26 Tage im Horst, danach noch weitere 20 Tage.

Nahrung: Vorwiegend kleine Vögel, die aufgescheucht im Flug, seltener am Boden geschlagen werden.

Gefährdungsgrad: Notwendig ist ein totaler Schutz, da der Merlin als „gefährdeter Wandervogel" einzustufen ist.

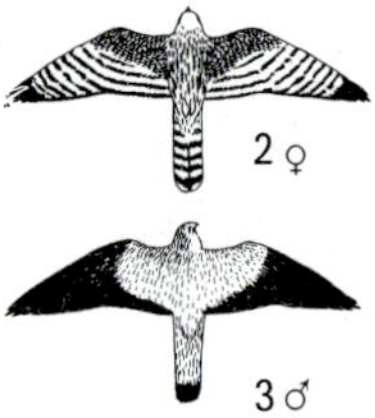

2 ♀

3 ♂

1

Baumfalke
Falco subbuteo
Falken
Falconidae

Merkmale: Aussehen — Größe — Verhalten
Von der Größe eines Turmfalken (33 cm, Spannweite 80 cm). Lange, schlanke, spitze Flügel, kurzer Stoß (**2**). Das ad. ♂ ist blauschwarz, hat einen auffälligen Falkenbart auf den weißen Wangen, seine Unterseite ist hell mit einer dunklen Fleckzeichnung und rostroten Hosen; das ♀ (**1**) ist größer, ansonsten aber wie das ♂. Der juv. Vogel hat eine schwarzbraune Körperoberseite mit helleren Federsäumen, die Hosen sind nicht anders gefärbt. Der Baumfalke fliegt in der Regel niedrig, schnell, die Flügelschläge werden von kurzen Gleitflügen abgelöst. Gewandt schlägt er im Flug Insekten und Vögel, gelegentlich kreist er segelnd, nur sehr selten rüttelt er auf der Stelle. Aufgebaumt hält er den Körper aufrecht, die Flügel reichen bis ans Stoßende. An den Brutplätzen läßt er ein hohes, lautes „kikiki“ in steigenden und fallenden Tönen hören.
Ähnliche Arten: Weitgehend ähnlich ist der auch im Winter anwesende Merlin, der aber kontrastärmer gefärbt ist und keinen Falkenbart hat, auch der Turmfalke, vor allem das ♀, sowie junge Rotfußfalken, in Südeuropa der Eleonorenfalke (*F. eleonorae*).
Lebensraum: Park- und offene Landschaften mit kleineren Wäldchen, vorwiegend in Niederungen und Hügelland. Den Brutplatz erkennt man wie bei den übrigen Greifvögeln am Dauervorkommen, den Strichflügen und dem Ruf der Vögel. Außerhalb der Brutzeit kann man den Baumfalken bei seinen Strichflügen beobachten.
Lebensweise: Zugvogel, von IV.—IX. an den Brutplätzen. Nistet in alten Krähennestern in Baumkronen. Die 2—4 gelbbraunen, braun gesprenkelten Eier (41,8×32,6 mm) werden in den Monaten V.—VI. gelegt. Die Art nistet einzeln 1mal jährlich und brütet 29 Tage. Beide Altvögel pflegen die Brut 31 Tage lang im Horst, anschließend weitere 35 Tage außerhalb.
Nahrung: Insekten und kleine Vögel, die im Flug erbeutet werden.
Gefährdungsgrad: Der Baumfalke zählt zu den „gefährdeten“ Arten.

2

1

Wanderfalke
Falco peregrinus
Falken
Falconidae

Merkmale: Aussehen — Größe — Verhalten
Ein stattlicher Greifvogel von Krähengröße (42 cm, Spannweite 100 cm) mit langen, ziemlich breiten, spitzen Flügeln und einem kurzen Stoß (**3**). Der ad. Vogel (**1**) ist auf der Oberseite schiefergrau mit einem auffälligen Bart auf den weißen Wangen. Die Unterseite ist hell mit dunkler Querfleckung. Bei der nordeuropäischen Ssp. *F.p. calidus* ist sie völlig weiß, bei der mitteleuropäischen *F.p. peregrinus* leicht bräunlich, bei der südeuropäischen *F.p. brookei* ist die Brust rostbraun; ♂ < ♀. Der juv. Wanderfalke hat eine schwarzbraune Körperoberseite mit helleren Federsäumen, eine bräunliche Unterseite mit dunkler Längsfleckung. Der Vogel fliegt hoch, geruhsame Flügelschläge werden von kurzem Gleiten abgelöst, beim Angriff auf eine Beute steigt die Fluggeschwindigkeit ganz enorm bis zum rasanten Sturzflug. Kreist gelegentlich und sitzt auf Warten mit gutem Ausblick. An den Brutplätzen ruft er ein lautes „kikiki".
Ähnliche Arten: In Nordeuropa ähnelt ihm der Gerfalke (*F. rusticolus* — **4**), in Osteuropa der Würgfalke (*F. cherrug* — **5**), in Südeuropa der Lannerfalke (*F. biarmicus* — **2**); auch kleinere Falkenarten können mit ihm verwechselt werden.

Lebensraum: Wald-, Tundra-, Steppen- und Kulturlandschaften. An den Brutplätzen entdeckt man ihn aufgrund von ständigem Vorkommen, Strichflügen und Rufen. Außerhalb der Brutzeit kann man ihn auf seinen Strichflügen in der offenen Landschaft beobachten.
Lebensweise: Teilweise Zugvogel, hält sich an den Brutplätzen von II.—VIII. auf. Nistet im Fels, nur selten bezieht er alte Krähennester in Bäumen, stellenweise am Boden. Die 3—4 gelblichen, dicht braun gesprenkelten Eier (51,4×40,4 mm) werden in den Monaten III.—IV. gelegt. Die Art nistet 1 mal jährlich und brütet 30 Tage. Beide Altvögel füttern die Jungen 40 Tage lang im Horst, anschließend noch weitere 60 Tage außerhalb.
Nahrung: Vögel bis zu Entengröße, die im Flug geschlagen werden.
Gefährdungsgrad: Der Wanderfalke zählt zu den bereits „ausgestorbenen oder verschollenen" Arten.

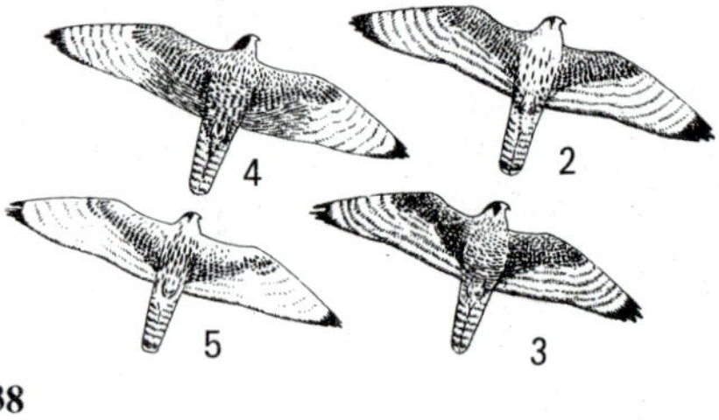

1

Schleiereule

Tyto alba

Schleiereulen

Tytonidae

Merkmale: Stimme — Ort — Verhalten — Aussehen

Eine mittelgroße Eule (34 cm) mit großem rundem Kopf und einem auffälligen Schleier, breiten rundlichen Flügeln und einem kurzen Schwanz. Der ad. Vogel (**1**) ist hellgelblichweißgrau, hat einen weißen „Gesichtsschleier", die Unterseite ist bei der südeuropäischen Ssp. *T.a. alba* weiß, bei der mitteleuropäischen *T.a. guttata* gelblich und gefleckt. Das ♀ ist in der Regel stärker gefleckt als das ♂. Juv. = ad. Der Flug ist geradlinig, geräuschlos, mit langsamen Flügelschlägen niedrig über dem Gelände. Die Schleiereule ist abends und nachts aktiv, tagsüber sitzt sie in ihrem Nest oder einem anderen Schlupfwinkel. Gibt ein lautes heiseres Krächzen wie „kry-i" von sich.

Ähnliche Arten: Unverkennbar in Aussehen und Stimme.

Lebensraum: Ackerlandschaften in tieferen Lagen, Felsgebiete, aber auch Ansiedlungen. Man entdeckt die Eule an ihren nächtlichen Rufen in der Regel am Nistplatz.

Lebensweise: Stand- oder Strichvogel, lebt einzeln. Schleiereulennester befinden sich in Felhöhlen, heute noch häufiger auf den Dachböden von Kirchen, in Scheunen u.ä. Die 4—10 weißen Eier (39,7×30,7 mm) werden in den Monaten II.—XI. gelegt. Die Art nistet einzeln 1mal jährlich und brütet 30 Tage. Brutpflege betreiben beide Altvögel, im Nest füttern sie ihre Jungen 50 Tage lang, danach noch weitere 28 Tage.

Nahrung: Fast ausschließlich Kleinsäuger, die im niedrigen Flug dicht über dem Boden erbeutet werden.

Gefährdungsgrad: Sie ist nicht besonders zahlreich und zählt zu den „gefährdeten" Arten.

1

Uhu
Bubo bubo
Eulen
Strigidae

Merkmale: Stimme — Lebensraum — Größe — Aussehen
Die größte europäische Eule (70 cm, Spannweite 170 cm). Großer runder Kopf mit Ohrbüscheln, breite, gerundete Flügel, kurzer Schwanz. Der ad. Uhu (**1**) ist gelbbraun mit dunkler Fleckung und orangefarbenen Regenbogenhäuten; ♂ = ♀. Der juv. Uhu hat kurze Ohrbüschel und eine nahezu fleckenlose Brust. Nachtaktiv. Fliegt geräuschlos mit langsamen Flügelschlägen und kurzen Gleitflugphasen. Sitzt tagsüber verborgen im Fels oder auf Bäumen. Ruft in der Balzzeit sehr oft und die ganze Nacht hindurch ein bellendes „huu" (♂) und ein kurzes „hu" (♀).
Ähnliche Arten: Unverkennbar, in Nordeuropa muß man auf ebenso große Eulen achten.
Lebensraum: Waldgebiete mit Felsformationen und offenen Flächen. Brutplätze entdeckt man am Ruf während der Balz (I.—IV.), doch kommen nicht alle rufenden Vögel zum Brüten. Außerhalb der Brutzeit kann man den Uhu feststellen, wenn er vom Warngeschrei anderer Vögel verraten wird.
Lebensweise: Standvogel, streicht außerhalb der Brutzeit um den Nistplatz herum, nistet in Felsnischen, seltener am Boden oder in alten Nestern auf Bäumen. Die 1—4 weißen Eier (60,2×49,4 mm) werden in den Monaten II.—IV. gelegt. Der Uhu nistet einzeln, das ♀ brütet 35 Tage. Beide Altvögel pflegen die Jungen erst 55 Tage im Nest, danach noch 100 Tage außerhalb.
Nahrung: Kleine bis mittelgroße Wirbeltiere bis zu Hasengröße, die nachts im Niedrigflug geschlagen werden.
Gefährdungsgrad: Mit seinen in Westeuropa sehr geringen Beständen ist der Uhu eine „stark gefährdete" Art.

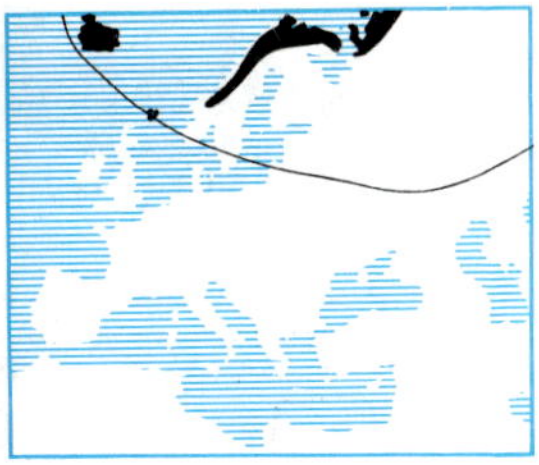

1

Schnee-Eule

Nyctea scandiaca
Eulen
Strigidae

Merkmale: Aussehen — Größe — Verhalten
Eine stattliche Eule (60 cm) von Uhugröße mit großem, rundem Kopf, breiten, gerundeten Flügeln, kurzem Schwanz und gelber Iris. Das ad. ♂ ist reinweiß mit einer schütteren schwarzbraunen Fleckung auf der Oberseite; das ♀ (**1**) ist weiß und hat auf dem größten Teil des Körpers dichtere schwarzbraune Querbänder. Die juv. Vögel ähneln dem ♀, sind aber noch stärker getupft. ♂ < ♀. Ganztägig aktiv, die Eule fliegt gemächlich mit langsamen Flügelschlägen, im Angriff ist sie sehr gewandt. Oft sitzt sie an erhöhten Warten auf dem Boden. An den Brutplätzen ruft das ♂ ein lautes „krau au".
Ähnliche Arten: Unverkennbar. In Nordeuropa ähnelt ihr entfernt die Sperbereule (*Surnia ulula* — **2**) und der Bartkauz (*Strix nebulosa*).
Lebensraum: Tundra, außerhalb der Brutzeit auch offene Landschaften. Den Brutplatz erkennt man am dauernden Vorkommen und den Strichflügen der ansonsten scheuen Vögel. In der Ruhezeit läßt sich die Schnee-Eule an offenen Stellen sehen.
Lebensweise: Teilweise Zug- und Strichvogel, hält sich an den Brutplätzen von III.—IX. auf, lebt einzeln. Nistet am Boden. Die 3—9 weißen Eier (57,0×45,0 mm) werden in den Monaten V.—VI. gelegt. Die Art nistet einzeln 1mal jährlich, das ♀ brütet 32 Tage. Beide Altvögel füttern die Jungen erst 45 Tage lang im Nest, danach noch weitere 25 Tage.
Nahrung: Kleine und auch mittelgroße Wirbeltiere bis zu Kaninchengröße, vorwiegend Lemminge und Feldmäuse, die im niedrigen Flug erbeutet werden.
Gefährdungsgrad: Diese Art wird zu den „gefährdeten Wandervögeln" gerechnet.

2

1

Sperlingskauz

Glaucidium passerinum

Eulen

Strigidae

Merkmale: Stimme — Umgebung — Aussehen

Die kleinste europäische Eule (17 cm), etwa so groß wie ein Gimpel. Charakterisiert wird die Art durch den größeren, flachen Kopf, die kurzen, runden Flügel und den kurzen Schwanz. Der ad. Sperlingskauz (**1**) ist dunkelbraun mit einer feinen hellen Sprenkelung; ♂ = ♀. Der juv. Vogel ist dunkler und matter, Körperoberseite, Flügeldecken und braune Brustseiten sind ungefleckt. Der Kauz ist vorwiegend nachtaktiv, manchmal auch am Tag. Schneller Flieger, Phasen mit schnellem Flügelschlag werden von Gleitflügen mit angezogenen Flügeln abgelöst. Sitzt in Höhlen und auf Bäumen verborgen, zuckt bei Erregung mit dem Schwanz. An den Brutplätzen pfeift das ♂ fein monoton „tjü, tjü", das ♀ ähnlich, aber höher, auch eine kurze ansteigende Tonreihe ist zu hören.

Ähnliche Arten: Der Ruf erinnert an den Gimpel. Rauhfußkauz und Steinkauz sind größer und haben eine andere Stimme. In Südeuropa ähnelt dem Sperlingskauz die Zwergohreule (*Otus scops* — **2**), sie lebt aber in einer anderen Umgebung.

Lebensraum: Große Wälder mit alten Nadelholzbeständen, oft auf der Bergwaldstufe. An den Brutplätzen von II.—IV., manchmal auch von IX.—XI., erkennt man den Vogel an der Stimme, am ehesten abends und morgens. Der Ruf läßt sich nachahmen oder durch eine Bandaufnahme hervorrufen.

Lebensweise: Standvogel, der in der Ruhezeit nicht weit vom Brutplatz umherstreicht. Einzelgänger. Sperlingskäuze nisten in Baumhöhlen, meist in Spechthöhlen. Ihre 3—7 weißen Eier (28,5×23,2 mm) werden in den Monaten IV.—V. gelegt. Dieser Kauz nistet einzeln 1mal jährlich, das ♀ brütet 29 Tage. Beide Altvögel füttern ihre Jungen 30 Tage am Nest, außerhalb weitere 25 Tage.

Nahrung: Kleine Vögel und Säuger, die in den Baumkronen und am Boden erbeutet werden.

Gefährdungsgrad: Der Sperlingskauz ist in der Bundesrepublik Deutschland eine „gefährdete" Art.

2

1

Steinkauz
Athene noctua
Eulen
Strigidae

Merkmale: Stimme — Aussehen — Verhalten
Eine kleine Eule (22 cm), etwa amselgroß mit einem großen, ziemlich flachen Kopf, kurzen, runden Flügeln und einem kurzen Schwanz. Der ad. Steinkauz (**1**) ist graubraun mit kleinen weißen Flecken; ♂ = ♀. Der juv. Kauz ist blasser mit ausdrucksloserer Fleckzeichnung, Scheitel ungefleckt. Der Vogel ist nachtaktiv, gelegentlich auch am Tage. Sitzt auf Bäumen, Gebäuden, auch am Boden, knickst bei Erregung. Fliegt schnell, indem er immer ein paar rasche Flügelschläge mit einem kurzen Gleitflug abwechselt. An den Brutplätzen ist sein lautes, klagendes „uu uu" zu hören, bei Erregung der Ruf „kif kef" o.ä.
Ähnliche Arten: Die Stimme ist unverkennbar. In Europa kann er in manchen Gegenden mit dem Rauhfußkauz verwechselt werden, der jedoch größer ist. Er hat einen runden Kopf, Augen und Schnabel bilden ein gleichseitiges Dreieck, dazu bewohnt er andere Biotope und hat eine andere Stimme.
Lebensraum: Parklandschaften mit Äkkern, Wiesen, Baumreihen, Gebäuden, auch menschliche Ansiedlungen in tieferen Lagen. An den Brutplätzen erkennt man ihn im zeitigen Frühjahr (II.—VI.) an seinem Ruf.
Lebensweise: Standvogel, Einzelgänger. Höhlenbrüter in Bäumen, stellenweise auch in unterirdischen Bauen. Die 4—6 weißen Eier (34,9×29,3 mm) werden in den Monaten III.—V. gelegt. Der Steinkauz nistet einzeln 1mal jährlich, das ♀ brütet 27 Tage. Beide Altvögel betreiben Brutpflege, füttern die Jungen 35 Tage im Nest, anschließend weitere 30 Tage.
Nahrung: Größere Insekten, kleine Vögel und Säuger, die im niedrigen Flug und am Boden erbeutet werden.
Gefährdungsgrad: Durch den erheblichen Rückgang der Bestände zählt der Steinkauz zu den „stark gefährdeten" Arten.

1

Waldkauz
Strix aluco
Eulen
Strigidae

Merkmale: Stimme — Aussehen — Lebensraum
Eine mittelgroße Eule (**1**) (38 cm, Spannweite 100 cm) mit einem charakteristischen großen runden Kopf. Der ad. Waldkauz ist grau oder rostbraun mit braunschwarzer Fleckzeichnung (**2** — Brustfeder, **4** — Schwanzfeder). ♂ = ♀ = juv. Er ist nachtaktiv, sitzt tagsüber versteckt in einer Baumhöhle oder im Geäst, aber auch in Schornsteinen von Waldhütten usw. Der Vogel fliegt langsam, aber sehr gewandt, vor allem wenn er seine Beute attackiert. An den Brutplätzen ertönt sein lauter, oft melancholischer Ruf „huu huu hu" (♂) oder ein kreischendes „ku-wit" (♀), die Jungen außerhalb des Nestes pfeifen kläglich.
Ähnliche Arten: Habichtskauz (*S. uralensis*), etwas größer und weniger gefleckt, was vor allem an den Brust- (**3**) und Schwanzfedern (**5**) deutlich wird; Bartkauz (*S. nebulosa*) mit kräftiger dunkler Zeichnung auf dem großen Kopf (**6**).
Lebensraum: Wälder, Parks, auch alte Gärten. An den Brutplätzen entdeckt man den Waldkauz an seinem Ruf (XII.—IV.), der mit der Dämmerung einsetzt und manchmal auch tagsüber zu hören ist, von V.—VI. an den Stimmen der Jungvögel. In der Ruhezeit kann man sich ziemlich häufig am Haßgeschrei der Kleinvögel orientieren. An Stellen, über denen Waldkäuze regelmäßig sitzen, liegen recht große graue Gewölle verstreut.
Lebensweise: Standvogel, der in der Ruhezeit höchstens in der Nähe seines Brutplatzes herumstreicht. Die Paare bleiben ganzjährig zusammen. Waldkäuze nisten in Baumhöhlen oder anderen geeigneten Hohlräumen im Wald. Die 3—5 weißen Eier (47,4×39,1 mm) werden in den Monaten II.—V. gelegt. Der Waldkauz nistet 1mal jährlich, das ♀ brütet 29 Tage lang. Beide Altvögel betreiben Brutpflege, 35 Tage am Nest, weitere 90 Tage außerhalb.
Nahrung: Kleinsäuger und -vögel, die im niedrigen Flug zwischen den Bäumen oder am Boden erbeutet werden.
Gefährdungsgrad: Der Waldkauz zählt zu den nicht gefährdeten Arten.

6

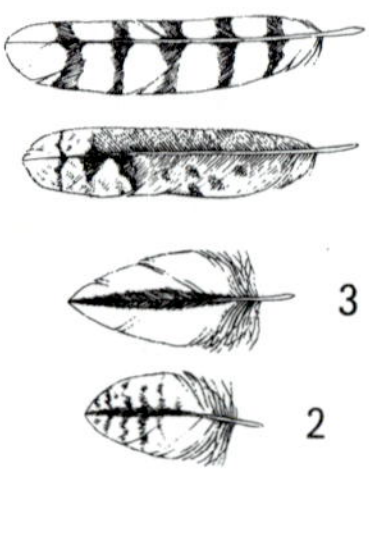

1

Waldohreule
Asio otus
Eulen
Strigidae

Merkmale: Stimme — Aussehen — Verhalten
Etwa so groß wie ein Waldkauz (36 cm), schlanker Körper, runder Kopf mit langen, befiederten Ohrbüscheln, abgerundete Flügel, kurzer Schwanz und orangefarbene Iris. Die ad. Waldohreule (**1**) ist gelbbraun und hat eine dunkle, längs verlaufende Fleckzeichnung; ♂ = ♀. Der juv. Vogel hat kleinere Ohrbüschel, eine grauere Färbung und einen dunkleren Schleier. Nachtaktiv. Niedriger, gewundener Flug mit langsamen Flügelschlägen und jähem Niedergehen zur Erde, um dort eine Beute zu schlagen. Tagsüber sitzt die Waldohreule auf einem Baum versteckt in aufgerichteter Haltung. An den Brutplätzen gibt sie ein tiefes, gedämpftes „ump" von sich, das sie lange regelmäßig alle 3 Sekunden wiederholt; die Jungen piepsen.
Ähnliche Arten: In ganz Europa lebt die ähnliche Sumpfohreule, doch ist sie heller, hat ganz kleine Ohrbüschel (**2**) und hält sich am Boden in Feldern, feuchten Wiesen und Sumpfgebieten auf. In Südspanien kommt sporadisch die Kapohreule (*A. capensis*) vor.
Lebensraum: Wälder mit Lichtungen, Feldgehölze, Parks, Friedhöfe usw. von der Tiefebene bis an die obere Waldgrenze. An den Brutplätzen stellt man diese Eule an ihren Rufen fest (III.—VI.), bei der Balz klatscht das ♂ zudem mit den Flügeln. An den winterlichen Versammlungsplätzen kann man sie bei ihrem allabendlichen Auffliegen beobachten und Gewölle unter den Bäumen suchen.
Lebensweise: Teilweise Zugvogel, verbringt den Winter in großen Gruppen. Nistet in alten Krähen- und Greifvogelhorsten. Die 3—6 weißen Eier (40,0×32,4 mm) werden in den Monaten II.—VI. gelegt. Die Art nistet einzeln 1(—2)mal jährlich, das ♀ brütet 27 Tage. Beide Altvögel füttern die Jungen 30 Tage im Nest, außerhalb des Nestes weitere 60 Tage.
Nahrung: Kleinsäuger, die im Flug dicht über dem Boden geschlagen werden.
Gefährdungsgrad: Diese Art gilt nicht als gefährdet.

2

1

Sumpfohreule

Asio flammeus
Eulen
Strigidae

Merkmale: Aussehen — Verhalten — Stimme
Entspricht in der Größe einer Waldohreule (38 cm). Schlanker Körper und ein kleinerer runder Kopf mit kleinen Ohrbüscheln. Der ad. Vogel (**1**) ist hellgelbbraun mit einer dunklen, braunen, längsverlaufenden Fleckung, die Unterseite ist fast weiß. ♂ = ♀ = juv. Aktiv in der Dämmerung, aber auch bei Tag. Sitzt im dichten, niedrigen Bewuchs am Boden, fliegt niedrig, ihr Flug ist leicht mit langsamem Flügelschlag und jähen Richtungsänderungen; in der Balz gelegentlich Flügelklatschen. Läßt ein hohes bellendes „kef kef" hören, vor allem am Brutplatz; in der Balz und im Flug ruft sie dumpf „bububu", die aufgezogenen Jungen „kschija".

Ähnliche Arten: Die Waldohreule, die aber dunkler ist, längere Ohrbüschel und eine andere Stimme hat. Sie bewohnt außerdem ein anderes Biotop. In Südspanien könnte die Art mit der sehr ähnlichen Kapohreule (*A. capensis*) verwechselt werden.

Lebensraum: Tundra, nasse Wiesen, Felder, insbesondere mit Luzerne oder Kartoffeln. Brutplätze erkennt man am dauernden Vorkommen der Vögel und an der Balz mit ihren charakteristischen Flügen und Rufen. In der Ruhezeit kann man sie vor allem bei einer zufälligen Störung beobachten.

Lebensweise: Zugvogel, kommt außerhalb der Brutzeit normalerweise in Gruppen vor, hält sich von III.—X. an den Brutplätzen auf. Diese Eule nistet am Boden in der dichten, niedrigen Krautvegetation, einzeln oder in Gruppen, manchmal sogar invasionsartig. Die 4—9 weißen Eier (40,0×31,3 mm) werden in den Monaten III.—VI. gelegt, bei Überhandnahme ihrer Nahrung brütet diese Eule ausnahmsweise auch im Herbst (X.—XI.). Sie nistet 1mal jährlich, das ♀ brütet 26 Tage. Brutpflege betreibt nur das ♀ 26 Tage lang, nach dem 12. Tage verlassen die Jungen das Nest und halten sich in der Umgebung auf; dort bleiben sie noch einige Wochen und werden vom ♀ gefüttert.

Nahrung: Kleinsäuger, die im niedrigen Flug auf dem Boden erbeutet werden.

Gefährdungsgrad: Die Sumpfohreule ist bei uns eine „stark gefährdete" Art.

1

Rauhfußkauz
Aegolius funereus
Eulen
Strigidae

Merkmale: Stimme — Lebensraum — Aussehen
Eine Eule (25 cm) mit großem rundem Kopf und geradem Scheitel, die gelben Augen bilden mit dem Schnabel ein gleichseitiges Dreieck. Die Flügel sind breit und abgerundet, der Schwanz nicht besonders lang, die Läufe sind befiedert. Der ad. Rauhfußkauz (**1**) ist auf der Oberseite dunkelbraun mit einer kräftigen hellen Fleckzeichnung, auf der Unterseite weißlich mit braunen Flecken; ♂ = ♀. Der juv. Vogel ist oben dunkelbraun, Scheitel und Rücken sind ungefleckt. Nachtaktiv. Sitzt verborgen in Höhlen und Baumkronen, fliegt in einem Wechsel von Flügelschlägen und Gleitflug und greift eine Beute sehr gewandt an. An den Brutplätzen ist sein rascher, steigender, wiedehopfähnlicher Ruf „pu pu pu" zu hören, gelegentlich ruft der Rauhfußkauz auch außerhalb der Brutzeit so.
Ähnliche Arten: Der ziemlich ähnliche Steinkauz hat einen flacheren Kopf, eine andere Stimme und lebt in einem anderen Lebensraum. Der Sperlingskauz lebt zwar an den gleichen Stellen, ist aber kleiner und hat eine andere Stimme.
Lebensraum: Größere Waldgebiete, besonders Nadelwälder mit alten Beständen, größtenteils in höheren Lagen. Von II.—V. stellt man ihn an den Brutplätzen an seinem Ruf fest, der die ganze Nacht hindurch zu hören ist. Diesen Ruf kann man z.B. mit einer Bandaufnahme hervorrufen. Zum Brüten kann man ihn durch geeignete Nistkästen anregen.
Lebensweise: Standvogel, streicht gelegentlich in der Ruhezeit in größere Entfernungen vom Brutplatz. Einzelgänger. Rauhfußkäuze nisten in Baumhöhlen, die von Schwarzspechten gemeißelt wurden. Die 4—7 weißen Eier (32,5×26,5 mm) werden in den Monaten III.—V. gelegt. Dieser Kauz nistet einzeln 1(—2?)mal jährlich, das ♀ brütet 29 Tage. Brutpflege betreibt nur das ♀ 32 Tage am Nest, außerhalb weitere 35 Tage.
Nahrung: Kleine Vögel und Säuger, die auf dem Flug durchs Geäst sowie dicht über dem Boden erbeutet werden.
Gefährdungsgrad: Diese Art wird als „potentiell gefährdet" eingestuft.

1
2
3
4
5

Singvögel

Die Singvögel, eine Unterordnung der Sperlingsvögel (*Passeriformes*) sind die artenreichste Vogelgruppe. Ihr gemeinsames Merkmal ist das eigenartige, als Syrinx bezeichnete Stimmorgan, das ihnen erlaubt, eine ganze, bei manchen Arten sehr reiche Skala von Stimmäußerungen hervorzubringen. Der Gesang ist für die überwiegende Mehrzahl der Arten charakteristisch, er wird vom Menschen meist als wohlklingend empfunden und erlaubt in der Regel eine Unterscheidung der Arten. Eine weitere gemeinsame Eigenschaft der Singvögel ist die normalerweise geringe Körpergröße. Der größte europäische Singvogel ist der Kolkrabe, die Goldhähnchen sind die kleinsten europäischen Vögel überhaupt. Singvögel haben durchweg kurze Läufe und einen kürzeren Schnabel, ansonsten sind sie in Aussehen und vor allem Färbung sehr unterschiedlich.

Unter den Singvögeln gibt es eine große Zahl im Aussehen weitgehend ähnlicher Arten, z.B. die Laub- und Rohrsänger. Hier sind sogar Arten anzutreffen, die sich nach dem Erscheinungsbild kaum oder überhaupt nicht unterscheiden lassen (das sind sog. Zwillingsarten wie etwa Sumpfrohrsänger und Teichrohrsänger oder Waldbaumläufer und Gartenbaumläufer). Meist lassen sich diese ähnlichen Arten an der Stimme, vor allem an ihrem Gesang, auseinanderhalten.

Der Haussperling (**2**) mit seinem kurzen Schwanz und dem kegelförmigen Schnabel charakterisiert die samenfressenden Formen. Die Bachstelze (**5**) hat schlanke Läufe, einen langen Schwanz und als insektenfressender Vogel einen längeren, schwachen Schnabel. Der Kleiber (**4**) mit seinem geraden, kräftigen Schnabel und dem kurzen Schwanz ist dem Klettern auf der Baumrinde angepaßt. Die Amsel (**3**) vertritt die mittelgroßen Singvögel ohne ausgeprägte physische Adaptationen, befähigt, die verschiedenen Nahrungsnischen auszunutzen. Ein ähnlicher Universaltypus ist die Saatkrähe (**1**).

1

Haubenlerche
Galerida cristata
Lerchen
Alaudidae

Merkmale: Aussehen – Stimme – Verhalten
Größer als ein Sperling (16 cm), gedrungener Körper, spitze, aufrichtbare Haube auf dem Kopf, breite Flügel, ein kürzerer, schwach ausgeschnittener Schwanz. Der ad. Vogel (**1**) ist graubraun mit einer unauffälligen dunklen Flekkung; ♂ = ♀. Juv. Vögel haben eine heller gefleckte Körperoberseite und eine kürzere Haube. Der Vogel läuft auf dem Boden mit kurzen Schritten umher, fliegt gemächlich mit langsamen Flügelschlägen, im Frühjahr in weiten Kreisen über dem Brutplatz. Läßt häufig ein weiches Locken hören, „djuji diididie" usw. Der Gesang ähnelt dem der Feldlerche, ist aber schlichter, kürzer, mit weichen, klagenden Tönen, ahmt auch die Stimmen anderer Vögel nach.
Ähnliche Arten: In Südspanien lebt als Zwillingsart die Theklalerche (*G. theklae*), die sich praktisch von der Haubenlerche nicht unterscheiden läßt.
Lebensraum: Offene Flächen mit niedrigem Grasbestand in Tiefebenen und Hügelland, oft in Ansiedlungen. Die Haubenlerche kann man der Stimme folgend suchen und ohne Schwierigkeiten an allen möglichen Orten beobachten. Brutplätze erkennt man am steten Vorkommen und am Verhalten der Vögel.

Lebensweise: Fast überall Standvogel, lebt außerhalb der Brutzeit in kleinen Grüppchen oder paarweise. Das Nest befindet sich am Boden, meist an einem Grashorst. Die 3–5 gelblichen, dunkel gesprenkelten Eier (22,5×16,7 mm) werden in den Monaten III.–VII. gelegt. Die Art nistet einzeln 1–2mal jährlich, das ♀ brütet 13 Tage. Beide Altvögel betreiben Brutpflege, 9 Tage im Nest, 10 Tage außerhalb des Nests.
Nahrung: Pflanzensamen und kleine Wirbellose, die sie am Boden aufpicken.
Gefährdungsgrad: Ziemlich zahlreich und nicht gefährdet.

1

Heidelerche

Lullula arborea

Lerchen

Alaudidae

Merkmale: Stimme — Verhalten — Aussehen
Erreicht Sperlingsgröße (15 cm). Der Kopf trägt eine schwach angedeutete Haube, die Flügel sind breit und dreieckig. Der ad. Vogel (**1**) ist braun mit einer dunklen Fleckung, die hellen Überaugenstreifen kommen im Nacken zusammen, dem Schwanz fehlen die weißen Ränder; ♂ = ♀. Die juv. Lerche hat beige gesäumte Federn auf der Körperoberseite. Der Vogel läuft am Boden umher, sitzt auf Baumästen, fliegt mit gemächlichem Flügelschlag oft in weiten Bogen, umkreist im „fledermausartigen" Singflug den Brutplatz. Er singt häufig, der Gesang ist ein flötendes „lülülüdadüldadül", sehr lange, laut und melodisch, besonders eindrucksvoll bei Nacht. Der Lockruf im Flug klingt wie „didlui".

Ähnliche Arten: Der Gesang ist unverwechselbar (zu beachten ist aber das nächtliche Lied der Nachtigall), die ähnliche Feldlerche ist größer, hat einen längeren, weiß gerandeten Schwanz, singt anders und lebt in einem anderen Lebensraum.

Lebensraum: Lichte Wälder und deren Ränder, Lichtungen, vor allem auf Sandböden von der Tiefebene bis an die obere Waldgrenze. Außerhalb der Brutzeit auch Wiesen und Felder. An den Brutplätzen erkennt man die Art an Gesang und Verhalten der Vögel.

Lebensweise: Teilweise Zugvogel, bleibt außerhalb der Brutzeit in kleinen Schwärmen zusammen, manchmal in Gesellschaft der Feldlerche. Ist an den Brutplätzen von III.—X. anzutreffen. Das Nest sitzt am Boden an einem Grashorst, unter einem Strauch usw. Die 4—5 weißrosa Eier mit den dunklen Flecken (21,2×15,7 mm) werden in den Monaten III.—VII. gelegt. Die Art nistet einzeln 1—2(3?)mal jährlich, das ♀ brütet 14 Tage. Beide Eltern pflegen die Brut, 12 Tage im Nest, einige Tage noch danach.

Nahrung: Insekten, Samen und kleine Pflanzenteile werden am Boden gesammelt und erbeutet.

Gefährdungsgrad: Diese Art ist bei uns „stark gefährdet".

1

Feldlerche

Alauda arvensis

Lerchen

Alaudidae

Merkmale: Stimme — Verhalten — Aussehen

Größer als ein Sperling (18 cm). Im Nacken sitzt eine ganz kleine Haube, die Flügel sind breit und spitz, der Schwanz kurz. Die ad. Feldlerche (**1**) ist braun, heller gefleckt, ihr Schwanz hat weiße Ränder; ♂ = ♀ = juv. Der Vogel läuft am Boden umher, fliegt langsam, beschreibt Bögen, geht flatternd nieder und steigt auch so zum Singflug auf; kreist, um dann flatternd oder auch im Sturzflug niederzugehen. Im Frühjahr jagen sich die Paare oft dicht über dem Boden. Der Lerchengesang ist als wohltönendes Trillern bekannt, beim Flug (auf dem Zug sogar nachts) lockt sie „trruit" usw.

Ähnliche Arten: Die Stimme ist unverkennbar. Die Feldlerche ähnelt der Heidelerche, die jedoch kleiner ist, keine weißen Schwanzränder und eine andere Stimme hat. Die ähnlich gefärbten Pieper sind schlank, haben einen längeren Schwanz, Stimme und Flug sind anders.

Lebensraum: Offene Landschaften mit Feldern, Wiesen usw., von der Tiefebene bis in die Subalpinstufe. Ist an den Brutplätzen leicht am Gesang (II.—VI.) und Verhalten zu erkennen. Außerhalb der Brutzeit beobachtet man die Vögel am Boden oder im Flug oder man belauscht ihren Lockruf.

Lebensweise: Vorwiegend Zugvogel, tritt außerhalb der Brutzeit meist in kleinen Schwärmen auf, an den Brutplätzen von II.—X. zu finden. Das Nest sitzt am Boden. Die 3—5 bräunlichen, dunkel gefleckten Eier (22,8×16,9 mm) werden in den Monaten III.—VIII. gelegt. Die Feldlerche nistet einzeln 1—2(3?)mal jährlich, das ♀ brütet 11 Tage. Beide Altvögel pflegen die Brut 11 Tage im Nest, außerhalb noch weitere 8 Tage.

Nahrung: Sämereien und wirbellose Kleintiere von der Bodenoberfläche.

Gefährdungsgrad: Zahlreiche Art.

1

Uferschwalbe
Riparia riparia
Schwalben
Hirundinidae

Merkmale: Aussehen — Verhalten — Stimme
Kleiner als ein Sperling (13 cm); runder Kopf mit kurzem Schnabel, kurzer Rumpf, schwach gegabelter Schwanz und schlanke, nicht besonders lange Flügel. Der ad. Vogel (**1**) hat eine braune Körperoberseite, Unterseite weiß mit einer braunen Rinde über die Brust; ♂ = ♀. Juv. Vögel haben weißlich gesäumte Federn auf der Oberseite. Der Vogel fliegt schnell und gewandt, geht nach raschen Flügelschlägen in einen leicht bogigen Gleitflug über. Bewegt sich meist dicht über dem Wasser. Seine Warte ist im Gebüsch oder auf Drähten am Wasser; er schläft zahlreich im Röhricht, oft in der Gesellschaft von Rauchschwalben. Im Flug ruft die Uferschwalbe oft ein feines „tscherrp", „tscherrip" usw., ihr Gesang ist schwach, zwitschernd wie der von Rauchschwalben.
Ähnliche Arten: In den Bergen Südeuropas lebt die ähnliche Felsenschwalbe (*Hirundo rupestris*). Auf größere Entfernung muß man auch die Mehlschwalbe in Betracht ziehen.
Lebensraum: Lebt in Tiefebenen und Hügellandschaften am Wasser, wo sich geeignete steile Uferwände auf Lehm oder Sand finden; außerhalb der Brutzeit auch an anderen größeren Gewässern. Am Wasser zu beobachten, bei den Brutplätzen in größerer Zahl.
Lebensweise: Zugvogel; bleibt außerhalb der Brutzeit in losen Gruppen zusammen, findet sich von IV.—X. an den Brutplätzen ein. Nistet in röhrenartigen Höhlen, die die Vögel selbst in die Lehm- oder Sandwände scharren (**2**); im Nest befindet sich immer Federmaterial. Die 4—6 weißen Eier (17,7×12,6 mm) werden in den Monaten V.—VII. gelegt. Die Uferschwalbe nistet kolonienweise 1—2mal jährlich und brütet 15 Tage lang. Beide Altvögel pflegen die Jungen, die nach 19 Tagen flügge werden.
Nahrung: Im Flug erbeutete Insekten.
Gefährdungsgrad: Die Uferschwalbe ist bei uns „gefährdet".

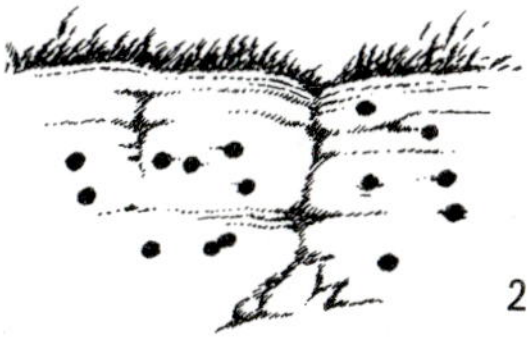

2

1

Rauchschwalbe

Hirundo rustica

Schwalben

Hirundinidae

Merkmale: Aussehen — Stimme — Verhalten
Erreicht Sperlingsgröße (19 cm), ist aber schlanker, hat die typisch sichelartig zugespitzten Flügel und einen längeren, gegabelten Schwanz (**3**, **4**). Bei der ad. Rauchschwalbe (**1**) sind Stirn und Kinn rostbraun, die Oberseite ist blauschwarz, auf der Unterseite hat sie eine dunkle Binde unter dem Kinn, der Rest ist weiß oder rötlich; ♂ = ♀. Juv. Vögel sind matter, ihre äußeren Schwanzfedern sind kürzer. Die Art sitzt auf Leitungsdrähten, fliegt gelegentlich auf den Boden nieder. Gewandter Flieger, bewegt sich nicht allzu hoch, oft auch dicht über dem Boden, bei kühlem Wetter dicht über dem Wasser. Übernachtet scharenweise im Röhricht. Läßt oft einen Lockruf „tswit", ein warnendes „biwist" hören, ihr Gesang ist eine längere Mischung aus Zwitschern und Knarren, mit einem breiten „dzerrz" endend.

Ähnliche Arten: In Südeuropa stellenweise die Rötelschwalbe (*H. daurica*), über größere Entfernung könnte sie mit der Mehlschwalbe verwechselt werden, die aber einen kurzen Schwanz, eine weiße Körperunterseite und einen auffällig weißen Bürzel hat (**2, 5**).

Lebensraum: Offene Landschaften, vor allem Ackerland von der Tiefebene bis in die Montanstufe, oft in der Nähe von Wasser. Läßt sich durch Beobachtung und an der Stimme leicht feststellen.

Lebensweise: Zugvogel, an den Brutplätzen von IV.—X. anzutreffen. Die Nester werden unter der Decke im Gebäudeinneren gebaut, nur selten draußen. Sie werden aus Lehm zusammengeklebt, haben Schüsselform mit einem freien Oberrand und eine Federpolsterung. Die 3—6 weißen Eier mit einer dichten dunklen Sprenkelung (19,4×13,7 mm) werden in den Monaten IV.—VIII. gelegt. Rauchschwalben nisten einzeln 1—2mal jährlich, das ♀ brütet 16 Tage. Beide Altvögel betreiben Brutpflege, die Jungen bleiben 22 Tage im Nest.

Nahrung: Kleine Insekten, im Flug geschnappt.

Gefährdungsgrad: Bei uns ist die Rauchschwalbe nicht gefährdet.

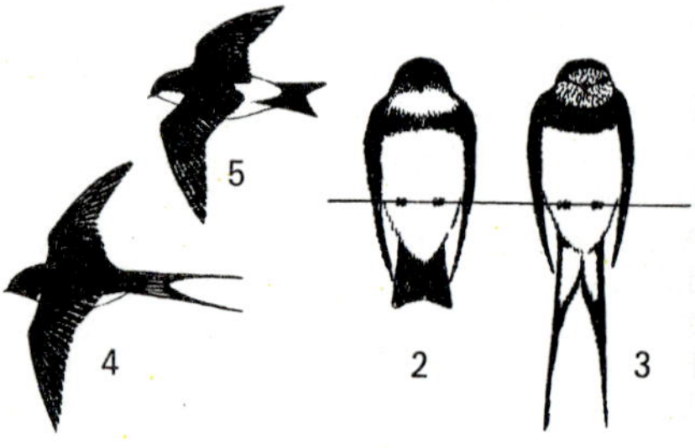

1

Mehlschwalbe

Delichon urbica

Schwalben

Hirundinidae

Merkmale: Aussehen — Stimme — Verhalten

Kleiner als die Rauchschwalbe (13 cm), hat auch kürzere und breitere Flügel und einen kurzen, nur wenig gegabelten Schwanz. Der ad. Vogel (**1**) ist auf der Oberseite blauschwarz mit einem auffälligen weißen Bürzel, auf der Unterseite einschließlich der kurz befiederten Beine reinweiß; ♂ = ♀. Der juv. Vogel hat auf der Kopfoberseite einen Braunschimmer. Die Art fliegt sehr gewandt, steigt oft flatternd schräg in die Höhe, um dann im Bogen segelnd herabzukommen. Sitzt zusammen mit anderen Schwalbenarten auf Leitungsdrähten, zeigt sich am Boden in der Regel nur an Pfützen, um Schlamm für den Nestbau zu sammeln. Läßt sehr häufig seinen Lockruf „brit" hören, warnt „sijer sijer", der Gesang ist ein leises Zwitschern, weniger ausgeprägt als bei der Rauchschwalbe.

Ähnliche Arten: Nach der Gestalt kommt die Uferschwalbe in Betracht, nach der Färbung die Rauchschwalbe, in Südeuropa die Rötelschwalbe.

Lebensraum: Vorwiegend menschliche Ansiedlungen von der Tiefebene bis in die Montanstufe, fliegt auf Nahrungssuche beträchtliche Entfernungen. Durch Beobachtungen und an der Stimme leicht festzustellen.

Lebensweise: Zugvogel, bleibt außerhalb der Brutzeit in lockeren Gruppen zusammen, ist an den Brutplätzen von IV.—X. anzutreffen. Das Nest sitzt in der Regel an einer Gebäudeaußenseite unter einem Sims, in einer Fensternische u.ä., selten im Fels, oben ist nur ein Flugloch offen. Die 3—5 weißen Eier (18,3×13,1 mm) werden in den Monaten V.—VIII. gelegt. Mehlschwalben nisten oft kolonienweise 1—2mal jährlich und brüten 15 Tage. Die Jungen werden von beiden Altvögeln gefüttert, flügge werden sie mit 26 Tagen.

Nahrung: Im Flug erbeutete kleine Insekten.

Gefährdungsgrad: Die Mehlschwalbe ist nicht gefährdet.

1

Brachpieper
Anthus campestris
Stelzen
Motacillidae

Merkmale: Stimme — Aussehen — Verhalten
Sperlingsgroß (16 cm), schlank, hat einen längeren Schnabel und einen ziemlich langen Schwanz. Der ad. Vogel (**1**) ist graubraun, Flügel und Schwanz sind dunkler, der Schwanzrand ist weiß, die Körperunterseite fast weiß, die Brust rosa angehaucht ohne dunklere Flecken; ♂ = ♀. Der juv. Vogel ist auf der Brust dunkelbraun gefleckt. Der Brachpieper läuft behende auf dem Boden umher, reckt sich auf, wenn er stehenbleibt, erinnert an die Schafstelze. Fliegt nur selten und über kurze Entfernungen, singende Männchen fliegen in der Regel in Wellenbewegungen, Abwärtsphasen im Gleitflug. Sitzt auch auf Leitungsdrähten. Sein Lockruf „zirp" ist ziemlich oft zu hören, der Gesang ist ein wiederholtes „zirluizirlui".
Ähnliche Arten: Außerhalb der Brutzeit leben an ähnlichen Orten auch weitere Pieper, doch haben alle eine gefleckte Unterseite und eine andere Stimme. In der Größe unterscheidet sich der in Europa seltene asiatische Spornpieper (*A. novaeseelandiae*).
Lebensraum: Brachflächen mit kurzem, schütterem Grasbestand, vorwiegend auf sandigen und steinigen Böden, in tieferen Lagen, außerhalb der Brutzeit auch auf Feldern. Die Brutplätze fallen bei Beobachtung der Altvögel auf.
Lebensweise: Zugvogel, lebt außerhalb der Brutzeit einzeln. Hält sich von IV.—X. an den Brutplätzen auf. Das Nest sitzt am Boden im kurzen Gras. Die 4—5 blaßgrauen Eier mit braunen Sprenkeln (21,5×15,7 mm) werden in den Monaten IV.—VII. gelegt. Der Brachpieper nistet einzeln 1 (—2?)mal jährlich, das ♀ brütet 14 Tage. Brutpflege betreiben beide Altvögel, die Jungen sind mit 14 Tagen flügge.
Nahrung: Bodenbewohnende Wirbellose, besonders Insekten.
Gefährdungsgrad: Der Brachpieper ist in der Bundesrepublik Deutschland „vom Aussterben bedroht".

1

Baumpieper
Anthus trivialis
Stelzen
Motacillidae

Merkmale: Stimme — Verhalten — Aussehen
Erreicht Sperlingsgröße (15 cm), der ad. Vogel (**1**) ist auf der Oberseite fleckig braun. Schwanzränder weiß; ♂ = ♀. Der juv. Vogel ist brauner und stärker gefleckt. Dieser Pieper sitzt auf Bäumen, oft im äußersten Wipfel, auch auf Leitungsdrähten; auf dem Boden oder auf starken Ästen bewegt er sich mit schnellen Schrittchen. Sein schneller Flug beschreibt eine Wellenlinie. Beim Singflug steigt das ♂ von einem Baumwipfel aus schräg in die Höhe und kommt dann mit halb geöffneten Flügeln und schräg aufgestelltem Schwanz wieder auf einen Ast oder eine andere erhöhte Warte herunter. Ist oft zu hören; der Lockruf ist ein feines, durchdringendes „psib", der Warnruf „sit sit". Der Gesang ist schallend, besteht aus verschiedenen Trillern und endet in einem abfallenden „zia zia zia".
Ähnliche Arten: Der Wiesenpieper hat eher einen Olivton, ist stärker gefleckt, hat einen scharfen Lockruf und bewohnt eine andere Umgebung. In den Bergen und an den Küsten Nordeuropas lebt der Wasserpieper, der jedoch stärker grau ist, eine fast fleckenlose Brust sowie eine andere Stimme hat.
Lebensraum: Lichte Wälder, Lichtungen, auch kleine Wäldchen bis zur oberen Waldgrenze, außerhalb der Brutzeit Felder usw. In der Brutzeit leicht am Gesang zu entdecken. Außerhalb der Brutzeit entdeckt man den Baumpieper an der Stimme oder nach versehentlichem Aufscheuchen.
Lebensweise: Zugvogel, der sich von IV.—IX. an den Brutplätzen aufhält. Das Nest sitzt am Boden versteckt (im Gras, unter niedrigem Gesträuch usw.). Die 4—6 weißlichen, dicht dunkel gefleckten Eier (20,4×15,4 mm) werden in den Monaten IV.—VIII. gelegt. Baumpieper nisten einzeln 1—2mal jährlich, das ♀ brütet 13 Tage lang. Brutpflege betreiben beide Altvögel, die Jungen werden mit 12 Tagen flügge.
Nahrung: Insekten und andere kleine Gliederfüßer, die am Boden gesammelt werden.
Gefährdungsgrad: Die Art ist bei uns nicht gefährdet.

1

Wiesenpieper
Anthus pratensis
Stelzen
Motacillidae

Merkmale: Stimme — Aussehen — Verhalten
Sperlingsgroß (15 cm), schlank, mit einem längeren Schwanz. Der ad. Vogel (**1**) ist olivbraun mit dunkler Fleckung, die Unterseite weißlich mit kräftigen Flecken auf Brust und Seiten, Bürzel fleckenlos (**3**); ♂ = ♀. Der juv. Vogel hat eine gelbliche Unterseite. Schreitet und läuft kopfnickend umher, sein Flug ist schnell und ruckhaft mit flachen Sinkphasen. Aufgescheucht läßt er fast immer seinen Lockruf hören und umkreist den Ort. Singt meist im Flug, wobei er schräg zu Boden gleitet und am Ende senkrecht niedergeht. Läßt sich oft hören, sein Lockruf ist ein scharfes „ist-ist", der Warnruf ein wiederholtes „ist-ist-ist". Der Gesang ist eine immer schneller werdende Folge von Pfiffen, die von einem Flötentriller beendet werden.
Ähnliche Arten: Der Baumpieper ist gelblicher, gibt einen weicheren Lockruf von sich und bewohnt eine andere Umgebung. Der Wasserpieper ist im Brutkleid (Gebirgsform) oben grau oder oliv, unten fast fleckenlos, sein Lockruf ist in der Regel einsilbig, das ♂ geht bei Beendigung des Singflugs schräg zu Boden. In Nordeuropa kommt der sehr ähnliche Rotkehlpieper (*A. cervinus*) vor, der eine andere Flügelformel (**4**) hat als der Wiesenpieper (**2**) und kräftiger gefleckt ist, sogar auf dem Bürzel (**5**).
Lebensraum: Feuchte Wiesen und sumpfige Stellen von der Tiefebene bis in die Subalpinstufe; außerhalb der Brutzeit Felder. Am Brutplatz findet man die Art durch ihren Gesang.
Lebensweise: Größtenteils Zugvogel, lebt in losen Scharen zusammen, hält sich von III.—X. an den Brutplätzen auf. Das Nest sitzt am Boden im dichten Gras verborgen. Die 4—5 bräunlichen, dicht dunkel gesprenkelten Eier (19,5×14,5 mm) werden in den Monaten IV.—VII. gelegt. Wiesenpieper nisten einzeln 1—2mal jährlich, das ♀ brütet 13 Tage. Beide Altvögel füttern die Jungen, die mit 14 Tagen flügge werden.
Nahrung: Vorwiegend wirbellose Tiere, die am Boden gesammelt werden.
Gefährdungsgrad: Diese Art ist nicht gefährdet.

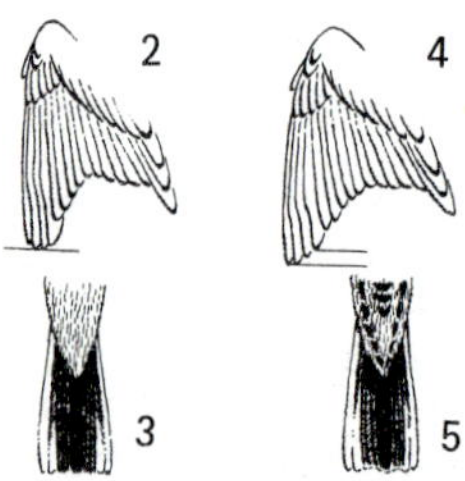

1

Wasserpieper

Anthus spinoletta

Stelzen

Motacillidae

Merkmale: Aussehen — Stimme — Verhalten

Erreicht Sperlingsgröße (16 cm). Die ad. Vögel der gebirgsbewohnenden Form (*A.s. spinoletta* — **1**) aus Mittel- und Südeuropa sind auf der Oberseite graubraun mit dunkler Fleckung, auf der Unterseite während der Brutzeit rötlich und fast fleckenlos, außerhalb der Brutzeit hellgraugelb, haben einen weißen Schwanzrand und schwarzbraune Beine. Die als Strandpieper bezeichnete Tiere der küstenbewohnenden Formen (*A.s. littoralis, petrosus, kleinschmidti*) aus Nordeuropa sind sehr dunkel oliv, ihre Unterseite ist dicht dunkel gefleckt, die Schwanzaußensäume sind grau. ♂ = ♀, juv. stärker gefleckt. Der Vogel schreitet und läuft am Boden umher, nickt mit dem Kopf, läßt sich auf erhöhten Felsbrocken oder Bäumchen nieder. Er fliegt schnell und in Wellenlinien. Das singende ♂ steigt von einer erhöhten Warte auf und fliegt schräg abwärts zur Erde nieder. Der Lockruf ist meist ein einsilbiges „djyp", der Gesang besteht aus einer Reihe immer schnellerer Pfiffe, die in einem Flötentriller enden.

Ähnliche Arten: Der Wiesenpieper hat eine unten kräftig gefleckte Olivfärbung, gelbliche Beine, sein Lockruf ist in der Regel mehrsilbig. Der Baumpieper hat eine Fleckzeichnung auf der Unterseite, gelbliche Beine, sein Lockruf ist weicher.

Lebensraum: Steinige Bergwiesen oberhalb der Waldgrenze (Gebirgsform) und Felsküsten (Strandpieper). Außerhalb der Brutzeit halten sich Vögel beider Formen an verschiedenen Gewässern auf. Läßt sich an den Brutplätzen und außerhalb der Brutzeit leicht an Stimme und Gesang feststellen.

Lebensweise: Größtenteils Zugvogel, kommt von III.—X. an den Brutplätzen vor. Das Nest befindet sich am Boden, normalerweise an einem Stein. Die 3—5 grauen Eier mit der dichten dunklen Sprenkelung (21,4×15,7 mm) werden in den Monaten IV.—VII. gelegt. Wasserpieper nisten einzeln 1—2mal jährlich, die ♀ brüten 14 Tage. Beide Altvögel betreiben Brutpflege, die Jungen sind mit 14 Tagen flügge.

Nahrung: Überwiegend kleine Insekten, am Boden gesammelt.

Gefährdungsgrad: Der Wasserpieper zählt zu den „potentiell gefährdeten" Arten.

Schafstelze
Motacilla flava
Stelzen
Motacillidae

Merkmale: Aussehen — Stimme — Verhalten
Sperlingsgroß (16 cm). Der ad. Vogel hat eine olivfarbene Körperoberseite, die Unterseite ist gelb; ♂ (**1**) ist in der Brutzeit leuchtend gelb, ♀ immer schmutziggelb. Der juv. Vogel geht ins Braune mit einer dunklen Fleckzeichnung auf dem Hals. Die Vielzahl der Unterarten in Europa unterscheidet sich vor allem durch die Färbung des Kopfs bei den ♂♂, während die ♀♀ und juv. Vögel nicht zu unterscheiden sind. Einen weißlichen Überaugenstreifen haben die ♂♂ folgender Unterarten: *M.f. flavissima* (**2**) aus Westeuropa und aus Großbritannien, gelber Kopf; *M.f. flava* (**3**) aus Mitteleuropa mit grauem Scheitel, dunkler Ohrgegend und gelbem Kinn; *M.f. iberiae* (**4**) von der Pyrenäenhalbinsel mit dunkelgrauem Scheitel, schwarzer Ohrgegend und weißem Kinn sowie *M.f. beema* (**6**) aus Rußland mit weißem Kinn, Scheitel und Ohrgegend sind hellgrau. Ohne hellen Überaugenstreifen sind die ♂♂ von *M.f. thunbergi* (**7**) aus Nordeuropa mit grauem Scheitel, schwarzer Ohrgegend und gelbem Kinn; die südeuropäische *M.f. cinereocapilla* (**5**) mit grauem Scheitel, schwarzer Ohrgegend und weißem Kinn und schließlich *M.f. feldegg* (**8**) aus Südosteuropa mit schwarzem Scheitel, schwarzer Ohrgegend und gelbem Kinn. Schreitet und läuft kopfnickend am Boden umher, sitzt oft auf hohen Halmen. Häufig ist sein Lockruf „ptüjip“ zu hören, der Gesang ist ein kurzes schlichtes „zip-zip-zipsi“.
Ähnliche Arten: Die in Osteuropa und Asien lebende Zitronenstelze (*M. citreola*) unterscheidet sich in der Flügelformel (Schafstelze — **9**, Zitronenstelze — **10**). Ähnlich ist auch die Gebirgstelze. Sie lebt aber in einer anderen Umgebung.
Lebensraum: Offene Flächen, insbesondere nasse Wiesen und Torfmoore überwiegend in Tiefebenen und Hügelland.
Lebensweise: Zugvogel, lebt außerhalb der Brutzeit in losen Scharen zusammen, hält sich von III.—IX. an den Brutplätzen auf. Das Nest befindet sich am Boden im Gras. Die 4—6 graugelben, dunkel gesprenkelten Eier (18,8×14,4 mm) werden in den Monaten IV.—VII. gelegt. Die Schafstelze nistet einzeln 1—2mal jährlich, das ♀ brütet 14 Tage. Die Jungen werden von beiden Altvögeln gefüttert und sind mit 11 Tagen flügge.
Nahrung: Wirbellose Kleinlebewesen, am Boden und im Gras gesammelt.
Gefährdungsgrad: Die Art ist bei uns nicht gefährdet.

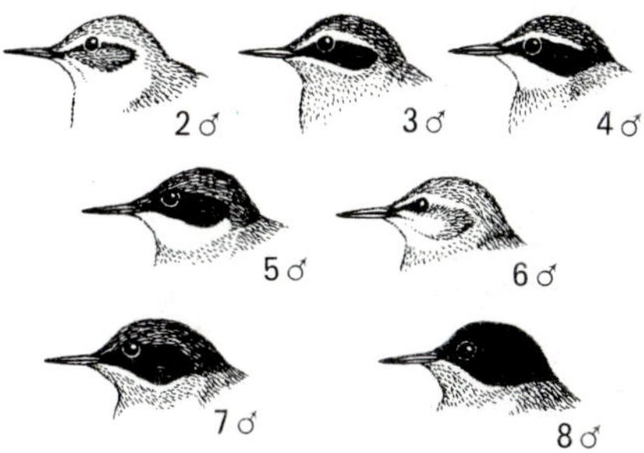

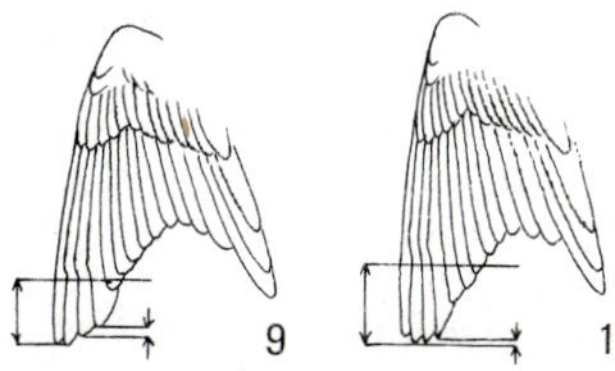

1

Gebirgstelze
Motacilla cinerea
Stelzen
Motacillidae

Merkmale: Stimme — Aussehen — Verhalten — Lebensraum
Größer als ein Sperling (18 cm), schlank mit einem auffallend langen Schwanz. Der ad. Vogel hat einen grauen Kopf und Rücken, einen dunklen Schwanz mit weißen Außensäumen, die Körperunterseite ist gelb. Im Brutkleid hat das ♂ ein schwarzes Kinn (**1**), das ♀ ein weißes. Im Ruhekleid ist ihre Färbung gleich, nur hat das ♂ eine intensiver gelbe Brust. Die juv. Vögeln ähneln den ad. im Ruhekleid, sind aber insgesamt heller, ins Bräunliche gehend, mit gefleckter Kehle. Der Vogel läuft und sitzt auf Ufern von fließenden Gewässern, vor allem auf Steinen, wippt auffällig mit dem Schwanz. Fliegt schnell in tiefen Bögen, in der Regel über dem Wasser, rüttelt zuweilen auf der Stelle. Lockt oft mit einem scharfen, einsilbigen „zis zis", warnt „zisit", der Gesang ist ein Zwitschern mit Flötentönen.

Ähnliche Arten: Die sehr ähnliche Schafstelze hat nie ein schwarzes Kinn, sie hat einen weicheren Lockruf und bewohnt eine andere Umgebung. Die Gebirgstelze kann auch mit der Zitronenstelze (*M. citreola*), einem sehr seltenen Irrgast aus Asien, verwechselt werden.

Lebensraum: Ufer, vor allem an Wildwasser mit felsigem Ufer. Leicht an kleineren Wasserläufen zu beobachten und zu hören. Ist außerhalb der Brutzeit auch an den Rändern größerer Gewässer zu sehen.

Lebensweise: Teilweise Zugvogel, lebt einzeln, hält sich an den Brutplätzen von III.—X. auf. Das Nest sitzt in einer Halbhöhle im Fels, an vom Wasser ausgewaschenen Stellen unter Brücken, an Ufern usw. und ist beträchtlich groß (bis 18 cm im Durchmesser). Die 4—6 sahnefarbigen, rotbraun gesprenkelten Eier (18,7×14,3 mm) werden in den Monaten IV.—VII. gelegt. Die Gebirgstelze nistet einzeln 1—2mal jährlich und brütet 12 Tage lang. Beide Altvögel füttern die Jungen 14 Tage im Nest, außerhalb noch weitere 10 Tage.

Nahrung: Wasserinsekten und deren Larven, am Ufer gesammelt.

Gefährdungsgrad: Die Gebirgstelze zählt zu den nicht gefährdeten Arten.

1

Bachstelze
Motacilla alba
Stelzen
Motacillidae

Merkmale: Aussehen — Stimme — Verhalten
Von der Größe einer Gebirgstelze (18 cm), schlank, mit einem sehr langen Schwanz. Die ad. Bachstelze ist schwarz, grau und weiß. Im Brutkleid sind beim ♂ (**1**) Kinn, Kehle und Brust schwarz, das ♀ hat schwarze Farbe auf dem Kopf und eine mit Grau durchsetzte weiße Stirn. Im Ruhekleid hat das ♂ nur einen schwarzen Bruststreifen, Kinn und Kehle sind weiß, das ♀ behält die Färbung des Brutkleides. Die Vögel der Unterart *M.a. yarrellii* (**2**) von den britischen Inseln haben im Brutkleid eine weiße Brust mit einem graugelblichen Ton. Die Bachstelze schreitet und läuft am Boden umher, wippt dabei mit dem Schwanz. Sie fliegt schnell in Wellenlinien, rüttelt gelegentlich auf der Stelle. Die gemeinsamen Nachtplätze liegen im Röhricht, auf Bäumen und auch in Gebäuden. Ruft oft ein laut durchdringendes „zivlis", der Warnruf ist „zisis". Ihr schwacher, zwitschernder Gesang ist nur selten zu hören.
Ähnliche Arten: Unverkennbar.
Lebensraum: Offene Landschaften, auch kleine Flächen mit bloßem Schlamm- und Sandboden, flache Ufer usw. von der Tiefebene bis an die obere Waldgrenze. Sie ist leicht zu beobachten und zu belauschen.

Lebensweise: Teilweise Zugvogel, ist von III.—X. an den Brutplätzen. Das Nest sitzt nicht hoch in Halbhöhlen, meist in einer Fels- oder Gebäudenische. Die 4—6 graublauen, dicht dunkel gesprenkelten Eier (20,0×15,1 mm) werden in den Monaten IV.—VII. gelegt. Die Bachstelze nistet einzeln 1—3mal jährlich und brütet 13 Tage. Beide Altvögel füttern die Jungen 14 Tage im Nest.
Nahrung: Am Boden gesammelte oder im Tiefflug geschnappte Wirbellose, besonders Insekten.
Gefährdungsgrad: Zahlreiche Art.

2

1

Seidenschwanz

Bombycilla garrulus

Seidenschwänze

Bombycillidae

Merkmale: Stimme — Aussehen — Verhalten
Größer als ein Sperling (18 cm), gedrungener Körper, im Nacken zusammengelegte Haube, kurzer Schwanz. Der ad. Vogel ist graubraun, in den Flügeln und am Schwanzende sitzen auffällige Farbflecken — rote, gelbe, weiße; das ♀ hat am Kinn einen kleineren dunklen Fleck als das ♂ (**1**), der nach unten nicht von einer scharfen Linie begrenzt ist. Juv. = ad. Seidenschwänze sitzen fast reglos auf Bäumen, flattern gelegentlich um die äußere Äste, fliegen ans Wasser. Im Flug ähneln sie den Staren, haben dreieckige Flügel und bewegen sich in dicht geschlossenen Schwärmen. Zu hören ist ein leises, häufiges „sirrr".

Ähnliche Arten: Unverkennbar; unterscheidet sich im Flug vom Star durch Färbung und Stimme.

Lebensraum: Nordlandtaiga, außerhalb der Brutzeit Wälder, Parklandschaften und Ansiedlungen. An den Brutplätzen entdeckt man den Seidenschwanz an der Stimme und durch Beobachtung des Vogelfluges. Außerhalb der Brutzeit ist er auf den Strichflügen oder beim Picken an Beeren, besonders Vogelbeeren und Mispeln, zu sehen.

Lebensweise: Zugvogel, der außerhalb der Brutzeit in großen Schwärmen zusammenbleibt und von IV.—IX. an den Brutplätzen ist. Das Nest ist ein mächtiger Bau in der Krone eines Nadelbaumes. Die 3—6 bläulichen, schwach dunkel gesprenkelten Eier (23,8×17,5 mm) werden in den Monaten V.—VI. gelegt. Der Seidenschwanz nistet einzeln 1mal jährlich, das ♀ brütet 14 Tage. Beide Altvögel füttern etwa 3 Wochen lang.

Nahrung: Im Sommer vorwiegend Insekten, ansonsten Beeren verschiedener Bäume und Sträucher.

Gefährdungsgrad: Die Bestände dieser Art sind nicht gefährdet.

1

Wasseramsel
Cinclus cinclus
Wasseramseln
Cinclidae

Merkmale: Lebensraum — Aussehen — Verhalten — Stimme
Größer als ein Sperling (18 cm) mit gedrungenem Körper, kurzem Hals und Schwanz. Bei ad. Wasseramseln ist die Oberseite schwarzbraun, Kinn, Kehle und Brust sind weiß, der Bauch schwarzbraun (bei der nordeuropäischen ssp. *C.c. cinclus*) oder rotbraun (ssp. *C.c. aquaticus* — **1**, vorwiegend aus Mittel- und Südeuropa); ♀ = ♂. Juv. Vögel sind grau und haben auf der Oberseite dunkelgraue Federsäume. Die Wasseramsel sitzt schwanzwippend auf Steinen im oder am Wasser, schwimmt und taucht vorzüglich, fliegt meist dicht über dem Wasser. Sie ist oft mit einem scharfen „sit sit" zu hören, der Gesang ist kurz und flötend, das ♂ singt auch im Winter.
Ähnliche Arten: Unverkennbare Art.
Lebensraum: Wildwasser mit Steingrund, außerhalb der Brutzeit auch andere Wasserläufe. Den Vogel sucht man auf Streifzügen um schnellfließende Gewässer, wobei man weit voraus liegende große Steine im Wasser betrachtet, seine Anwesenheit wird von den verkoteten Spitzen solcher Steine verraten. Aufgescheucht schießt die Wasseramsel über dem Wasser geradeaus dahin, von ihrer Reviergrenze kehrt sie in hohem Flug zurück und ruft meist dabei.

Lebensweise: Standvogel, Einzelgänger, zieht sich im Winter teilweise an nicht zufrierende Gewässer zurück. Das Nest ist ein großer kugelförmiger Bau mit vorderem Einschlupf, außen Moos, innen Laub; es liegt dicht über dem Wasser in einer Halbhöhle im Gestein, unter Brükken, zwischen Wurzelwerk usw. Die 4—6 weißen Eier (25,6×18,6 mm) werden in den Monaten III.—IV. gelegt. Die Wasseramsel nistet einzeln 1—2mal jährlich, das ♀ brütet 17 Tage. Beide Altvögel füttern die Jungen 24 Tage im Nest. Ab dem 14. Tag hüpfen diese bei Störungen hinaus, mit 42 Tagen sind sie selbständig.
Nahrung: Kleine Wassertiere, die am Grund, aber auch auf den Steinen über der Oberfläche gesammelt werden.
Gefährdungsgrad: Die Wasseramsel gilt laut Roter Liste als „gefährdet".

1

Zaunkönig

Troglodytes troglodytes

Zaunkönige

Troglodytidae

Merkmale: Stimme — Größe — Aussehen — Verhalten
Ein sehr kleiner Vogel (10 cm), beträchtlich kleiner als ein Sperling, mit rundem Körper, Hals, Beine und Schwanz sind kurz. Der ad. Zaunkönig (**1**) ist braun mit einer dunklen Fleckzeichnung, seine Unterseite ist heller; ♂ = ♀. Juv. Vögel tragen auf der ganzen Unterseite eine querlaufende Wellenzeichnung. Er klettert ständig im dichten Gestrüpp und bodennahen Bewuchs umher, von wo aus er nur selten auffliegt. Sitzt mit dem typisch erhobenen Schwanz, duckt sich oft, legt sehr schnell und geradlinig fliegend nur ganz kurze Entfernungen zurück. Läßt sehr oft seinen auffällig lauten Lockruf „tek tek" hören und warnt mit einem scharfen „terr terr", sein Gesang ist eine rasche Folge von Flöten- und Schwirrtönen.
Ähnliche Arten: Unverkennbar. Der Gesang ähnelt dem des Waldbaumläufers, ist aber lauter und härter.
Lebensraum: Wälder von der Tiefebene bis zur oberen Waldgrenze, meist Bergnadelwälder. Außerhalb der Brutzeit auch Gärten, Siedlungen usw. Den Zaunkönig erkennt man an der Stimme, er ist ganzjährig zu hören.
Lebensweise: Größtenteils Stand- oder Strichvogel, nur die nördlichsten Populationen ziehen eine kurze Strecke weit nach Süden. Hält sich von III.—X. an den Brutplätzen auf, lebt einzeln. Das Nest ist ein kugeliger Bau mit vorn liegendem Schlupfloch aus Laub, Gras und Moos, das im dichten Wurzelgewirr von gestürzten Bäumen, an Steilwänden aus Erde, aber auch an Gebäuden oder Baumstämmen plaziert wird. Die 6—7 weißen, rotbraun gesprenkelten Eier (16,6×12,6 mm) werden in den Monaten IV.—VII. gelegt. Der Zaunkönig nistet einzeln 1—2mal jährlich, das ♀ brütet 16 Tage. Beide Altvögel betreiben Brutpflege und füttern 16 Tage im Nest, außerhalb noch einmal bis zu 18 Tagen.
Nahrung: Fast ausschließlich am Boden gesammelte kleine Insekten.
Gefährdungsgrad: Zahlreiche Art.

1

Heckenbraunelle

Prunella modularis

Braunellen

Prunellidae

Merkmale: Stimme — Verhalten — Aussehen
Erreicht Sperlingsgröße (15 cm), schlank, leicht gekerbter Schwanz. Der ad. Vogel (**1**) ist oben braun mit einer dunklen Fleckenzeichnung, die Seiten des Kopfes und die ganze Unterseite sind blaugrau; ♂ = ♀. Juv. Vögel sind blasser, fast gänzlich ohne blaue Farbe und stärker gefleckt. Die Heckenbraunelle lebt solitär und heimlich in der dichten bodennahen Krautschicht, fliegt schnell, geradlinig und nur über kleine Entfernungen. Ihre Singwarte hat sie meist im äußersten Baumwipfel, bei Störung verschwindet sie hinunter. Der Lockruf ist sehr scharf und durchdringend, ein nicht sehr lautstarkes „ziit zit". Der Gesang ist eine schnelle Folge von hohen bis scharfen sowie geflöteten Tönen, wirkt durch seine Länge ein wenig monoton.

Ähnliche Arten: Bei hinreichender Sicht nicht zu verwechseln. Der Gesang erinnert ein wenig an den Zaunkönig, den Gartenbaumläufer und die Zippammer (*Emberiza cia*).

Lebensraum: Wälder von der Tiefebene bis in die Knieholzstufe, wo sie zu den typischen Arten gehört, aber auch Gärten, buschbestandene Raine, sogar in Siedlungen. Sie wird nach dem Gesang gesucht, der von III.—VII. ganztägig zu hören ist. Außerhalb der Brutzeit erkennt man die Braunelle am Lockruf oder man beobachtet die Vögel, die sich heimlich in Gebüsch oder Unterwuchs bewegen.

Lebensweise: Teilweise Zugvogel, ist von III.—X. an den Brutplätzen. Das Nest befindet sich niedrig im dichten Unterholz oder auf einem Baum, aber auch am Boden, als Baumaterial wird unter anderem Moos verwendet. Die 4—5 dunkelblaugrünen Eier (19,5×14,5 mm) werden in den Monaten IV.—VII. gelegt. Die Heckebraunelle nistet 1—3mal jährlich, das ♀ brütet 13 Tage. Beide Altvögel betreiben Brutpflege, die Jungen bleiben 13 Tage im Nest und verlassen es, noch ehe sie flügge sind.

Nahrung: Im Sommer überwiegend kleine Wirbellose, im Winter Sämereien, die am Boden oder in der bodennahen Pflanzenschicht gesammelt werden.

Gefährdungsgrad: Nicht gefährdet.

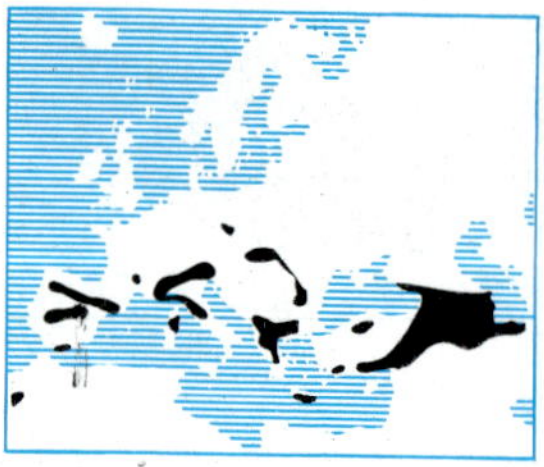

1

Alpenbraunelle

Prunella collaris

Braunellen

Prunellidae

Merkmale: Aussehen — Verhalten — Stimme

Größer als ein Sperling (18 cm), gedrungener Körper, kurzer Hals, Schnabel und Schwanz. Beim ad. Vogel (**1**) ist die Oberseite fleckig graubraun, Kopf und Unterseite sind mohnfarben blaugrau, das Kinn weiß mit dunkler Fleckenzeichnung; ♂ = ♀. Der juv. Vogel ist oben stärker braun, die ganze Unterseite ist rostgelb mit braunen Streifen. Die Art hüpft geduckt am Boden umher, sitzt auf den Spitzen großer Steinbrocken. Der Flug ist recht schnell, schaukelnd, in der Regel nicht besonders hoch und nur über kurze Entfernungen. Lockt nicht allzu häufig mit „trui trui", ihr Gesang klingt flötend und erinnert an die Feldlerche.

Ähnliche Arten: Unverkennbar.

Lebensraum: Felspartien mit Gras- und Geröllhängen über der Knieholzstufe. Hält sich außerhalb der Brutzeit auch in tieferen Lagen auf, oft auch bei Berghütten. An der oberen Waldgrenze oder darüber kann man die auf Felsblöcken sitzenden und umherstreichenden Vögel beobachten bzw. sich an ihrer Stimme orientieren.

Lebensweise: Geht im Winter in tiefere Lagen hinunter, manchmal recht weit von den Brutplätzen entfernt, an denen sie sich von III.—X. aufhält. Das Nest sitzt normalerweise in einer Felsspalte, seltener unter einem Stein oder an Gebäuden. Die 3—6 klar blaugrünen Eier (20,0×16,6 mm) werden in den Monaten IV.—VII. gelegt. Alpenbraunellen nisten 1—2mal jährlich und brüten 14 Tage lang. Die Jungen werden von beiden Altvögeln gefüttert, sie verlassen mit 16 Tagen das Nest, ohne bereits flügge zu sein.

Nahrung: Kleine Wirbellose und Sämereien, die am Boden oder auch in Abfällen gesammelt und aufgespürt werden.

Gefährdungsgrad: An den Brutplätzen recht zahlreich, ansonsten nur örtlich verbreitet, somit als „potentiell gefährdet" einzustufen.

1

Rotkehlchen
Erithacus rubecula
Drosseln
Turdidae

Merkmale: Aussehen — Stimme — Verhalten
Kleiner als ein Sperling (14 cm), großer, runder Kopf und typische große Augen. Ad. Vögel (**1**) haben eine braune Körperoberseite. Stirn und Unterseite bis zum Bauch sind rotbraun. ♂ = ♀. Juv. sind ganz unterschiedlich, oben dunkel-, unten hellbraun mit einer hellen schuppenförmigen Fleckenzeichnung. Der Vogel läuft mit leicht hängenden Flügeln und halb gehobenem Schwanz am Boden umher, hält oft inne und duckt sich. Der Flug verläuft in einer Wellenlinie, über kurze Entfernungen, der Vogel sitzt und singt auf Bäumen. Läßt oft seinen lauten Lockruf „zicks" hören, der Warnruf ist ein dünnes, durchdringendes „ziehs". Der Gesang ist kurz, mit melancholischem Flöten. Das Rotkehlchen singt fast das ganze Jahr hindurch, im Frühjahr häufig in den Abendstunden.
Ähnliche Arten: Unverkennbar.
Lebensraum: Wälder aller Art, Parks, Gärten von der Tiefebene bis an die obere Waldgrenze. Hält sich vor allem an Orten mit Strauchunterholz auf, außerhalb der Brutzeit auch im Ufergebüsch. Ist das ganze Jahr über leicht an Stimme und Aussehen zu erkennen.
Lebensweise: Teilweise Zugvogel, lebt das ganze Jahr über einzeln. Das Nest ist eine Halbhöhle im Erdreich, vorwiegend in Steilwänden, selten im Gras, auf dem Boden, auf einem Baum oder an einem Gebäude. Die 5—7 sahnefarbenen, fein rotbraun gesprenkelten Eier (19,8×15,1 mm) werden in den Monaten IV.—VII. gelegt. Rotkehlchen nisten 1—2mal jährlich, das ♀ brütet 14 Tage lang. Brutpflege betreiben beide Altvögel, 14 Tage im Nest, außerhalb noch weitere 8 Tage.
Nahrung: Wirbellose, vor allem Insekten und deren Larven, sogar Bienen, weniger Sämereien und Früchte. Die Tiere werden hauptsächlich vom Boden aufgenommen, aber auch im Gezweig von Sträuchern oder sogar im Wasser. Früchte und Samen werden vorwiegend auf Sträuchern und Bäumen geerntet.
Gefährdungsgrad: Zahlreiche Art.

1

Nachtigall

Luscinia megarhynchos

Drosseln

Turdidae

Merkmale: Stimme — Aussehen — Verhalten

Größer als ein Sperling (17 cm). Der ad. Vogel (**1**) ist braun und hat einen roströtlichen Schwanz; ♂ = ♀. Juv. Vögel sind dunkler und haben auf dem ganzen Körper eine schuppenförmige Fleckzeichnung. Die Nachtigall lebt heimlich im Gebüsch. Sie läuft schnell mit halb hängenden Flügeln und halb erhobenem, wippendem und sich spreizendem Schwanz am Boden umher. Lockt oft mit einem gedämpften „tak-tak"; wird sie gestört, gibt sie ein lautes „fit" bis „fit krr-krr" von sich. Der bekannte Nachtigallengesang ist sehr klangvoll, individuell und regional variierend. Er beginnt mit immer stärker werdenden Pfeiftönen („ty-ty-ty"), geht ins trillernde Schlagen „dü-dü-dü-dü" über, auf das dann verschiedene melodische Motive folgen. Das ♂ singt auf seinem Zweig den ganzen Tag über, besonders vernehmbar ist es aber bei Nacht.

Ähnliche Arten: In Nordosteuropa lebt ab der Linie Elbe — Oder — Theiß — Donau der sehr ähnliche Sprosser (*L. luscinia*), der sich von der Nachtigall (**2**) auch in der Flügelformel unterscheidet (**3**).

Lebensraum: Lichte Laubwälder einschließlich kleiner Wäldchen mit Strauchunterholz, oft in der Nähe von Gewässern von der Tiefebene bis ins Hügelland. Ist leicht am Gesang zu entdekken (IV.—VII.).

Lebensweise: Zugvogel, hält sich an den Brutplätzen von IV.—IX. auf. Das Nest befindet sich im dichten Unterwuchs in Bodennähe, das Baumaterial ist häufig dürres Laub. Die 3—5 olivgrünen, dicht braun gefleckten Eier (21,0×16,1 mm) werden in den Monaten IV.—VI. gelegt. Die Nachtigall nistet einzeln 1 (—2?)mal jährlich, das ♀ brütet 13 Tage lang. Beide Altvögel füttern die Brut 11 Tage im Nest, danach weitere 10 Tage.

Nahrung: Kleine Insekten, im Herbst saftige Früchte, am Boden gesammelt.

Gefährdungsgrad: Die Nachtigall ist stellenweise sehr zahlreich. Die Bestände sind nicht gefährdet.

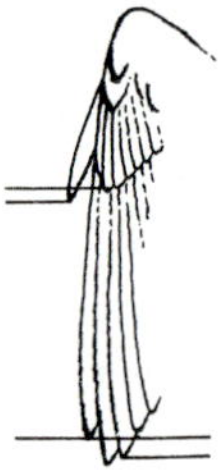

2

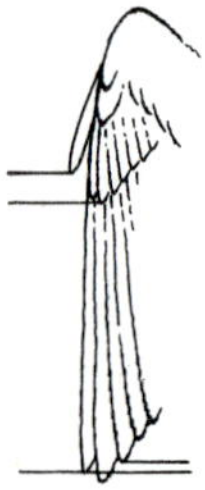

3

1

Blaukehlchen
Luscinia svecica
Drosseln
Turdidae

Merkmale: Aussehen — Stimme — Verhalten
Kleiner als ein Sperling (14 cm). Das ♂ im Brutkleid ist oben braun, der Schwanz an der Wurzel rostfarben, die Körperunterseite hell, vom Kinn bis auf die Brust leuchtendblau mit rostrotem (ssp. *L.s. svecica* — **1**) aus Nordeuropa und mitteleuropäischen Gebirgen) oder weißem (ssp. *L.s. cyanecula* aus Mitteleuropa) Fleck; manchen Tieren fehlt dieser Fleck. Im Schlichtkleid ist die Kehle heller und hat eine dunkle Fleckzeichnung, die ♂♂ beider Subspezies haben in jedem Kleid eine weißliche, von einem Band aus schwarzbraunen Flecken gesäumte Kehle. Die juv. Vögel ähneln dem ♀, ihre Federn der Oberseite tragen weißliche Säume. Die Art lebt heimlich und einzeln im Dickicht, vor allem an Ufern. Der Gesang ist klar gegliedert, er setzt „dip-dip-dip" an und fährt dann mit einer Mischung aus flötenden und ausdrucksvollen Tönen fort. Das Blaukehlchen singt nicht allzu häufig, seine Warte befindet sich dabei im Wipfel höherer Pflanzen, manchmal fliegt es dabei auch auf, um flatternd wieder zurückzusinken. Das Locken ist ein eindringliches „tak tak", ein weiches „fit", der Warnruf ein kehliges „törrk".
Ähnliche Arten: Unverkennbar.

Lebensraum: Feuchte, sumpfige Stellen oder dicht verwachsene Gewässerränder von der Tiefebene bis zur Subalpinstufe. Verrät sich in der Brutzeit durch seinen Gesang.
Lebensweise: Zugvogel, ist an den Brutplätzen von III.—X., lebt einzeln. Das Nest sitzt am Boden oder in der untersten Vegetationsschicht verborgen. Die 4—6 dunkel olivfarbenen, dicht schwarzbraun gefleckten Eier (18,8×14,2 mm) werden in den Monaten IV.—VII. gelegt. Das Blaukehlchen nistet einzeln 1—2mal jährlich, das ♀ brütet 14 Tage. Beide Altvögel betreiben Brutpflege: 14 Tage im Nest, weitere 14 Tage außerhalb.
Nahrung: Wirbellose kleine Tiere, im Herbst auch am Boden gesammelte Früchte.
Gefährdungsgrad: Das Blaukehlchen ist bei uns „vom Aussterben bedroht".

1

Hausrotschwanz

Phoenicurus ochruros

Drosseln

Turdidae

Merkmale: Stimme — Aussehen — Verhalten

Kleiner als ein Sperling (14 cm); großer Kopf, ziemlich langer Schwanz, höhere Beine. Das ad. ♂ (**1**) ist dunkelgrau und hat eine schwarze Brust, in den Flügeln ein weißes Feld, einen rostroten Schwanz; das ♀ ist stets grau ohne das weiße Flügelfeld. Der juv. Vogel ähnelt dem ♀, seine Unterseite ist dunkel gefleckt. Der Hausrotschwanz sitzt auf Hausgiebeln oder den höchsten Stellen von Steinen, unablässig mit dem Schwanz wippend, duckt sich häufig, fliegt zu Boden nieder, wo er sehr schnell umherläuft und -hüpft. Er fliegt rasch und gewandt, manchmal mit jähen Wendungen beim Verfolgen von Fluginsekten. Er ist häufig zu hören, lockt mit einem scharfen „fit", in Erregung „fit tek tek", der Gesang (III.—IX.) ist eine lautstarke, kurze Mischung von melodischen Tönen, die mit einem gepreßten Knarren ansetzt. Das ♂ hat seine Singwarte auf Gebäude- oder Felsgipfeln.

Ähnliche Arten: Unverkennbar, nur die juv. Vögel ähneln den Jungen des Gartenrotschwanzes, die jedoch auf der Unterseite hellgelbraun oben immer dunkler gefleckt sind. Ihre Flügelformel ist verschieden (Hausrotschwanz — **3**, Gartenrotschwanz — **2**).

Lebensraum: Felsen von der Tiefebene bis in die Subalpinstufe sowie menschliche Ansiedlungen.

Lebensweise: Teilweise Zugvogel, hält sich an den Brutplätzen von III.—X. auf, lebt einzeln. Das Nest befindet sich in Halbhöhlen im Fels oder an Gebäuden und sitzt nicht besonders hoch. Die 4—6 weißen, manchmal rotbraun gesprenkelten Eier (19,5×14,5 mm) werden in den Monaten IV.—VII. gelegt. Hausrotschwänze nisten einzeln 1—3mal jährlich, das ♀ brütet 14 Tage. Beide Altvögel füttern die Jungen 16 Tage im Nest, danach weitere 14 Tage.

Nahrung: Im Frühjahr fast ausschließlich Insekten, Spinnen, Weichtiere und Würmer, im Herbst auch Beeren; die Nahrung wird am Boden gesammelt oder im Flug geschnappt.

Gefährdungsgrad: Die Art ist zahlreich.

2

3

1

Gartenrotschwanz

Phoenicurus phoenicurus

Drosseln

Turdidae

Merkmale: Stimme — Aussehen — Verhalten
Von der Größe des Hausrotschwanzes (14 cm), schlank, hohe Beine. Das ad. ♂ (**1**) ist oben grau, hat eine weiße Stirn, eine schwarze Maske, Brust und Schwanz sind rostrot, das ♀ ist oben graubraun, unten weißlich, die Brust ocker. Der juv. Vogel ähnelt dem ♀, ist aber dunkel gefleckt, die beiden mittleren Schwanzfedern graubraun. Der Gartenrotschwanz sitzt im Geäst, duckt sich oft, wippt mit dem Schwanz, fliegt zu Boden. Der Flug ist wellig, leicht und schnell, Fluginsekten werden gewandt verfolgt. Oft ist seine Lockruf „fuid-tyk-tyk" oder ein flötendes „fluid" zu hören, der Gesang ist weich, kurz, in der Reihenfolge: hoher Ton — zwei tiefere Töne — mehrere höhere Triller.

Ähnliche Arten: ♂ unverkennbar, ♀ und juv. Vögel ähneln ♀ und juv. des Hausrotschwanzes, die aber dunkler, schiefergrau und oben ungefleckt sind.

Lebensraum: Lichte, vorwiegend Laubwälder, Gärten und Parks in Siedlungen von der Tiefebene bis in die Alpinzone. Läßt sich leicht am Gesang erkennen, außerhalb der Brutzeit durch Lockruf und Verhalten.

Lebensweise: Zugvogel, hält sich von IV.—IX. an den Brutplätzen auf, lebt einzeln. Das Nest befindet sich in Höhlen oder Halbhöhlen von Bäumen, sitzt selten frei an Gebäuden oder am Boden, aber auch in Nistkästen. Die 5—7 leuchtendblaugrünen Eier (18,7×13,9 mm) werden in den Monaten IV.—VI. gelegt. Gartenrotschwänze nisten einzeln 1—2mal jährlich, das ♀ brütet 13 Tage. Beide Altvögel betreiben Brutpflege, 14 Tage im Nest, außerhalb weitere 13 Tage.

Nahrung: Kleine Gliederfüßer, vor allem Insekten, mit dem einsetzenden Herbst auch Früchte. Die Nahrung wird am Boden gesammelt, seltener auch im Geäst.

Gefährdungsgrad: Der Gartenrotschwanz ist bei uns nicht gefährdet.

1

Braunkehlchen
Saxicola rubetra
Drosseln
Turdidae

Merkmale: Stimme — Verhalten — Aussehen
Kleiner als ein Sperling (13 cm). Großer, schlanker Kopf, kurzer Schwanz, ziemlich hohe Beine. Der ad. Vogel ist auf der Oberseite dunkel gefleckt mit weißem Überaugenstreifen und einem dunklen, an der Wurzel weiß gesäumten Schwanz. Das ♂ (**1** links) hat dunkle Wangen, einen schwarzbraunen Oberflügel mit einem weißen Flecken, das ♀ (**1** rechts) hat eine hellere Zeichnung auf den Wangen und auch einen helleren Oberflügel. Der juv. Vogel ähnelt dem ♀, der weiße Flügelstreifen fehlt, die Brust hat eine braune Fleckung. Das Braunkehlchen sitzt an erhöhten Stellen, vor allem auf Stauden, fliegt zu Boden, duckt sich oft, zuckt mit den Flügeln und dem gespreizten Schwanz. Fliegt nur kurz, wellenlinig, rüttelt gelegentlich auf der Stelle. Oft ist sein lauter Lockruf „jiv" zu vernehmen, in Erregung schreit es „fütick-tick", der Gesang ist kurz und aus Flöten-, Knarr- und Surrtönen gemischt. Das ♂ singt auf erhöhten Warten.
Ähnliche Arten: Schwarzkehlchen, vor allem ♀ und juv. Vögel, doch haben diese einen dunkleren Kopf und eine dunkle Schwanzwurzel.
Lebensraum: Feuchtere Wiesen von den Tiefebenen bis zur Subalpinstufe, außer-

Tiefebenen bis zur Subalpinstufe, außer-halb der Brutzeit auch Felder. Ist leicht an der Stimme zu entdecken.
Lebensweise: Zugvogel, der sich von IV.—IX. an den Brutplätzen aufhält. Das Nest befindet sich am Boden im dichten Gras verborgen. Die 5—6 dunkel blaugrünen, manchmal rotbraun gesprenkelten Eier (19,1 × 14,6 mm) werden in den Monaten IV.—VII. gelegt. Braunkehlchen nisten einzeln 1 (—2?)mal jährlich, das ♀ brütet 13 Tage. Beide Altvögel füttern die Nestlinge 14 Tage, außerhalb des Nestes noch weitere 12 Tage.
Nahrung: Vorwiegend Insekten und weitere Wirbellose, die am Boden gesammelt bzw. in der Luft geschnappt werden.
Gefährdungsgrad: Das Braunkehlchen gilt als „stark gefährdete" Art.

1

Schwarzkehlchen

Saxicola torquata
Drosseln
Turdidae

Merkmale: Stimme — Verhalten — Aussehen
Kleiner als ein Sperling (14 cm), mit rundem Kopf und kurzem Schwanz. Beim ad. ♂ (**1**) sind Kopf, Körperoberseite und Schwanz schwarz, es hat einen weißen Bürzel mit einer ocker-schwarzen Fleckzeichnung, weiße Halsseiten und eine rostfarbene Körperunterseite. Der juv. Vogel hat eine dunkelbraune, hell gefleckte Körperoberseite, die Unterseite ist hellbraun mit dunklen Flecken. Der Vogel sitzt auffallend aufgereckt an erhöhten Stellen, zuckt oft mit Flügeln und Schwanz, fliegt zu Boden. Der niedrige, kurze, ruckhafte Flug beschreibt eine Wellenlinie. Oft ist sein abrupter Lockruf „fit" oder „fit-teck-teck" sowie den Warnruf „fit-kr-kr" zu hören. Schwarzkehlchen singen auf einer erhöhten Warte, der Gesang ist kurz, ausdruckslos, mit knarrenden und zwitschernden Tönen.
Ähnliche Arten: Das Braunkehlchen ist heller mit einer weißen Schwanzwurzel; sein Gesang ist lauter und melodischer.
Lebensraum: Brachland, trockenere Wiesen, Weiden, Lichtungen, Wegränder in Tiefebenen und Hügelland, außerhalb der Brutzeit auch Äcker. Die Vögel sind nach Aussehen und Stimme auf ihren erhöhten Warten, insbesondere an Wegen, leicht zu identifizieren.
Lebensweise: Überwiegend Zugvogel, hält sich von III.—X. an den Brutplätzen auf. Das Nest ist am Boden im dichten Gras verborgen. Die 4—6 dunkel blaugrünen, sehr fein rotbraun gesprenkelten Eier (18,4×14,2 mm) werden in den Monaten III.—VII. gelegt. Schwarzkehlchen nisten einzeln 1—4mal jährlich, das ♀ brütet 14 Tage. Beide Altvögel füttern die Brut 16 Tage im Nest, anschließend noch einige Tage außerhalb.
Nahrung: Kleine Insekten und andere Wirbellose, die am Boden gesammelt oder in der Luft geschnappt werden.
Gefährdungsgrad: Diese Art wird als „gefährdet" eingestuft.

1

Steinschmätzer
Oenanthe oenanthe
Drosseln
Turdidae

Merkmale: Aussehen — Stimme — Verhalten
Erreicht Sperlingsgröße (15 cm), größerer runder Kopf, kurzer Schwanz, höhere Beine. Der ad. Vogel ist insgesamt grau mit graubraunen Flügeln und einem leuchtendweißen Bürzel; das ♂ (**1, 2**) hat einen grauen Rücken und einen schwarzen Augenstreifen; das ♀ ist oben graubraun, unten ocker und hat einen weißen Überaugenstreifen. Der juv. Steinschmätzer ähnelt dem ♀, ist aber dunkel gefleckt. Steinschmätzer sind Einzelgänger. Sie laufen am Boden umher, knicksen dabei, wippen mit dem gespreizten Schwanz, sitzen auf erhöhten Steinen. Der Flug ist nur kurz, leicht im Bogen verlaufend, seltener schwingt sich der Vogel zur Verfolgung von Fluginsekten auf. Nicht häufig ertönt sein lockendes „jiw jiw", in Erregung „töck-töck-jiw". Der Gesang ist kurz, flötende Töne sind mit Knarr- und Zwitscherlauten durchsetzt.
Ähnliche Arten: In Südeuropa kann man diesen Steinschmätzer mit anderen Steinschmätzerarten, vor allem mit dem Mittelmeersteinschmätzer (*O. hispanica* — **5**), dem Isabellensteinschmätzer (*O. isabellina* — **3**) und dem Nonnensteinschmätzer (*O. pleschanka* — **4**) verwechseln; in Südwesteuropa kommt dann der Trauersteinschmätzer (*O. leucura* — **6**) hinzu.

Lebensraum: Geröll- und Sandflächen mit schütterem Bewuchs von der Tiefebene bis in die Subalpinstufe, häufig z.B. Baustellen, außerhalb der Brutzeit auch Felder. Diese Art erkennt man am Gesang, auch am Aussehen der auf Steinblöcken sitzenden Vögel.
Lebensweise: Zugvogel, hält sich von III.—X. an den Brutplätzen auf. Das Nest befindet sich in einer Erdhöhle. Die 5—6 hellblauen Eier (20,6×15,6 mm) werden in den Monaten IV.—VI. gelegt. Steinschmätzer nisten einzeln 1—2mal jährlich, das ♀ brütet 13 Tage. Beide Altvögel füttern die Jungen 15 Tage im Nest, dann noch einige Tage außerhalb.
Nahrung: Kleine Gliederfüßer, vor allem Insekten, die am Boden oder im Tiefflug erbeutet werden.
Gefährdungsgrad: Der Steinschmätzer gilt bei uns als „gefährdete" Art.

1

Steinrötel

Monticola saxatilis
Drosseln
Turdidae

Merkmale: Verhalten — Größe — Stimme — Aussehen
Kleiner als eine Amsel (19 cm), sieht wie eine kurzschwänzige Drossel aus. Das ad. ♂ (**1**) hat einen graublauen Kopf und Rücken, rostroten Bauch und Schwanz, weißen Bürzel; das ♀ ist graubraun, unten ocker mit weißlicher Kehle, dunkel und hell gefleckt. Der juv. Vogel ähnelt dem ♀, ist aber ausgesprochen weißlich gefleckt. Ein sehr scheuer Vogel; sitzt aufrecht an erhöhten Stellen, bevorzugt auf Steinblöcken, von wo aus er bei der Insektensuche auf den Erdboden niedergeht. Er läuft hastig mit halb hängenden Flügeln umher, zuckt mit ihnen beim Knicksen, wobei er auch den Schwanz spreizt. Er fliegt niedrig, leicht, schnell, flach wellig. Der Gesang ist kräftig, melodisch und variabel, nicht besonders lang. Der Lockruf klingt wie „jürr jürr", bei Erregung „teck-teck".
Ähnliche Arten: Nur in Südeuropa könnte es zu einer Verwechslung mit der Blaumerle (*M. solitarius*) kommen, die jedoch keinen rostroten Bauch hat.
Lebensraum: Trockenere Felsgelände mit kurzem Grasbestand von der Tiefebene bis in die Subalpinzone, manchmal auch an recht belebten Orten (Steinbrüche, Siedlungen). Außerhalb der Brutzeit ist der Vogel auch auf Äckern zu sehen. Bei der Suche orientiert man sich nach der Stimme oder man betrachtet mit dem Feldstecher aus der Entfernung Vögel, die an den möglichen Brutplätzen auf Steinen sitzen. Meist ist ein längerer Aufenthalt am Ort erforderlich.
Lebensweise: Zugvogel, hält sich an den Brutplätzen von IV.—IX. auf. Das Nest befindet sich in einer Felshöhlung. Die 4—5 blaugrünen Eier (25,7×19,3 mm) werden in den Monaten IV.—VI. gelegt. Steinrötel nisten einzeln 1—2mal jährlich, das ♀ brütet 14 Tage. Beide Altvögel füttern die Jungen 15 Tage im Nest, einige Tage dann noch außerhalb.
Nahrung: Vorwiegend Insekten, die im Tiefflug oder am Boden erbeutet werden, auch Spinnen, Weichtiere und Würmer. Im Sommer und Herbst auch Früchte, die meist am Boden gesammelt werden.
Gefährdungsgrad: Der Steinrötel ist in der Bundesrepublik Deutschland bereits „ausgestorben oder verschollen".

1

Ringdrossel

Turdus torquatus

Drosseln

Turdidae

Merkmale: Aussehen — Stimme — Verhalten
Kleiner als die Amsel (23 cm), der sie weitgehend ähnelt. Das ad. ♂ ist schwarz und hat einen weißen (Ssp. *T.t. torquatus* aus Nordeuropa) oder schmutzig-bräunlichen, verschwommenen (Ssp. *T.t. alpestris* aus Mitteleuropa) Halbmond auf der Brust, in den Flügeln sitzt eine hellere Binde. Das ♀ (**1**) ist auf der Oberseite braunschwarz, seine Unterseite ist schuppig hell gefleckt, der helle Halbmond ist schmutzig gefleckt, der juv. Vogel hat den Halbmond auf der Brust noch nicht und ist weißlich gefleckt. Die Ringdrossel lebt heimlich, hüpft auf dem Boden umher, fliegt schnell und über kurze Entfernungen. Ihr Warn- und Drohruf „tack-tack-tack" ähnelt dem der Amsel, ihr Gesang ist flötend, kürzer und deutlich gegliedert, wiederholt wird dabei „tscheretschiwiti-tscho-o".
Ähnliche Arten: Dem Aussehen nach unverkennbar, wird aber dem Warnruf nach mit der Amsel verwechselt.
Lebensraum: In Nordeuropa Tundragebiete mit spärlichen Bäumen und Sträuchern, in Mitteleuropa Bergnadelwälder. An den Brutplätzen erkennt man den Vogel am Gesang und den anderen Rufen, an offenen Stellen auch an Färbung und Verhalten der Tiere.
Lebensweise: Zugvogel, hält sich an den Brutplätzen von IV.—IX. auf. Baumbrüter, dessen Nest sich nicht besonders hoch am Stamm befindet, in Nordeuropa am Boden oder in niedrigen Büschen. Die 3—5 grünen, dicht rotbraun gefleckten Eier (29,8×21,6 mm) werden in den Monaten IV.—VI. gelegt. Die Ringdrossel nistet einzeln 1—2mal jährlich, das ♀ brütet 14 Tage. Beide Altvögel füttern die Jungen 15 Tage im Nest, danach noch ein paar Tage.
Nahrung: Kleine Gliederfüßer, saisongebunden auch Früchte, die am Boden oder auf Bäumen gesammelt werden.
Gefährdungsgrad: Ist stellenweise zahlreich.

1

Amsel
Turdus merula
Drosseln
Turdidae

Merkmale: Aussehen — Stimme — Verhalten
Ein bekannter Vogel von mittlerer Größe (25 cm). Das ad. ♂ ist schwarz und hat im Brutkleid (**1**) einen orangegelben Schnabel: das ♀ ist schwarzbraun mit einer helleren gefleckten Unterseite. Die juv. Amsel ist dunkel gefleckt, braun, hat noch im 2. Jahr hellbraune Handschwingen, die auch am zusammengelegten Flügel sichtbar werden. Amseln leben einzeln, hüpfen am Boden umher. Ihr Flug ist langsamer, der Flügelschlag wird von kurzen Gleitflugphasen unterbrochen. Außerhalb der Brutzeit übernachten die Vögel an gemeinsamen Plätzen, die sie gegen Abend anfliegen. Im zeitigen Frühjahr kommt es zu häufigen Kämpfen in den Brutrevieren. Ruft oft, der Schreckruf ist „tix tix“, der Warnruf ein durchdringender Schrei. Der Gesang ist bekannt — laut und melodisch, das ♂ singt auf einer erhöhten Warte, vor allem in den frühen Morgenstunden und gegen Abend.
Ähnliche Arten: Unverkennbar. In Bergwäldern muß man auf die Ringdrossel mit dem weißen Halbmond auf der Brust achten.
Lebensraum: Wälder von der Tiefebene bis in die Montanstufe, heute vorwiegend Ansiedlungen. Läßt sich in Ortschaften problemlos entdecken, in den Wäldern verrät sich die Amsel durch ihren Gesang (II.—VII.).
Lebensweise: Nur zum Teil Zugvogel, die Stadtpopulationen überwintern in ihrem Areal, ganzjähriger Einzelgänger. Das Nest befindet sich in Gebüschen, auf niedrigen Bäumen, an Gebäuden. Die 3—5 variablen, gewöhnlich grünen, dicht rotbraun gesprenkelten Eier (29,4 × 21,6 mm) werden in den Monaten III.—VII. gelegt. Amseln nisten 1—4mal jährlich, das ♀ brütet 13 Tage. Beide Altvögel füttern ihre Jungen 14 Tage im Nest, außerhalb noch weitere 18 Tage.
Nahrung: Auffällig ist der saisonabhängige Wechsel der Nahrungszusammensetzung. Im Frühjahr überwiegen wirbellose Kleintiere, Früchte von Bäumen und Sträuchern im Sommer und Herbst, Abfälle im Winter. Die Nahrung wird am Boden und im Geäst gesammelt.
Gefährdungsgrad: Sehr zahlreiche Art.

1

Wacholderdrossel
Turdus pilaris
Drosseln
Turdidae

Merkmale: Stimme — Aussehen — Verhalten
Erreicht Amselgröße (25 cm). Der ad. Vogel (**1**) hat eine graue Kopfoberpartie, einen grauen Bürzel, braunen Rücken, eine auf braunem Grund kräftig braunschwarz gefleckte Unterseite, beim ♂ ist die graue Kopfoberpartie deutlich schwarz gefleckt und der Schwanz schwarz, das ♀ hat auf dem Scheitel pfeilförmige braunschwarze Flecken und einen schwarzbraunen Schwanz. Der juv. Vogel ist auf Ober- und Unterseite kräftiger gefleckt. Die Wacholderdrossel läuft am Boden kurz umher, hüpft, sitzt im Baumgeäst. Sie fliegt, indem sie gemächliche Flügelschläge und Gleitflug mit angelegten Flügeln abwechselt. Ruft sehr oft, im Flug ein typisches rauhes „schack schack", der Lockruf ist ein schwaches „sieh", der Gesang eine Mischung aus Zwitschern, Pfeifen und scheppernden Lauten; das ♂ singt sitzend und im Flug.
Ähnliche Arten: Unverkennbar.
Lebensraum: Wäldchen, Waldränder, Baumgruppen bei feuchten Wiesen und Weiden von der Tiefebene bis an die obere Waldgrenze. Außerhalb der Brutzeit auch in offenen Landschaften und Äckern, in Gärten, Alleen usw. Die Orientierung erfolgt hauptsächlich nach den Vogelstimmen. Die Vögel sind normalerweise in größerer Anzahl zugegen, an den Brutplätzen sind sie nie weit von den Nestern entfernt, die manchmal gänzlich deckungslos sind. Die Vögel stoßen hier ihren Warnruf aus. Außerhalb der Brutzeit kann man die Schwärme in den Bäumen und auf ihren Strichflügen beobachten. Der Schwarm fliegt in einer ziemlich geschlossenen, länglichen Formation.
Lebensweise: Teilweise Zugvogel, erscheint und nistet normalerweise in größerer Anzahl. Die Nester sitzen in Astachseln von Bäumen. Die 4—6 grünlichen, dicht rostbraun gesprenkelten Eier (30,6×22,1 mm) werden in den Monaten IV.—VI. gelegt. Wacholderdrosseln nisten 1—2mal jährlich, das ♀ brütet 14 Tage. Beide Altvögel betreiben Brutpflege, 14 Tage im Nest, außerhalb weitere 14 Tage lang.
Nahrung: Kleine Weichtiere, Ringelwürmer, Insekten und Früchte, am Boden und auf Bäumen gesammelt.
Gefährdungsgrad: Eine zahlreiche, vordringende Art.

1

Rotdrossel

Turdus iliacus
Drosseln
Turdidae

Merkmale: Stimme — Aussehen — Verhalten
Kleiner als die Amsel (20 cm). Der ad. Vogel (**1**) hat auf dem Kopf einen deutlichen weißen Überaugenstreifen und auf der Unterseite eine deutliche Begrenzung der Wangen, rostrote Seiten und Unterflügeldecken; ♂ = ♀. Die juv. Vögel sind oben und unten dunkel gefleckt, die rote Farbe ist bei ihnen matter. Ein ausgesprochen scheuer Vogel, sitzt im Geäst, hüpft am Boden umher, fliegt gemeinsame Nachtplätze in den Wäldern an. An den Brutplätzen singen einzelne Vögel auf ihren Warten in Baumwipfeln, mit einsetzendem Frühjahr wird auch der Gemeinschaftsgesang ganzer Schwärme an den Nachtplätzen zur häufigen Erscheinung. Der Gesang ist ein Gezwitscher mit Flötentönen, schwächer als bei der Singdrossel „trü-trü-trü-trs-tri". Der Lockruf ist ein scharfes „zisr" oder ein schwächeres „zieh" (als nächtlicher Flugruf), der Warnruf klingt wie „tschitack".
Ähnliche Arten: Ähnlich ist vor allem die Singdrossel, der jedoch der weiße Überaugenstreifen fehlt. Seiten und Unterflügel sind ockergelblich, die Stimme klingt anders.
Lebensraum: Lichtere Wälder und Parklandschaften mit Alleen, Gewässern und Wiesen von der Tiefebene bis zur oberen Waldgrenze. An den Brutplätzen erkennt man die Rotdrossel vor allem am Gesang. Nicht selten nistet die Art in Wacholderdrosselkolonien. Im Frühjahr singen auch nicht nistende Vögel. Außerhalb der Brutzeit findet man Rotdrosseln oft in Alleen in beerentragenden Gebüschen oder Auwäldern. Zur Orientierung dient hauptsächlich der Lockruf.
Lebensweise: Zugvogel, meist gesellig, tritt an den Brutplätzen von IV.—X. auf. Das Nest sitzt meist nicht hoch in einem Baum oder im Gebüsch, das Baumaterial ist meist aus dünnen Zweigen und Halmen und mit Lehm vermischt. Die 5—6 blaugrünen, dicht rotbraun gesprenkelten Eier (25,1 × 19,0 mm) werden in den Monaten V.—VII. gelegt. Die Rotdrossel nistet einzeln 1—2mal jährlich, das ♀ brütet 12 Tage. Beide Altvögel betreiben 10 Tage im Nest Brutpflege, anschließend außerhalb noch einige weitere Tage.
Nahrung: Wie bei den anderen Drosselarten.
Gefährdungsgrad: Die Rotdrossel zählt zu den „bedrohten Vermehrungsgästen".

Singdrossel
Turdus philomelos
Drosseln
Turdidae

Merkmale: Stimme — Aussehen — Verhalten
Kleiner als eine Amsel (23 cm), stattlich, Schnabel und Beine sind kräftig, hat große Augen, einen langen Schwanz und lange spitze Flügel, die auf der Unterseite gelblich sind. Der ad. Vogel (**1**) ist oben braun, unten beige, braun gesprenkelt; ♂ = ♀. Der juv. Vogel ist auf der Oberseite schuppig hell gefleckt. Die Singdrossel sitzt auf Bäumen, das ♂ hat seine Singwarte zumeist im höchsten Wipfel; hüpft auf dem Boden umher. Im Flug wechseln gemächliche Flügelschläge und kurze Gleitphasen mit angelegten Flügeln ab. Ist oft zu hören. Der Lockruf ist ein durchdringendes „zick zick", der Gesang ist lautstark und ausdauernd, dem Amselgesang ähnlich, aber gegliedert, typisch ist die Verdoppelung der einzelnen Motive „huidib huidib kredit kredit".
Ähnliche Arten: Besonders die Rotdrossel, die sich durch einen weißen Überaugenstreifen, rotbraune Seiten und Unterflügel sowie in der Stimme unterscheidet. Selten erscheinen von VIII.—XII. als Irrgäste einige westasiatische Drosselarten in Europa, etwa die nordsibirische Form der Naumanndrossel (*T. naumanni eunomus* — **2**) oder deren südsibirische Form (*T. naumanni naumanni* — **3**), die westsibirische Schwarzkehldrossel (*T. ruficollis atrogularis* — **4**) mit einer schwarzen Kehle und die sehr seltene ostsibirische Rotkehldrossel (*T. ruficollis ruficollis*) mit roter Kehle. Diese Drosselarten unterscheiden sich von der Singdrossel in der Färbung stärker, sind aber in der Körpergröße vergleichbar.
Lebensraum: Die verschiedenen Waldtypen von der Tiefebene zur oberen Waldgrenze, Parklandschaften, Gärten und Baumanlagen in Ansiedlungen. Ist an den Brutplätzen von III.—VII. leicht am Gesang zu erkennen. Außerhalb der Brutzeit erkennt man die Singdrossel am nächtlichen Lockruf.
Lebensweise: Größtenteils Zugvogel, bleibt außerhalb der Brutzeit auch in losen Gruppen zusammen, ist von III.—IX. an den Brutplätzen. Das Nest sitzt im dichten Gebüsch oder niedrig in Bäumen, man erkennt es an der typischen Bauweise (**5**). Die Außenwände sind aus dürren Stengeln und Halmen geflochten, das Innere ist mit einer Mischung aus Lehm, Pflanzenbröseln, Holzmulm und Speichel glatt ausgekleidet. In den so entstandenen Nistkessel bringen die Vögel keine Polsterung mehr ein. Die 4—5 blaugrünen, schwarz gepunkteten Eier (27,2×20,5 mm) werden in den Monaten IV.—VII. gelegt. Die Singdrossel nistet einzeln 1—3mal jährlich, das ♀ brütet 13 Tage. Beide Altvögel füttern die Jungen 13 Tage im Nest, danach noch 18 Tage.
Nahrung: Wirbellose, saisongebunden auch Früchte von Bäumen und Sträuchern, am Boden und im Geäst gesammelt.
Gefährdungsgrad: Nicht gefährdet.

1

Misteldrossel

Turdus viscivorus

Drosseln

Turdidae

Merkmale: Stimme — Aussehen — Größe — Verhalten
Die größte europäische Drosselart, mehr als amselgroß (28 cm). Der ad. Vogel (**1**) hat eine braune Körperoberseite, die Unterseite zeigt eine sehr kräftige, rundliche, dunkle Fleckzeichnung. Unterflügel weiß; ♂ = ♀. Die juv. Vögel sind auf der Oberseite gefleckt. Der Vogel sitzt gewöhnlich in Baumwipfeln, im Winter häufig in Bäumen mit Laubholz- oder Eichenmisteln. Er fliegt schnell und ausdauernd in langen flachen Wellenlinien. Am Boden bewegt er sich hüpfend. Ruft sehr häufig, sogar im Flug, als Warnruf ein wieherndes „zerrr", der Lockruf ist ein leises „sieh". Der Gesang ist lautstark, melodisch und flötend, dem Amselgesang sehr ähnlich, er hat aber kurze Strophen.

Ähnliche Arten: Die ähnliche Singdrossel ist beträchtlich kleiner und hat eine andere Stimme.

Lebensraum: Verschiedene Hochwaldtypen von der Tiefebene bis zur oberen Waldgrenze, meist in der Nähe von offenen Landschaften mit Wiesen und Weiden, stellenweise auch in menschlichen Ansiedlungen. Die Misteldrossel ist leicht an der Stimme zu erkennen, sie singt bereits mit ausklingendem Winter, oft noch bei Schnee.

Lebensweise: Teilweise Zugvogel, ist von II.—IX. an den Brutplätzen, lebt einzeln. Das Nest sitzt hoch im Baum am Stamm oder auf den Ästen, als Material wird unter anderem Lehm verwendet. Die 4—5 gelbgrünen Eier mit rostbraunen Flecken (30,8×22,3 mm) werden in den Monaten III.—VI. gelegt. Die Misteldrossel nistet einzeln 1—2mal jährlich, das ♀ brütet 14 Tage. Die Jungen werden von beiden Altvögeln gefüttert, 15 Tage im Nest und danach noch weitere 20 Tage.

Nahrung: Wirbellose und Beeren von Bäumen, die am Boden und im Geäst gesammelt werden. Im Winter bilden die Beeren der verschiedenen Mistelarten einen wichtigen Nahrungsbestandteil.

Gefährdungsgrad: Die Art ist bei uns nicht gefährdet.

1

Feldschwirl
Locustella naevia
Grasmücken
Sylviidae

Merkmale: Stimme — Verhalten
Kleiner als ein Sperling (13 cm) mit schlankem Kopf und Rumpf und kurzem Schwanz. Der ad. Vogel (**1**) ist olivbraun mit dunkler, zu Streifen geordneter Fleckenzeichnung, weißlicher Unterseite mit dunklen Flecken an der Kehle; ♂ = ♀. Der juv. Vogel geht insgesamt ins Braune. Der Feldschwirl lebt besonders heimlich, er bewegt sich im dichten Gebüsch oder Kraut, läuft in Dickichten auch am Boden umher. Sein Flug ist ganz kurz, normalerweise fliegt er nur bei einer Störung am Gebüsch entlang zu Boden. Der Vogel singt häufig, in der Regel nachts und gegen Morgen, das ♂ sitzt dabei auf einer erhöhten Singwarte im Strauchinneren oder auf einem Pflanzenhalm. Der Gesang ist ein monotones Schwirren „sirrrr", das oft sehr lange anhält. Der Lockruf ist ein leises „tack-tack", der Warnruf ein scharfes „zitt".

Ähnliche Arten: Der Rohrschwirl hat eine sehr ähnliche, jedoch tiefere Stimme. Der Schlagschwirl (*L. fluviatilis*) sieht ähnlich aus, ist aber nicht gefleckt, sein Gesang klingt anders.

Lebensraum: Feuchtere Wiesen mit dichtem Krautunterwuchs und einzelnen Sträuchern, seltener auch überwucherte Waldlichtungen von der Tiefebene bis in die Montanstufe. Lebt außerhalb der Brutzeit in Röhricht, auf Feldern usw. Am Gesang während der Brutzeit (IV.—VII.) ist die Anwesenheit des Feldschwirls leicht festzustellen.

Lebensweise: Zugvogel, der sich von IV.—IX. an den Brutplätzen aufhält und immer einzeln lebt. Das Nest befindet sich im dichten Pflanzengewirr am Boden und besteht außen aus breiteren, innen aus feinen Grasblättern. Die 5—6 rötlichen Eier mit dunkleren Flecken (17,6×13,6 mm) werden in den Monaten V.—VII. gelegt. Der Vogel nistet 1—2 (3?)mal jährlich und brütet 13 Tage. Beide Altvögel füttern die Jungen 10 Tage im Nest, einige Tage auch noch außerhalb.

Nahrung: Kleine, wenig bewegliche Gliederfüßer, vor allem Insekten, die vorwiegend am Boden oder in der erdnahen Krautschicht gesammelt werden.

Gefährdungsgrad: Ziemlich zahlreiche Art.

1

Rohrschwirl

Locustella luscinioides

Grasmücken

Sylviidae

Merkmale: Stimme — Lebensraum — Verhalten

Kleiner als ein Sperling (14 cm), schlank, kurzer Schwanz. Der ad. Vogel (**1**) ist gänzlich braun; ♂ = ♀. Juv. Vögel sind geringfügig dunkler. Der Rohrschwirl lebt recht heimlich, sitzt auf Schilfhalmen, versteckt sich bei Störungen im Unterwuchs, fliegt nur über ganz kurze Entfernungen. Klettert in der dichten untersten Krautschicht von Schilf- und Binsendickichten umher. Ist oft zu hören, sogar bei Nacht, das ♂ sitzt beim Singen schräg an einem Schilfhalm, nicht an der Spitze. Der Gesang ist ein monotones langes Schwirren, von den nur aus der Nähe vernehmbaren tieferen Tönen „pt-pt-örrr“ eingeleitet. Der Lockruf ist ein leises „zick“, der Warnruf ein scharf ausgestoßenes „pit“.

Ähnliche Arten: Im Gesang ähnlich ist besonders der Feldschwirl, dessen Stimme jedoch höher und klirrender und nur selten unmittelbar aus dem Schilf zu hören ist. Der Schlagschwirl (*L. fluviatilis*) hat einen anderen Gesang.

Lebensraum: Schilfdickichte, Sumpfvegetationen in Tiefebene und Hügellandschaften, erscheint außerhalb der Brutzeit auch auf Feldern. Der Rohrschwirl ist leicht an der Stimme zu erkennen, vor allem an seinem Gesang.

Lebensweise: Zugvogel, kommt an den Brutplätzen von IV.—IX. vor, lebt einzeln. Das Nest sitzt niedrig in der untersten dichten Pflanzenschicht am Wasserspiegel und besteht aus flächigen dürren Blättern. Die 4—5 weißen, braun gesprenkelten Eier (19,7×14,6 mm) werden in den Monaten IV.—VIII. gelegt. Der Rohrschwirl nistet einzeln 1—2mal jährlich und brütet 13 Tage. Beide Altvögel füttern die Jungen 10 Tage im Nest, anschließend dann noch einige Tage.

Nahrung: Wenig bewegliche wirbellose Kleinlebewesen, vor allem Insekten, die auf Blättern, am Boden oder auf der Wasseroberfläche gesammelt werden.

Gefährdungsgrad: Der Rohrschwirl ist in der Bundesrepublik Deutschland „potentiell gefährdet“.

1

Schilfrohrsänger

Acrocephalus schoenobaenus

Grasmücken

Sylviidae

Merkmale: Stimme — Aussehen — Verhalten

Kleiner als ein Sperling (12 cm), großer Kopf. Der ad. Vogel (**1**) ist braun, seine Körperoberseite ist dunkel gefleckt, die Unterseite gelbweiß. Am Kopf sitzt ein auffälliger weißer Überaugenstreifen sowie ein ocker und braun gestreifter Scheitel (**2**); ♂ = ♀. Bei juv. Vögeln sind die Kehle beidseitig und der Kropf braun gefleckt. Der Vogel klettert ruckartig auf den Schilfhalmen umher, fliegt häufig niedrig und jäh in leichter Wellenlinie über dem Röhricht dahin. Beim Gesang sitzt das ♂ auf einer Schilfspitze, fliegt oft singend über dem Röhricht in die Höhe, um wieder schräg einzufallen. Die Art singt häufig, der Gesang ist eine Mischung aus Flötentönen, knirschenden und schwirrenden Lauten mit dem typischen Triller „woid-woid". Der Lockruf klingt „teck teck", gewarnt wird „teteteck".

Ähnliche Arten: Weitere kleine gefleckte Rohrsängerarten, vor allem der Seggenrohrsänger (*A. paludicola*) mit einer unterschiedlichen Kopfzeichnung (**3**), in Südeuropa der Mariskensänger (*A. melanopogon*) mit einem sehr dunklen Kopf.

Lebensraum: Dichte Sumpfvegetation,vor allem Schilf und hohe Seggen. Der Schilfrohrsänger ist leicht am Gesang zu erkennen (IV.—VII.), außerhalb der Brutzeit kommen nur Zufallsbeobachtungen in Betracht.

Lebensweise: Zugvogel, ist von IV.—IX. an den Brutplätzen, lebt einzeln. Das Nest befindet sich im dichten Krautunterwuchs, in der Polsterung befinden sich häufig Federchen. Die 4—6 gelblichen, braun gesprenkelten Eier (18,0×13,5 mm) werden in den Monaten V.—VII. gelegt. Der Schilfrohrsänger nistet einzeln 1—2mal jährlich, das ♀ brütet 13 Tage. Beide Altvögel füttern die Brut 15 Tage im Nest, danach noch einige Tage.

Nahrung: Kleine Gliederfüßer, vorwiegend Insekten, die auf Pflanzen gesammelt oder im Flug geschnappt werden.

Gefährdungsgrad: Die Art ist bei uns als „gefährdet" eingestuft.

2 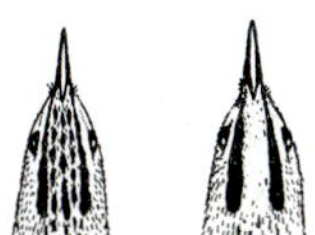 3

1

Teichrohrsänger

Acrocephalus scirpaceus

Grasmücken

Sylviidae

Merkmale: Stimme — Lebensraum — Aussehen — Verhalten

Kleiner als ein Sperling (13 cm) mit schlankem Kopf und kurzem Schwanz. Der ad. Vogel (**1**) ist dunkelbraun, unten weißlich mit Ockerton; ♂ = ♀ = juv. Der Vogel lebt heimlich im Rohrdickicht, klettert auf den Halmen umher, fliegt dicht über dem Schilf hastig in sanften Wellenlinien mit teilweise gespreiztem und leicht gesenktem Schwanz dahin. Das singende ♂ sitzt auf Halmen innen im Dickicht. Der Teichrohrsänger singt häufig, sein Gesang ist nicht lautstark, in jeweils für sich wiederholte Takte gegliedert „tiri-tiri-tscherk-tscherk-tschihi-tschihi" usw. Der Lockruf ist ein tieferes „tscharr", der Warnruf ein „schkarr".

Ähnliche Arten: Der Gesang ähnelt dem des Drosselrohrsängers, ist aber wesentlich weniger lautstark; im Unterschied zum Mariskensänger (*A. melanopogon*) fehlen ihm die steigenden Pfiffe. Besonders ähnlich im Aussehen ist der verbreitete Sumpfrohrsänger (*A. palustris*), in Osteuropa auch der Buschrohrsänger (*A. dumetorum*) und der Feldrohrsänger (*A. agricola*). Diese Arten unterscheidet man am besten aufgrund der Flügelformel (Teichrohrsänger — **2**, Buschrohrsänger — **3**, Sumpfrohrsänger — **4**, Feldrohrsänger — **5**).

Lebensraum: Vorwiegend Schilfbestände, auch auf kleinen Flächen. An den Brutplätzen an der Stimme festzustellen.

Lebensweise: Einzeln lebender Zugvogel, hält sich von IV.—IX. an den Brutplätzen auf. Das Nest wird in geringer Höhe zwischen die Schilfstengel geflochten. Die 3—5 grünlichen Eier mit braunen Flekken (17,9×13,1 mm) werden in den Monaten V.—VIII. gelegt. Der Teichrohrsänger nistet einzeln 1—2mal jährlich und brütet 12 Tage. Beide Altvögel füttern die Jungen 11 Tage lang im Nest, danach weitere 12 Tage.

Nahrung: Überwiegend kleine Insekten, die in der untersten Schilfschicht, auf Bäumen und im Flug erbeutet werden.

Gefährdungsgrad: Nicht gefährdet.

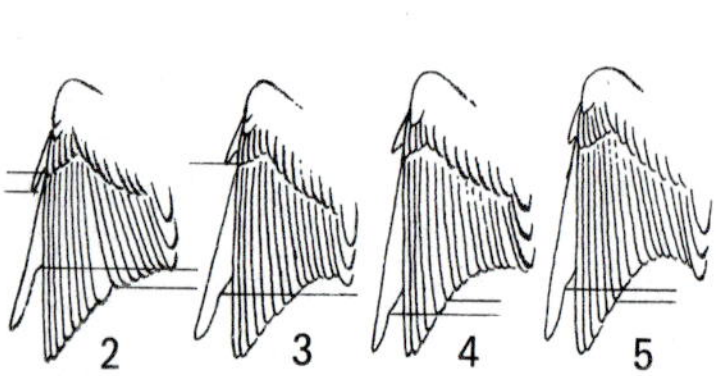

1

Drosselrohrsänger
Acrocephalus arundinaceus
Grasmücken
Sylviidae

Merkmale: Stimme — Lebensraum — Aussehen — Größe — Verhalten
Kleiner als eine Amsel (19 cm). Typisch sind der schmale Kopf mit dem starken Schnabel und die kräftigen Beine. Der ad. Vogel (**1**) ist braun, auf der Unterseite nahezu ins Weiße gehend, der Überaugenstreifen ist hell; ♂ = ♀. Juv. Vögel haben einen gelblichen Überaugenstreifen, die Unterseite leicht ocker, ohne Weiß. Der Vogel sitzt auf Schilfrohr und klettert zwischen den Halmen umher, sitzt häufiger auch in Bäumen, verläßt sogar die Schilfbestände und streicht mit halb gespreiztem und leicht geneigtem Schwanz dicht über ihnen dahin. Das ♂ hat seine Singwarte normalerweise auf einem Stengel, aber nicht an der Spitze, manchmal auch im Geäst. Der Gesang ist sehr laut und durchdringend, ein kreischendes „karre-karre-kiet-kiet-kürr-küur" usw. Der Lockruf klingt „tack tack", der Warnruf ist ein rauhes „krr".
Ähnliche Arten: Der Drosselrohrsänger ist beträchtlich größer als die übrigen Rohrsänger, sein Gesang ähnelt dem des Teichrohrsängers. Er ist auch an den gleichen Stellen zu hören, allerdings weitaus stärker. Im Gesang kann man den Drosselrohrsänger auch mit dem Olivenspötter (*Hippolais olivetorum*) und dem Buschspötter (*H. caligata*) verwechseln.
Lebensraum: Schilfbestände an Dauergewässern, vor allem alte Bestände, fliegt auch in die umliegenden Felder. Der Drosselrohrsänger ist an den Brutplätzen durch seine Stimme gut zu erkennen.
Lebensweise: Einzeln lebender Zugvogel, der von IV.—IX. an den Brutplätzen zu finden ist. Das Nest ist zwischen die Schilf- und Igelkolbenstengel usw. eingeflochten, die 3—6 blaugrünen, kräftig braun gefleckten Eier (22,5×16,1 mm) werden in den Monaten V.—VII. gelegt. Der Drosselrohrsänger nistet einzeln 1—2mal jährlich, das ♀ brütet 14 Tage. Beide Altvögel füttern die Jungen 12 Tage im Nest, danach noch weitere 11 Tage.
Nahrung: Auf dem Bewuchs oder an der Wasseroberfläche gesammelte Insekten.
Gefährdungsgrad: Der Drosselrohrsänger ist in der Bundesrepublik Deutschland „stark gefährdet".

1

Gelbspötter
Hippolais icterina
Grasmücken
Sylviidae

Merkmale: Stimme — Verhalten — Aussehen
Kleiner als ein Sperling (13 cm), schlank, Schnabel leicht abgeplattet und breit. Der ad. Gelbspötter (**1**) ist auf der Oberseite grün, der Überaugenstreifen und die ganze Unterseite sind hellgelb; ♂ = ♀ = juv. Er bewegt sich vorwiegend in den Ästen von Baumkronen, wo das ♂ auch singt, häufig auf einem der äußeren Zweige, mit breit geplustertem, aufwärts gerecktem Kopf, weit aufgerissenem Schnabel und orangerotem Schlund. Der Vogel fliegt schnell nur zwischen den Bäumen hin und her, beschreibt dabei eine flache Wellenlinie. Er singt sehr häufig, laut und wohltönend. Der Gesang ist eine Mischung aus Flötentönen mit Knarr- und Knirschlauten in kurzen, normalerweise zweimal wiederholten Strophen, z.B. „tschididim-tschididim-djerr-djerr". Der Lockruf klingt wie „tschotschowich" oder „huid", der Warnruf ist ein deutliches „tek-tekerr".

Ähnliche Arten: In Westeuropa lebt der sehr ähnliche Orpheusspötter (*H. polyglotta*), der jedoch eine andere Flügelformel (**2**) hat als der Gelbspötter (**3**).

Lebensraum: Parklandschaften, vorwiegend Gärten, Parks, Waldränder, auf dem Trockenen wurzelnde Ufervegetationen usw. von der Tiefebene bis ins Hügelland. Am Brutplatz erkennt man den Gelbspötter leicht am Gesang (V.—VI.).

Lebensweise: Einzeln lebender Zugvogel, der sich von V.—VIII. an den Brutplätzen aufhält. Das Nest sitzt in geringer Höhe auf Bäumen oder im Gebüsch. Es ist klein und recht tief, zwischen die Zweige geflochten, im Baumaterial finden sich Rinde, Papierfetzen, Spinnweben. Die 4—6 rosigen, schütter dunkel gefleckten Eier (18,4×13,5 mm) werden in den Monaten V.—VII. gelegt. Der Gelbspötter nistet 1 (—2?)mal jährlich und brütet 13 Tage. Beide Altvögel füttern die Jungen 13 Tage im Nest.

Nahrung: Wirbellose Kleinlebewesen, hauptsächlich Insekten, mit einsetzendem Herbst auch Früchte von Gehölzen; die Nahrung wird auf Ästen und Laub gesammelt.

Gefährdungsgrad: Ziemlich zahlreiche Art.

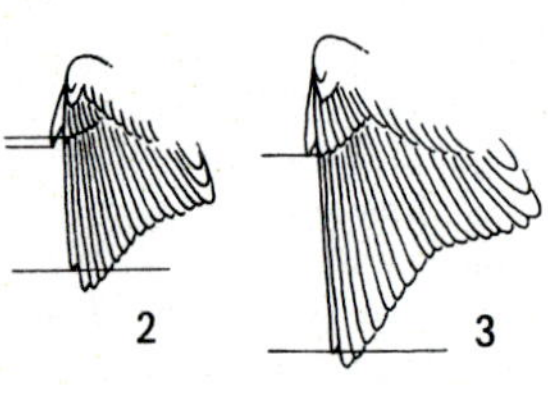

2 3

1

Sperbergrasmücke

Sylvia nisoria

Grasmücken

Sylviidae

Merkmale: Stimme — Verhalten — Färbung

Sperlingsgroß (15 cm) mit einem größeren runden Kopf und kurzen Schwanz. Das ad. ♂ (**1**) ist oben grau, unten weißlich mit dunkelgrauen, querverlaufenden Wellenlinien und hat gelbe Augen, beim ♀ sind diese Wellen weniger kräftig, die Augen grau. Der juv. Vogel ist nahezu einfarbig, graubraun, die Unterseite ist sahnefarben, ohne Wellen, die Augen braun. Sperbergrasmücken klettern in Gebüschen, seltener in Baumkronen umher und sind recht scheu. Sie fliegen nur kurz und schnell, niedrig, mit einer jähen Wendung beim Niedergehen. Das ♂ singt in Gebüschen oder fliegt singend kurz empor, um sich wieder auf dem Gesträuch niederzulassen. Singt häufig, der Gesang ist lautstark, die Strophen ziemlich lang mit Flöten- und Klirrtönen, mit dem scharrenden Lockruf „tscherr" durchsetzt. Der Warnruf ist „teck teck".

Ähnliche Arten: Der Gesang ähnelt weitgehend dem der Gartengrasmücke, doch ist dieser weicher, ihm fehlt das schnarrende „tscherr".

Lebensraum: Wärmere buschbestandene Raine, Lichtungen, Waldränder. An den Brutplätzen kann man die Sperbergrasmücke leicht an Gesang und Warnruf registrieren (V.—VI.).

Lebensweise: Einzeln lebender Zugvogel, der sich von IV.—IX. an den Brutplätzen aufhält. Das Nest befindet sich nicht besonders hoch in dichtem Gebüsch, oft in Dornbüschen, und ist auffällig dünnwandig. Die 4—5 gelblichen, grau gesprenkelten Eier (20,9 × 15,5 mm) werden in den Monaten V.—VI. gelegt. Die Sperbergrasmücke nistet einzeln 1mal jährlich und brütet 14 Tage lang. Beide Altvögel füttern die Jungen 14 Tage im Nest, anschließend noch einige Tage außerhalb.

Nahrung: Insekten, die auf Zweigen und Laub gesammelt werden, mit einsetzendem Herbst auch Früchte auf Sträuchern und Bäumen.

Gefährdungsgrad: Die Sperbergrasmücke ist laut Roter Liste bei uns „vom Aussterben bedroht".

1

Klappergrasmücke

Sylvia curruca

Grasmücken

Sylviidae

Merkmale: Stimme — Färbung — Größe — Verhalten

Kleiner als ein Sperling (13 cm), sehr schlank. Der ad. Vogel (**1**) hat einen oben grauen Kopf mit einem schwarzen Augenstreifen, der mit der weißen Kehle kontrastiert; ♂ = ♀. Der juv. Vogel hat eine dunklere Kopfoberseite, die Unterseite geht ins Braune, die Flügeldecken haben hellere Säume. Diese Grasmücke hält sich in dichten, niederwüchsigen Gebüschen auf, in denen sie sehr aktiv umherklettert, hin und wieder legt sie kürzere Entfernungen in schnellem und niedrigem Flug zurück. Dabei singt sie, oft an den Außenrändern der Büsche. Sie singt sehr oft, der Gesang ist ganz leise und fein, nur aus der Nähe zu vernehmen, gelegentlich klingt darin auch ein sehr lauter Triller „lilililililil" auf. Der Lockruf ist ein abgehacktes „teckteck", der Warnruf „terrteck".

Ähnliche Arten: Recht ähnlich sieht die Dorngrasmücke aus, sie ist aber größer, hat keinen schwarzen Augenstreifen und eine andere Stimme.

Lebensraum: Gebüsche in Gärten, Waldlichtungen von der Tiefebene bis zur Krummholzstufe. Die Klappergrasmücke entdeckt man an ihren Brutplätzen leicht am Gesang (IV.—VII.). Außerhalb der Brutzeit erkennt man sie am Lockruf.

Lebensweise: Einzeln lebender Zugvogel, kommt an den Brutplätzen von IV.—IX. vor. Das Nest sitzt niedrig im Gebüsch oder dichten niederwüchsigen Bäumen und ist sehr zart. Die 4—5 weißlichen, dunkel gefleckten Eier (17,0×12,8 mm) werden in den Monaten IV.—VI. gelegt. Die Klappergrasmücke nistet einzeln 1—2mal jährlich und brütet 12 Tage lang. Die Jungen werden von den Altvögeln 13 Tage im Nest gefüttert, anschließend noch ein paar Tage außerhalb.

Nahrung: Vorwiegend Insekten, deren Larven und Puppen, im Sommer und Herbst auch Früchte. Die Nahrung wird von Zweigen und vom Laub der Bäume oder Sträucher gesammelt bzw. gerupft.

Gefährdungsgrad: Zahlreiche Art.

1

Dorngrasmücke
Sylvia communis
Grasmücken
Sylviidae

Merkmale: Stimme — Verhalten — Aussehen
Nur ein wenig kleiner als ein Sperling (14 cm), hat einen ziemlich langen Schwanz. Der ad. Vogel (**1**) ist oben graubraun, der Schwanz weiß gesäumt, die helleren Felder in den Flügeln kommen durch die rostroten Schwingensäume zustande. Kehle und Bauch sind weiß. Die Kopfoberseite ist beim ♂ grau, beim ♀ braun, juv. Vögel sind blasser, Kehle und Schwanzsäume gehen ins Beige. Diese Grasmücke hält sich mit Vorliebe in Gebüschen und dichten Krautbeständen auf, sitzt geduckt und leicht vorgeneigt auf Zweigen. Sie fliegt nur über kurze Entfernung, schnell und in leichter Wellenlinie. Im Singflug steigt das ♂ normalerweise über einem Strauch in die Höhe, dann sinkt es wieder zurück. Es singt sehr oft, der Gesang ist kurz und schließt mit einem fragendem „herrot". Der Lockruf klingt „wed wed" oder „tscheek", der Warnruf „warr".
Ähnliche Arten: Die kleinere Klappergrasmücke mit dem schwarzen Augenstreifen, die anders singt, und die Brillengrasmücke (*S. conspicillata*) aus Südosteuropa mit weiß umrandeten Augen, bei der Kopf und Körperoberseite grau sind.
Lebensraum: Buschwerk auf Rainen, in Feldern, auf Lichtungen von der Tiefebene bis zur Knieholzstufe. Ist an den Brutplätzen leicht nach dem Gesang zu identifizieren. Außerhalb der Brutzeit erkennt man diese Grasmücke am Lockruf.
Lebensweise: Zugvogel, hält sich von IV.—IX. an den Brutplätzen auf. Das dünnwandige Nest befindet sich im dichten Busch- oder Krautgewirr. Die 4—5 grüngrauen Eier mit den großen dunkelgrauen Flecken (18,1 × 14,0 mm) werden in den Monaten IV.—VII. gelegt. Die Dorngrasmücke nistet einzeln 1—2mal jährlich und brütet 13 Tage lang. Beide Altvögel füttern die Jungen 12 Tage im Nest, danach noch einige Tage.
Nahrung: Hauptsächlich Insekten, im Sommer und Herbst auch Früchte, die auf Zweigen und Laub gesammelt oder gerupft werden.
Gefährdungsgrad: Recht zahlreich, im Rückgang befindlich. Notwendig ist die Erhaltung von inselartigen Gebüschen und heckenbestandenen Rainen. Die Art ist nicht gefährdet.

1

Gartengrasmücke

Sylvia borin

Grasmücken

Sylviidae

Merkmale: Stimme — Verhalten — Aussehen
Ein wenig kleiner als ein Sperling (14 cm), schlank, verhältnismäßig starker Schnabel, längerer Schwanz. Der ad. Vogel (**1**) ist unscheinbar graubraun, die Unterseite weißlichbräunlich, ohne ausgeprägtere farbige Merkmale. ♂ = ♀. Der juv. Vogel zeigt auf der Oberseite einen Stich ins Grünliche, seine Unterseite ist gelblich. Die Gartengrasmücke klettert heimlich in Gebüschen und Baumkronen umher, legt in niedrigem, schnellem Flug nur kurze Entfernungen zurück. Das ♂ singt, während es im Gezweig herumklettert. Läßt sich sehr oft hören, der Gesang ist lautstark und melodisch mit langen Strophen, ohne auffällige Unterschiede der Tonhöhe oder disharmonische Laute. Der Lockruf ist „tschick-tschick“, der Warnruf ein tiefes „tscharr“.

Ähnliche Arten: Der Gesang ähnelt dem der Sperbergrasmücke, ist aber weniger scharf, ohne das schnarrende „tscherr“.

Lebensraum: Gebüsch und Unterholz in feuchteren Nadelwäldern, Umgebung von Flüssen und Bächen, seltener verwilderte Friedhöfe und Parks mit wucherndem Buschwerk. An den Brutplätzen erkennt man am Gesang (IV.—VII.).

Lebensweise: Einzeln lebender Zugvogel, von IV.—X. an den Brutplätzen zu finden. Das dünnwandige Nest sitzt in geringer Höhe im dichten Busch- oder auch Krautwerk. Die 4—5 gelblichen Eier mit grauen Flecken (19,9×14,7 mm) werden in den Monaten IV.—VII. gelegt. Die Gartengrasmücke nistet einzeln 1—2mal jährlich und brütet 12 Tage. Beide Altvögel füttern die Jungen 11 Tage im Nest und einige Tage außerhalb.

Nahrung: Überwiegend Insekten und deren Entwicklungsstadien, im Sommer und Herbst auch fleischige Früchte. Die Nahrung wird auf Zweigen und Laub gesammelt.

Gefährdungsgrad: Zahlreiche Art.

1

Mönchsgrasmücke

Sylvia atricapilla

Grasmücken

Sylviidae

Merkmale: Stimme — Färbung — Verhalten

Kleiner als ein Sperling (14 cm), schlank, mit einem größeren Kopf. Der ad. Vogel ist graubraun, die Unterseite hell, am Schwanz fehlen die weißen Säume; ♂ (**1**) hat ein schwarzes Käppchen, das ♀ ein rotbraunes. Der juv. Vogel ähnelt dem ♀, ist aber matter. Diese Grasmücke schlüpft flink im Gezweig von Büschen und Baumkronen umher, fliegt niedrig, gewandt und in flachen Wellenlinien. Das ♂ hat seine Singwarte in Baumkronen. Die Mönchsgrasmücke ist häufig zu hören. Ihr Gesang ist sehr laut und melodisch, in langen Strophen und mit einem typischen plötzlichen Überschlag. Der Lockruf ist ein hartes, abgehacktes „teck teck", der Warnruf ein leises „tschrän".

Ähnliche Arten: Die Art ist kaum zu verwechseln, doch haben einige Individuen einen atypischen Gesang. In Südeuropa lebt die schwarzköpfige Orpheusgrasmükke (*S. hortensis*), die einen anderen Gesang, eine größere Kappe und eine helle Iris hat, die Samtkopfgrasmücke (*S. melanocephala*), die Maskengrasmücke (*S. rueppelli*) und die Tamarisken- oder Bartgrasmücke (*S. mystacea*).

Lebensraum: Lichte Wälder mit Buschunterholz, Parks und Gärten von der Tiefebene bis zur Knieholzstufe. An den Brutplätzen erkennt man sie leicht am Gesang (IV.—VII.), am Lockruf auch außerhalb der Brutzeit.

Lebensweise: Überwiegend Zugvogel, lebt einzeln, hält sich von IV.—X. an den Brutplätzen auf. Das dünnwandige Nest sitzt nicht hoch auf jungen Bäumen oder Büschen. Die 4—6 gelblichen, braun gesprenkelten Eier (19,6×14,7 mm) werden in den Monaten IV.—VI. gelegt. Die Mönchsgrasmücke nistet einzeln 1—2mal jährlich und brütet 12 Tage lang. Beide Altvögel füttern die Jungen 14 Tage im Nest, danach noch einige Tage.

Nahrung: Überwiegend Insekten in allen Entwicklungsstadien, auf Bäumen und Sträuchern gesammelt, mit einsetzendem Herbst oft fleischige Früchte der verschiedenen Gehölze.

Gefährdungsgrad: Zahlreiche Art.

1

Waldlaubsänger

Phylloscopus sibilatrix
Grasmücken
Sylviidae

Merkmale: Stimme — Aussehen — Verhalten — Färbung
Kleiner als ein Sperling (12 cm), schlank, kurzer Schwanz. Der ad. Waldlaubsänger (**1**) ist olivgrün, Flügel und Schwanz sind dunkler, Überaugenstreifen und Kehle schwefelgelb, der Bauch weiß; ♂ = ♀. Juv. sind etwas matter. Bewegt sich normalerweise im Geäst der unteren Baumkronenstockwerke und fliegt oft auf den Boden hinunter. Das ♂ singt auf einem Zweig sitzend, wobei es deutlich die halb hängenden Flügel und den Schwanz zittern läßt, um dann im Schwebflug von seiner Singwarte abwärts weiterzusingen. Die Art ist oft zu hören, der Gesang besteht aus einer Reihe immer schneller werdender Schwirrtöne „si si sisissirr". Der Lockruf ist ein sehr lautes weiches „düh" und „witt witt".
Ähnliche Arten: In Aussehen und Stimme stark von allen anderen Laubsängerarten abweichend. In Südeuropa ist ein ähnlicher Gesang beim Berglaubsänger (*P. bonelli*) zu hören.
Lebensraum: Hochwälder, vor allem Laubwälder (Buchen) mit schütterem Unterholz von den Tiefebenen bis zur Montanstufe, seltener auch Parks, alte Gärten usw. An den Brutplätzen erkennt man den Waldlaubsänger leicht am Gesang (IV.—VII.).
Lebensweise: Einzeln lebender Zugvogel, hält sich von IV.—IX. an den Brutplätzen auf. Das kugelförmige Nest sitzt normalerweise auf einem schrägen Hang am Boden im Gras, seine Polsterung enthält keine Federchen. Die 5—7 weißen, braun gefleckten Eier (16,0×12,5 mm) werden in den Monaten IV.—VI. gelegt. Der Vogel nistet einzeln 1(—2?)mal jährlich, das ♀ brütet 13 Tage. Beide Altvögel füttern die Jungen 12 Tage im Nest, anschließend noch einige Tage außerhalb.
Nahrung: Wirbellose Kleinlebewesen, die auf dem Laub in den Baumkronen gesammelt werden, im Herbst auch Beeren.
Gefährdungsgrad: Zahlreiche Art.

1

Zilpzalp
Phylloscopus collybita
Grasmücken
Sylviidae

Merkmale: Stimme – Aussehen – Verhalten – Färbung
Beträchtlich kleiner als ein Sperling (11 cm), sehr schlank. Der ad. Zilpzalp (**1**) ist oliv-grünbraun, die Unterseite weißlich, der schwache Überaugenstreifen gelblich, die Beine schwarzbraun; ♂ = ♀ = juv. Der Vogel klettert sehr rege in den Baumkronen umher, schüttelt sich oft auf einem Zweigende sitzend und wechselt in schnellem Flug von einem Baum zum anderen. Er singt bei der Kletterei im Geäst. Der Zilpzalp singt sehr häufig, auch außerhalb der Brutzeit, sein schlichtes, lautes, unablässig wiederholtes „zilp-zalp-zilp-zalp". Der Lockruf klingt „huit" oder lauter „tuit", der Warnruf klingt „wihit", im Frühjahr ist ein leises „trrt-trrt" zu hören.
Ähnliche Arten: Im Aussehen ähnlich ist vor allem der in ganz Europa zahlreiche Fitis (*P. trochilus*), die anderen Laubsängerarten sind seltener. Ein zuverlässiges Bestimmungsmerkmal ist die Flügelformel: Grüner Laubsänger (*P. trochiloides*) – **2**, Wanderlaubsänger (*P. borealis*) – **3**, Fitis – **4**, Zilpzalp – **5**, Waldlaubsänger – **6**. Der Gesang ist unverkennbar.
Lebensraum: Lichtere Wälder, Lichtungen, auch alte Gärten und Parks von der Tiefebene bis an die obere Waldgrenze. Außerhalb der Brutzeit kommt der Zilpzalp auch in einzelnen Gebüschen, Röhrichten usw. vor.
Lebensweise: Größtenteils Zugvogel, hält sich von III.–X. an den Brutplätzen auf. Das Nest sitzt im lockeren Bewuchs am Boden oder dicht darüber in Sträuchern, es ist kugelig, seine Auspolsterung besteht fast immer aus Federchen. Die 4–6 weißen Eier mit der schütteren braunen Sprenkelung (15,2×11,9 mm) werden in den Monaten IV.–VII. gelegt. Der Zilpzalp nistet einzeln 1–2mal jährlich, das ♀ brütet 13 Tage, Brutpflege betreiben beide Altvögel, sie füttern die Jungen 15 Tage im Nest, außerhalb noch weitere 16 Tage lang.
Nahrung: Kleine Insekten und andere Gliederfüßer, die vorwiegend auf dem Laub gesammelt werden, im Sommer und Herbst auch fleischige Früchte.
Gefährdungsgrad: Sehr zahlreiche Art.

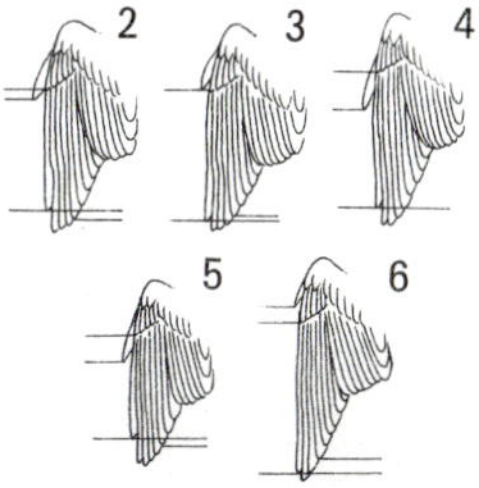

1

Wintergoldhähnchen
Regulus regulus
Grasmücken
Sylviidae

Merkmale: Stimme — Größe — Aussehen — Verhalten
Dieser kleinste europäische Vogel (9 cm) hat einen großen runden Kopf und einen kleinen Schnabel. Der ad. Vogel ist oliv-graugrün, die Unterseite weiß, das ♂ hat über dem Auge einen dunklen Streifen und einen orangegelben Scheitel, das ♀ (**1**) hat einen reingelben Scheitel. Beim juv. Vogel fehlt die farbige Kopfzeichnung. Die Art klettert und fliegt sehr aktiv in den Baumkronen umher, vor allem in Fichten, rüttelt oft an den Zweigspitzen, auf jungen Bäumen geht er bis zum Boden nieder. Der Flug ist wellig, schnell und gewandt. Im Winter tritt die Art mit Meisen zusammen in kleinen Schwärmen auf. Nahezu unablässig ruft der Vogel seinen feinen, aber durchdringenden hohen Lockruf „si-si-si sii-si-si". Der Gesang setzt mit hohen Tönen ein, fährt mit Knirschgeräuschen fort, steigt dann an und endet mit einem abfallenden Triller.
Ähnliche Arten: In Aussehen und Lockruf ähnlich ist das Sommergoldhähnchen, das aber in seiner Kopfzeichnung noch einen weißen Überaugenstreifen aufweist.
Lebensraum: Hochwald, vor allem Fichtenbestände von den Tiefebenen bis an die obere Waldgrenze. Außerhalb der Brutzeit auch Parks, Gärten usw. Ganzjährig leicht am Lockruf zu erkennen, an den Brutplätzen am Gesang, der den ganzen Sommer über ertönt, bei schönem Wetter bereits im Winter.
Lebensweise: Außer Nordeuropa Standvogel, der in der Ruhezeit scharenweise auch abseits der Brutplätze umherstreicht. Das Nest ist ein fast kugelförmiger, starkwandiger Bau, der meist in großer Höhe zwischen hängenden Zweigen (hauptsächlich von Fichten) geflochten wird; seine Polsterung besteht aus Federchen. Die 6—10 gelblichen Eier mit den graubraunen Sprenkeln (13,5 × 10,4 mm) werden in den Monaten IV.—VI. gelegt. Das Wintergoldhähnchen nistet einzeln 1—2mal jährlich, das ♀ brütet 15 Tage. Beide Altvögel betreiben Brutpflege und füttern die Jungen 17 Tage im Nest, danach noch weitere 8 Tage.
Nahrung: Ausschließlich im Gezweig gesammelte Insekten.
Gefährdungsgrad: Zahlreiche Art.

1

Sommergoldhähnchen

Regulus ignicapillus

Grasmücken

Sylviidae

Merkmale: Stimme — Größe — Aussehen — Verhalten

Zusammen mit dem Wintergoldhähnchen ist dies die kleinste europäische Vogelart (9 cm). Der ad. Vogel ist grünlich mit einer auffälligen Kopfzeichnung, einem weißen, darüber noch einem schwarzen Überaugenstreifen. Der Scheitel ist beim ♂ (**1**) leuchtend orange, beim ♀ gelb, beim juv. Vogel grünlich wie der Rücken. Der Vogel klettert und fliegt recht aktiv in den Baumkronen umher, rüttelt oft vor den Zweigspitzen. Sein Flug ist schnell, wellig, normalerweise nur kurz. Fast ohne Unterlaß ruft das Sommergoldhähnchen seinen feinen, aber durchdringenden hohen Lockruf „sii-sii-si-sii-si-si". Der Gesang besteht aus fallenden und am Ende schneller werdenden Tönen „sii sii si si sisisi".

Ähnliche Arten: Sehr ähnlich ist das Wintergoldhähnchen, dem aber der weiße Überaugenstreifen fehlt; der Lockruf läßt sich nicht unterscheiden, der Gesang ist ganz anders und komplizierter.

Lebensraum: Hochwälder von der Tiefebene bis zur oberen Waldgrenze, auch Parkbestände, außerhalb der Brutzeit auch waldlose Biotope. Man erkennt die Art leicht an ihrem Gesang (III.—VII.), beim Lockruf muß man sich durch einen Blick auf den Vogel vergewissern.

Lebensweise: Überwiegend Zugvogel, lebt einzeln, erscheint von III.—X. an den Brutplätzen. Das Nest ist ein festes, tiefes Bauwerk, normalerweise hoch oben zwischen den hängenden Zweigen geflochten, der Nistkessel wird meist von einigen in die Ränder gesteckten Federchen überdacht. Die 7—11 gelblichen, rotbraun gesprenkelten Eier (13,5×10,3 mm) werden in den Monaten IV.—VII. gelegt. Das Sommergoldhähnchen nistet einzeln 1—2mal jährlich, das ♀ brütet 15 Tage. Beide Altvögel füttern die Jungen 20 Tage lang im Nest.

Nahrung: Im Geäst gesammelte kleine Gliederfüßer.

Gefährdungsgrad: Nicht gefährdet.

1

Grauschnäpper
Muscicapa striata
Fliegenschnäpper
Muscicapidae

Merkmale: Verhalten — Stimme — Aussehen
Nur geringfügig kleiner als ein Sperling (14 cm). Kopf groß, Flügel breit, abgerundet, Schwanz ziemlich lang. Der ad. Vogel (**1**) ist hellbraun mit dunklen Flecken; ♂ = ♀. Juv. Vögel haben einen schuppig gefleckten Rücken. Der Grauschnäpper sitzt auffallend aufgereckt an erhöhten Warten, z.B. auf kahlen Baumästen, Pfählen, Zäunen, Leitungsdrähten; beim Lokken zuckt er mit Flügeln und Schwanz. Der Vogel schießt jäh zu fliegenden Insekten in die Höhe, schnappt sie in gewandtem Rüttelflug und gleitet auf eine neue Warte oder auf die alte zurück. Lockt häufig mit einem scharfen „zst" oder „psi", warnt „zi-teck-teck". Der Grauschnäpper singt nicht besonders häufig, sein Gesang ist ein ausdrucksloses, kurzes „sip-sip-sich-sitti-sich-sih".
Ähnliche Arten: Sehr ähnlich ist der asiatische Braunschnäpper (*M. latirostris*), ein sehr seltener Irrgast in Europa.
Lebensraum: Lichte Wälder, Gärten von der Tiefebene bis an die obere Waldgrenze. An den Brutplätzen ist der Grauschnäpper leicht anhand der Stimme zu erkennen, vor allem an seinem Lockruf, ansonsten kann man ihn auf seiner hohen Warte oder auch beim Beutefang beobachten.

Lebensweise: Einzeln lebender Zugvogel, hält sich von IV.—IX. an den Brutplätzen auf. Das Nest befindet sich nicht besonders hoch auf einer festen Unterlage auf Bäumen oder an Gebäuden, meist in Halbhöhlen oder wenigstens von oben gedeckt. Die 4—5 blaßgrauen Eier mit den braunen Flecken (18,7×14,1 mm) werden in den Monaten V.—VII. gelegt. Der Grauschnäpper nistet einzeln 1—2mal jährlich, das ♀ brütet 14 Tage. Die Jungen werden von beiden Altvögeln 14 Tage im Nest gefüttert, anschließend noch einige Tage außerhalb.
Nahrung: In der Hauptsache Insekten, die im Flug geschnappt, bei kühlem Wetter auch am Boden aufgesammelt werden, im Sommer und Herbst auch Beeren.
Gefährdungsgrad: Diese Art ist bei uns nicht gefährdet.

1

Zwergschnäpper
Ficedula parva
Fliegenschnäpper
Muscicapidae

Merkmale: Stimme — Verhalten — Aussehen — Färbung
Kleiner als die übrigen Fliegenschnäpper (11 cm), mit großem Kopf. Der ad. Vogel ist oben graubraun, unten grauweiß, der Schwanz ist dunkel mit weißen Säumen (**2**) an der Wurzel. Das ♂ (**1**) hat eine rote Kehle, beim ♀ und jungen ♂ ist sie ocker. Der juv. Vogel ähnelt dem ♀, doch tragen Körperoberseite und Kehle eine dunklere Fleckenzeichnung. Der Zwergschnäpper hält sich bevorzugt im unteren Stockwerk hoher Baumkronen auf, startet gewandt von den Ästen, um Insekten zu erbeuten. Bei kühlem Wetter geht er auch auf den Boden nieder. Er ist oft zu hören. Der Gesang ist recht laut, monoton, mit wiederholtem Anfangsmotiv und einem am Ende fallenden „si-sr-si-sr-si-sr-sr-sr". Der Lockruf ist ein flötendes „siluji" oder ein hervorgestoßenes „zet", der Warnruf ist ein zaunkönigähnliches „zrrr".
Ähnliche Arten: Unverkennbar; das ähnlich gefärbte Rotkehlchen hat keine weiße Schwanzwurzel und zeigt ein völlig anderes Verhalten.
Lebensraum: Hochwälder mit lockerem Unterholz, vor allem Buchenwälder von Hügellandschaften bis an die obere Waldgrenze. Dieser Schnäpper erscheint außerhalb der Brutzeit auch in Parkanlagen und Gärten. An den Brutplätzen erkennt man den Zwergschnäpper leicht an seinem Gesang, beobachten läßt er sich nur unter Schwierigkeiten. Außerhalb der Brutzeit ist diese Art weniger scheu und leichter zu sehen.
Lebensweise: Zugvogel, hält sich von V.—IX. an den Brutplätzen auf. Das Nest sitzt normalerweise recht hoch in einer Halbhöhle auf einem Baum, im Baumaterial sind Moos und Spinnweben. Die 4—6 gelblichen, dicht rotbraun gesprenkelten Eier (16,6×12,7 mm) werden in den Monaten V.—VI. gelegt. Der Zwergschnäpper nistet einzeln 1mal jährlich, das ♀ brütet 15 Tage. Beide Altvögel füttern die Jungen 14 Tage lang im Nest, danach noch weitere 14 Tage.
Nahrung: Vorwiegend Insekten, die auf Ästen und Baumstämmen, seltener in der Luft und am Boden erbeutet werden.
Gefährdungsgrad: Der Zwergschnäpper ist als „potentiell gefährdete" Art eingestuft.

2

1

Halsbandschnäpper

Ficedula albicollis

Fliegenschnäpper

Muscicapidae

Merkmale: Stimme — Aussehen — Färbung — Verhalten

Nur wenig kleiner als ein Sperling (13 cm). Das ad ♂ (**1**) ist auf der Oberseite schwarz, auf der Unterseite weiß, hat ein großes, weißes Flügelfeld (**3**) und ein weißes Halsband über den Nacken; das ♀ zeigt anstelle der schwarzen Farbe eine graubraune. Der juv. Vogel ähnelt dem ♀, doch sieht seine Oberseite leicht fleckig aus, das Weiß auf den Flügeln ist weniger kräftig. Der Vogel lebt außerhalb der Brutzeit äußerst heimlich im unteren Stockwerk der Baumkronen, sitzt auf den Ästen, von denen aus er zum Insektenfang losfliegt, geht aber auch auf Baumstämme nieder. Zwischen den Bäumen fliegt er sehr schnell und gewandt umher. Der Gesang ist lautstark und kurz mit geflöteten Tönen, auf- und absteigend. Der Lockruf ist ein lautes „sieb-sieb". Wenn er lockt, spreizt der Halsbandschnäpper Flügel und Schwanz etwas; das ♀ am Nest gibt ein warnendes „sib-sib-sib" von sich.

Ähnliche Arten: In einem Großteil Europas wird der Halsbandschnäpper vom ähnlichen Trauerschnäpper (*F. hypoleuca*), vertreten, der einen schwarzen Nacken (**2**) und ein kleineres weißes Flügelfeld (**4**) hat, im Südosten der Balkanhalbinsel vom Halbringschnäpper (*F. semitorquata*) mit einem nicht geschlossenen Halsband.

Lebensraum: Lichte Laub- oder Mischwälder, Parks, Gärten von der Tiefebene bis zur Montanstufe. In der Brutzeit läßt sich der Halsbandschnäpper leicht an der Stimme entdecken und auch beobachten.

Lebensweise: Zugvogel, hält sich von IV.—IX. an den Brutplätzen auf. Das Nest sitzt in einer Baumhöhle, die Polsterung enthält niemals Federn. Die 4—7 hellblauen Eier (18,1×13,3 mm) werden in den Monaten IV.—VI. gelegt. Halsbandschnäpper nisten einzeln 1mal jährlich, das ♀ brütet 14 Tage. Beide Altvögel füttern die Jungen, die 17 Tage lang im Nest hocken.

Nahrung: Kleine Insekten, die im Flug geschnappt oder am Boden bzw. auf Bäumen gesammelt werden.

Gefährdungsgrad: Eine zahlreiche Art.

2 

 3

 4

1

Bartmeise

Panurus biarmicus
Timalien
Timaliidae

Merkmale: Lebensraum — Stimme — Aussehen — Verhalten
Erreicht Sperlingsgröße (16 cm), schlank, mit einem auffälligen, sehr langen, gestuften Schwanz. Das ad. ♂ (**1**) hat einen hellgrauen Kopf mit einem schwarzen Bart und gelben Augen; das ♀ (**2**) hat einen braunen, bartlosen Kopf. Beim juv. Vogel sind Scheitel und Rükken braun, das ♂ hat einen schwarzen Streifen zwischen Schnabelwurzel und dem gelben Auge, das ♀ einen grauen Streifen an der Schnabelwurzel und braune Augen. Die Bartmeise klettert im Schilf umher, schiebt sich an den Halmen hoch, oft mit gespreizten Beinen zwischen zwei Halmen. Ihr Flug verläuft wellig und ruckhaft dicht über den Schilfbeständen, dabei wird der lange, leicht abwärts geneigte Schwanz gut sichtbar. Der Vogel ist fast ohne Unterlaß zu hören, auch auf den Streichflügen ertönt sein glockenfeiner Lockruf „pink-pink" oder „dschin-dschin", der Warnruf lautet „tschirr".
Ähnliche Arten: Unverkennbar.
Lebensraum: Ganzjährig Schilfbestände, erscheint nur ausnahmsweise in einem anderen Biotop. An der Stimme erkennt man sie das ganze Jahr hindurch.
Lebensweise: Je nach Areal bestehen die Populationen aus Stand-, Strich- oder Zugvögeln, die ganzjährig in größeren Gruppen zusammenbleiben. Das Nest befindet sich im dichten Unterstockwerk der Schilfdickichte in einem Pflanzenbüschel verborgen; es ist klein, aus Schilfblättern hergestellt, als Polsterung dienen Schilfrispen. Die 5—6 weißen, fein rotbraun gesprenkelten Eier (18,0×14,1 mm) werden in den Monaten III.—VII. gelegt. Die Bartmeise nistet einzeln 1—2 (—4?)mal jährlich und brütet 12 Tage lang. Die Jungen werden von beiden Altvögeln, gegebenenfalls auch noch von weiteren Tieren 12 Tage im Nest gefüttert, anschließend noch ein paar Tage außerhalb.
Nahrung: Im Sommer überwiegend Insekten, im Winter Schilfsamen; alles wird im Schilf gesammelt.
Gefährdungsgrad: Die Art ist stellenweise zahlreich, doch schwanken die Bestände. Bei uns eine „potentiell gefährdete" Art.

2 ♀

1

Schwanzmeise
Aegithalos caudatus
Schwanzmeisen
Aegithalidae

Merkmale: Stimme — Aussehen — Verhalten
Nicht ganz sperlingsgroß (14 cm). Der runde Kopf hat einen kurzen Schnabel, der Schwanz ist auffallend lang. Die ad. Schwanzmeise ist auffällig weiß, braun, schwarz und rosa gefärbt. Die nordeuropäischen Populationen der Gruppe *A.c. caudatus* haben einen weißen Kopf (**3**), die mittel- und westeuropäischen Populationen der Gruppe *A.c. europaeus* haben über dem Auge einen kräftigen schwarzen Streifen (**2**), die Vögel aus Südeuropa (Gruppe *A.c. alpinus*) haben einen schwarzen Kopfstreifen und einen grauen (nicht schwarzen) Rücken. Vögel aus den Grenzzonen zeigen eine gemischte Färbung (**1**). ♂ = ♀. Juv. Vögel haben immer schwarzbraune Kopfseiten und eine mattere weiße und rosa Färbung. Leben fast ausschließlich auf Bäumen und Büschen, wo sie in allen Lagen gewandt im Geäst umherklettern. Sie fliegen schnell und in Wellenlinien, dabei kommt der lange Schwanz zur Geltung. Sie locken oft lautstark „tschrrr-tschrrr".
Ähnliche Arten: Unverkennbar.
Lebensraum: Jüngere und lichte Wälder, Parklandschaften einschließlich Gärten von den Tiefebenen bis zur Montanstufe. Die Art ist das ganze Jahr über leicht zu belauschen und zu beobachten.

Lebensweise: Standvogel, streift außerhalb der Brutzeit truppweise in der Umgebung der Brutplätze umher. Das Nest ist ein geschlossener, kugelförmiger Bau mit dem Einschlupf unter dem Gipfelpunkt, im Baumaterial findet man Flechten und Moos, in der Polsterung immer Federchen. Die 6—12 gelblichen, rötlich punktierten Eier (14,2×11,1 mm) werden in den Monaten III.—VI. gelegt. Die Schwanzmeise nistet einzeln 1—2mal jährlich und brütet 12 Tage. Die Nestlinge werden 15 Tage lang von beiden Altvögeln, manchmal auch noch von anderen Tieren gefüttert; außerhalb des Nestes wird diese Brutpflege noch längere Zeit fortgesetzt.
Nahrung: Den Hauptbestandteil stellen Larven und Eier von Insekten und Spinnen dar, die im Geäst, selten am Boden gesammelt werden.
Gefährdungsgrad: Ziemlich zahlreiche Art.

2 3

1

Weidenmeise

Parus montanus

Meisen

Paridae

Merkmale: Stimme — Aussehen — Verhalten

Kleiner als ein Sperling (11 cm). Großer Kopf, ein nicht besonders langer, gestufter Schwanz (**2**). Der ad. Vogel (**1**) hat eine braune Ober- und grauweiße Unterseite, auf dem Kopf sitzt ein mattschwarzes Käppchen, am Kinn ein schwarzer Fleck, die helleren Schwingensäume lassen auf den Flügeln ein helleres Feld entstehen; ♂ = ♀ = juv. Diese Meisenart ist recht scheu, sehr beweglich, schlüpft im dichten Astwerk von Bäumen und Sträuchern umher. Unter den Meisenarten gesellt sie sich zu den Tannen-, Hauben- und selten auch Sumpfmeisen. Oft ist ihr tiefer Lockruf „däh däh" oder das unauffällige „si-si" zu hören. Der Gesang weist örtliche Unterschiede auf, typisch ist „ti-tih-tih-ti" oder „zi-zih-zih-zih".

Ähnliche Arten: Die sehr ähnliche Sumpfmeise (*P. palustris*) mit der glänzend schwarzen Kappe hat keinen deutlich gestuften Schwanz (**3**). In Nordeuropa lebt die etwas größere Lapplandmeise (*P. cinctus*), in Südeuropa die Trauermeise (*P. lugubris*) mit einem großen, braunen Brustfleck.

Lebensraum: Die verschiedene Waldtypen von den Auwäldern der Tiefebenen bis zu den Bergwäldern, vor allem an feuchteren Stellen. Ganzjährig recht leicht am Lockruf zu erkennen, an den Brutplätzen mit einsetzendem Frühjahr (II.—V.) am Gesang.

Lebensweise: Standvogel, streicht außerhalb der Brutzeit in kleinen Gruppen durch die Umgebung der Nistgründe. Das Nest befindet sich auf Bäumen in einer Höhle, die die Tiere im Gegensatz zu den übrigen höhlenbrütenden Meisen stets von neuem bevorzugt in die abgestorbenen Überresten gebrochener Bäume meißeln. Die 6—10 schütter rotbraun gesprenkelten Eier (16,1 × 12,3 mm) werden in den Monaten IV.—VI. gelegt. Die Art nistet stets einzeln 1(—2?)mal jährlich, das ♀ brütet 15 Tage lang. Beide Altvögel betreiben Brutpflege, die Jungen bleiben 18 Tage lang im Nest.

Nahrung: Kleine Gliederfüßer, aber auch Sämereien, die auf Bäumen sowie auf Kräutern gesammelt werden.

Gefährdungsgrad: Zahlreiche Art.

2 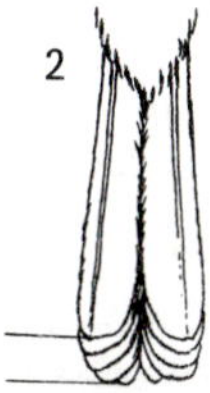 3 

1

Haubenmeise
Parus cristatus
Meisen
Paridae

Merkmale: Stimme — Aussehen — Verhalten
Kleiner als ein Sperling (11 cm). Kurze Flügel und kurzer Schwanz, auf dem Kopf eine spitze Haube. Der ad. Vogel (**1**) ist oben braun, unten weißlich, auf dem Kopf sitzt eine schwarzweiße Zeichnung; das ♀ hat eine etwas kürzere Haube. Juv. Vögel haben ein sehr kurzes Häubchen, die weiße Farbe zeigt einen Braunton. Die Haubenmeise bewegt sich meist auf den Ästen der Baumkronen, im Winter auch häufig am Boden. Sie fliegt nur kurze Strecken und schnell; sie ist sehr scheu. Nach der Brutzeit geht sie oft zusammen mit anderen Meisenarten, Gartenbaumläufern, Kleibern und Wintergoldhähnchen auf Nahrungssuche. Läßt ziemlich häufig den charakteristischen Lockruf „sirrhüt“ oder „gürrr“ hören. Der Gesang ist leise, zwitschernd und nur selten zu vernehmen.
Ähnliche Arten: Unverkennbar.
Lebensraum: Nadelhochwald, vor allem Fichten- und Kieferbestände von den Tiefebenen bis an die obere Waldgrenze; außerhalb der Brutzeit findet man die Haubenmeise auch in Laubwäldern, Gärten usw. Am Lockruf erkennt man sie leicht das ganze Jahr hindurch.
Lebensweise: Standvogel, der außerhalb der Brutzeit um die Nistgründe herumstreicht, und zwar höchstens in kleinen Trupps. Die Nester sitzen nicht besonders hoch in Bäumen, vor allem in älteren Höhlen. Die 5—7 weißen Eier mit rotbrauner Sprenkelung (16,4×12,8 mm) werden in den Monaten III.—VI. gelegt. Die Haubenmeise nistet einzeln 1—2mal jährlich, das ♀ brütet 16 Tage. Die Jungen werden 20 Tage lang im Nest von beiden Altvögeln gefüttert.
Nahrung: Kleine Insekten aller Entwicklungsstadien und Sämereien, die auf den Bäumen, im Winter auch am Boden gesammelt werden.
Gefährdungsgrad: Ziemlich zahlreiche Art.

1

Tannenmeise

Parus ater

Meisen

Paridae

Merkmale: Stimme — Verhalten — Aussehen — Färbung
Blaumeisengroß (11 cm) mit großem, rundem Kopf und kurzem Schwanz. Der Kopf der ad. Vögel (**1**) ist schwarz mit weißen Wangen und einem weißen Nakkenfleck, Körperoberseite graugrün, Unterseite bräunlich-weiß; ♂ = ♀. Der juv. Vogel hat eine mattere Färbung, die schwarzen Partien sind dunkelbraun, die weißen zeigen einen Stich ins Gelbe. Die Tannenmeise bewegt sich rege und gewandt in allen Lagen durch die Baumkronen. In sehr schnellem, gewelltem Flug legt sie nur kurze Entfernungen zurück. Außerhalb der Brutzeit schließt sie sich mit anderen Meisenarten zu kleinen Schwärmen zusammen. Fast unablässig ist ihr leiser Lockruf „zi-zi" oder „dui" zu hören. Sehr oft singt sie monoton ihr lautes „wize-wize-wize".

Ähnliche Arten: Der leise Lockruf ähnelt dem der Goldhähnchen sehr und läßt sich manchmal nicht von diesem unterscheiden; zudem sind beide Arten im Winter oft zusammen. Aussehen und Gesang sind unverkennbar.

Lebensraum: Überwiegend ältere Nadelwälder von den Tiefebenen bis an die obere Waldgrenze. Außerhalb der Brutzeit auch Parks, Gärten, Bergkämme. Die Tannenmeise ist leicht durch Rufe und Gesang (I.—IV.) zu entdecken und ist nicht scheu.

Lebensweise: Standvogel, Strichvogel und nur zum Teil Zugvogel, wechselt von Zeit zu Zeit invasionsartig von Nordeuropa nach Süden über. Außerhalb der Brutzeit lebt diese Meise in kleinen Schwärmen zusammen. Ihr Nest befindet sich in Baumhöhlen, Erdlöchern, zwischen Steinen, Meterholz usw. Die 6—10 weißen, rotbraun gesprenkelten Eier (14,9×11,6 mm) werden in den Monaten IV.—VII. gelegt. Die Tannenmeise nistet einzeln 1—2mal jährlich, das ♀ brütet 15 Tage lang. Beide Altvögel füttern die Nestlinge 19 Tage.

Nahrung: Kleine Insekten und Spinnen sowie Sämereien von Gehölzen und Kräutern, auf Bäumen und am Boden gesammelt.

Gefährdungsgrad: Zahlreiche Art.

1

Blaumeise
Parus caeruleus
Meisen
Paridae

Merkmale: Stimme — Aussehen — Färbung — Verhalten
Deutlich kleiner als ein Sperling (11 cm), mit kleinem Kopf und kurzem Schwanz. Bei ad. Vögel (**1**) ist der Scheitel hellblau mit weißen Säumen, über die Augen verläuft ein schmaler, schwarzer Streifen, ansonsten ist die Körperoberseite braungrün, die Unterseite hellgelb; das ♀ hat eine mattere Färbung. Die juv. Blaumeise hat einen olivgrauen Scheitel, die Seiten des Kopfes sind blaßgelb. Der Vogel ist nicht scheu, sehr beweglich, klettert im Geäst umher und hängt sich in allen Lagen an die Zweige. In seinem welligen, nicht besonders schnellen Flug legt er nur kurze Entfernungen zurück. Außerhalb der Brutzeit lebt die Blaumeise mit anderen Meisenarten in kleinen Schwärmen zusammen. Oft meldet sie sich mit ihrem feinen Lockruf „zit-zit", auch „zit-zit-hä-ä-hä", sie warnt „zerrretet", ihr Gesang klingt „sisisirrr", sie singt auch im Flug.
Ähnliche Arten: Der Lockruf klingt ähnlich wie bei der Kohlmeise. In Osteuropa ähnelt ihr die etwas größere Lasurmeise (*P. cyanus*).
Lebensraum: Lichte Wälder, vorwiegend Laubwälder von den Tiefebenen bis zur Bergwaldstufe, Parks und Gärten. Die Blaumeise ist ganzjährig leicht an der Stimme und durch Beobachtungen festzustellen, im Winter erscheint sie an den Futterhäuschen.
Lebensweise: Überwiegend Standvogel, die nördlichen Populationen unternehmen manchmal invasionsartige Verschiebungen nach Südwesten. Außerhalb der Brutzeit leben Blaumeisen in kleinen Schwärmen. Das Nest befindet sich in Baumhöhlen, Holzhaufen, Mauerritzen, häufig in Nistkästen. Als Material dienen Moos, Haare und Federn. Die 7—12 weißen, rotbraun gesprenkelten Eier (15,5×11,9 mm) werden in den Monaten IV.—VII. gelegt. Blaumeisen nisten einzeln 1—2mal jährlich, das ♀ brütet 14 Tage lang. Die Jungen werden 20 Tage im Nest von beiden Altvögeln gefüttert.
Nahrung: Kleine Insekten und Spinnen, Früchte und Samen von Kräutern und Bäumen, die auf Zweigen und am Boden gesammelt werden.
Gefährdungsgrad: Diese Art ist bei uns nicht gefährdet.

1

Kohlmeise
Parus major
Meisen
Paridae

Merkmale: Stimme — Aussehen — Verhalten
Erreicht Sperlingsgröße (14 cm), ist aber schlank und hat einen großen, runden Kopf. Der ad. Vogel (**1**) ist auf der Oberseite graugrün, die Unterseite ist gelb, der Kopf und der Längsstreifen auf der Brust sind schwarz; das ♀ hat eine mattere schwarze Kopffärbung und einen weniger kräftigen, schmaleren Bruststreifen. Der juv. Vogel hat anstelle der schwarzen eine schwarzbraune Farbe, das Gelb zeigt einen Stich ins Grüne, der Bruststreifen ist nur angedeutet. Dieser Vogel ist nicht scheu, er hüpft ruhelos im Geäst umher, auch auf dem Boden, besucht Futterhäuschen. Er fliegt wellig, ziemlich schnell und gewandt. Außerhalb der Brutzeit schließt sich die Kohlmeise mit anderen Meisenarten zu kleinen Trupps zusammen. Sie ruft nahezu unablässig ihren kräftigen Lockruf „twi-tüt" oder auch „pink-pink" (Achtung, Buchfink), der Warnruf klingt „tzezer-ret". Der Gesang ist ein klangvolles „zizi-bäh, zizi-bäh". Oft geben Kohlmeisen auch ganz ungewohnte Töne von sich.
Ähnliche Arten: Die Stimme ähnelt gelegentlich der des Buchfinken oder der Blaumeise, normalerweise läßt sie sich aber nach einer Weile richtig identifizieren. Das Aussehen ist unverkennbar.

Lebensraum: Alle Waldtypen, vor allem Laubwälder und gelichtete Bestände von den Tiefebenen bis zur Montanstufe, auch Gärten und Parkanlagen. Kohlmeisen sind das ganze Jahr hindurch zu hören und zu beobachten.
Lebensweise: Standvogel, im größten Teil Europas auch teilweise Zugvogel, lebt außerhalb der Brutzeit in Gruppen zusammen. Das Nest befindet sich meist nicht hoch in Baumhöhlen, in Erdhöhlen, an Gebäuden, in verschiedenen Röhren, auch senkrecht stehenden und ungedeckten, oft in Nistkästen, als Material findet Moos Verwendung, als Polsterung Haare. Die 5—13 weißen, locker rotbraun gesprenkelten Eier (17,6×13,4 mm) werden in den Monaten IV.—VII. gelegt. Die Kohlmeise nistet einzeln 1—2mal jährlich, das ♀ brütet 14 Tage. Beide Altvögel füttern die Jungen 19 Tage im Nest, außerhalb des Nestes noch 12 Tage.
Nahrung: Kleine Insekten, Spinnen und Weichtiere, verschiedene Sämereien und Abfallfette, auf Bäumen und am Boden gesammelt.
Gefährdungsgrad: Zahlreiche Art.

1

Kleiber
Sitta europaea
Spechtmeisen
Sittidae

Merkmale: Stimme — Verhalten — Aussehen
Nur ein wenig kleiner als ein Sperling (13 cm). Der große Kopf verjüngt sich zu einem langen, geraden Schnabel, Schwanz und Beine sind kurz. Der ad. Vogel ist auf der Oberseite graublau, hat eine schwarze Augenbinde, der Bauch ist bei den Unterarten der nordeuropäischen Gruppe *S. e. europaea* weiß, bei den Unterarten der Gruppe *S. e. caesia* (aus den restlichen Teilen Europas) rotbraun; das ♂ hat dunkelrotbraune Flecken, das ♀ rostbraune (**1**). Der juv. Vogel hat auf der Rückenseite weißliche Strichel, der Zügel ist braun. Der Kleiber klettert auf Baumstämmen und Ästen in allen Richtungen herum, gelegentlich hüpft er auch mit halb gehobenem Kopf am Boden umher, er fliegt schnell und gewandt in flachen Bögen. Er ist oft zu hören, ganzjährig mit seinem lauten Lockruf „tüt tüt", einem breiten „twäh twäh" oder einem meisenähnlichen „si si". Der Gesang besteht aus melodischem Pfeifen „tüh dih", einem trillernden „krikrikri", im Frühjahr klingt er oft „tuih tuih". Häufig ist auch sein Klopfen an den Bäumen zu hören sowie die Geräusche durch seine Klettereien auf der trockenen Rinde.
Ähnliche Arten: In Südeuropa lebt der ähnliche Felsenkleiber (*S. neumayer*), in den Wäldern Korsikas der Korsenkleiber (*S. whiteheadi*).
Lebensraum: Laub- und Mischwälder von der Tiefebene bis in die Montanstufe, außerhalb der Brutzeit auch in Gärten. Der Kleiber ist das ganze Jahr leicht zu hören und zu sehen.
Lebensweise: Standvogel, in Nordeuropa auch Strich- bis Invasionsvogel, lebt außerhalb der Brutzeit einzeln oder paarweise, schließt sich auch Meisenschwärmen an. Das Nest befindet sich in Spechthöhlen, oft auch in Nistkästen, das Schlupfloch wird mit Lehmmaterial hergerichtet, das Nestmaterial besteht aus Borkenbröckchen. Die 5—9 weißen, rotbraun gesprenkelten Eier (19,6×14,7 mm) werden in den Monaten III.—VI. gelegt. Der Kleiber nistet einzeln 1 (—2?)mal jährlich, das ♀ brütet 16 Tage. Beide Altvögel füttern die Jungen 24 Tage lang im Nest, anschließend noch weitere 8 Tage.
Nahrung: Insekten und Spinnen, mit dem Herbst geht er auf Sämereien und Früchte über. Die Nahrung wird auf Bäumen aus Rindenspalten sowie am Boden gesammelt, außerdem besucht der Vogel auch Futterhäuschen.
Gefährdungsgrad: Zahlreiche Art.

1

Mauerläufer

Tichodroma muraria

Mauerläufer

Tichodromadidae

Merkmale: Lebensraum — Färbung — Aussehen — Verhalten
Größer als ein Sperling (16 cm), schlank, mit einem auffällig langen, leicht gekrümmten, pfriemförmigen Schnabel, kurzen Schwanz und breiten, gerundeten Flügeln. Der ad. Vogel (**1**) ist grau und schwarzbraun, in den Flügeln sitzen auffällige rote Felder sowie weiße Flecken; im Brutkleid sind beim ♂ Kinn und Kehle schwarz, beim ♀ grauschwarz. Im Schlichtkleid sind bei beiden Kinn und Kehle weiß. Der juv. Vogel hat eine bräunliche Stirn und hellere Federsäume auf der Oberseite. Der Mauerläufer klettert an Felswänden von unten nach oben, macht fliegend eine Kehre und klettert dann wieder hinab; seine Bewegungen sind ruckhaft, er zuckt mit den Flügeln und öffnet sie dabei leicht, er fliegt schmetterlingshaft flatternd. Nur selten ist der Mauerläufer zu hören, er lockt pfeifend „dü dü dü-i-i" oder „düh", der Gesang ist ein melodisch ansteigendes flötendes Pfeifen.
Ähnliche Arten: Unverkennbar.
Lebensraum: Felswände in den Bergen, vor allem auf der Alpinstufe. Diese Art läßt sich nur unter Schwierigkeiten feststellen, normalerweise nur durch Zufallsbeobachtungen von Vögeln, die an Felsen entlangstreichen.

Lebensweise: Einzeln lebender Standvogel, im Winter weichen manche Individuen in tiefere Lagen aus und streifen auch über beträchtliche Entfernungen herum. In dieser Zeit entdeckt man den Vogel an Felsen, altem Mauerwerk, in Steinbrüchen usw. Das Nest sitzt in einer Felsritze. Die 3—5 weißen, rotbraun gesprenkelten Eier (21,3×14,3 mm) werden in den Monaten V.—VI. gelegt. Mauerläufer nisten einzeln 1mal jährlich, das ♀ brütet 19 Tage lang. Die Jungen werden von beiden Altvögeln 29 Tage im Nest gefüttert.
Nahrung: Kleine Gliederfüßer, die auf Felswänden und in Rissen gesammelt werden.
Gefährdungsgrad: Der Mauerläufer ist eine bei uns „potentiell gefährdete" Art.

1

Waldbaumläufer

Certhia familiaris

Baumläufer

Certhiidae

Merkmale: Stimme — Aussehen — Verhalten — Färbung
Kleiner als ein Sperling (12 cm), schlank, mit langem, leicht geschwungenem Schnabel und einem längeren, spitzen Schwanz (**2**). Der Eckflügel zeigt eine typische Farbverteilung (**3**). Der ad. Waldbaumläufer (**1**) ist oben fleckig braun, unten weiß, über die Augen verläuft ein dunkleres Streifchen; ♂ = ♀. Der juv. Vogel ist auf der Unterseite schütter braun gefleckt. Dieser Baumläufer klettert an Baumstämmen in einer Spirale von unten nach oben. Beim Klettern stützt er sich mit dem Schwanz ab. Außerhalb der Brutzeit gesellt er sich zu den Meisen- und Kleiberschwärmen. Er ruft ganzjährig seinen feinen Lockruf „sirrr, sisisirrr" oder ein leiseres „sri". Der Gesang ist schlicht, mit Flötentönen durchsetzt „sirr-huitirr-uit".

Ähnliche Arten: In einem Großteil Europas tritt der Gartenbaumläufer (*C. brachydactyla*), eine sehr ähnliche Zwillingsart auf, die sich nur durch die geringere Schnabellänge, die Kralle der Hinterzehe, die Färbung (**4**) und Farbfiguration auf dem Eckflügel (**5**) unterscheidet.

Lebensraum: Wälder, vor allem Nadelwälder, aber auch reine Laubwälder von den Tiefebenen bis in die Bergwaldstufe; eher in höheren Lagen, außerhalb der Brutzeit häufiger in Tiefebenen, Gärten, Parks usw. Das ganze Jahr über kann man ihn leicht am Lockruf feststellen von I.—VI. am Gesang.

Lebensweise: Standvogel, streicht höchstens in der nächsten Umgebung der Brutplätze herum. Das Nest sitzt nicht hoch in einer Baumspalte, hinter einem angebrochenen Art, einem losen Rindenstück, in Halbhöhlen, an Gebäudewänden, oft mit einer hohen Grundmaterialschicht. Der Waldbaumläufer brütet auch in entsprechend gebauten Nistkästen. Die 4—7 weißlichen, rotbraun gesprenkelten Eier (15,7×12,1 mm) werden in den Monaten IV.—VI. gelegt. Der Waldbaumläufer nistet einzeln 1—2mal jährlich, das ♀ brütet 14 Tage. Beide Altvögel füttern die Jungen 15 Tage im Nest, außerhalb noch ein paar Tage.

Nahrung: Kleine Insekten und Spinnen, die aus den Ritzen in der Borke gesammelt werden.

Gefährdungsgrad: Zahlreiche Art.

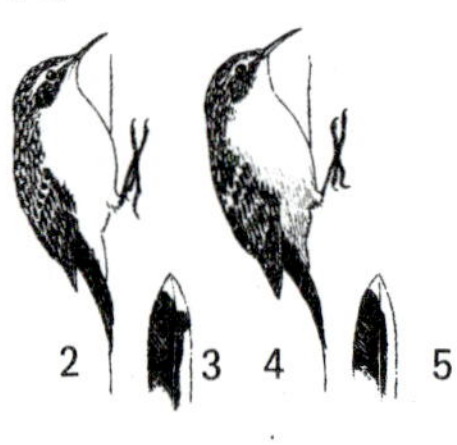

1

Beutelmeise
Remiz pendulinus
Beutelmeisen
Remizidae

Merkmale: Lebensraum — Stimme — Nest — Aussehen
Kleiner als ein Sperling (11 cm), runder Kopf mit ganz kurzem Schnabel. Im Brutkleid (**1**) ist der Kopf grau mit einem auffälligen schwarzen Augenstreifen, der Körper zimtbraun, beim ♀ sind Rücken und Brust heller braun. Im Schlichtkleid ist der schwarze Augenstreifen von graubraunen Federsäumen verdeckt, der Scheitel ist graubraun; ♂ = ♀. Der juv. Vogel (**3**) hat einen grauweißen Scheitel mit rostigen Säumen, der Rest der Oberseite ist braun. Die Beutelmeise klettert auf dünnen Baumzweigen oder Halmen und Rispen von Schilf und Igelkolben umher, sie fliegt geschwind und wellig. Ganzjährig ist oft ihr feiner, aber durchdringender, langer und hoher Lockruf „zih" zu hören, aber auch ein kürzeres „zi" oder leises „tsi-tsi-tsi". Der Gesang ist selten zu vernehmen, er besteht aus einer kurzen Folge schneller, hoher Flöten- und Knarrtöne, die zum Ende hin abfällt und mit einem höheren Pfiff schließt.
Ähnliche Arten: Unverkennbar. Der Lockruf der Rohrammer ist ähnlich, aber tiefer.
Lebensraum: Auwälder und Ufervegetationen von der Tiefebene bis in Hügellagen. Außerhalb der Brutzeit hält sich der Vogel vorwiegend im Schilfdickicht auf. Ganzjährig am Lockruf zu erkennen.
Lebensweise: Teilweise Zugvogel, lebt außerhalb der Brutzeit in kleinen Schwärmen und hält sich von III.—X. an den Brutplätzen auf. Das Nest (**2**) weist eine sehr einzigartige Form auf. Es ist ein beutelartiger Bau, aus Pflanzenflaum geflochten und an den Endzweigen von Bäumen aufgehängt. Das ♂ baut in der Regel mehrere Nester; das, in dem es sich dann festsetzt, hat einen röhrenförmigen Einschlupf. Die 5—8 weißen Eier (16,2×10,5 mm) werden in den Monaten IV.—VI. gelegt. Die Beutelmeise nistet einzeln und polygam 1—2mal jährlich, das ♀ brütet 14 Tage und füttert die Jungen allein 19 Tage lang.
Nahrung: Wirbellose Kleinlebewesen, im Winter auch Sämereien, alles wird auf Schilf und Laub gesammelt.
Gefährdungsgrad: Obwohl diese Art örtlich zahlreich auftritt, wird sie generell als „potentiell gefährdet" eingestuft.

2

3

1

Pirol

Oriolus oriolus

Pirole

Oriolidae

Merkmale: Stimme — Größe — Färbung Amselgroß (24 cm), schlank, mit kürzerem Schwanz und breiten Flügeln. Das ad. ♂ (**1**) ist leuchtendgelb, Flügel und Schwanz sind schwarzbraun, das ♀ ist oben gelbgrün, unten weiß und hat mit Ausnahme des Bauches eine dunkle Längsstrichelung. Der juv. Vogel ist oben graugrün, unten weiß mit dunklen Längsstricheln (auch auf dem Bauch). Der Pirol hält sich vorwiegend in Baumkronen auf, fliegt jäh in langen, seichten Wellenlinien. Er ist sehr oft zu hören. Der Gesang ist ein auffälliges, weithin hörbares geflötetes „düdelio". Lock- und Warnruf sind ein kehliges „kschärr", aus der Nähe sind auch andere Laute zu hören, die Jungen rufen „djudit".

Ähnliche Arten: Unverkennbar.

Lebensraum: Laub- oder höchstens Mischwälder der verschiedenen Typen in Tiefebene und Hügelland, oft auch kleine Wäldchen. Der Pirol ist die ganze Brutzeit über leicht an der Stimme zu entdekken.

Lebensweise: Zugvogel, der sich an den Brutplätzen von IV.—IX. aufhält. Das Nest ist mit seinen Rändern an einer dünnen Astgabel meist in der Krone eines jungen Baumes befestigt, im Material entdeckt man Bast, Papierstreifchen usw. Die 3—5 weißen, schütter braun gesprenkelten Eier (30,5×21,3 mm) werden in den Monaten V.—VII. gelegt. Der Pirol nistet einzeln 1mal jährlich, das ♀ brütet 16 Tage. Die Jungen werden von beiden Eltern 16 Tage lang im Nest gefüttert, nach dem Flüggewerden noch ein paar weitere Tage.

Nahrung: Wirbellose Kleintiere, vor allem Insekten, Spinnen und Weichtiere sowie fleischige Früchte wie Kirschen oder Maulbeeren. Diese Nahrung wird auf Bäumen gesammelt.

Gefährdungsgrad: Zahlreiche Art.

1

Neuntöter, Rotrückenwürger

Lanius collurio

Würger

Laniidae

Merkmale: Stimme — Aussehen — Verhalten

Größer als ein Sperling (17 cm), großer Kopf mit schwarzem Augenstreifen und kräftigem, geradem Schnabel. Das ad. ♂ (**1**) hat eine graue Kappe und einen grauen Bürzel, ansonsten ist die Oberseite zimtbraun, der Schwanz zeigt an der Wurzel einen weißen Saum, die Unterseite ist bräunlich. Die äußeren Stoßfedern sind am Ende nur weiß gesäumt (**2**) oder haben keinen Saum. Das ♀ ist oben ganz braun, unten bräunlich mit einer dunklen, quer verlaufenden Wellenzeichnung. Die juv. Vögel ähneln dem ♀, haben die dunkle Wellenzeichnung aber auch auf der Körperoberseite. Der Neuntöter sitzt in Wipfeln oder Randzweigen von Sträuchern, auf Masten und Drähten, um von diesen Warten aus auf eine Beute am Boden herabzustoßen, wobei er den Sturz vor dem Aufsetzen durch das Spreizen von Flügeln und Schwanz abfängt. Er rüttelt auch kurz auf der Stelle. Sein Flug ist leicht und gewandt, seine Bahn flach gewellt. Ganzjährig ist oft der scharfe Lockruf „zeck-zeck" zu hören. Sein Gesang erklingt nur selten, er ist leise, zwitschernd und knarrend, ahmt oft andere Vogelstimmen nach.

Ähnliche Arten: Unverkennbar. Juv. Neuntöter ähneln juv. Rotkopfwürgern, doch haben diese auf den Flügeln die Andeutung eines weißen Flecks, die Schwanzfedern haben einen größeren schwarzen Fleck (**3**).

Lebensraum: Trockenere Grasflächen mit eingestreuten Gebüschen, von der Tiefebene bis ins Bergvorland. Der Neuntöter läßt sich leicht die ganze Brutzeit über dem Lockruf und durch Beobachtung verfolgen.

Lebensweise: Zugvogel, hält sich von IV.—IX. an den Brutplätzen auf, lebt einzeln. Das Nest ist ein fester Bau im Innern von Gebüsch, insbesondere von Dornbüschen. Die 3—6 blaßrosa, dunkel gesprenkelten Eier (21,9×16,5 mm) werden in den Monaten V.—VII. gelegt. Der Neuntöter nistet einzeln 1mal jährlich, das ♀ brütet 15 Tage. Beide Altvögel betreiben Brutpflege und füttern die Nestlinge 14 Tage lang, die flüggen Jungen noch weitere 25 Tage.

Nahrung: Insekten, die am Boden in der Krautschicht gefangen werden. Diese Beute spießt der Neuntöter auf Dornen.

Gefährdungsgrad: Die Bestände des Neuntöters gehen stark zurück. In der Bundesrepublik Deutschland ist er als „stark gefährdet" eingestuft.

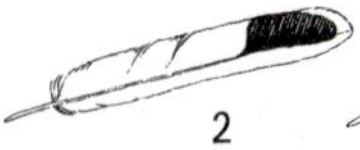

2

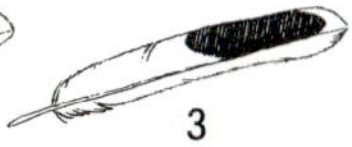

3

1

Raubwürger

Lanius excubitor

Würger

Laniidae

Merkmale: Aussehen — Größe — Verhalten — Färbung

Dieser größte europäische Würger erreicht Amselgröße (24 cm). Typisch für ihn ist der große, flache Kopf mit dem kräftigen, geraden Schnabel und der lange Schwanz. Der ad. Vogel (**1**) hat einen schwarzen Augenstreifen und Schwanz, auf den schwarzen Flügeln einen weißen Fleck. Die Schwanzsäume sind weiß, die Körperunterseite weiß bis sahnig. Das ♀ trägt auf der Brust unscheinbare schuppige Flecken. Die juv. Vögel sind auf der ganzen Unterseite dunkel geschuppt. Der Raubwürger hat seine Warte in Baum- und Strauchwipfeln, auf Masten und Leitungsdrähten, oft wippt er mit dem Schwanz auf und ab sowie nach den Seiten. Zum Nahrungsfang fliegt er zu Boden, wo er auch umherhüpft. Sein Flug ist ziemlich schnell und beschreibt eine tiefe Wellenlinie. Oft rüttelt der Raubwürger mit gespreiztem Schwanz auf der Stelle. Er ist nur selten zu hören. Der Lockruf klingt „schäk schäk", der Warnruf „äk-äk". Der recht leise Gesang ist eine Mischung aus schwirrenden, pfeifenden und zwitschernden Tönen, das ♂ singt auf einer hohen Warte.

Ähnliche Arten: In Südeuropa der sehr ähnliche, aber kleinere Schwarzstirnwürger (*L. Minor* — **2**).

Lebensraum: Offene feuchtere Landschaften mit Grasflächen und verstreuten Gebüschen, Bäumen oder Wäldchen von den Tiefebenen bis ins Bergvorland, im Winter auch auf Ackerland. Ganzjährig leicht zu entdecken, wenn man erhöhte Stellen beobachtet, vor allem Leitungsdrähte.

Lebensweise: Teilweise Zugvogel, an den Brutplätzen von IV.—X., lebt einzeln. Das Nest ist ein großer Bau in einer Astgabel recht hoch in einer Baumkrone oder in einem Strauch. Die 4—8 weißlichen Eier mit den braunen Flecken (26,9×19,5 mm) werden in den Monaten IV.—V. gelegt. Der Raubwürger nistet einzeln 1mal jährlich, das ♀ brütet 15 Tage lang. Beide Eltern füttern die Jungen 19 Tage lang im Nest, anschließend noch längere Zeit außerhalb.

Nahrung: Kleine Wirbeltiere und Wirbellose, die am Boden, seltener im Baumkronen erbeutet werden. Die Beute wird auf Dornen gespießt oder in Astgabeln geklemmt.

Gefährdungsgrad: Der Raubwürger ist bei uns „vom Aussterben bedroht".

2

1

Rotkopfwürger
Lanius senator
Würger
Laniidae

Merkmale: Aussehen — Färbung — Verhalten
Größer als ein Sperling (17 cm), großer flacher Kopf mit kräftigem, geradem Schnabel. Das ad. ♂ ist schwarzweiß mit rotbraunem Scheitel, einem großen weißen Flügelspiegel und weißen Schwanzsäumen (**1**); das ♀ ist matter gefärbt. Der juv. Vogel ist hellbraun mit dunklen, schuppenförmigen Flecken am ganzen Körper. Sehr scheuer Einzelgänger. Er hat seine Warte bevorzugt in den Wipfeln und Kronen kleinerer Bäume, von wo aus er zum Beutefang auf den Boden herabkommt. Seine Flugbahn beschreibt eine flache Wellenlinie. Sein Lockruf „zeck zeck" ist nicht oft zu hören, sein seltener Gesang klingt zwitschernd, schwirrend mit flötenartigen Pfiffen und Nachahmungen anderer Vogelstimmen.
Ähnliche Arten: Die Jungen ähneln den juv. Neuntötern, doch sind diese dunkler, ohne eine Andeutung des weißen Flügelspiegels und ohne den hellen Bürzel.
Lebensraum: Parklandschaften, häufig größere Gärten, Alleen, Laubwaldränder oder kleinere Wäldchen in Tiefebenen und Hügellandschaften. Die Anwesenheit des Rotkopfwürgers läßt sich nur unter Schwierigkeiten nachweisen, da ihn seine bunte Färbung in den Baumkronen recht unsichtbar macht.
Lebensweise: Zugvogel, der an den Brutplätzen von IV.—IX. weilt. Das Nest ist ein fester Bau in einer Astgabel hoch oben im Baum, manchmal wird es aus auffallend hellem Material (Weidenflaum, weißes Gefieder usw.) gebaut, als Polsterung findet oft untypisches Material Verwendung, z.B. Bindfaden, Garn, Kunststoff u.a. Die 4—6 grünlichen, braun gesprenkelten Eier (23,0×17,0 mm) werden in den Monaten V.—VII. gelegt. Der Rotkopfwürger nistet einzeln 1mal jährlich, das ♀ brütet 15 Tage. Beide Altvögel füttern die Nestlinge 14 Tage, die flüggen Jungen noch eine längere Zeit außerhalb des Nests.
Nahrung: Überwiegend Wirbellose hauptsächlich am Boden erbeutete Insekten, Wirbeltiere sind die Ausnahme.
Gefährdungsgrad: Die im Schwinden begriffene Art ist bei uns „vom Aussterben bedroht".

1

Eichelhäher

Garrulus glandarius

Rabenvögel

Corvidae

Merkmale: Stimme — Größe — Aussehen — Verhalten
Kleiner als eine Krähe (35 cm). Der ad. Vogel (**1**) hat einen schwarzen Bart und Schwanz, schwarz-weiß-blaue Flügel und einen weißen Bürzel. Die drei in Europa lebenden Unterartgruppen unterscheiden sich in der Kopffärbung. Die Vögel vom Typus *G. g. glandarius* (über den größten Teil Europas verbreitet) haben einen weinrot-grauen Kopf mit schwarz gestricheltem Scheitel, die Vögel vom Typus *G. g. brandtii* (Nordosteuropa) einen rotbraunen Kopf und Rücken, die Unterarten vom Typus *G. g. atricapillus* (von der Krim) haben einen schwarzen Scheitel. Das ♀ ist ein wenig kleiner als das ♂ und hat eine kürzere Haube. Juv. Vögel sind matter gefärbt und haben weniger schwarze Streifen auf den Flügeldecken. Die Häher leben in den Baumkronen, am Boden bewegen sie sich in hohen Sprüngen. Ihr Flug ist schwerfällig, schwach gewellt, auffällig sind die breiten gerundeten Flügel. Sehr häufig ertönt das auffällige, rauhe, warnende „rätsch", oft miaut der Häher wie ein Mäusebussard. Sein Gesang ist nur selten zu hören, er ist leise und ahmt auch die Stimmen anderer Vögel sowie Geräusche nach, im Frühjahr singen die Häher sogar im Chor.
Ähnliche Arten: Unverkennbar.

Lebensraum: Wälder aller Art von den Tiefebenen bis zur oberen Waldgrenze, dringt sogar in städtische Parkanlagen und Gärten vor. Außerhalb der Brutzeit streicht der Häher auch über waldlose Landschaften. Ganzjährig leicht am Warnruf zu erkennen.
Lebensweise: Größtenteils Standvogel, die Vögel aus Nord- und Nordosteuropa ziehen manchmal nach Südwesten. Das Nest sitzt normalerweise hoch in einem Baum bzw. im dichten Geäst. Die 4—8 graugrünen, fein braun gesprenkelten Eier (31,2×22,9 mm) werden in den Monaten IV.—VI. gelegt. Eichelhäher nisten einzeln 1mal jährlich und brüten 17 Tage lang. Beide Altvögel füttern die Jungen 20 Tage im Nest, anschließend noch einige Zeit außerhalb.
Nahrung: Insekten, Spinnen, Waldmäuse, Junge und Eier anderer Vögel, Früchte und Sämereien, gesammelt und gejagt wird sowohl in den Bäumen als auch am Boden.
Gefährdungsgrad: Recht zahlreiche Art.

1

Elster

Pica pica

Rabenvögel

Corvidae

Merkmale: Aussehen — Stimme — Färbung

Krähengroß (45 cm, Schwanz 23 cm). Der sehr lange, gestufte Schwanz, die kürzeren Flügel und die kontrastreich glänzende schwarzweiße Färbung sind typisch (**1**); ♂ = ♀. Juv. Vögel sind matter gefärbt und haben einen kürzeren Schwanz. Die Elster sitzt auf Bäumen, fliegt zu Boden und hüpft dort umher. Der Flug ist schwerfällig, dabei fallen der lange Schwanz und die kurzen, runden Flügel ins Auge. Oft ruft die Elster ihr auffällig lautes „kschack-kschack-kschack“ oder krächzendes „kschrak-kschrak“. Ihr Gesang ist selten zu hören, er stellt ein Gemisch aus Zwitscher- und Krächzgeräuschen dar.

Ähnliche Arten: Unverkennbar.

Lebensraum: Kulturlandschaften, vorwiegend Ackerland mit Wäldchen, Ufervegetation, auch in Gärten mit Bäumen zu finden, sogar in Siedlungen, soweit sie nicht vom Menschen verfolgt wird; all das gilt von der Tiefebene bis zur Montanstufe. Ganzjährig ohne Schwierigkeiten zu hören und zu sehen.

Lebensweise: Standvogel, der sich außerhalb der Brutzeit höchstens zu kleinen Trüppchen zusammenfindet. Das Nest sitzt in einer Baumkrone oder im Gebüsch normalerweise hoch oben auf dünnen Zweigen, es ist ein großer, kugeliger Bau aus Zweigen mit einem lockeren Dach. Die 5—8 grünlichen Eier mit der dichten braunen Sprenkelung (33,7×23,6 mm) werden in den Monaten III.—VI. gelegt. Elstern nisten einzeln 1mal jährlich und brüten 17 Tage lang. Beide Altvögel füttern die Jungen 25 Tage im Nest, anschließend außerhalb noch einige Zeit.

Nahrung: Kleinere Tiere, Vogeleier, Sämereien und Früchte werden auf Bäumen und am Boden erbeutet bzw. gesammelt.

Gefährdungsgrad: Die Bestände der Elster sind nicht gefährdet.

Tannenhäher
Nucifraga caryocatactes
Rabenvögel
Corvidae

Merkmale: Stimme – Aussehen – Verhalten – Färbung
Kleiner als eine Krähe (33 cm), großer Kopf, kräftiger gerader Schnabel, kurzer Schwanz, breite, abgerundete Flügel. Der ad. Tannenhäher (**1**) ist dunkelbraun mit weißen, tropfenförmigen Flecken, das Käppchen auf dem Scheitel ist braun, die untere Schwanzdecke und das Schwanzende sind weiß. Die in Europa lebende Unterart (*N.c. caryocatactes* – **3, 5**) unterscheidet sich von der invasionsartig einfliegenden sibirischen Unterart (*N.c. macrorhynchos* – **2, 4**) durch den kürzeren, kräftigeren Schnabel und den schmalen Endsaum am Schwanz. ♂ = ♀, juv. Vögel sind heller mit einer weißlichen Kehle, die weißen Flecken sind kleiner und weniger dicht. Die Flügel sind auffallend breit, mit dem Körper kontrastieren auch die weißen Unterschwanzdecken und die Säume des dunklen Schwanzes. Der Tannenhäher sitzt aufgerichtet in den Wipfeln oder Randzweigen der Bäume, am Boden bewegt er sich hüpfend. In der Regel tritt er einzeln auf, auch wenn gelegentlich mehrere Vögel unweit voneinander gesehen werden können. Sein weithin schallendes „rräh rräh" ist oft zu hören, der seltene Gesang besteht aus schnurrenden Lauten.
Ähnliche Arten: Unverkennbar. Im Flug ähnelt er dem Eichelhäher, hat aber einen kürzeren Schwanz, sein Flug ist leichter und gewandter.
Lebensraum: Vorwiegend Nadelwälder vom Hügelland bis an die obere Waldgrenze, erscheint in der Ruhezeit auch außerhalb der Wälder, sogar in den Gärten. Der Vogel ist ganzjährig leicht an seinem Warnruf zu erkennen, an den Brutplätzen verhält er sich aber leise und vorsichtig.

Lebensweise: Strich- und teilweise Zugvogel, die Vögel aus dem europäischen Nordosten und Sibirien fliegen manchmal invasionsartig (VII.–III.) nach Südwesten. Dabei sind die Vögel nicht scheu, so daß diese Invasionen meist auffallen. In den Schwärmen erscheinen entweder Vögel beider Subspezies zusammen oder eine von ihnen überwiegt bzw. erscheint ausschließlich. An den Brutplätzen tritt der Tannenhäher von III.–VII. auf. Das Nest sitzt hoch oben in einer Baumkrone, die Außenlage besteht aus dürren Zweigen. Die 3–5 grünlichen, fein grau gesprenkelten Eier (33,9×24,1 mm) werden in den Monaten III.–VI. gelegt. Der Tannenhäher nistet einzeln 1mal jährlich, das ♀ brütet 17 Tage. Beide Altvögel füttern die Nestlinge 23 Tage, die flüggen Jungen danach noch einige Zeit.
Nahrung: Sämereien und Früchte von Nadelhölzern, vor allem von Zirbelkiefern, Haselnüsse, Pflaumen und deren Steine, seltener Insekten, vor allem Käfer. Gelegentlich erbeutet der Tannenhäher auch kleine Säuger, Jungvögel, Frösche, Weichtiere und Regenwürmer. Seine Nahrung sammelt er auf Bäumen und am Boden.
Gefährdungsgrad: Besondere Schutzmaßnahmen sind nicht erforderlich.

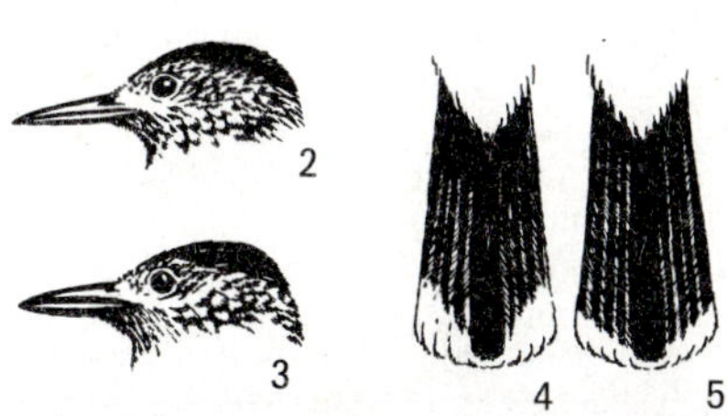

1

Alpendohle

Pyrrhocorax graculus
Rabenvögel
Corvidae

Merkmale: Lebensraum — Aussehen — Stimme — Verhalten
Kleiner als eine Krähe (38 cm) mit kleinerem, rundem Kopf, längerem, schlankem Schnabel, breiten abgerundeten Flügeln. Der ad. Vogel (**1**) ist gänzlich schwarz, der Schnabel gelb, die Läufe rot; ♂ = ♀. Der juv. Vogel ist matt gefärbt, Schnabel und Läufe sind bräunlich. Die Alpendohle hält sich auf Felsen auf, läuft und hüpft am Boden. Oft fliegt sie an Felsen umher, ihr Flug ist leicht, gewandt, mit vielen Wendungen und häufigem Gleiten. Ihr metallisch klingendes „schirrik" oder „skri" und ein kurzes „tschjup" sind oft zu hören.
Ähnliche Arten: In West- und Südeuropa lebt stellenweise die sehr ähnliche Alpenkrähe (*P. pyrrhocorax*), die sich durch ihren längeren roten Schnabel unterscheidet (**2**).
Lebensraum: Felshänge und Matten der Alpinstufe im Gebirge bis an die Grenze des ewigen Schnees, im Winter zieht sich der Vogel in tiefer liegende Kulturlandschaften zurück. Die Alpendohle läßt sich ganzjährig leicht beobachten und an der Stimme erkennen.
Lebensweise: Geht im Winter in tiefere Lagen hinunter, ist manchmal auch als Irrgast weit entfernt zu finden. An den Brutplätzen hält sich die Alpendohle von III.—X. auf, sie brütet einzeln oder auch kolonienweise und lebt außerhalb der Brutzeit einzeln oder in kleinen Schwärmen. Das Nest sitzt in einer Felshöhlung oder -ritze, seine Grundlage wird aus Zweigen errichtet. Die 4—5 gelblichen, braun gesprenkelten Eier (38,3×26,4 mm) werden in den Monaten IV.—V. gelegt. Die Alpendohle nistet 1mal jährlich und brütet 20 Tage lang. Brutpflege betreiben beide Eltern, sie füttern die Jungen 35 Tage im Nest, anschließend noch einige Zeit außerhalb.
Nahrung: Kleine Lebewesen, Früchte und Sämereien, am Boden gejagt und gesammelt.
Gefährdungsgrad: Besondere Schutzmaßnahmen sind für diese Art nicht nötig.

2

1

Dohle

Corvus monedula
Rabenvögel
Corvidae

Merkmale: Stimme — Aussehen — Verhalten — Färbung
Von der Größe einer Türkentaube (33 cm). Ein kleinerer Kopf, starker Hals, kurzer, kräftiger Schnabel. Der ad. Vogel (**1**) ist schwarz und hat einen grauen Hals. Bei der osteuropäischen Ssp. (*C. m. soemmeringii*) wird die graue Halsfärbung unten von zwei weißen, halbmondförmigen Flecken umrahmt; ♂ = ♀. Das Gefieder der juv. Vögel zeigt einen Braunton. Die Dohle ist nicht scheu und sitzt auf Gebäuden, Bäumen, läuft häufig am Boden herum. Ihr Flug ist leicht und gewandt, oft umfliegt sie flatternd und gleitend Türme. Außerhalb der Brutzeit fliegen die Dohlen gegen Abend gemeinsame Schlafplätze auf Bäumen an, die sie oft mit Saatkrähen teilen. Sehr oft ertönt ihr charakteristisches lautes „tja-tja".

Ähnliche Arten: Unverkennbar. In Saatkrähenschwärmen unterscheidet sie sich durch ihre Stimme, die geringere Größe und den hastigeren Flügelschlag.

Lebensraum: Wälder mit alten Bäumen, Siedlungen, Burgruinen und Felswände in der Nähe von Ackerland von der Tiefebene bis ins Bergvorland. Außerhalb der Brutzeit halten sich die Dohlen gewöhnlich nicht in ihren Nistgründen, sondern in offenen Landschaften auf. Diesen Vogel kann man ganzjährig leicht an seiner Stimme erkennen oder direkt beobachten.

Lebensweise: Teilweise Zugvogel, bewegt sich außerhalb der Brutzeit normalerweise in Trupps bis Schwärmen, manchmal mit Krähen zusammen, ist an den Brutplätzen von III.—VII. anzutreffen. Dohlen nisten einzeln oder in Kolonien, die mitunter recht groß sein können, in Baumhöhlen, Felslöchern, Dachböden oder in Lehmböschungen. Die Nestgrundlage bilden oft unter dem Höhleneinschlupf liegende Zweige. Die 3—6 grünlich blauen, braun gesprenkelten Eier (35,1×25,1 mm) werden in den Monaten IV.—V. gelegt. Die Dohle nistet 1mal jährlich, das ♀ brütet 17 Tage. Beide Altvögel betreiben Brutpflege, die Jungen bleiben 35 Tage im Nest.

Nahrung: Vorwiegend Sämereien und Früchte, die tierische Nahrungskomponente wird hauptsächlich von Käfern gestellt, die Nahrung wird am Boden gesammelt und gejagt.

Gefährdungsgrad: Die Dohle ist bei uns nicht gefährdet.

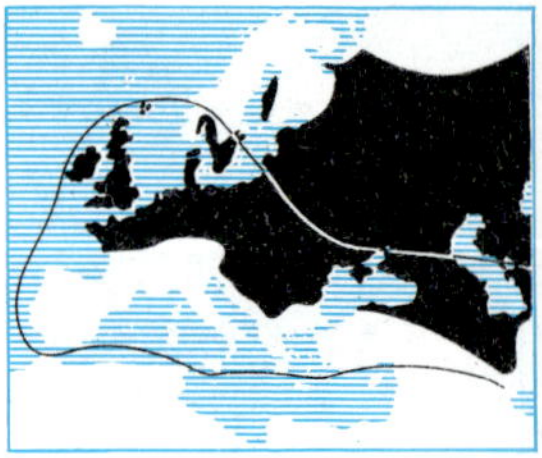

1

Saatkrähe
Corvus frugilegus
Rabenvögel
Corvidae

Merkmale: Stimme — Verhalten — Aussehen — Färbung
Krähengroß (46 cm), hat einen kleineren, kantigen Kopf mit einem großen, aber geraden und schlanken Schnabel, die Läufe sind vom Fersengelenk aufwärts von Fiederhosen umhüllt. Die ad. Saatkrähe (**1**) ist schwarz mit einem violetten Metallschimmer und hat eine Blöße um die Schnabelwurzel; ♂ = ♀. Juv. Vögel haben um die Schnabelwurzel Federn. Nicht scheu, ein gewandter und leichter Flieger, Krähenschwärme nutzen oft Thermikströme bei ihren kreisenden Gleitflügen. Außerhalb der Brutzeit treten sie an ihren gemeinsamen Schlafplätzen oft zusammen mit Dohlen in Riesenzahlen auf, ihre An- und Abflüge spielen sich ganz regelmäßig ab. Sehr häufig ertönt im Flug das rauhe „krahkrah" oder auch „kro" bzw. das tiefere „gä, gä", aber auch andere Rufe.
Ähnliche Arten: In Westeuropa lebt die ähnliche Rabenkrähe, die jedoch einen größeren, runden Kopf, einen stärkeren, leicht abwärts geschwungenen Schnabel und unbehoste Läufe hat und einzeln oder in kleinen Trupps auftritt.
Lebensraum: Offene Landschaften, insbesondere Ackerland mit kleineren Wäldchen von der Tiefebene bis ins Bergvorland, nistet und bewegt sich häufig in Städten. Ganzjährig leicht an Stimme und Aussehen kenntlich, die Nistkolonien fallen von weitem durch die Anwesenheit der Vögel ins Auge, die Nester sind gut zu sehen.
Lebensweise: Überwiegend Zugvogel, bewegt sich in großen Schwärmen. Die Vögel aus Nordeuropa überwintern bereits in Mitteleuropa, während die dort brütenden Populationen über den Winter in den europäischen Südosten ziehen. An den Brutplätzen ist die Saatkrähe von III.—VII. anzutreffen. Die Nester befinden sich auf Bäumen, recht hoch und meist mehrere auf einem Nistbaum. Als Nestgrundlage dienen trockene Zweige. Die 3—5 blaugrünen, braun gesprenkelten Eier (39,1 × 27,9 mm) werden in den Monaten III.—IV. gelegt. Saatkrähen nisten kolonienweise 1mal jährlich, das ♀ brütet 17 Tage. Beide Altvögel füttern die Jungen 30 Tage im Nest.
Nahrung: Sämereien, bevorzugt Getreidekörner, kleinere Tiere und alle möglichen Abfälle, am Boden gesammelt.
Gefährdungsgrad: Diese Art zählt bei uns zu den „stark gefährdeten" Arten.

1

Rabenkrähe
Corvus corone corone
Rabenvögel
Corvidae

Merkmale: Aussehen — Verhalten — Stimme
Die Rabenkrähe ist 46 cm groß, hat einen kräftigen, leicht gewölbten Schnabel, bis zum Bauch unbefiederte Beine und ist etwas zierlicher als die Nebelkrähe. Der ad. Vogel (**1**) ist schwarz mit einem grünen bis purpurroten Schiller, Kreuzungen mit Nebelkrähen sind in unterschiedlichem Ausmaß am Körper grau; ♂ = ♀ = juv. Scheuer Vogel. Der Flug ist weniger fließend und gleitend als bei der Saatkrähe, die Rabenkrähe segelt nur selten und kurz. Sie ruft oft ihr rauhes, zwei- bis dreisilbiges „krrrah-krrah" oder „krräh", ein langes „krrraah", in der Frühjahrsbalz ein volltönendes „klong-klong."

Ähnliche Arten: In erster Linie die Saatkrähe, die jedoch einen schlankeren geraden Schnabel hat, dessen Wurzelgegend bei den ad. Vögeln kahl ist, und eine behoste Beinoberpartie; sie tritt normalerweise in Schwärmen auf. Der Kolkrabe ist viel größer, hat einen keilförmigen Schwanz und eine andere Stimme.

Lebensraum: Offene Ackerlandschaften von den Tiefebenen bis an die obere Waldgrenze. Die Rabenkrähe kann man ganzjährig an der Stimme erkennen und direkt beobachten.

Lebensweise: Standvogel, nur ein Teil der Individuen zieht aus Mitteleuropa nach Südwesten. Außerhalb der Brutzeit leben mehrere Vögel zusammen und bilden so kleine Trupps. Das Nest sitzt hoch oben im Baum dicht am Stamm, die Grundlage bilden dürre Äste. Die 4—5 blaugrünen, braun gesprenkelten Eier (41,2×29,7 mm) werden in den Monaten III.—V. gelegt. Rabenkrähen nisten einzeln 1mal jährlich, das ♀ brütet 18 Tage. Die Nestlinge werden 33 Tage lang von den Altvögeln gefüttert.

Nahrung: Die Nahrung besteht aus verschiedenen Sämereien und kleinen Tieren, die am Boden gesammelt bzw. erbeutet werden.

Gefährdungsart: Die Art ist in der Bundesrepublik Deutschland nicht gefährdet.

1

Nebelkrähe

Corvus corone cornix

Rabenvögel

Corvidae

Merkmale: Aussehen — Verhalten — Stimme — Färbung
Erreicht eine Größe von 46 cm. Der große, etwas abgeflachte Kopf trägt einen großen, leicht geschwungenen Schnabel, die Flügel sind rund. Beim ad. Vogel (**1**) sind Kopf, Kehle, Flügel und Schwanz schwarz, der Rest ist grau; bei Kreuzungen mit Rabenkrähen überwiegt die schwarze über die graue Farbe; ♂ = ♀, juv. Vögel sind matter. Wo die Vögel verfolgt werden, sind sie scheu. Nebelkrähen sitzen auf Bäumen, schreiten und hüpfen kurz am Boden. Sie sind gute, jedoch ein wenig schwerfällige Flieger und segeln nur selten und kurz. Außerhalb der Brutzeit fliegen sie schwarmweise die gemeinsamen Schlafplätze an, auffällig sind ihre abendlichen Versammlungen. Sehr häufig ist ihr rauhes „krrah-krrah" oder langes „kraa" zu hören, in der Frühjahrsbalz ein volles „klong-klong."
Ähnliche Arten: Unverkennbar.
Lebensraum: Offene Landschaften, vor allem Ackerland mit Wäldern, oft in Gewässernähe von der Tiefebene bis zur oberen Waldgrenze. Nebelkrähen sind ganzjährig leicht zu hören und zu sehen.
Lebensweise: Größtenteils Standvögel, nur die Populationen aus Nordosteuropa verschieben sich nach Südwesten. Außerhalb der Brutzeit treten die Vögel in Gruppen oder sogar großen Schwärmen auf. Das Nest sitzt hoch oben in einem Baum am Stamm, seine Unterlage besteht aus dürrem Reisig. Die 4—5 blaugrünen, braun gesprenkelten Eier (41,5×29,2 mm) werden in den Monaten III.—VI. gelegt. Nebelkrähen nisten einzeln 1mal jährlich, das ♀ brütet 18 Tage lang. Beide Altvögel füttern die Jungen 33 Tage im Nest.
Nahrung: Wie bei der Rabenkrähe.
Gefährdungsgrad: Die Nebelkrähe ist nicht gefährdet.

1

Kolkrabe

Corvus corax

Rabenvögel

Corvidae

Merkmale: Stimme — Größe — Aussehen — Färbung
Der größte europäische Rabenvogel (63 cm). Typische Merkmale sind der sehr starke, gerade Schnabel mit einem im Bogen geschwungenen Oberkiefer, der große Kopf, die langen gerundeten Flügel und der längere, keilförmige Schwanz (**2**). Der ad. Kolkrabe (**1**) ist völlig schwarz; ♂ = ♀. Juv. Vögel sind matter und zeigen einen Braunton. Dieser Vogel ist äußerst scheu, häufig sitzt er aufgebaumt, wobei die Halsfedern gesträubt abstehen. Am Boden bewegt er sich schreitend. Kolkraben fliegen ausdauernd mit wuchtigen Flügelschlägen, sie kreisen und segeln häufig, bei der Balz im Frühjahr vollführen sie Flugspiele. Sie rufen oft auch im Flug ihr weit schallendes „krok-krok“ oder „kruk-kruck“, andere Rufe sind seltener zu hören.

Ähnliche Arten: Unverkennbar.

Lebensraum: Waldgebiete mit Weiden, Feldern und Gewässern, Felsgebiete, Küsten von der Tiefebene bis zur Alpinstufe. Den Kolkraben kann man ganzjährig leicht an seiner Stimme sowie an der Flügelsilhouette erkennen.

Lebensweise: Stand- und Strichvogel, ab Januar an den Brutplätzen anzutreffen. Außerhalb der Brutzeit halten sich die Vögel in kleinen Gruppen oder auch größeren Schwärmen auf. Das Nest befindet sich im Fels oder hoch oben in Baumkronen, seine Unterlage besteht aus dürren Zweigen. Die 4—6 blaugrünen, braun gesprenkelten Eier (49,2×33,7 mm) werden in den Monaten II.—IV. gelegt. Kolkraben nisten einzeln 1mal jährlich, das ♀ brütet 20 Tage lang. Beide Altvögel betreiben Brutpflege und füttern die Jungen 40 Tage im Nest und noch einige Zeit außerhalb.

Nahrung: Vorwiegend Aas, sogar verwestes, kleinere Tiere, alle mög Abfälle, am Boden gesammelt und g

Gefährdungsgrad: Der Kolkrabe ist der Roten Liste in der Bundesrep Deutschland als „gefährdet“ anzus

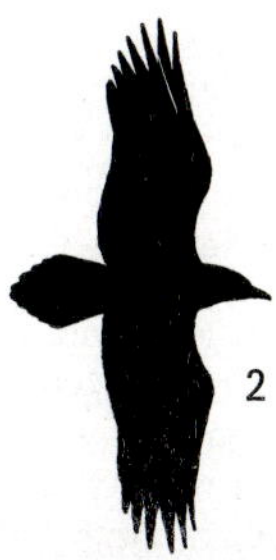

2

1

Star

Sturnus vulgaris
Stare
Sturnidae

Merkmale: Aussehen — Größe — Verhalten — Stimme — Färbung
Nur geringfügig größer als eine Amsel (21 cm). Das Brutkleid (**1**) ist metallglänzend schwarz, das Schlichtkleid ist dunkelbraun, kräftig weiß gesprenkelt; ♂ = ♀. Das Jugendkleid ist braun mit weißlicher Kehle. Stare sind nicht scheu, sie sitzen auf Bäumen, Leitungsdrähten, laufen kopfnickend am Boden umher, fliegen schnell, geradlinig mit schnellen Flügelschlägen. Außerhalb der Brutzeit erscheinen oft Riesenschwärme, die auffällige Flugmanöver vollführen und gemeinsam im Röhricht, auf Bäumen und Gebäuden übernachten. Sehr häufig ist ihr lautstarker Lockruf „schärr schärr" zu hören, die Jungen rufen „tschiir". Der Gesang ist eine Mischung aus Schmatz-, Knirsch- und Pfeiftönen, häufig werden Stimmen anderer Vögel imitiert, das ♂ singt in der Regel vor der Nisthöhle, zuckt dabei mit den halb hängenden Flügeln und plustert das Kopfgefieder.
Ähnliche Arten: In Südwesteuropa lebt der ähnliche Einfarbstar (*S. unicolor*), in Osteuropa sind die juvenilen Rosenstare (*S. roseus*) ähnlich, die ad. Rosenstare (**2**) unterscheiden sich durch ihre Färbung.
Lebensraum: Lichte Laubwälder, Gärten und Parks von der Tiefebene bis zur Bergwaldstufe. Bewohnt außerhalb der Brutzeit Ackerlandschaften in tieferen Lagen. Stare lassen sich ganzjährig leicht an der Stimme erkennen und direkt beobachten.
Lebensweise: Größtenteils Zugvogel, bildet Schwärme mit bis zu hunderttausend Tieren, hält sich von II.—VII. an den Brutplätzen auf. Höhlenbrüter in Bäumen, seltener in Erdlöchern oder Gebäuden, bezieht sehr häufig für andere Vögel bestimmte Nistkästen. Die 4—6 grünlichblauen Eier (29,4×21,1 mm) werden in den Monaten IV.—VI. gelegt. Stare nisten einzeln und in ganzen Gruppen 1—2mal jährlich und brüten 13 Tage lang. Beide Altvögel betreiben Brutpflege und füttern die Jungen 21 Tage im Nest. Anschließend noch einige Tage außerhalb.
Nahrung: Kleine Wirbellose, Früchte und Sämereien, die im Lauf der Saison abwechseln. Die Nahrung wird am Boden und auf Bäumen gesammelt.
Gefährdungsgrad: Diese Art ist nicht gefährdet.

2

1

Haussperling

Passer domesticus

Sperlinge

Passeridae

Merkmale: Aussehen — Verhalten — Stimme — Färbung
Der Sperling erreicht eine Größe von 14,5 cm, hat einen größeren Kopf und einen kräftigen, kegelförmigen Schnabel. Der ad. Vogel ist grau-braun gefleckt; das ♂ (**1**) hat rotbraune Augenstreifen, der Oberkopf dazwischen ist grau (bei der Ssp. *P. d. italiae* rotbraun), Kinn und Kehle sind schwarz; beim ♀ ist die ganze Unterseite hellgrau, der Oberkopf graubraun mit einem helleren Augenstreifen. Der juv. Sperling ähnelt dem ♀, hat aber gelbe Schnabelwinkel. Kein scheuer Vogel, sitzt auf Bäumen und Gebäuden, hüpft auf dem Boden herum. Der wellige Flug ist schnell und wendig. Außerhalb der Brutzeit schlafen Sperlinge oft gemeinschaftlich auf Bäumen. Sie rufen fast unablässig ihren bekannten Lockruf „tschim-tschim-tscharara", der auch Bestandteil ihres unauffälligen Gesangs ist. Dabei sitzt oder hüpft das ♂ mit halb hängenden Flügeln.
Ähnliche Arten: Der Feldsperling hat einen gänzlich rotbraunen Oberkopf, auf den weißen Wangen sitzt ein schwarzer Fleck. In Südeuropa lebt der Weidensperling (*P. hispaniolensis*), in dessen Färbung aber Schwarz überwiegt.
Lebensraum: Landwirtschaftliche Flächen und Ansiedlungen von der Tiefebene bis ins Bergvorland. Der Sperling ist ganzjährig leicht nach der Stimme zu finden und auch zu sehen.
Lebensweise: Standvogel, der normalerweise in Gesellschaften oder sogar großen Schwärmen auftritt und nistet. Das Nest ist ein ungeordneter Haufen aus Pflanzenmaterial und Federn in allen erdenklichen Hohlräumen, unter vorspringenden Dachteilen, hinter Regenrinnen, in Nistkästen. Auf Bäumen werden Kugelnester gebaut. Die 3—6 sehr unterschiedlich gefärbten, meist grünlichen oder dicht dunkel gesprenkelten weißen Eier (22,2×15,6 mm) werden in den Monaten IV.—VIII. gelegt. Sperlinge nisten 1—5mal jährlich und brüten 14 Tage. Im Nest werden die Jungen 14 Tage lang von beiden Altvögeln gefüttert, außerhalb noch weitere 10 Tage.
Nahrung: Sämereien und verschiedene Abfälle, während der Brutpflege vorwiegend kleine Gliederfüßer, am Boden oder auf Bäumen gesammelt.
Gefährdungsgrad: Zahlreiche Art.

1

Feldsperling
Passer montanus
Sperlinge
Passeridae

Merkmale: Aussehen — Stimme — Färbung
Nur geringfügig kleiner als der Haussperling (13 cm) mit kleinem, rundem Kopf, kleinem Schnabel, kurzen Flügeln und kurzem Schwanz. Der ad. Vogel (**1**) ist grau-braun, der Oberkopf ist rotbraun mit einem schwarzen, runden Fleck auf den weißen Wangen; ♂ = ♀. Juv. Vögel haben gelbe Schnabelwinkel. Der Feldsperling sitzt auf Bäumen und Sträuchern, hüpft am Boden. Er fliegt wellig, schnell und wendig. Nach der Brutzeit schließen sich die Vögel oft mit Haussperlingen, Grünlingen und Stieglitzen zu Schwärmen zusammen. Sie melden sich oft mit ihrem Lockruf „lip lip", auch „tschip tschip", im Flug „tek tek". Der Gesang ist nur selten zu hören, er bildet eine Mischung aus diesen Tönen.
Ähnliche Arten: Der Haussperling ist etwas größer, das ♂ hat einen grauen Scheitel (die italienische Ssp. hat einen rotbraunen Scheitel!) und einen schwarzen Kehllatz, der bis zur Brust reicht.
Lebensraum: Parklandschaften, Siedlungen mit eingestreutem Grün, auch lockere Wälder in Tiefebene und Hügelland. Der Vogel läßt sich ganzjährig leicht am Ruf feststellen und auch sehen.
Lebensweise: Überwiegend Standvogel, auch wenn einzelne Populationen oder Individuen nach Südwest- und Südeuropa ziehen, lebt nach der Brutzeit schwarmweise. Das Nest sitzt in Baumhöhlen, Felslöchern, Lehmwänden oder Mauerwerk, oft bezieht er auch Nistkästen, im Baumaterial befinden sich reichlich Federn. Die 4—6 weißen, dicht graubraun gesprenkelten Eier (19,1 × 14,2 mm) werden in den Monaten IV.—VII. gelegt. Feldsperlinge nisten einzeln 1—3mal jährlich und brüten 13 Tage. Beide Altvögel füttern die Jungen im Nest 16 Tage, außerhalb weitere 8 Tage.
Nahrung: Sämereien und wirbellose Kleinlebewesen, am Boden, in der Krautschicht und auf Gehölzen gesammelt, er sucht auch Futterhäuschen auf.
Gefährdungsgrad: Zahlreich, stellenweise im Rückgang, jedoch nicht gefährdet.

1

Schneefink

Montifringilla nivalis
Sperlinge
Passeridae

Merkmale: Größe — Aussehen — Färbung — Stimme
Größer als ein Sperling (18 cm) mit großem Kopf, kurzem kräftigem Schnabel, gedrungenem Körper und ziemlich langem Schwanz. Das ad. ♂ (**1, 2**) ist schwarz-weiß-braun mit grauem Kopf, die Flügel haben schwarze Spitzen und Flecken in den Beugen, das ♀ ist weniger kontrastreich gefärbt. Bei juv. ♂♂ fehlt das dunkle Kinn, alle Flügeldecken sind bei ihnen schwarz, ebenso der Fleck auf den Handdecken. Der Schneefink sitzt und schreitet aufrecht, baumt überhaupt nicht auf, zuckt bei Erregung mit dem Schwanz. Er fliegt schnell, wellig, nach einer Störung kehrt er oft im Bogen an dieselbe Stelle zurück. Ziemlich häufig ertönt sein Lockruf „zuih", „kick", ein pfeifendes „titri", der Warnruf „schräh". Im Flug und sitzend singt er „sitütsche-sitütsche".

Ähnliche Arten: Im Winter kann es stellenweise zu Verwechslungen mit der Schneeammer kommen, sie hat aber einen weißen bzw. braunen Kopf mit einem weißen, nie einem grauen Überaugenstreifen. Die schwarze Schwanzmitte wird zum Ende hin breiter.

Lebensraum: Steinfelder und Matten auf der Subalpinstufe der Hochgebirge, wo er auch in die Umgebung menschlicher Behausungen kommt. Den Schneefinken erkennt man an Verhalten und Aussehen.

Lebensweise: Standvogel, der über den Winter in die offenen Landschaften in tieferen Lagen kommt und sich dabei selten auch in größere Entfernung verirrt, in dieser Zeit treten auch mehr oder weniger große Schwärme auf. Das Nest sitzt in einer Felsritze, auch im Mauerwerk oder unter Dächern, im Normalfall recht hoch und ist recht umfangreich. Die 4—5 weißen Eier (23,4×17,0 mm) werden in den Monaten IV.—VI. gelegt. Schneefinken nisten in größerer Anzahl nicht weit voneinander entfernt und brüten 14 Tage lang. Beide Altvögel füttern die Jungen 20 Tage im Nest, einige Zeit auch noch außerhalb.

Nahrung: Ganzjährig ernähren sich die Vögel von Sämereien, im Sommer dazu von Insekten und Spinnen. Sie sammeln die Nahrung am Boden, besuchen auch Futterhäuschen.

Gefährdungsgrad: Der Schneefink zählt zu den „potentiell gefährdeten" Arten.

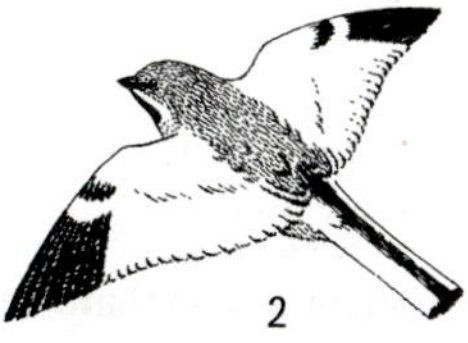

2

1

Buchfink

Fringilla coelebs
Finken
Fringillidae

Merkmale: Stimme — Aussehen — Färbung — Verhalten
Erreicht Sperlingsgröße (15 cm), ist schlank und hat einen runden Kopf. Ad. Vögel haben braunschwarze Flügel mit zwei weißen Binden, einen dunklen Schwanz mit weißem Saum und einen moosgrünen Bürzel. Das ♂ ist ansonsten rotbraun. Im Brutkleid (**1**) hat es einen mohngrauen Oberkopf, im Schlichtkeid hat der Kopf die gleiche Farbe wie der Rücken; das ♀ ist nicht rotbraun, sondern graugrün, oben etwas dunkler. Juv. = ♀. Kein scheuer Vogel, sitzt auf Bäumen, normalerweise im unteren Teil der Krone; schreitet am Boden und auf stärkeren Ästen kopfnickend oder bewegt sich hüpfend. Der Flug ist schnell und wellig. Oft mit anderen Finkenarten wie Bergfinken und Grünlingen zusammen. Sehr häufig ertönt der Lockruf „pink pink", im Flug auch „jüp", im Sommer hört man oft sein „trüf", seinen „Regenruf". Der Gesang ist ein lautstarkes, schlichtes und kurzes „rrr-tschaftschaftschafreitschak" mit individuellen Unterschieden.
Ähnliche Arten: Unverkennbar.
Lebensraum: Alle Baumbiotope von der Tiefebene bis an die obere Waldgrenze einschließlich Alleen in Städten. Der Buchfink ist leicht an der Stimme zu erkennen, man kann ihn das ganze Jahr beobachten.
Lebensweise: Teilweise Zugvogel, hält sich von III.—VIII. an den Brutplätzen auf. Das Nest befindet sich auf Bäumen am Stamm oder auf Ästen, nicht besonders hoch, in die Wände werden Moos und Flechten eingearbeitet. Die 4—5 rötlichen Eier mit der braunen Sprenkelung (19,2×14,5 mm) werden in den Monaten IV.—VII. gelegt. Buchfinken nisten einzeln 1—2mal jährlich, das ♀ brütet 13 Tage lang. Beide Altvögel füttern die Nestlinge 14 Tage, nach dem Ausfliegen dann noch einige Tage.
Nahrung: Die Nahrung ändert sich saisonbedingt, besteht aus fleischigen Früchten, Knospen und kleinen Gliederfüßern, vor allem Insekten und Spinnen, sie wird am Boden und auf Bäumen gesammelt. Buchfinken besuchen auch Futterhäuschen.
Gefährdungsgrad: Zahlreiche Art.

1

Bergfink

Fringilla montifringilla
Finken
Fringillidae

Merkmale: Stimme — Aussehen — Färbung
Kommt in Größe und Aussehen dem Buchfinken nahe, hat aber in allen Kleidern einen weißen Bürzel. Der ad. Vogel hat braunschwarze Flügel mit zwei hellen Binden und einen braunschwarzen Schwanz. Das ♂ hat im Brutkleid einen schwarzen Kopf und Rücken, die Unterseite ist vorne orangerot, im Schlichtkleid (**1**) sind Kopf und Rücken schwarz und braun gewellt. Das ♀ ist viel blasser mit einem graubraunen Kopf. Juv. Vögel ähneln dem ♀, ihr Bürzel zeigt einen gelbbraunen Ton. Der Bergfink ist nicht scheu, sitzt auf Bäumen, schreitet und hüpft am Boden, fliegt schnell und wellig. Oft bilden Bergfinken mit Buchfinken und Ammern Schwärme, die in den Wäldern gemeinsam übernachten. Sie rufen auch im Flug ihr breites „quäk" bis kweih" oder „djip". Der Gesang ist ausdruckslos, knarrend, erinnert an den Gesang des Grünlings; das ♂ hat seine Singwarte auf einem Zweig.
Ähnliche Arten: Unverkennbar.
Lebensraum: Nordlandwälder. Außerhalb der Brutzeit hält sich der Bergfink oft in Buchenwäldern, in offenen Landschaften auf Feldern, Brachland, aber auch in Ansiedlungen auf. Man erkennt ihn leicht am Lockruf und im Flug.
Lebensweise: Zugvogel, schließt sich außerhalb der Brutzeit zu Schwärmen zusammen, hält sich von V.—IX. an den Brutplätzen auf. Das Nest sitzt nicht allzu hoch auf einem Baum in einer Astgabel, am Stamm, im Baumaterial finden sich Moos und Flechten. Die 5—7 rötlichen, dunkel gesprenkelten Eier (19,5 × 14,6 mm) werden in den Monaten V.—VII. gelegt. Bergfinken nisten einzeln 1mal jährlich, das ♀ brütet 14 Tage lang. Beide Altvögel betreiben Brutpflege, die Jungen bleiben 11 Tage im Nest.
Nahrung: Sämereien und kleine Gliederfüßer, am Boden und auf Bäumen gesammelt. Besucht auch Futterhäuschen.
Gefährdungsgrad: Der Bergfink zählt in der Bundesrepublik Deutschland zu den „gefährdeten Vermehrungsgästen".

1

Girlitz
Serinus serinus
Finken
Fringillidae

Merkmale: Stimme — Größe — Verhalten
Beträchtlich kleiner als ein Sperling (11 cm). Kopf klein, Schnabel kurz, kräftig, kegelförmig. Ad. Vögel haben stets einen gelben Bürzel, was vor allem beim Auffliegen ins Auge fällt, auf den Flügeln sitzen zwei gelbe Binden, der Schwanz ist dunkel. Das ♂ hat eine leuchtend gelbe Brust, ansonsten ist es grünbraun gestrichelt, das ♀ (**1**) ist matter, gelbgrün, mehr gefleckt. Juv. Vögel ähnelt dem ♀, sind aber kräftig gefleckt und haben keinen gelben Bürzel. Der Girlitz sitzt auf Leitungsdrähten und Bäumen, hüpft am Boden, fliegt schnell, wellig. Das ♂ vollführt singend einen auffälligen „Fledermausflug" oder dreht sich mit gespreizten Flügeln um die eigene Achse. Oft ist der zwitschernde Lockruf „girlitz" oder „grlitt" zu hören, im Schreck „zuit". Der Gesang ist lang und lautstark, häufig mit dem zwitschernden „girrlitz". Das ♂ singt auf Bäumen, Leitungsdrähten und im Flug.
Ähnliche Arten: ♀ und juv. ähneln dem Zeisig, der aber gelbe Schwanzsäume, einen schlanken Schnabel und eine andere Stimme hat.
Lebensraum: Kulturlandschaften, vor allem bebautes Land mit Gehölzen, Alleen, aber auch Gärten und Parks von der Tiefebene bis zur Knieholzstufe. Leicht an Stimme und Verhalten kenntlich.
Lebensweise: Zugvogel, der sich nach der Brutzeit normalerweise in kleinen Schwärmen zusammenfindet. An den Brutplätzen halten sich Girlitze von III.—X. auf. Das Nest sitzt nicht besonders hoch auf den Randästen von Bäumen und Sträuchern, auf seinem Rand häuft sich der Kot der Nestlinge an. Die 3—5 bläulichen, dunkelbraun gesprenkelten Eier (16,5 × 12,2 mm) werden in den Monaten IV.—VII. gelegt. Girlitze nisten einzeln 1—2mal jährlich und brüten 13 Tage. Beide Altvögel füttern die Jungen im Nest 15 Tage lang, anschließend noch einige Zeit außerhalb des Nestes.
Nahrung: Sämereien von Unkraut, Kulturpflanzen, Gräsern und Gehölzen, am Boden oder direkt auf den Pflanzen gesammelt.
Gefährdungsgrad: Die Art ist zahlreich und nicht gefährdet.

1

Grünling

Carduelis chloris

Finken

Fringillidae

Merkmale: Stimme — Aussehen — Verhalten — Färbung
Sperlingsgroß (14 cm), großer Kopf mit kräftigem, kegelförmigem Schnabel und gedrungener Körper. Der ad. Vogel ist grünlich, Flügel und Schwanz sind dunkler, der Schwanz zeigt an der Wurzel gelbe Säume; das ♂ (**1**) ist auf der Unterseite strahlend gelbgrün mit breiten, gelben Flügelsäumen, das ♀ ist eher braungrün, der gelbe Flügelsaum ist schmaler. Der juv. Vogel ähnelt dem ♀, geht aber mehr ins Braune und ist undeutlich dunkel gefleckt. Nicht scheu, sitzt auf Bäumen, oft in den Wipfeln, hüpft am Boden, fliegt schnell, in Wellenlinien. Nach der Brutzeit hält er sich oft zusammen mit Buchfinken, Ammern, Feldsperlingen usw. in Schwärmen auf. Sehr häufig ertönt der klingelnde Lockruf „gigigigig" auch „gegegeg" und ein durchdringendes nasales „schiä". Der Gesang hat lange Strophen, ein lautes, glockiges „djuldjuldjul-girr-gigigi-girr", das ♂ singt auf einem Baum oder im „Fledermausflug".

Ähnliche Arten: Der Lockruf erinnert manchmal an andere Finkenvögel, Gesang und Aussehen sind aber unverkennbar.

Lebensraum: Parklandschaften von den Tiefbenen bis zur oberen Waldgrenze, Gärten und Parks, auch in Städten, hält sich außerhalb der Brutzeit vorwiegend in freier Landschaft auf. Leicht an Stimme und Aussehen kenntlich, läßt sich ganzjährig beobachten.

Lebensweise: Stand- und Strichvogel, an den Brutplätzen von III.—IX. anzutreffen. Das Nest befindet sich im Geäst von Bäumen und Büschen, meist nicht hoch, die Außenschicht besteht aus dürren Zweigen. Die 3—6 bläulichen, braun gesprenkelten Eier (19,9×14,5 mm) werden in den Monaten IV.—VIII. gelegt. Grünlinge nisten einzeln 1—3mal jährlich, die ♀ brüten 14 Tage. Brutpflege betreiben beide Altvögel, sie füttern die Jungen 14 Tage im Nest, anschließend noch einige Tage außerhalb.

Nahrung: Ganzjährig überwiegend Sämereien, auch Baumknospen, die am Boden und auf Gehölzen gesammelt werden, sucht auch Futterhäuschen auf.

Gefährdungsgrad: Zahlreiche Art.

1

Stieglitz, Distelfink
Carduelis carduelis
Finken
Fringillidae

Merkmale: Stimme — Färbung — Aussehen — Verhalten
Kleiner als ein Sperling (12 cm), runder Kopf mit einer roten Maske und einem scharfen, schlanken Schnabel. Der ad. Vogel **(1)** ist braungrau mit einer rot-weiß-schwarzen Zeichnung auf dem Kopf. In jedem Kleid fällt die gelbe Binde auf den schwarzen Schwingen auf. Bei juv. Stieglitzen ist der Kopf hellbraun mit dunklen Flecken. Nicht scheu; sitzt ruhelos auf Bäumen, Sträuchern und höheren Krautpflanzen, wechselt unablässig fliegend den Platz, wobei er vor dem Niedergehen auf der Stelle flattert; sitzt nur selten am Boden. Der Flug ist schnell und wellig. Manchmal erscheint der Stieglitz auch in Schwärmen mit Grünlingen und Hänflingen. Ausdauernd ruft er sein scharf abgehacktes „stiglitz-stiglitz", auch „zwitt-witt-witt", vor allem im Schwarm, der Warnruf klingt „a-ih". Der Gesang ist hoch, zwitschernd mit scharfen Tönen, oft hört man dabei auch seinen Lockruf. Des ♂ hat seine Singwarte in Baumwipfeln, auf Leitungsdrähten und Krautpflanzen.
Ähnliche Arten: Unverkennbar.
Lebensraum: Parklandschaften, Gärten von der Tiefebene bis zur oberen Waldgrenze. Ist außerhalb der Brutzeit in der offenen Landschaft auf Feldern, Brachflächen, Rainen usw. anzutreffen. An der Stimme ganzjährig leicht kenntlich.
Lebensweise: Stand-, Strich- und teilweise Zugvogel, der außerhalb der Brutzeit in kleinen Gruppen zusammenlebt. Das Nest sitzt recht hoch in Bäumen oder Sträuchern in einer Astgabel der äußeren Zweige, ist starkwandig und hat im Inneren Distelflaum. Die 4—5 bläulichen, braun gesprenkelten Eier (17,4 × 13,1 mm) werden in den Monaten IV.—VIII. gelegt. Der Stieglitz nistet einzeln 1—3mal jährlich, das ♀ brütet 13 Tage. Beide Altvögel füttern die Jungen im Nest 13 Tage lang, anschließend noch einige Zeit außerhalb.
Nahrung: Sämereien von Krautpflanzen, vorwiegend von Disteln, in geringem Umfang auch kleine Wirbellose; er sammelt die Nahrung auf Pflanzen, seltener am Boden.
Gefährdungsgrad: Zahlreiche Art.

1

Zeisig
Carduelis spinus
Finken
Fringillidae

Merkmale: Stimme — Aussehen — Verhalten — Färbung
Augenfällig kleiner als ein Sperling (11 cm). Der ad. Zeisig ist gelbgrün, hat einen gelben Schwanzwurzelsaum und zwei gelbe Flügelbinden; das ♂ hat einen schwarzen Scheitel und meist auch ein schwarzes Kinn, die Unterseite ist wie der Bürzel strahlend gelb, das ♀ (**1**) ist oben braungrau, unten blaßgelb, überall dunkel gefleckt. Der juv. Vogel ähnelt dem ♀, ist aber sehr blaß gefleckt. Der Zeisig sitzt auf Baumzweigen und hängt sich dort in allen möglichen Lagen an die dünnen Zweige in der Nähe der jungen Zapfen. Er fliegt in einer Wellenlinie, in der Balz zeigt er einen „Fledermausflug". Die Vögel gesellen sich zu großen Schwärmen. Fast unablässig ertönt der Lockruf „zi-si", im Flug „dü-äh", auch „djet-jetet", aus einem Schwarm ist ein unentwegtes Gezwitscher zu hören. Der Gesang ist ein zwitscherndes Zirpen mit langgezogenen Pfiffen, das ♂ singt auf einem Baum sitzend oder im Flug.
Ähnliche Arten: Der Zeisig ähnelt dem Girlitz, vor allem ♀♀ und juv. Der Girlitz hat aber eine andere Stimme, einen kürzeren, kräftigeren Schnabel und keinen schwarzen Kopf.
Lebensraum: Ausgedehnte Nadelwälder mit Lichtungen, Schneisen und Bächen, manchmal auch Laubwälder mit eingestreuten Nadelbaumgruppen. Außerhalb der Brutzeit hält sich der Zeisig in den Erlen- und Birkenbeständen um Bäche und Flüsse auf. An der Stimme ganzjährig leicht zu erkennen.
Lebensweise: Teilweise Zugvogel, tritt manchmal in großen tausendköpfigen Schwärmen auf und erscheint von III.—VIII. an den Brutplätzen. Das Nest sitzt in den äußeren Zweigen hoch oben in Nadelbaumkronen, die 4—5 bläulichweißen, rotbraun gesprenkelten Eier (16,4×12,3 mm) werden in den Monaten III.—VI. gelegt. Zeisige nisten einzeln 1—2mal jährlich, das ♀ brütet 13 Tage lang. Die Jungen werden 14 Tage lang im Nest von beiden Altvögeln gefüttert.
Nahrung: Vorwiegend Samen, im Winter hauptsächlich von Erlen und Birken, im Sommer von Nadelbäumen und verschiedenen Krautpflanzen, auf Bäumen oder Kräutern, selten am Boden gesammelt.
Gefährdungsgrad: Die Zahlen schwanken erheblich, besondere Schutzmaßnahmen sind jedoch nicht erforderlich.

1

Hänfling

Carduelis cannabina
Finken
Fringillidae

Merkmale: Stimme — Aussehen — Färbung — Verhalten
Kleiner als ein Sperling (13 cm) mit rundem Kopf und kurzem, kegelförmigem Schnabel. Das ad. ♂ (**1**) hat einen grauen Kopf, eine rötliche Stirn, eine rosige bis karminrote Brust, Bürzel und Schwanzsäume an der Wurzel sind weißlich, auf den Flügeln sitzt ein heller Fleck; das ♀ ist oben hellbraun, unten ocker, am ganzen Körper dunkel gefleckt, der helle Flügelfleck ist schmaler. Juv. ähneln dem ♀, sind aber fleckiger. Nicht besonders scheu. Sitzt auf Bäumen, Büschen und Leitungsdrähten, fliegt jäh und wellig. Nach der Brutzeit treten sie manchmal mit Grünlingen, Stieglitzen und Bergfinken zusammen in Schwärmen auf. Oft ist der Lockruf „gegegegek" bis „gjegjegjegje" zu hören. Der Gesang ist lautstark, lang und eine Mischung aus zirpenden, zwitschernden Tönen und Flötentrillern.
Ähnliche Arten: Der ähnliche Birkenzeisig, der stets einen schwarzen Fleck unter dem Kinn hat, gibt einen anderen Lockruf von sich. Der Berghänfling ist nur geringfügig rötlich, der Bürzel ist beim ♂ leicht rosa, beim ♀ graubraun und gefleckt, die hellen Flügelflecken fehlen.
Lebensraum: Parklandschaften, in denen Grasflächen mit Gebüschen abwechseln, von der Tiefebene bis in die Knieholzregion. Ganzjährig leicht an der Stimme kenntlich.
Lebensweise: Teilweise Zugvogel, bleibt außerhalb der Brutzeit meist in kleinen Schwärmen zusammen. An den Brutplätzen von III.—VIII. anzutreffen. Das Nest sitzt nicht hoch in dichtem Gebüsch, jungen Nadelbäumen, Schlingpflanzen usw. Die 4—6 hellblauen oder weißlichen, braun gesprenkelten Eier (17,8×13,2 mm) werden in den Monaten IV.—VIII. gelegt. Hänflinge nisten einzeln 1—3mal jährlich und brüten 11 Tage. Beide Altvögel füttern die Jungen 11 Tage im Nest, danach noch ein paar Tage außerhalb.
Nahrung: Sämereien, vor allem von Unkräutern und Gräsern, selten wirbellose Kleinlebewesen, auf Pflanzen und am Boden gesammelt.
Gefährdungsgrad: Zahlreiche Art.

1

Berghänfling
Carduelis flavirostris
Finken
Fringillidae

Merkmale: Stimme — Aussehen — Färbung
Kleiner als ein Sperling (13 cm), runder Kopf mit einem kleinen, kegelförmigen Schnabel. Der ad. Vogel ist auf der Oberseite braun mit dunkler Längsfleckung, die Unterseite außer den Flanken ist weiß, ungefleckt, über die dunklen Flügel nur eine einzige schmale, helle Binde, der Schnabel ist im Winter gelb, im Sommer dunkel; das ♂ (**1**) hat einen blaßrosa Bürzel, das ♀ einen graubraunen mit dunklen Flecken. Der juv. Vogel ähnelt dem ♀, doch sind bei ihm Kehle und Brust kräftiger gefleckt. Der Berghänfling sitzt und läuft überwiegend am Boden umher, fliegt schnell in Wellenlinien. Schließt sich oft Birkenzeisigschwärmen an. Er ist vor allem im Flug mit seinem ausgeprägten Lockruf „tschuj" oder dem weicheren „gje-gje-gje" zu hören. Der Gesang ähnelt dem des Hänflings, ist aber langsamer.
Ähnliche Arten: In erster Linie der Hänfling, der jedoch ein helles Flügelfeld und einen hellen Saum um Schwanzwurzel und Bürzel hat; das ♂ ist rot auf Scheitel und Brust. Der Birkenzeisig ist stärker rot mit einem schwarzen Kinnfleck.
Lebensraum: Waldlose Felsgebiete mit niedrigem Kraut- und Buschbestand, z.B. Heideflächen, von den Tiefebenen bis in die Subalpinstufe. Außerhalb der Brutzeit erscheint der Vogel oft an den Küsten, im Binnenland auf Brachen, häufiger an Gewässern. Wer den Lockruf kennt, kann den Berghänfling leicht ganzjährig bestimmen, ansonsten muß man die Finkenvogelschwärme an offenen Stellen betrachten.
Lebensweise: Zugvogel, außerhalb der Brutzeit meist schwarmweise, er hält sich von IV.—IX. an den Brutplätzen auf. Das Nest sitzt in Stein- und Felsnischen. Die 5—6 bläulichen, rotbraun gesprenkelten Eier (16,7×12,1 mm) werden in den Monaten IV.—VII. gelegt. Berghänflinge nisten einzeln 1—2mal jährlich, das ♀ brütet 13 Tage. Beide Altvögel füttern die Jungen 15 Tage im Nest.
Nahrung: Überwiegend Sämereien, vor allem Unkrautsamen, die am Boden, bei Schnee auch auf den Pflanzen gesammelt werden.
Gefährdungsgrad: Die Art ist zahlreich.

1

Birkenzeisig
Carduelis flammea
Finken
Fringillidae

Merkmale: Stimme — Aussehen — Verhalten — Färbung
Kleiner als ein Sperling (13 cm), kleiner, runder Kopf mit kurzem, kegelförmigem Schnabel, ausgeschnittener Schwanz. Der ad. Vogel hat oberhalb des Schnabels einen roten Scheitelflecken, das Kinn ist schwarz. Das ♂ hat auch eine rote Brust, der Bürzel zeigt ein helleres Rot; das ♀ (**1**) ist auf der Unterseite stärker gefleckt und weniger rot gefärbt. Juv. Vögel haben einen rotbraunen Kopf und ein grauschwarzes Kinn. Nicht besonders scheu; sitzt auf Bäumen und höheren Krautpflanzen, klettert in allen Lagen auf den dünnen Zweigenden umher. Birkenzeisige bilden häufig mit anderen Finkenvögeln gemeinsam Schwärme. Oft ist der Lockruf „dschä-dschä" oder „dschämdschäm" zu hören, auch ein surrendes „irrr", der Warnruf klingt „zuit".
Ähnliche Arten: In Nordeuropa lebt der sehr ähnliche Polarbirkenzeisig (*C. hornemanni*). Bei Hänflingen und Berghänflingen fehlt der schwarze Kinnfleck, sie klettern nicht im Bewuchs umher.
Lebensraum: Der Birkenzeisig bewohnt je nach Region unterschiedliche Biotope von der Tiefebene bis zur Knieholzstufe — Latschenkieferbestände und Uferwaldbäume, Gebüsche in Siedlungen u.a., außerhalb der Brutzeit auch Birkenwälder oder offene Landschaften mit Ruderalvegetation. Das ganze Jahr hindurch leicht an der Stimme zu erkennen.
Lebensweise: Teilweise Zugvogel, bleibt außerhalb der Brutzeit in Schwärmen zusammen, erscheint von IV.—VIII. an den Brutplätzen. Das Nest sitzt nicht besonders hoch in Bäumen oder Büschen. Die 4—5 bläulichen, braun gesprenkelten Eier (15,9×12,2 mm) werden in den Monaten IV.—VII. gelegt. Birkenzeisige nisten oft zu mehreren benachbart 1—2mal jährlich, die ♀ brüten 11 Tage. Die Jungvögel werden von beiden Eltern 12 Tage im Nest und noch einige weitere Tage außerhalb gefüttert.
Nahrung: Sämereien, in geringerem Umfang auch kleine Insekten, auf Bäumen, vor allem Birken, Krautpflanzen oder auch am Boden gesammelt.
Gefährdungsgrad: Zahlreich, die Anzahl schwankt im Verlauf der einzelnen Jahre weitgehend.

1

Fichtenkreuzschnabel

Loxia curvirostra

Finken

Fringillidae

Merkmale: Stimme — Aussehen — Verhalten — Färbung

Sperlingsgroß (16 cm) mit einem großen Kopf und einem starken, gekreuzten Schnabel. Beim ad. Kreuzschnabel sind Flügel und Schwanz dunkelbraun; das ♂ (**1**) ist rot, das ♀ gelbgrün. Der juv. Vogel ist grauoliv mit dunkelbrauner Längsfleckung, das ♂ ist manchmal gelbgrün mit einem rötlichen Bürzel. Einige Individuen zeigen zwei weiße Flügelbinden (var. *rubrifasciata*), ähnlich wie der Bindenkreuzschnabel (*L. leucoptera*). Der Vogel sitzt auf den Zapfen der Nadelbäume, oft hoch oben in den Wipfeln, wechselt fliegend von einem Baum zum anderen, auch auf den Boden, auf Abfallplätze oder den Verputz von Berghütten. Er fliegt schnell, flach wellig, die Schwärme bilden lockere Formationen. Sehr häufig, auch im Flug ertönt das lautstarke, abgehackte „kipp kipp". Der Gesang ist ein Gemisch aus Zwitschern, Knarr- und Knacklauten, er ist sogar im Winter oft von den Bäumen zu hören.

Ähnliche Arten: Kiefernkreuzschnabel (*L. pytyopsittacus*) mit einem kräftigen Schnabel (**2**) und Bindenkreuzschnabel.

Lebensraum: Fast ausschließlich Fichtenwälder, vorwiegend in der Montanstufe, nistet jedoch auch in der Tiefebene. Außerhalb der Brutzeit streicht er oft über waldlose Gebiete, zeigt sich sogar in Gärten. Sehr leicht ganzjährig am Lockruf zu erkennen; singen die Vögel, kann man bei genügend Nahrung jederzeit im Jahr darauf schließen, daß sie brüten.

Lebensweise: Je nach Zapfenernte in den Grenzen des Areals nomadisierender Strichvogel. Außerhalb der Brutzeit schwarmweise lebende Invasionsart, die unregelmäßig in verschiedenen Gebieten zu unterschiedlichen Zeiten in großer Anzahl auftritt. Das starkwandige Nest sitzt hoch oben in einem Wipfel am Stamm auf Ästen. Die 3—4 grünlichen Eier mit rotbraunen Sprenkeln (22,4×15,9 mm) werden in den Monaten XII.—V. gelegt, evtl. auch zu einem anderen Zeitpunkt. Fichtenkreuzschnäbel brüten 14 Tage lang, beide Altvögel füttern die Jungen im Nest 17 Tage, anschließend noch über eine längere Zeit außerhalb.

Nahrung: Nadelbaum-, vor allem Fichtensamen, die am Baum aus den Zapfen gelöst werden.

Gefährdungsgrad: Diese Art ist nicht gefährdet.

2

1

Karmingimpel

Carpodacus erythrinus
Finken
Fringillidae

Merkmale: Stimme — Aussehen — Verhalten — Färbung
Erreicht Sperlingsgröße (14 cm), ist schlank, mit einem größeren Kopf und einem ziemlich kräftigen Schnabel, sein Schwanz ist schwach ausgeschnitten. Das ad. ♂ (**1**) ist karminrot, Flügel und Schwanz sind braun, das ♀ ist graugrün mit dunkler Fleckung. Der juv. Vogel ähnelt dem ♀, geht mehr ins Braune mit der Andeutung einer helleren Flügelbinde, das ♂ ist im 2. Kalenderjahr grünlich, manchmal brütet es sogar in diesem Kleid. Der Vogel sitzt in den Wipfeln von Bäumen, Büschen, auf Drähten und fliegt nicht besonders häufig, aber recht schnell und wellig. Er singt oft, sein Gesang ist sehr laut, kurz und eintönig — ein melodisches „tütütehütja". Der Lockruf klingt „tschäeüb" oder leise „zwi".
Ähnliche Arten: Unverkennbar.
Lebensraum: Wiesen mit schütteren Buschbeständen von der Tiefebene bis auf die Knieholzstufe — Weidengebüsche an Wasserläufen, Latschenkiefern, auch Gärten in weit verstreuten Ansiedlungen usw. Leicht am Gesang zu erkennen (V.—VII.). Die Anwesenheit eines singenden ♂ deutet nicht unbedingt auf Bruttätigkeit.
Lebensweise: Einzeln lebender Zugvogel, ist an den Brutplätzen von V./VI.—VIII. anzutreffen. Das Nest befindet sich niedrig in dichten Bäumchen, Büschen oder der Krautschicht und ist ein sehr lockerer Bau. Die 3—6 leuchtend blauen Eier mit den winzigen dunklen Sprenkeln (20,1 × 14,3 mm) werden in den Monaten V.—VII. gelegt. Karmingimpel nisten 1mal jährlich einzeln, an geeigneten Stellen können sich auch mehrere Pärchen einfinden, und brüten 12 Tage. Beide Altvögel füttern die Jungen 12 Tage im Nest, anschließend noch einige Tage außerhalb.
Nahrung: Der Vogel ernährt sich fast ausschließlich von Sämereien, die er auf Bäumen, Kräutern und am Boden sammelt.
Gefährdungsgrad: Der Karmingimpel zählt zu den sporadisch auftretenden Vermehrungsgästen in der Bundesrepublik Deutschland.

1

Gimpel, Dompfaff

Pyrrhula pyrrhula

Finken

Fringillidae

Merkmale: Stimme — Aussehen — Färbung

Der Gimpel erreicht Sperlingsgröße (15 cm), hat einen großen, flachen Kopf mit einem auffallend starken, kurzen Schnabel und einen gedrungenen Körper. Beim ad. Gimpel sind Kappe, Flügel und Schwanz schwarz, in den Flügeln ist ein auffälliges weißes Feld, der Bürzel ist weiß, das ♂ (**1**) ist unten zinnoberrot, oben grau, das ♀ ist auf der Unterseite graurosig, auf der Oberseite dunkler. Juv. Gimpel haben kein schwarzes Käppchen und sind auf der Oberseite bräunlich. Der Gimpel ist nicht scheu, er sitzt auf den dünnen Zweigenden oder Wipfeln von Bäumen und Sträuchern, fliegt ziemlich schnell, wellig. Recht oft ist sein melancholischer Lockruf „güi" zu hören, im Schwarm ein leises „git git", nur selten aber der Gesang, ein nicht besonders lautes Girren und Zwitschern.

Ähnliche Arten: Unverkennbar.

Lebensraum: Vor allem Nadel- und Mischwälder, auch Parklandschaften von der Tiefebene bis zur Bergwaldstufe. Erscheint außerhalb der Brutzeit auch in unbewaldeten Landschaften, in Ebereschenalleen, auf Schutthalden usw. Im Winter ist er in Gärten zu sehen. Am Lockruf erkennt man den Gimpel leicht das ganze Jahr hindurch.

Lebensweise: Teilweise Zugvogel, die nordeuropäischen Populationen fallen manchmal invasionsartig in die übrigen Teile Europas ein. An den Brutplätzen von IV.—VIII. Gimpel finden sich außerhalb der Brutzeit zu Pärchen oder kleinen Trupps zusammen, nur selten bilden sie große Schwärme. Das Nest sitzt nicht hoch, meist in einem dichten Nadelbäumchen, einem Strauch, in den äußeren Zweigen von Bäumen usw. Die 4—5 graublauen, dunkelbraun gesprenkelten Eier (20,5×14,9 mm) werden in den Monaten IV.—VII. gelegt. Gimpel nisten einzeln 1—2mal jährlich und brüten 14 Tage lang. Beide Altvögel füttern die Jungen 16 Tage im Nest, außerhalb noch weitere 10 Tage.

Nahrung: Samen und Knospen von Kräutern und Gehölzen, im Sommer auch ein geringer Anteil kleiner Insekten und Spinnen; gesammelt wird die Nahrung auf Bäumen, Krautpflanzen und am Boden.

Gefährdungsgrad: Zahlreiche Art.

1

Kernbeißer
Coccothraustes coccothraustes
Finken
Fringillidae

Merkmale: Stimme — Aussehen — Verhalten
Größer als ein Sperling (18 cm), auffällig gedrungener Körper, großer, flacher Kopf mit mächtigem, kegelförmigem Schnabel, eigenartig profilierte Schwingen, die Flügel wirken im Flug von unten durchlöchert. Das ad. ♂ ist rosig-braun, hat einen grauen Hals, über die dunklen Flügel eine breite Binde; das ♀ (**1**) ist viel matter, sein Scheitel geht ins Graue, die Brust ist graubraun. Beim juv. Vogel sind Kopf, Hals und Flanken dunkelbraun wellig gezeichnet. Der Kernbeißer sitzt in den Baumkronen, wo er samenhaltige Kerne aufknackt. Auf der Suche danach kommt er auch auf den Boden herunter. Sein Flug ist schnell, flach wellig. Er läßt sehr häufig auch im Flug seinen scharfen, ausdrucksvollen Lockruf „zücks-zücks-it" oder das gezogenere „Zit" vernehmen. Sein Gesang ist nicht so oft zu hören, auch wenn die Kernbeißer im Frühjahr manchmal im Chor singen; er ist eine Mischung aus knarrenden und zwitschernden Lauten. Von den Bäumen, auf denen Kernbeißer sitzen, hört man das Knacken von Steinen und Samenschalen.
Ähnliche Arten: Unverkennbar.
Lebensraum: Schüttere Laubwälder, Parks, Gärten, Obstpflanzungen von der Tiefebene bis zur Montanstufe. Während der Samenernte erscheinen die Kernbeißer außerhalb der Brutzeit zahlreich in Buchen- bzw. Hainbuchenwäldern. Am Lockruf entdeckt man den Vogel ganzjährig ohne Schwierigkeiten.
Lebensweise: Teilweise Zugvogel, bewegt sich außerhalb der Brutzeit normalerweise in lockeren Schwärmen, erscheint von III.—VIII. an den Brutplätzen. Die Nester sitzen auf Bäumen, oft nahe am Stamm, die Außenschicht besteht aus kleinen Zweigen und Wurzeln. Die 4—6 hellblaugrauen, graubraun gesprenkelten Eier (23,9×17,4 mm) werden in den Monaten IV.—VI. gelegt. Kernbeißer nisten einzeln 1—2mal, ausnahmsweise auch 3mal jährlich und brüten 12 Tage lang. Beide Altvögel füttern die Jungen 12 Tage im Nest, eine längere Zeit dann noch nach dem Ausfliegen.
Nahrung: Vorwiegend Samen und Knospen von Bäumen und höheren Krautpflanzen, die auf den Bäumen oder am Boden gesammelt werden.
Gefährdungsgrad: Zahlreiche Art.

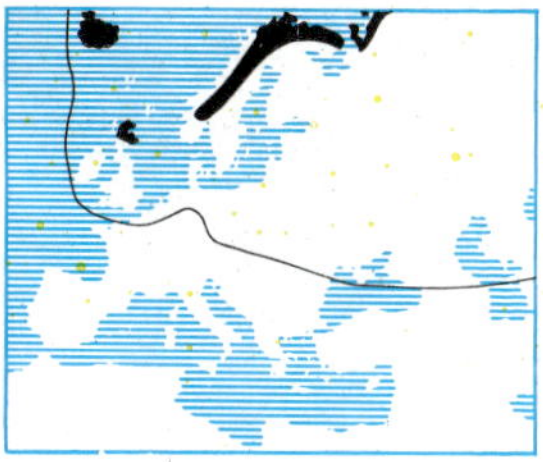

Schneeammer

Plectrophenax nivalis
Ammern
Emberizidae

Merkmale: Stimme — Aussehen — Färbung — Verhalten
Größer als ein Sperling (16 cm); großer runder Kopf mit kurzem, kräftigem Schnabel. Das ad. Gefieder zeigt eine vielfältige Färbung von Braun, Weiß und Schwarz, in den Flügeln sitzen große weiße Felder, die hauptsächlich im Flug (**2**) mit den schwarzen Schwingen kontrastieren. Das ♂ im Brutkleid hat einen schwarzbraunen Rücken und einen weißen Kopf, im Schlichtkleid sind Scheitel und Rücken braun mit einer schwarzen, schuppenförmigen Fleckung; das ♀ (**1**) ist wie das ♂ im Schlichtkleid gefärbt, doch sind Scheitel, Wangen und Flecken zu beiden Seiten der Brust lebhaft braun. Der juv. Vogel ähnelt dem ♀, Kehle und Vorderbrust sind aber rostbraun, die Brustseiten und Flanken schwach grau gestrichelt. Nicht scheu, läuft am Boden umher, fliegt schnell, flach wellig. Häufig, vor allem im Flug, ist der klingende Lockruf „trrrling-tiü" zu hören. An den Brutplätzen singt die Schneeammer im fallenden Flug „tjuri-tjuri-tjuri-tetiüh".
Ähnliche Arten: Während des Winters ist in Mitteleuropa der ähnliche Schneefink zu beobachten, der einen grauen Kopf und einen weißen Schwanz mit nur einem schmalen grauschwarzen Längsstreifen in der Mitte hat.

Lebensraum: Felsige Tundralandschaften von den Tiefebenen bis in die Subalpinstufe. Hält sich außerhalb der Brutzeit auf Feldern, Schutthalden, Geröllfeldern usw. auf. Ist ganzjährig leicht an der Stimme festzustellen und zu sehen.
Lebensweise: Zugvogel, der außerhalb der Brutzeit in mehr oder weniger großen Schwärmen lebt. An den Brutplätzen von IV.—IX. Das Nest befindet sich in Felsritzen, zwischen Steinblöcken, in Gebäudewänden, das Baumaterial enthält Moos, die Polsterung Federn. Die 4—6 grünlichen, rotbraun gesprenkelten Eier (22,0 × 16,1 mm) werden in den Monaten V.—VII. gelegt. Schneeammern nisten einzeln 1 (—2?)mal jährlich, sie brüten 13 Tage. Beide Altvögel füttern die Jungen 13 Tage im Nest.
Nahrung: Im Sommer überwiegen Zweiflügler-Insekten, im Herbst und vor allem im Winter Sämereien. Die Nahrung wird am Boden gesammelt.
Gefährdungsgrad: Zahlreiche Art.

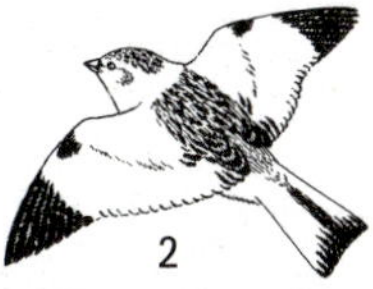

2

1

Goldammer
Emberiza citrinella
Ammern
Emberizidae

Merkmale: Stimme — Aussehen — Färbung — Verhalten
Größer als ein Sperling (16 cm). Der ad. Vogel hat einen zimtbraunen Bürzel und einen weißen Schwanzsaum; das ♂ (**1**) ist gelb und rotbraun, das ♀ wesentlich blasser mit einer längs verlaufenden Fleckzeichnung, Scheitel und Wangen sind dunkler. Der juv. Vogel ist blaßgelb, Hals- und Brustvorderseite sind kräftig gefleckt. Die Goldammer hält sich vorwiegend am Boden auf und bewegt sich flach hüpfend. Sie sitzt auch auf Bäumen, Gebäuden, Strohmieten, kommt in Höfe geflogen. Ihr Flug ist schnell und wellig. Ruft oft den charakteristisch metallischen Lockruf „zick, zick-zick", beim Auffliegen „zick-zirrrr", sie warnt mit einem hohen, durchdringenden „zies". Der Gesang ist ein schlichtes „zizizizizi-ä" mit steigendem Schlußton. Das ♂ singt auf seiner erhöhten Warte schon mit Winterausgang oder im Herbst.
Ähnliche Arten: In Südeuropa lebt relativ vereinzelt die Zaunammer (*E. cirlus*); die ♀♀ der meisten Ammerarten ähneln einander stark und lassen sich nicht zuverlässig unterscheiden.
Lebensraum: Lichte Laubwälder und deren Ränder, Ackerlandschaften mit Bäumen und Gebüschen von der Tiefebene bis zur Knieholzstufe. Den Vogel erkennt man leicht an der Stimme und bei direkter Beobachtung.
Lebensweise: Größtenteils Stand- und Strichvogel, nur in den nördlichsten Gebieten Europas Zugvogel. Außerhalb der Brutzeit bewegen sich die Goldammern meist in Schwärmen, die mitunter recht zahlreich sein können. Das Nest befindet sich meist am Boden im Gras. Die 3—5 weißlichen Eier mit dichten braunen Sprenkeln und haarfeinen Linien (21,1×16,2 mm) werden in den Monaten IV.—VIII. gelegt. Die Goldammer nistet einzeln 1—3mal jährlich und brütet 12 Tage. Beide Altvögel füttern die Jungen 13 Tage im Nest, anschließend außerhalb noch ein paar Tage.
Nahrung: Sämereien, vor allem von Getreide und Unkraut, in geringem Maß auch kleine Wirbellose, überwiegend am Boden gesammelt.
Gefährdungsgrad: Zahlreiche Art.

1

Ortolan
Emberiza hortulana
Ammern
Emberizidae

Merkmale: Stimme — Aussehen — Färbung
Erreicht Sperlingsgröße (16 cm), ist schlank mit einem längeren Schwanz (**1**). Das ad. ♂ hat einen grauen Kopf und Nacken, einen gelben Bart und ein gelbes Kinn, einen rotbraunen Bauch und einen geringfügig dunkleren Bürzel; das ♀ ist etwas blasser. Der juv.Vogel ähnelt dem ♀, ist aber oben und unten kräftig dunkel gefleckt. Der Ortolan ist scheu, er sitzt auf Bäumen, seltener auf Leitungsdrähten, hüpft am Boden, fliegt schnell und wellig. Er singt häufig und laut „tititiah", der letzte Ton sinkt ab, doch unterscheidet sich der Gesang lokal. Der Lockruf ist ein zartes „jiih" oder „zih-ip" o.ä.
Ähnliche Arten: Im Gesang ähnelt er weitgehend der Goldammer, die jedoch schneller, länger und stets mit einem steigenden Schlußton singt. In Südeuropa lebt die ähnliche Zippammer (*E. cia*), in Südosteuropa der Grauortolan (*E. caesia*) und selten auch die Türkenammer (*E. cineracea*).
Lebensraum: Landwirtschaftliche Gebiete mit eingestreuten Bäumen, Obstpflanzungen, Weingärten, Alleen in Tiefebenen und Hügellandschaften. Den Vogel erkennt man leicht am Gesang (IV.—VII.), außerhalb der Brutzeit sieht man ihn nur zufällig.
Lebensweise: Einzeln lebender Zugvogel, an den Brutplätzen von IV.—IX. anzutreffen. Das Nest sitzt am Boden im Gras. Die 4—6 graublauen oder rötlichen, dunkel gesprenkelten und mit Haarlinien versehenen Eier (19,9×15,6 mm) werden in den Monaten IV.—IX. gelegt. Der Ortolan nistet einzeln 1(—2?)mal jährlich und brütet 13 Tage lang. Beide Altvögel füttern die Jungen 13 Tage im Nest, anschließend noch ein paar Tage außerhalb.
Nahrung: Wie bei der Goldammer.
Gefährdungsgrad: Der Ortolan ist laut Roter Liste „vom Aussterben bedroht."

1

Rohrammer

Emberiza schoeniclus

Ammern

Emberizidae

Merkmale: Umgebung — Stimme — Aussehen — Färbung
Sperlingsgroß (15 cm), der ad. Vogel ist oben braun, unten grauweiß, überall mit dunkler Längstüpfelung; beim ♂ im Brutkleid (**1**) sind Kopf und Kehle schwarz, im Schlichtkleid ist der Kopf schwarzbraun. Das ♀ hat einen braunen Scheitel, von einem hellen Band gesäumte Wangen, einen dunklen Bart und ein weißes Kinn. Der juv. Vogel ähnelt dem ♀, seine Unterseite ist kräftig getüpfelt. Die Rohrammer sitzt auf den Halmen in Schilfdickichten, hüpft in der untersten Pflanzenschicht und am Boden umher. Sie fliegt ruckhaft und wellig, langsamer als die anderen Ammern. Ruft sehr häufig ein langgezogenes, durchdringendes „züi züä", der Warnruf ist „tschit". Der Gesang ist ein kurzes, lautes, immer schnelleres „zia-tü-tei-zisis"; das ♂ hat seine Singwarte auf der Spitze von Schilfhalmen, Büschen usw.

Ähnliche Arten: Der Lockruf klingt ähnlich wie der Ruf der Beutelmeise, allerdings etwas kräftiger.

Lebensraum: Schilfdickichte und andere Feuchtbiotope von der Tiefebene bis ins Bergvorland. Außerhalb der Brutzeit findet man den Vogel auch in großer Entfernung von Gewässern. Die Rohrammer erkennt man leicht am Gesang.

Lebensweise: Überwiegend Zugvogel, lebt außerhalb der Brutzeit auch in kleinen Gruppen zusammen. An den Brutplätzen trifft man die Rohrammer von IV.—X. an. Das Nest sitzt in der dichten Krautschicht, normalerweise auf trockenem Boden. Die 3—5 bräunlichen Eier mit schwarzbraunen Sprenkeln und Haarlinien (19,6×14,8 mm) werden in den Monaten IV.—VII. gelegt. Rohrammern nisten einzeln 1—2mal jährlich, das ♀ brütet 13 Tage lang. Beide Altvögel füttern die Jungen 12 Tage im Nest, anschließend noch ein paar Tage außerhalb.

Nahrung: Überwiegend Sämereien, mit kleinen Wirbellosen werden hauptsächlich die Jungen gefüttert. Die Nahrung wird am Boden auf höheren Pflanzen gesammelt.

Gefährdungsgrad: Die Bestände der Rohrammer sind zahlreich und nicht gefährdet.

1

Grauammer
Miliaria calandra
Ammern
Emberizidae

Merkmale: Stimme — Aussehen — Verhalten
Größer als ein Sperling (18 cm), hat einen großen, flachen Kopf mit einem kräftigen Schnabel und einen gedrungenen Körper. Der ad. Vogel (**1**) ist auf der Oberseite dunkler, auf der Unterseite heller; ♂ = ♀. Juv. Vögel haben auf dem Rücken hellere Federsäume. Diese Ammer sitzt auf hohen Warten — in Baum- und Strauchwipfeln, auf Strohmieten, Masten, Leitungsdrähten, hüpft am Boden. Ihr Flug ist plumper als der der übrigen Ammern, jedoch schnell, bei kurzen Flügen hängen die Beine herunter. Grauammern übernachten gemeinsam in Schilfdickichten. Sie rufen sehr häufig beim Abflug das charakteristische „schnürrrrp", der Lockruf ist ein ausgestoßenes „tüsk" oder ein gezogenes „sihp", im Herbst auch „tüp-äh-tüp". Der Gesang ist ein zirpendes schlichtes „zick-zick-trililil", das ♂ singt auf einer hohen Warte oder im Flug.

Ähnliche Arten: Unverkennbar.

Lebensraum: Offene Landschaft mit Wiesen und Weiden, an Gewässern und auf Feldern, sie bewegt sich außerhalb der Brutzeit auch um Anwesen von der Tiefebene bis ins Hügelland. Die Grauammer erkennt man an der Stimme leicht das ganze Jahr über.

Lebensweise: Teilweise Zugvogel, überwintert fast überall im Verbreitungsgebiet, verschwindet im Winter aus manchen Gebieten, hält außerhalb der Brutzeit in oft großen Schwärmen zusammen. Das Nest befindet sich am Boden in der dichten Grasschicht. Die 3—5 gelblichen oder graublauen Eier mit den dunkelbraunen Sprenkeln und Schnörkeln (24,9×18,3 mm) werden in den Monaten IV.—VII. gelegt. Die Grauammer nistet einzeln 1—2(—3?)mal jährlich, das ♀ brütet 13 Tage lang. Brupflege betreibt überwiegend bzw. ausschließlich das ♀, es füttert die Jungen 10 Tage im Nest und noch längere Zeit außerhalb.

Nahrung: Sämereien und kleine Insekten, die am Boden und auf Pflanzen gesammelt werden.

Gefährdungsgrad: Die Grauammer zählt zu den „gefährdeten" Arten.

3
1
2
5
4

Vögel der offenen Landschaften, Felsen und Wälder

In diesem Kapitel sind alle Vogelgruppen und -arten zusammengefaßt, die in den übrigen keine Aufnahme gefunden haben. Ihre Zahl ist relativ klein. Sie sehen unterschiedlich aus, bewohnen verschiedene Lebensräume und stimmen auch in Verhalten und Lebensweise nicht überein.

Die Hühnervögel (*Galliformes*) werden vom Fasan (**1**) vertreten. Zu ihnen gehören allgemein bekannte, ziemlich große Vögel mit charakteristischen Farbmerkmalen, die Männchen unterscheiden sich meist von den Weibchen. Sie haben kurze, kräftige Beine und Schnäbel. Eine Gruppe lebt im Wald (Rauhfuß- oder Waldhühner — *Tetraonidae*), die andere überwiegend in der offenen Landschaft (Fasanenartige oder Feldhühner — *Phasianidae*). Die Vögel beider Gruppen bereiten das Brüten mit einer eigenartigen Balz vor, die häufig von ganz charakteristischen Stimmäußerungen begleitet wird.

Die sehr langbeinigen Vögel aus verschiedenen systematischen Gruppen (Kraniche — *Gruidae*, Trappen — *Otididae*, Triele — *Burhinidae*) werden vom Kranich (**2**) vertreten. Einige kommen in ihrem Aussehen den Störchen nahe, andere wiederum den großen Hühnervögeln. In der Regel leben sie an offenen Stellen von Sumpflandschaften bis Trockensteppen.

Allgemein bekannt sind die Taubenvögel (*Columbiformes*), deren Grundform die Felsentaube (**3**) darstellt. Von mittlerer Größe haben sie Schreitbeine mit kurzen Läufen und gut entwickelten Hinterzehen, einen kleinen Kopf und einen typisch ausgeformten Schnabel. Unter ihnen weisen die Flughühner (*Pteroclidae*), die trockene Ebenen bewohnen, weitere typische Anpassungen auf, die Umwelt und Lebensweise erzwungen haben. Alle sind hervorragende Flieger. Charakteristisch für die kleineren, den Singvögeln recht ähnlichen Arten ist der Eisvogel (**4**). Einige sind sehr bunt, z.B. der Bienenfresser, andere sind ganz unscheinbar gefärbt, wie der Kuckuck. Sie bewohnen die verschiedensten Biotope, denen sie sich angepaßt haben.

Typische Baumbewohner sind die Spechte (*Picidae*), hier vom Schwarzspecht (**5**) vertreten. Es sind mittelgroße, auf Baumstämmen herumkletternde Vogel. Sie haben typische Kletterfüße, einen Schnabel, der zum Meißeln im Holz geeignet ist und eine außerordentlich lange Zunge, die sie weit hervorschieben können, um die Nahrung aus den gemeißelten Spalten zu ziehen.

1

Haselhuhn

Bonasa bonasia

Rauhfußhühner

Tetraonidae

Merkmale: Größe — Aussehen — Verhalten — Stimme
Ein kleiner, rebhuhngroßer Hühnervogel (36 cm) mit gedrungenem Körper und kleinem Kopf. Das ad. ♂ (**1**) hat eine kleine Holle, Kinn und Kehle sind schwarz, es ist insgesamt helldunkel gefleckt, der graue Schwanz hat eine schwarze Binde kurz von dem Ende. Das ♀ ist matter, ohne Holle, Kehle hell. Der juv. Vogel ähnelt dem ♀, seine Färbung ist aber noch matter. Das Haselhuhn schreitet und läuft am Boden umher, baumt auf, fliegt schnell mit geräuschvoll sausendem Flügelschlag. In der Balz pfeift das ♂ fein „ziiji zi zi zizizi ziiji" mit fallendem Anfang und steigendem Ende; aufgescheucht ruft es „wit wit", die Jungen pfeifen.

Ähnliche Arten: An Waldsäumen muß man auf mögliche Verwechslungen mit dem Rebhuhn achten, das aber einen rotbraunen Schwanz hat, in manchen Gegenden im Wald auch auf das ♀ des Birkhuhns, das dunkler ist und einen leicht ausgeschnittenen Schwanz hat.

Lebensraum: Größere Wälder mit Unterholz, Haselsträuchern, Birken, Heidelbeerteppichen usw., vor allem im Gebirge. In der Balz (III.—V., Ende VIII.—Anfang XI.) erkennt man den Vogel an der Stimme.

Lebensweise: Standvogel, brütet einzeln, lebt danach familienweise oder einzeln. Das Nest befindet sich am Boden, meist am Fuß eines Baumes, es besteht aus Laub. Die 7—12 gelblichen, braun gesprenkelten Eier (40,6×29,1 mm) werden in den Monaten IV.—VI. gelegt. Haselhühner nisten 1mal jährlich, das ♀ brütet 25 Tage. Brupflege betreiben nur die ♀♀. Die Jungen sind Nestflüchter und machen nach 15 Tagen die ersten Flugversuche, sind nach 35 Tagen herangewachsen und nach 90 Tagen selbständig.

Nahrung: Knospen, Kätzchen und Beeren von Bäumen, Sträuchern und Kräutern, im Sommer auch bodenbewohnende kleine Wirbellose.

Gefährdungsgrad: Das Haselhuhn ist eine „stark gefährdete" Art.

1

Moorschneehuhn

Lagopus lagopus

Rauhfußhühner

Tetraonidae

Merkmale: Aussehen — Größe — Verhalten
Etwas größer als ein Rebhuhn (40 cm). Das ad. Moorschneehuhn ist im Sommer (**3**) dunkelbraun mit schwarzen Schwanzsäumen und weißen Flügeln. Im Winter bis auf die Schwanzsäume (**4**) ganz weiß; dazwischen zeigt es unterschiedlich stark gefleckte Übergangsfärbungen (**1**,**2**). Das ♀ ist kleiner und heller als das ♂ mit einer deutlichen dunklen Fleckzeichnung, vor allem auf den Flanken, das Kinn ist hell bis weiß. Der juv. Vogel sieht dem ♀ ähnlich, doch sitzen auf seinen weißen Flügeln braune Flecken. Bei der Unterart *L. l. variegatus* von der norwegischen Küste finden sich ganzjährig auf den Flügeln braune Flecken, am Körper auch im Winter, die Unterart *L. l. scoticus* von den britischen Inseln ist ganzjährig dunkel (einschl. Flügel). Der Vogel schreitet und läuft am Boden, fliegt niedrig, wobei schnelle Flügelschläge und Gleitflugphasen mit halb hängenden Flügeln abwechseln. Gibt ganzjährig Glucklaute von sich, die Jungen pfeifen fein.
Ähnliche Arten: In manchen Gegenden lebt das ähnliche und schwer zu unterscheidende Alpenschneehuhn (*L. mutus*).
Lebensraum: Tundren und Moore vorwiegend in tiefen Lagen, stellenweise auch oberhalb der Waldgrenze.

Lebensweise: Standvögel, einzelne Tiere entfernen sich mitunter weiter von den Nistgebieten. Außerhalb der Brutzeit sind sie normalerweise in Grüppchen zusammen. Das Nest befindet sich im dichten, niedrigen Bewuchs. Die 6–9 gelblichen, braun gesprenkelten Eier (42,5×30,8 mm) werden in den Monaten IV.–VI. gelegt. Moorschneehühner nisten einzeln 1mal jährlich, die ♀♀ brüten 22 Tage. Die Jungen verlassen sofort das Nest und werden von beiden Altvögeln geführt, sind mit 12 Tagen flügge, mit 33 Tagen herangewachsen und mit 2 Monaten selbständig.
Nahrung: Pflanzenteile vom Boden und vor Zweigen, im Sommer auch Wirbellose.
Gefährdungsgrad: Mancherorts ein bedeutendes Federwild, dessen Zahlen aber rückläufig sind. Erforderlich ist eine rationale Bewirtschaftung der Populationen.

1

Birkhuhn
Tetrao tetrix
Rauhfußhühner
Tetraonidae

Merkmale: Aussehen — Größe — Verhalten — Stimme
Etwa haushuhngroß (♂ 55 cm, ♀ 40 cm) mit gedrungenem Körper und kleinem Kopf. Das ad. ♂ (**1**) ist schwarz-braun mit weißer Flügelbinde, in der Balz hat es leierförmig geschwungene Schwanzsaumfedern. Das ♀ ist fleckig braun, die Unterflügeldecken sind weiß. Der juv. Vogel ähnelt dem ♀, ist aber matter, die Federn der Rückenseite haben einen hellen Mittelstreifen, das ♂ geht mehr ins Rote. Das Birkhuhn hält sich überwiegend am Boden verborgen, fliegt aber auch auf Bäume und setzt sich auf dünne Äste. Es fliegt schnell, manchmal auch recht hoch, wechselt rasche Flügelschläge mit Gleitflug auf gespreizten Flügeln ab. In der Balz ist von den ♂♂ ein weithin schallendes Zischen und Kollern zu hören, die ♀♀ und juv. Tiere gackern leise.
Ähnliche Arten: Das ♂ ist unverkennbar, das ♀ ähnelt dem Auerhuhn, das jedoch größer ist und keinen weißen Streifen auf der Flügelunterseite hat.
Lebensraum: Tiefere Wälder und deren Säume, Lichtungen, Moore, auch Alpenmatten. Im Frühjahr (III.—V.) entdeckt man die Tiere an den Balzplätzen an der Stimme oder man findet sie beim Durchstreifen geeigneter Gelände, im Winter auch durch die Geläufe.
Lebensweise: Standvogel, der nur vereinzelt außerhalb der Brutplätze auftritt. Im Frühjahr finden sich die Birkhühner auf den gemeinsamen Balzplätzen ein, sonst leben sie gruppenweise zusammen. Das Nest liegt am Boden, sehr sorgfältig im Unterholz verborgen. Die 6—12 bräunlichen, dunkelbraun gesprenkelten Eier (50,0×36,4 mm) werden in den Monaten V.—VI. gelegt. Das Birkhuhn nistet 1mal jährlich, das ♀ brütet 25 Tage. Die Jungen verlassen sofort das Nest, sie werden nur vom ♀ geführt. Mit dem 10. Tag werden sie flügge, mit 3 Monaten sind sie selbständig.
Nahrung: Verschiedene Sämereien und Beeren, vor allem Heidelbeeren, Preiselbeeren, im Winter Birkenkätzchen, die am Boden und auf Bäumen abgebissen werden. In der Ernährung der Jungen stellen Insekten eine bedeutende Komponente dar.
Gefährdungsgrad: Stellenweise immer noch ein bedeutendes, wenn auch im Schwinden begriffenes Federwild. Die Art ist nicht gefährdet.

1

Auerhuhn
Tetrao urogallus
Rauhfußhühner
Tetraonidae

Merkmale: Aussehen — Größe — Verhalten — Stimme
Der größte europäische Hühnervogel, das ♂ erreicht Truthahngröße (85 cm, ♀ 60 cm). Das ad. ♂ (**1**) ist schwarz-braun, das ♀ dunkel gelbbraun mit dunklen Flecken. Der juv. Vogel ähnelt dem ♀, ist aber matter und kleiner. Auerwild lebt heimlich in den Wäldern, vorwiegend auf dem Boden, aber auch auf Bäumen, wo es schläft. Es fliegt geräuschvoll auf, der Flug ist niedrig und jäh, schnelle Flügelschläge und kurzes Gleiten wechseln ab. Im Frühjahr vollführen die ♂♂ auf Bäumen oder am Boden ihr Balzritual. Der Balzgesang des ♂ besteht aus auffälligen Lauten (Knappen — Triller — Hauptschlag — Wetzen), ♀♀ und juv. gackern leise.
Ähnliche Arten: Der Hahn ist unverkennbar, das ♀ ähnelt dem Birkhuhn, das aber kleiner ist, einen ausgeschnittenen Schwanz und eine weiße Binde auf der Flügelunterseite hat.
Lebensraum: Tiefe Wälder mit sehr alten Beständen, Heidelbeerteppichen, Ameisenhaufen, vorwiegend in den Bergen. Im Frühjahr (III.—V.) kann man die Tiere vor Sonnenaufgang an den Balzplätzen nach der Stimme finden, sie sind aber nicht weit zu hören und sehr scheu und vorsichtig.

Lebensweise: Standvogel. Im Frühjahr erscheinen die Vögel in großer Zahl auf den Balzplätzen, ansonsten leben sie einzeln. Das Nest befindet sich am Boden, normalerweise an einem Baumstumpf, am Fuß eines Baumes, Strauches usw. Die 5—9 hellgelbbraunen, braun gesprenkelten Eier (56,3×41,7 mm) werden in den Monaten IV.—V. gelegt. Auerhühner nisten 1mal jährlich, das ♀ brütet 25 Tage. Die Jungen verlassen sofort das Nest, werden nur vom ♀ geführt, sind ab dem 15. Tag flügge und mit 3 Monaten ausgewachsen.
Nahrung: Vom Spätherbst bis zum Mai ernährt sich das Auerhuhn von Nadeln und Baumknospen, in den übrigen Monaten auch von Heidelbeeren, Preiselbeeren, Bucheckern usw., teilweise auch von Insekten. Die Jungvögel ernähren sich anfangs ausschließlich von Insekten, hauptsächlich von Ameisen, später mehr von Beeren. Die Nahrung wird am Boden und auf Bäumen gesammelt.
Gefährdungsgrad: Das Auerhuhn ist eine „vom Aussterben bedrohte“ Art. Erforderlich ist ein völliger Schutz oder eine strikte Regulierung der Bejagung. Außerdem wird auch künstliche Aufzucht zum Aussetzen in die Natur betrieben.

1

Chukarhuhn

Alectoris chukar

Feldhühner

Phasianidae

Merkmale: Aussehen — Größe — Verhalten — Stimme
Rebhuhngroß (33 cm), hat einen gedrungenen Körper und einen kleinen Kopf. Der ad. Vogel (**1**) ist auf der Oberseite graubraun, trägt auf Kopf und Kehle eine kräftige Zeichnung, auf den Flanken dunkle Streifen, die Schwanzseiten sind rotbraun, Schnabel und Beine rot; ♂ = ♀. Juv. Vögel sind falb ohne die dunkle Zeichnung um die weißliche Kehle, haben nur vereinzelt dunkle Flankenstreifen, Schnabel und Beine sind gelblich. Der Vogel lebt heimlich in dichter Gras- und Buschvegetation. Aufgestört fliegt das Huhn jäh und niedrig davon, es wechselt schnelle Flügelschläge mit Gleitphasen auf gespreizten Flügeln ab. Sehr häufig ruft es mit einer haushuhnähnlichen Stimme: „tschak-tschak-tschak-pertschak tschakar tschakar".

Ähnliche Arten: In Südeuropa lebt das sehr ähnliche Steinhuhn (*A. graeca*), in West- und Südeuropa das anders gefärbte Rothuhn (*A. rufa* — **2**).

Lebensraum: Trockene Busch- und Grasflächen. Man erkennt das Huhn an der Stimme.

Lebensweise: Standvogel, der einzeln, nach der Brut aber auch in Gruppen lebt. Das Nest sitzt am Boden im Bewuchs, oft bei großen Steinen. Die 8—15 gelblichen Eier mit den braunen Sprenkeln (39,8×29,8 mm) werden in den Monaten III.—VI. gelegt. Das Chukarhuhn nistet 1(—2?)mal jährlich, das ♀ brütet 23 Tage. Die Jungen verlassen sofort das Nest, werden von beiden Altvögeln geführt, sind mit 7 Tagen flügge und mit 50 Tagen ausgewachsen.

Nahrung: Diese Hühner ernähren sich vorwiegend von Sämereien, in geringerem Umfang von Pflanzenverbiß und kleinen Wirbellosen. Die Nahrung wird am Boden gesammelt.

Gefährdungsgrad: Stellenweise zahlreich, meist aber zurückgehend oder bereits verschwunden. Mancherorts gilt dies Huhn noch als Federwild, sein Schwinden ist offenbar die Folge übermäßiger Bejagung. Erforderlich ist eine rationale Bewirtschaftung, bei stetem Rückgang der Tiere einer Population ein völliges Jagdverbot.

2

1

Rebhuhn

Perdix perdix

Feldhühner

Phasianidae

Merkmale: Aussehen — Größe — Verhalten — Stimme

Ein kleines Huhn (30 cm) mit gedrungenem Körper und kleinem Kopf. Das ad. Rebhuhn ist grau-braun, das ♂ hat eine auffällige rotbraune Hufeisenzeichnung auf der Brust, die beim ♀ (**1**) oft fehlt. Das ♀ ist auf der Oberseite dunkler und weniger rostfarben, die orange gefärbten Wangen sind kleiner und matter. Der juv. Vogel ist gelbbraun ohne rotbraune und graue Zeichnung. Rebhühner schreiten oder laufen meist am Boden umher, bei einer Störung fliegen sie niedrig und nur über kurze Entfernung davon, der schnelle, geräuschvolle Flügelschlag wechselt mit kurzem Gleiten auf gespreizten Flügeln ab. In der Balz rufen die Tiere das bekannte, sehr laute „tschirik tschirik".

Ähnliche Arten: Unverkennbar.

Lebensraum: Offene Landschaft, vor allem Felder und Raine, Dauergras- und Brachflächen von den Tiefebenen bis ins Hügelland. Im Frühjahr (III.—V.) erkennt man die Rebhühner am Balzruf der ♂♂, er ist frühmorgens und gegen Abend zu hören. Im Winter orientiert man sich an Spuren und Kot.

Lebensweise: Standvogel, im Frühjahr paarweise, lebt nach der Brutzeit in Ketten und Gruppen zusammen. Das Nest sitzt am Boden im Gras oder unter Sträuchern verborgen. Die 10—20 gelbbraunen Eier (35,0×26,5 mm) werden in den Monaten III.—VI. gelegt. Rebhühner nisten 1mal jährlich, das ♀ brütet 24 Tage lang. Die Jungen verlassen sogleich das Nest, werden von beiden Altvögeln geführt, sind mit 15 Tagen flügge und nach 3 Monaten ausgewachsen.

Nahrung: Bei den ad. Vögeln überwiegen Sämereien und grüne Pflanzenteile, wirbellose Kleintiere stellen nur eine Ergänzung dar. Bei den Jungvögeln ist es umgekehrt. Die Nahrung wird vom Boden aufgenommen.

Gefährdungsgrad: Ein bedeutendes Federwild, obgleich die Bestände wesentlich zurückgegangen und hier „stark gefährdet" sind. Der Rückgang ist offensichtlich eine Folge der Änderungen in Landschaft und Bewirtschaftung. Die Vögel werden auch künstlich aufgezogen und ausgesetzt.

1

Wachtel

Coturnix coturnix

Feldhühner

Phasianidae

Merkmale: Stimme — Aussehen — Umgebung

Das kleinste europäische Huhn (17 cm). In der Körperform ähnelt es dem Rebhuhn, es ist aber nur halb so groß. Die ad. Wachtel ist gelb- oder rostbraun, längs getüpfelt, das ♀ hat im Gegensatz zum ♂ (**1**) nur eine wenig deutliche Zeichnung auf dem Kopf. Wangen und Kehle sind stets hell, ihm fehlt der schwarze Nackenstreifen. Juv. Vögel ähneln dem ♀, haben aber unten auf den Wangen keine dunklen Strichel, die Flekken auf den Flanken verlaufen nicht in Längsrichtung. Die Wachtel lebt am Boden im dichten, niedrigen Bewuchs. Sie fliegt nur selten auf, der Flug ist schnell, geradlinig, mit raschen regelmäßigen Flügelschlägen. Sie zieht und ruft oft bei Nacht. Der bekannte Wachtelschlag ist ein widerholtes „pickperwick".

Ähnliche Arten: Die Stimme ist unverkennbar, doch muß man beim Beobachten auf junge Reb- und Steinhühner achten. In Südspanien lebt in geringer Zahl das ähnliche Laufhühnchen (*Turnix sylvatica*), in manchen Gegenden werden auch Japanwachteln (*C. japonica*) ausgesetzt.

Lebensraum: Offene Landschaften mit Feldern, Wiesen usw., auf dem Zug auch anderswo. Sehr leicht an der Stimme zu erkennen, auch nicht brütende und durchziehende Vögel sind zu hören. Ansonsten bemerkt man sie nur bei zufälligen Aufscheuchen, in den Feldern stellt man weggemähte Nester fest.

Lebensweise: Zugvogel, der einzeln, manchmal auch in lockeren Völkchen lebt. Das Nest sitzt am Boden in dichter Vegetation. Die 8—13 hell gelbbraunen Eier mit großen braunen Flecken (30,1×22,5 mm) werden in den Monaten V.—VIII. gelegt. Die Wachtel nistet 1 (—2?)mal jährlich, das ♀ brütet 18 Tage lang. Die Jungen verlassen sogleich das Nest, beginnen ab dem 10. Tag zu fliegen und sind mit 60 Tagen selbständig.

Nahrung: Am Boden und auf Pflanzen gesammelte Sämereien und Insekten.

Gefährdungsgrad: Stellenweise bejagter Vogel, dessen Anzahl stark zurückgegangen ist. In der Bundesrepublik Deutschland zählt er zu den „stark gefährdeten" Arten. Der Schwund ist offensichtlich die Folge von Umweltveränderungen, reale Schutzmöglichkeiten außer einer Jagdregulierung sind nicht bekannt.

1

Fasan
Phasianus colchicus
Flügelhühner
Phasianidae

Merkmale: Aussehen — Stimme
Erreicht Haushuhngröße (♂ 85 cm, ♀ 55 cm); gedrungener Körper, kleiner Kopf, keilförmiger Schwanz. Das ad. ♂ (**1**) hat einen sehr langen Schwanz, auf dem dunkelgrünen Kopf mit den roten Wangen sitzen kleine hornförmige Federspitzen, der übrige Körper hat eine dunkle Bronzefärbung. Ansonsten ist die Färbung infolge von Kreuzungen mit allen möglichen importierten Formen recht variabel; einige Vögel haben ein weißes Halsband, andere sind insgesamt sehr dunkel (f. *tenebrosus*). Das ♀ ist gelbgrün mit dunklen Flecken. Der juv. Vogel ähnelt dem ♀, ist aber matter mit einer weniger kräftigen Zeichnung und kürzerem Schwanz. Der Fasan hält sich überwiegend am Boden auf, läuft gut und kommt während der aktiven Zeit aus dem Schutz der Vegetation an offene Stellen. Er fliegt nur bei Störungen auf, niedrig, heftig mit geräuschvollen Flügelschlägen. Übernachtet auf Bäumen. Bekannt ist der Warnruf — ein lautes wiederholtes „kiiri kiiri". In der Balz stößt das ♂ ein lautes, von geräuschvollem Flattern gefolgtes „kry-i" aus.
Ähnliche Arten: Unverkennbar.
Lebensraum: Offene Landschaften mit Wäldchen, Feldern, Schilfdickichten usw., vorwiegend in niedrigeren Lagen. In der Balz (IV.—VI.) entdeckt man den Fasan leicht an seinen Rufen, ansonsten kann man ihn gegen Abend an Waldrändern, Röhrichten usw. beobachten.
Lebensweise: Standvogel, der meist in Gruppen zusammenbleibt. Das Nest befindet sich am Boden im dichten Bewuchs, die 8—16 gelbbraunen oder graugrünen Eier (45,0×35,4 mm) werden in den Monaten III.—VII. gelegt. Der Fasan nistet polygam 1mal jährlich, die ♀♀ brüten 25 Tage. Die Jungen verlassen sofort das Nest, werden nur vom ♀ geführt, beginnen mit 12 Tagen zu fliegen und sind mit 75 Tagen selbständig.
Nahrung: Verschiedene Sämereien und Gras- oder Moosteilchen, kleine Wirbellose, aber auch Wirbeltiere. Die Nahrung wird am Boden oder in der untersten Pflanzenschicht gesammelt.
Gefährdungsgrad: Ein bedeutendes Federwild, Gegenstand weidmännischer Hege und zumeist regulierter Bejagung. Fasanen werden auch künstlich aufgezogen und in freier Natur ausgesetzt.

1

Kranich
Grus grus
Kraniche
Gruidae

Merkmale: Aussehen — Größe — Stimme — Verhalten
Größer als der Storch (115 cm, Spannweite 230 cm). Hals, Schnabel und Beine sind lang, die Flügel breit und gerade mit fingerförmig gebogenen Enden; kurzer Schwanz, der stehend von einem Federbüschel (den verlängerten Unterarmschwingen) bedeckt wird. Der ad. Vogel (**1**) ist grau und schwarz, mit einem weißen Streifen zu beiden Seiten des Halses (**3**) und einem roten Scheitel; ♂ = ♀. Beim juv. Vogel sind Kopf und Hals braun, auch auf der Oberseite sind braune Federn, im 2.—4. Jahr wechseln sie allmählich die Farbe. Der Kranich lebt heimlich in der Sumpfvegetation, im Flug ist sein Hals gestreckt. Auf dem Zug schwarmweise in Kettenformationen (**2**). In der Balz führen sie eigenartige Tänze mit Sprüngen, Verneigungen und lauten Rufe aus. Sie rufen ein lautstarkes „ü krr ü krr" mit gelegentlichem Trompeten.

Ähnliche Arten: Im Flug mit gestrecktem Hals den Störchen ähnlich, doch fliegen diese anders und haben auch eine andere Färbung. In Süd- und Osteuropa lebt der ähnliche Jungfernkranich (*Anthropoides virgo*) mit schwarzem Hals und weißen Ohrbüscheln (**4**).

Lebensraum: Sumpfvegetation, außerhalb der Brutzeit auch Felder und Weiden.

Lebensweise: Zugvogel. Die Zugstraßen und die Winterplätze sind räumlich begrenzt. Kraniche halten außerhalb der Brutzeit in Schwärmen zusammen. Das Nest ist ein Haufen aus Pflanzenmaterial im Sumpf. Die 2 bräunlichen, dunkel gesprenkelten Eier (94,0×62,0 mm) werden in den Monaten III.—VI. gelegt. Kraniche nisten einzeln 1mal jährlich und brüten 30 Tage lang. Die Jungvögel flüchten gleich das Nest und werden von beiden Altvögeln manchmal sogar getrennt geführt; flügge sind sie mit 70 Tagen.

Nahrung: Überwiegend Grünteile von Pflanzen, Sämereien und Früchte, in geringem Umfang auch Kleintiere. Die Nahrung wird am Boden, auf Pflanzen und im seichten Wasser gesammelt.

Gefährdungsgrad: Zählt bei uns zu den „vom Aussterben bedrohten" Arten.

2

3

4

1

Triel
Burhinus oedicnemus
Triele
Burhinidae

Merkmale: Stimme — Umgebung — Aussehen
Von der Größe einer Fasanenhenne (42 cm), schlank, großer Kopf mit auffällig gelben Augen, ziemlich hohe Beine. Der ad. Vogel (**1**) ist oben hellbraun, dunkel gefleckt, unten weiß, auf den Flügeln sitzt eine auffällige breite, weiße Binde; ♂ = ♀. Der juv. Vogel ist weniger gefleckt, die großen Flügeldecken sind in der Mitte schwarz und haben weiße Spitzen. Der Triel lebt äußerst heimlich. Er läuft am Boden umher, der schnelle Lauf wechselt mit reglosem Erstarren ab. Triele fliegen normalerweise nur bei Störungen auf, niedrig, mit gemächlichen Flügelschlägen. Vorwiegend nachtaktiv. In der Balz ruft er oft ein lautes rauhes, manchmal wiederholtes „ku-ri".
Ähnliche Arten: Unverkennbar, der Ruf erinnert an den Großen Brachvogel.
Lebensraum: Stets offenes Brachland mit schütterem Krautbewuchs oder Büschen und Bäumchen, hauptsächlich auf Sand- oder Kiesböden, Weiden, Feldern, Waldlichtungen. An den Brutplätzen erkennt man den Triel an der Stimme (IV.—VI.), er ist überwiegend nachts zu hören. Beim Durchstreifen eines entsprechenden Geländes scheucht man ihn oft auf.
Lebensweise: Größtenteils Zugvogel, an den Brutplätzen von IV.—X. anzutreffen. Das Nest ist eine spärlich mit Material aus der nächsten Umgebung — mit Pflanzenteilchen oder Steinchen — ausgelegte Erdmulde. Die 2 sandgelben, braun gesprenkelten Eier (53,5×38,5 mm) werden in den Monaten IV.—VII. gelegt. Triele nisten einzeln 1mal jährlich und brüten 26 Tage. Beide Altvögel betreiben Brutpflege, die Jungen sind Nestflüchter und werden mit 40 Tagen flügge.
Nahrung: Vorwiegend Landschnecken, Insekten und Würmer, selten kleine Wirbeltiere. Gesammelt und gejagt wird am Boden oder auf niedrigen Pflanzen.
Gefährdungsgrad: Der Triel wird zu den bereits „ausgestorbenen oder verschollenen" Arten gerechnet.

Großtrappe
Otis tarda
Trappen
Otididae

Merkmale: Aussehen — Größe — Verhalten — Umgebung
Ein stattlicher Vogel von Truthahngröße (♂ 100 cm, ♀ 80 cm, Spannweite 200—250 cm). Großer, gedrungener Körper (**3**), kleiner Kopf und längerer Hals. Das ad. ♂ (**1**) hat einen grauen Kopf mit einem Federbart, mit zunehmendem Alter wird der Kopf weiß und der Bart länger; das ♀ ist kleiner (**2**), der bartlose Kopf ist rotbraun. Juv. Vögel kommen in Aussehen und Größe dem ♀ nahe, vom ersten Frühjahr an läßt sich das ♂ an seiner Größe unterscheiden. Außerhalb der Brutzeit bilden die Vögel nach Geschlechtern getrennte Schwärme. Die Großtrappe ist scheu. Sie schreitet langsam und aufrecht, fliegt langsam davon, wenn sie gestört wird. Ihre Balz ist recht eigenwillig und beginnt in den frühen Morgenstunden oder am Spätnachmittag. Die ♂♂ stolzieren mit über den Rücken geklappten Schwänzen, leicht hängenden Flügeln und leicht zurückgeneigtem Hals. Dann blasen sie ihren Kehlsack stark auf, biegen den Hals über den Rücken, lassen die Flügel herunter, wenden sie um und verwandeln sich so zu einer weißen, aufgeplusterten Federkugel. Nur selten kommt es zu Zweikämpfen der ♂♂. Das ♂ zischt leise.
Ähnliche Arten: Unverkennbar, in Südeuropa lebt in geringer Zahl die Zwergtrappe (*Tetrax tetrax* — **4**).
Lebensraum: Hauptsächlich Kultursteppen, weitläufige Wiesen und Felder, vor allem Kleekulturen, junge Getreide- und Futtersaaten, Raps, seltener Rüben- und Kartoffelschläge. An den Balzplätzen kann man die Trappe während der Balz (III.—VI.) vorsichtig aus der Ferne beobachten.

Lebensweise: Teilzieher, der nur in besonders harten Wintern seinen Standort verlagert. Das Nest ist eine seichte Erdmulde in der Krautschicht. Die 2 oliv-braungrünen Eier mit den dunkleren Sprenkeln (79,5×56,9 mm) werden in den Monaten IV.—V. (—VIII.) gelegt. Die Vögel nisten einzeln 1mal jährlich, das ♀ brütet 24 Tage. Die Jungen verlassen sofort das Nest, werden nur vom ♀ geführt und sind mit 30 Tagen flügge.
Nahrung: Pflanzliche Nahrung überwiegt, vor allem grüne Pflanzenteile, weniger Sämereien. Die tierische Komponente besteht vor allem aus Insekten. Die Nahrung wird am Boden gesammelt oder abgebissen, unter der Schneedecke wird sie mit dem Schnabel hervorgeholt.
Gefährdungsgrad: Die Großtrappe ist in der Bundesrepublik Deutschland bereits „ausgestorben oder verschollen".

1

Sandflughuhn
Pterocles orientalis
Flughühner
Pteroclididae

Merkmale: Aussehen — Verhalten — Stimme
Erreicht Taubengröße (34 cm) und hat einen kleinen Kopf mit kurzem Schnabel, der gedrungene Körper geht fließend in den keilförmigen Schwanz über, die Beine sind kurz. Die kurzen spitzen Flügel sind im Flug sichelartig nach hinten gebogen (**2**), auf der Unterseite kontrastieren die grauweißen Flügeldecken mit den dunklen Schwingen. Der ad. Vogel ist falb graubraun mit schwarzem Bauch, das ♂ (**1**) hat einen grauen Oberkopf. Kinn und Kopfseiten sind rostbraun, der Kropf grau, beim ♀ sind Oberkopf und Kropf braun mit dunklen Tupfen. Kinn und Kopfseiten gelbbraun. Der juv. Vogel ähnelt dem ♀, aber Kopf und Brust sind mit schwarzen Tupfen übersät. Scheue Art, hält sich am Boden auf, fliegt schnell mit gleichmäßigem Flügelschlag. Kommt gemeinschaftlich ans Wasser geflogen. Das Sandflughuhn ruft ein weithin schallendes, 2—3mal widerholtes, blubberndes „tschrr-tschrr-rur", vor allem im Flug.

Ähnliche Arten: In Südeuropa lebt nicht besonders zahlreich das sehr ähnliche Spießflughuhn (*P. alchata*), hin und wieder erscheint in Europa als Invasionsgast das asiatische Steppenhuhn (*Syrrhaptes paradoxus*).

Lebensraum: Dürre Ebenen mit spärlicher Krautvegetation wie Salzpfannen, aber auch Stoppelfelder, Weiden, häufiger in höheren Lagen. Die Anwesenheit des Vogels stellt man durch Beobachtung ihrer Rufe und Flüge fest.

Lebensweise: Zugvogel, der außerhalb der Brutzeit in kleinen Gruppen zusammenlebt. Das Nest ist eine spärlich mit dürren Halmen ausgekleidete Erdmulde. Die 2—3 gelblichen, braun gesprenkelten Eier (47,5×32,4 mm) werden in den Monaten IV.—VII. gelegt. Sandflughühner nisten einzeln 1(—2?)mal jährlich, sie brüten 25 Tage lang. Die Jungen verlassen sofort das Nest, Brutpflege betreiben beide Altvögel, die Zeit der Flugreife ist nicht bekannt.

Nahrung: Sämereien verschiedener Krautpflanzen, am Boden aufgepickt.

Gefährdungsgrad: Eine bedrohte Art. Erforderlich sind voller Schutz und Erhaltung von Brutplätzen.

2

1

Felsentaube

Columba livia

Tauben

Columbidae

Merkmale: Aussehen — Verhalten — Stimme
Die Größe entspricht einer mittelgroßen Haustaubenrasse (33 cm). Die Felsentaube sieht aus wie eine graue Stadttaube mit zwei dunklen Flügelbinden, weißem Bürzel und dunklem Schwanzende (**1**), das ♀ ist matter als das ♂, sein Hals glänzt weniger, die juv. Taube ist noch matter, überwiegend dunkel, der Glanz am Hals minimal. Die Felsentaube sitzt auf Felsen, schreitet am Boden, die Balz äußert sich mit Gurren und Imponierstellungen des ♂. Sie fliegt sehr schnell, wendig, die Schwärme in unregelmäßigen Formationen. Ist ganzjährig mit dem bekannten Gurren zu hören.
Ähnliche Arten: Sehr ähnlich sehen einige Haustaubenrassen sowie die Stadtpopulationen der verwildeten Tauben aus, in deren Schwärmen sich gewöhnlich Individuen mit stark abweichenden Farbmerkmalen zeigen. Die wilden Ringel- und Hohltauben haben keinen weißen Bürzel, die Hohltaube hat unvollständige dunkle, die Ringeltaube weiße Flügelbinden.
Lebensraum: Felswände, bevorzugt an Steilküsten und -ufern, fliegt auf Nahrungssuche offene Flächen an. Stadtpopulationen leben vorwiegend an Gebäuden, weniger häufig im Fels. An den Brutplätzen und in deren Umgebung ganzjährig in größerer Zahl anzutreffen, die Nester fallen durch das Verhalten der Vögel auf.
Lebensweise: Standvogel, nistet meist kolonienweise und fliegt in Schwärmen. Die Nester befinden sich auf Felsvorsprüngen und in Halbhöhlen, die der Stadtpopulationen an Gebäuden und auf Dachböden; sie sind ganz schlichte Bauten, allmählich vom Kot der Jungvögel gefestigt. Die 2 weißen Eier (39,1×29,1 mm) können das ganz Jahr über gelegt werden. Diese Taube nistet 5mal (und mehr?) jährlich, sie brütet 18 Tage. Beide Altvögel betreiben Brutpflege, flügge werden die Jungen mit 36 Tagen.
Nahrung: Ernährt sich von verschiedenen Sämereien, die Stadtpopulationen von Abfällen, die sie vom Boden picken.
Gefährdungsgrad: Die Felsentaube ist die Stammform der Haustaube. Letztere üben in ihren Stadtpopulationen einen negativen Einfluß auf die innerstädtische Umwelt aus. Ihre Ausscheidungen führen häufig zu Oberflächenschäden von Bau- und Kulturdenkmälern. Darüber hinaus sind die Tauben Wirte gefährlicher Milben und übertragen von Salmonellen hervorgerufene Krankheiten.

1

Hohltaube

Columba oenas

Tauben

Columbidae

Merkmale: Stimme — Lebensraum — Aussehen — Verhalten
Geringfügig größer als die Türkentaube (33 cm), kräftiger und kurzschwänzig. Der ad. Vogel (**1**) ist dunkel graubraun mit unvollständigen schwarzen Flügelbinden; ♂ = ♀. Der juv. Vogel ist matter, brauner, ohne grünen Glanz am Hals. Die Hohltaube lebt heimlich, sitzt auf Bäumen, schreitet am Boden, fliegt schnell und wendig. An den Brutplätzen ruft sie oft ein kurzes „hu".
Ähnliche Arten: Im Wald kann man sie mit der Ringeltaube verwechseln, die aber größer ist, eine weiße Flügelbinde und einen weißen Fleck zu beiden Seiten des Halses hat und deren Stimme anders klingt. Haus- und Stadttaubenschwärme erkennt man an den normalerweise stark abweichend gefärbten Individuen und am weißen Bürzel der grauen Tauben.
Lebensraum: Alte Laubwälder, vor allem Buchenbestände mit Schwarzspechthöhlen. Außerhalb der Brutzeit lebt diese Taube in offenen Ackerlandschaften. An den Brutplätzen (I.—VIII.) kann man die Hohltaube den ganzen Tag lang hören. Außerhalb der Brutzeit läßt sie sich auf Feldern beobachten, sowohl allein als auch mit anderen Tauben.
Lebensweise: Teilweise Zugvogel, von I.—IX. an den Brutplätzen. Außerhalb der Brutzeit sind Hohltauben in Schwärmen zusammen, einzelne Vögel kann man auch in Schwärmen anderer Taubenarten antreffen. Nistet in Baumhöhlen, die Höhe des Nestes über dem Boden schwankt zwischen 1, 3 und 15 m. Die 2 weißen Eier (38,0×28,6 mm) werden in den Monaten III.—IX. gelegt. Die Hohltaube nistet einzeln 1—4mal jährlich und brütet 17 Tage lang. Beide Eltern füttern die Jungen, die mit 30 Tagen flügge werden.
Nahrung: Ernährt sich von Samen und Blütenknospen, die sie auf dem Boden sammelt.
Gefährdungsgrad: Die Hohltaube gehört zu den „stark gefährdeten" Arten.

1

Ringeltaube
Columba palumbus
Tauben
Columbidae

Merkmale: Stimme — Aussehen — Verhalten
Die größte Taubenart (40 cm) entspricht in der Größe den großen Haustaubenrassen, z.B. der Römertaube. Der ad. Vogel (**1**) ist grau, zu beiden Seiten des Halses sitzt ein typischer weißer Fleck, auf beiden Flügeln ist eine weiße Binde, die wie der auffällig lange Schwanz hauptsächlich im Flug sichtbar wird. ♂ = ♀. Die juv. Ringeltaube ist matter, die Zeichnung weniger kräftig, der weiße Halsfleck kann mitunter völlig fehlen. Sitzt auf Bäumen, schreitet am Boden. Schneller Flieger, klatschendes Flügelgeräusch beim Auffliegen, die Schwärme bilden ungeordnete Formationen. Die Stimme ist ein dumpf gurrendes „ru-ku-ku, ruk-ru-ku-ku".
Ähnliche Arten: Kaum zu verwechseln.
Lebensraum: Wälder von den Tiefebenen bis zur oberen Waldgrenze einschließlich kleiner Wäldchen inmitten von Feldern und städtischen Parkanlagen. Außerhalb der Brutzeit offene Fluren. An den Brutplätzen erkennt man die Ringeltaube an der Stimme. Außerhalb der Brutzeit trifft man diese Taube am ehesten auf Feldern an.
Lebensweise: Teilweise Zugvogel, der in manchen Gegenden auf riesigen gemeinsamen Sammelplätzen überwintert und sich von III.—X. an den Brutplätzen aufhält. Das Nest befindet sich in den Baumkronen auf einem Zweig, es ist klein, aus kurzen Zweigen errichtet und sehr locker gebaut. 2 weiße Eier (40,5×29,4 mm) werden in den Monaten III.—VII. gelegt. Die Ringeltaube nistet einzeln 1—3mal jährlich und brütet 17 Tage. Beide Altvögel betreiben Brutpflege, die Jungen sitzen 29 Tage im Nest und werden anschließend noch 7 Tage lang gefüttert.
Nahrung: Die pflanzliche Komponente überwiegt — alle möglichen Samen, häufig Körner, Blättchen, Knospen und Blüten, am Boden gesammelt. Die tierische Komponente setzt sich aus Regenwürmern, Insekten und Schnecken zusammen. Bei großer Zahl kann die Ringeltaube örtlich an Saaten Schäden anrichten.
Gefährdungsgrad: Bedeutendes Federwild.

1

Türkentaube
Streptopelia decaocto
Tauben
Columbidae

Merkmale: Aussehen — Stimme — Verhalten
Eine kleinere Taube (28 cm) mit relativ langem Schwanz und einem dunklen, halben, vorn offenen Halskragen. Der ad. Vogel (**1**) ist hellgraubraun und hat am Schwanzende eine dunkle Binde. ♂ = ♀. Der juv. Vogel ist matter, ohne Halskragen. Die Türkentaube sitzt auf Bäumen, schreitet am Boden, fliegt schnell, regelmäßig und geradlinig. Sie fliegt meist nicht besonders hoch, paarweise oder in unregelmäßigen Gruppen. Im Winter sucht sie gemeinsame Nachtplätze in Bäumen auf. Ist oft und fast das ganze Jahr hindurch mit ihrem lauten Ruf „huhuh-hu-hu-huh-hu" zu hören.
Ähnliche Arten: Unverkennbar.
Lebensraum: Menschliche Ansiedlungen und deren Umgebung in Tiefebene und Hügelland, erscheint in der Vegetationszeit gelegentlich auch in offener Parklandschaft. Läßt sich fast das ganze Jahr hindurch an der Stimme identifizieren, in den Ansiedlungen ist sie recht auffällig und nicht scheu.
Lebensweise: Überwiegend Standvogel, der sich außerhalb der Brutzeit meist zu Paaren oder Gruppen zusammenfindet. Das Nest ist ein kleiner (Durchmesser ca. 17 cm), nachlässiger Bau aus kleinen Zweigen im Geäst, seltener an Gebäuden. Die 2 weißen Eier (30,3×23,4 mm) werden in den Monaten III.—X. gelegt, in manchen Gegenden das ganze Jahr hindurch. Die Türkentaube nistet bis zu 6mal jährlich und brütet 16 Tage lang. Beide Altvögel betreiben Brutpflege und füttern die Jungen 17 Tage im Nest, außerhalb noch weitere 7 Tage.
Nahrung: Ernährt sich von verschiedenen Sämereien, in Ansiedlungen auch von Abfällen, die am Boden gesammelt werden.
Gefährdungsgrad: Diese Taubenart hat sich in den Jahren 1930 bis 1960 von der Balkanhalbinsel über Europa ausgebreitet, der Ausbreitungsprozeß schreitet nach wie vor langsam fort. Stellenweise gilt sie als Federwild. Die Art ist nicht gefährdet.

1

Turteltaube

Streptopelia turtur

Tauben

Columbidae

Merkmale: Stimme — Aussehen — Größe — Verhalten

Kleiner (27 cm) und graziler als die Türkentaube. Der ad. Vogel (**1**) ist oben graubraun, unten hell, zu beiden Halsseiten sitzt ein schräger Fleck aus schwarzen und weißen Streifchen; ♂ = ♀. Der juv. Vogel ist matter und kontrastarm gefärbt, der Oberkopf ist braun, die Halszeichnung fehlt. Die Turteltaube sitzt auf Bäumen, häufig auf Leitungsdrähten, schreitet am Boden. Sie fliegt schnell, niedrig mit regelmäßigen Schlägen der nach hinten gebogenen Flügel, klatscht auffliegend mit den Flügeln. In der Brutzeit läßt sie ein wiederholtes Gurren „turr-tur-tur" hören.

Ähnliche Arten: Ein seltener asiatischer Irrgast in Europa ist die ähnliche, jedoch größere Orientturteltaube (*S. orientalis*), aus Afrika und Kleinasien die kleinere Palmtaube (*S. senegalensis*).

Lebensraum: Ackerland in Tiefebenen und Hügelland mit Wäldchen, buschbestandenen Rainen, auch Parks, Gärten usw. In der Brutzeit (IV.—VI. ganztägig zu hören. Außerhalb der Brutzeit läßt sich die Turteltaube leicht in offenen Landschaften auf Feldern beobachten.

Lebensweise: Zugvogel, lebt größtenteils gruppen- oder schwarmweise, an den Brutplätzen von IV.—IX. anzutreffen. Das Nest ist ein lockerer kleiner Bau aus Zweigen, oft von unten durchsichtig, im Geäst von Büschen oder dichten Bäumchen normalerweise nicht hoch angebracht. Die 2 Eier (30,6×22,6 mm) werden in den Monaten IV.—VIII. gelegt. Die Turteltaube nistet einzeln 1—3mal jährlich und brütet 14 Tage. Beide Altvögel füttern die Jungen 20 Tage lang im Nest, anschließend noch einige Tage außerhalb.

Nahrung: Pickt am Boden die verschiedenen Sämereien auf.

Gefährdungsgrad: Zahlreich und bei uns nicht gefährdet. Die Brutplätze sind durch die Rodung von Buschwerk bedroht.

1

Kuckuck
Cuculus canorus
Kuckucke
Cuculidae

Merkmale: Stimme — Aussehen — Verhalten
Von der Größe einer Türkentaube (33 cm), schlanker Körper mit kleinem Kopf, längere spitze Flügel und ein beträchtlich langer Schwanz. Ad. Vögel (**2**) sind meist grau mit einer feinen, dunklen Streifenzeichnung, manche ♀♀ haben eine bräunliche Körperoberseite und eine hellbräunliche Brust, ein kleiner Teil der Vögel ist rotbraun anstatt grau. Juv. Vögel (**1**) haben stets einen weißen Nackenfleck und eine dunkle Querstreifung auf Kehle und Brust. Der Vogel sitzt auf erhöhten Warten wie Bäumen oder Drähten, fliegt niedrig mit langsamen Flügelschlägen und leichten Schlingerbewegungen. In der Brutzeit ertönt der bekannte Kuckucksruf, das ♀ ruft ein lautes, kicherndes „bibibi".
Ähnliche Arten: Aus Westasien kommt als seltener Irrgast der sehr ähnliche Hopfkuckuck (*C. saturatus*) nach Europa geflogen.
Lebensraum: Wälder von der Tiefebene bis zur Knieholzstufe, auch Kulturlandschaften, häufig im Schilf. In der Brutzeit (IV.—VI.) erkennt man den Kuckuck am weit schallenden Ruf, der den ganzen Tag, manchmal auch bei Nacht zu hören ist, ansonsten sieht man ihn zufällig im Flug.
Lebensweise: Zugvogel, der an den Brutplätzen von IV.—IX. erscheint und ganzjährig einzeln auftritt. Seine Eier legt der Kuckuck in den Monaten IV.—VII. in die Nester kleiner Vögel, die Wirte sind je nach Landschaft verschieden. Der Wirtsart entsprechend ändert sich auch die Eierfarbe, die Maße bleiben konstant bei 22,2×16,7 mm. Die Brutdauer beträgt 12 Tage, das Junge bleibt 17 Tage im Nest und wird noch längere Zeit außerhalb des Nestes gefüttert.
Nahrung: Der Kuckuck frißt hauptsächlich Raupen, auch stark behaarte Insekten, Spinnen und Würmer. Seine Nahrung sucht er auf Laub und Zweigen, selten am Boden.
Gefährdungsgrad: Laut Roter Liste nicht gefährdet.

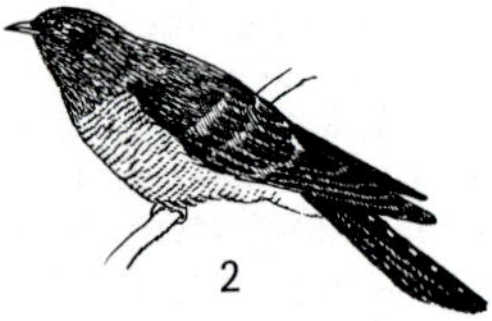

2

1

Ziegenmelker

Caprimulgus europaeus

Ziegenmelker

Caprimulgidae

Merkmale: Stimme — Aussehen — Verhalten

Etwas größer als eine Amsel (27 cm). Schlanker Körper, großer Kopf mit kurzem, breitem Schnabel, große Augen, lange, schlanke, spitze, im Flug sichelartig gekrümmte Flügel. Das ad. ♂ (**1**) ist fleckig dunkelbraun mit weißen Flecken auf Flügeln und Schwanz; das ♀ hat auf Flügeln und Schwanz gelbbraune bzw. keine Flecken. Der juv. Vogel ähnelt dem ♀, ist aber blasser, weniger gefleckt, die Wellenzeichnung auf der Brust fehlt, ebenso die Flecken auf Flügeln und Schwanz. Der Ziegenmelker ist nachtaktiv, sitzt tagsüber an den Boden gedrückt oder längs auf einem Ast. Er fliegt niedrig, sehr schnell mit vielen Wendungen beim Insektenfang. Während der Brutzeit ist oft ein gedämpftes, weit vernehmbares Schnurren „rrrrrrr" zu hören.

Ähnliche Arten: In Südwesteuropa lebt als Zwillingsart der Rothalsziegenmelker (*C. ruficollis*).

Lebensraum: Wälder, vorwiegend in trokkeneren und wärmeren Lagen. Hält sich außerhalb der Brutzeit auch in offenen Landschaften auf. In der Brutzeit (IV.—VI.) registriert man seine Anwesenheit hauptsächlich an seinem nächtlichen Gesang, ansonsten nur bei zufälligen Störungen.

Lebensweise: Zugvogel, der sich von IV.—IX. an den Brutplätzen aufhält und einzeln lebt. Das Nest ist eine flache Bodenmulde, oft ohne jegliche Polsterung. Die 2 weißen Eier (31,5×22,2 mm) werden in den Monaten V.—VII. gelegt. Der Ziegenmelker nistet einzeln 1—2mal jährlich und brütet 18 Tage. Beide Altvögel füttern die Jungen im Nest 16 Tage, außerhalb weitere 16 Tage lang.

Nahrung: Nachtinsekten, vorwiegend im Flug gefangen. Der Vogel schnappt die Beute mit dem Schnabel und verschluckt sie ganz.

Gefährdungsgrad: Eine schwindende und bei uns „stark gefährdete" Art.

1

Mauersegler

Apus apus

Segler

Apodidae

Merkmale: Stimme — Aussehen — Verhalten

Kleiner als eine Amsel (16 cm), ein schlanker, zigarrenförmiger Körper mit kurzem Kopf und Schwanz, langen, schlanken, spitzen, im Flug sichelartig gebogenen Flügeln (**2**). Der ad. Vogel (**1**) ist dunkel rotbraun mit einem hellen Fleck am Kinn; ♂ = ♀. Der juv. Vogel hat hellere Federsäume, einen größeren Kinnfleck, braunen Schwingen und Schwanzfedern. Der Mauersegler sitzt nur am Nest angehängt und fliegt ansonsten ausdauernd, manchmal in beträchtlichen Höhen. Der Flug ist schnell, rasche Flügelschläge und kurze Gleitphasen wechseln einander ab. Der Vogel startet zum Flug aus seiner senkrecht angeklammerten Stellung. Er stößt häufig ein scharf durchdringendes Pfeifen „ziisiii“ aus.

Ähnliche Arten: Von den ähnlichen Schwalben unterscheidet sich der Mauersegler durch die dunkle Färbung und die Flugweise.

Lebensraum: Überwiegend menschliche Ansiedlungen, auch Felsen, stellenweise Wälder von der Tiefebene bis zur Subalpinzone. Seine Nahrung jagt er in der Luft, auch weit vom Brutplatz entfernt, häufig über Wasserflächen. An den Brutplätzen macht sich der Mauersegler durch seinen Ruf und die ganztägigen Flüge bemerkbar. Außerhalb der Brutzeit sind die fliegenden Vögel zu sehen.

Lebensweise: Zugvogel, an den Brutplätzen von IV.—VIII. anzutreffen. Das Nest sitzt in einem Hohlraum unter einem Dach, an Hauswänden, im Fels, selten auf Bäumen. Die 2—3 weißen Eier (24,8×16,4 mm) werden in den Monaten V.—VII. gelegt. Mauersegler nisten in der Regel kolonienweise 1mal jährlich und brüten 20 Tage. Beide Altvögel füttern die Jungen 42 Tage im Nest.

Nahrung: Ernährt sich ausschließlich von kleinen fliegenden und in die Luft gewehten Gliederfüßern, die er mit dem geöffneten Schnabel erbeutet. Meist handelt es sich dabei um kleine Insekten- und Spinnenarten (bis 8 mm Länge), der Mauersegler überwältig aber auch große Libellen, Bienen und Wespen.

Gefährdungsgrad: Eine bedeutende synanthrope und nicht gefährdete Art.

2

1

Bienenfresser
Merops apiaster
Bienenfresser
Meropidae

Merkmale: Stimme — Aussehen — Verhalten
Amselgroß (28 cm), schlank, mit einem längeren, spitzen, leicht abwärts geschwungenen Schnabel und einem langen Schwanz, der von den herausragenden Mittelfedern noch verlängert wird (**2**). Der ad. Vogel (**1**) ist sehr bunt blaugrün, gelb und braun, das ♀ zeigt etwas mehr Grün an Körperoberseite und im braunen Flügelfeld. Der juv. Vogel ist matter, seine mittleren Schwanzfedern sind kurz. Der Bienenfresser sitzt auf erhöhten Warten — Bäumen, Leitungsmasten und -drähten. Er fliegt oft segelnd, kreist und schaukelt in der Luft. Häufig ruft er sein zirpendes, wiederholtes „sirr sirr".

Ähnliche Arten: Im Flug ähnelt seine Flügelsilhouette der der Stare. In Europa erscheint selten der sehr ähnliche Blauwangenspint (*M. superciliosus*) aus Nordafrika.

Lebensraum: Offene Landschaft mit Steppencharakter in Tiefebenen und Hügelland. In der Brutzeit kann man ihn häufiger (also nicht nur zufällig) im Flug oder an den Warten beobachten und an der Stimme erkennen.

Lebensweise: Zugvogel, der sich von V.—VIII. an den Brutplätzen aufhält und in Gruppen lebt. Die Bienenfresser nisten normalerweise in Kolonien von Röhren, die sie in Sand- oder Lehmwänden scharren. Die Unterränder dieser Niströhren zeigen typische Krallenspuren. Die 5—7 weißen Eier (25,7×21,6 mm) werden in den Monaten V.—VII. gelegt. Die Art nistet 1mal jährlich und brütet 20 Tage. Beide Altvögel füttern die Jungen 25 Tage lang im Nest, anschließend noch ein paar Tage außerhalb.

Nahrung: Fast ausschließlich im Flug gefangene Hautflügler-Insekten.

Gefährdungsgrad: Der Bienenfresser zählt bei uns zu den Vermehrungsgästen.

2

Eisvogel

Alcedo atthis

Eisvögel

Alcedinidae

Merkmale: Stimme — Aussehen — Lebensraum — Verhalten

Ein wenig robuster als ein Sperling (16 cm). Großer Kopf, mit langem, geradem und starkem Schnabel, Körper, Schwanz und Beine sind kurz, die Flügel (**4**) kurz und zugespitzt. Der ad. Vogel (**1**) ist glänzend blaugrün, rotbraun und weiß, beim Auffliegen fällt der grün glänzende Rücken besonders auf. Die korallenroten Beine tragen schwarze Krallen. ♂ = ♀, der Schnabel ist aber beim ♂ schwarz, beim ♀ ganz oder nur an der Wurzel rötlich. Der juv. Vogel ist weniger glänzend, geht stärker ins Grüne, seine Brustfedern sind dunkelgrau gesäumt. Der Eisvogel sitzt auf Zweigen über dem Wasser (**2**), von denen aus er sich kopfüber auf die im Wasser schwimmende Beute stürzt (**5**). Er fliegt unter gelegentlichem Rütteln (**3**) niedrig, schnell und geradlinig über das Wasser dahin. Er ist im Flug mit seinem langen Pfiff zu hören.

Ähnliche Arten: Unverkennbar.

Lebensraum: Gewässer, vor allem saubere, langsam fließende Bäche und Flüsse mit Lehmufern von der Tiefebene bis ins Bergvorland. Auf seinen Strichflügen kann man ihn auch an Stauseen beobachten, sogar in einiger Entfernung vom Wasser. Im Winter hält er sich an den reißenden, nicht zufrierenden Flußabschnitten auf. Am Wasser entdeckt man ihn an der Stimme oder durch die Beobachtung fliegender Vögel. Man kann auch das Ufergebüsch nahe am Wasserspiegel mit dem Feldstecher durchsuchen.

Lebensweise: Teilweise Zugvogel, einzeln nistend und außerhalb der Brutzeit einzeln lebend. Der Eisvogel nistet in Röhren, die er in senkrechten Lehmwänden selbst scharrt (**6**). So eine Niströhre wird meist wiederholt bezogen. Die 5—7 weißen Eier (22,9×18,8 mm) werden in den Monaten IV.—VII. gelegt. Eisvögel nisten 1—3mal jährlich und brüten 20 Tage. Beide Altvögel betreiben Brutpflege, die Jungen bleiben 25 Tage im Nest, nach ein paar Tage sind sie dann selbständig.

Nahrung: Der Eisvogel ist mit der Nahrungssuche aus Wasser gebunden. Er jagt hauptsächlich kleine Fische, ferner Kaulquappen und kleine Frösche, Krustentiere, Weichtiere, Wasserinsekten und deren Larven, vereinzelt verzehrt er auch Pflanzenteile.

Gefährdungsgrad: Nicht zahlreich, die Bestände schwanken häufig, nach harten Wintern gehen die Zahlen jedoch stark zurück. Bei uns zählt der Eisvogel zu den „gefährdeten" Arten.

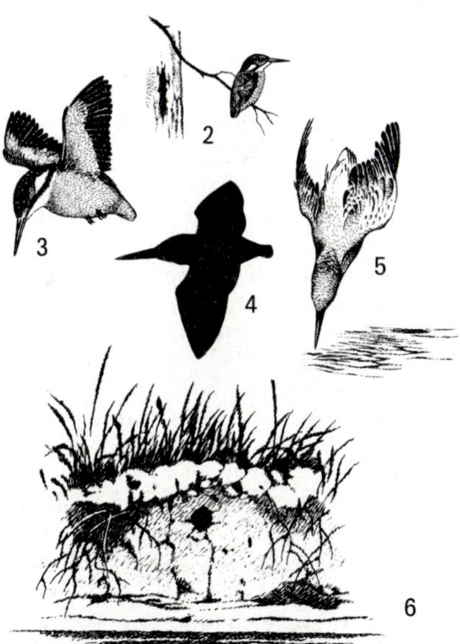

1

Blauracke
Coracias garrulus
Racken
Coraciidae

Merkmale: Aussehen — Größe — Verhalten — Stimme
Etwa türkentaubengroß (30 cm), aber robuster. Typisch ist der große Kopf mit dem kräftigen, geraden Schnabel. Die ad. Blauracke (**1**) ist glänzend hellgrünblau mit Braun und Schwarz; ♂ = ♀. Der juv. Vogel ist blasser und matter, seine Brust ist bräunlich. Der Vogel sitzt aufrecht auf Bäumen, Masten und Drähten, geht zum Beutefang auf den Boden nieder. Im Frühjahr vollführt er an den Brutplätzen Balzflüge — steigt steil in die Höhe, macht alle möglichen Wendungen und Sturzflüge, wobei er laut ruft. Ziemlich oft ruft er sein lautes „rack rack", die Nestjungen geben laute Klagetöne von sich.
Ähnliche Arten: Unverkennbar.
Lebensraum: Offene Landschaft mit Steppencharakter in Tiefebenen und Hügelland. Die Anwesenheit an den Brutplätzen wird vor allem durch die Balzflüge verraten. Während der Brutpflege (ab VI.) ist das weithin aus den Höhlen schallenden Klagen der Jungen zu hören. Außerhalb der Brutzeit sieht man Blauraken nur zufällig.
Lebensweise: Zugvogel, an den Brutplätzen von IV.—IX. anzutreffen, lebt außerhalb der Brutzeit einzeln. Der Vogel nistet in Schwarzspechthöhlen auf Bäumen, seltener in Erdröhren oder Höhlungen an Gebäuden. Die 3—5 weißen Eier (36,4×29,1 mm) werden in den Monaten V.—VI. gelegt. Blauracken nisten 1mal jährlich einzeln oder in Kolonien und brüten 18 Tage. Brutpflege betreiben beide Altvögel, die Jungen sitzen 27 Tage im Nest und werden noch weitere 22 Tage außerhalb des Nestes gefüttert.
Nahrung: Blauracken ernähren sich von größeren Insekten und kleinen Wirbeltieren. Sie spähen von einer erhöhten Warte nach Beute aus, um dann auf den Boden herabzustoßen.
Gefährdungsgrad: Stark im Schwinden begriffen, bei uns sogar „ausgestorben oder verschollen".

1

Wiedehopf

Upupa epops

Wiedehopfe

Upupidae

Merkmale: Aussehen — Stimme
Turteltaubengroß (27 cm). Kleiner Kopf mit langem, schlankem, abwärts gebogenem Schnabel und aufrichtbarer Federhaube, kurze Beine, längerer Schwanz und sehr breite, runde Flügel (**2**). Der ad. Vogel (**1**) ist hell rotbraun, die Flügel sind schwarz mit weißen Bändern, die im Flug besonders auffallen; ♂ = ♀, manche ♀♀ kann man an den weißen Kehlflecken und der braunen Brust vom ♂ unterscheiden. Der juv. Vogel ist matter, die weiße Flügelzeichnung ist gelblich, der Schnabel ist kürzer und gerader. Der Wiedehopf läuft am Boden herum, fliegt niedrig in einem fledermausartigen Flug. Er ruft ziemlich häufig sein wiederholtes, gedämpftes „hupupup".

Ähnliche Arten: Unverkennbar.

Lebensraum: Vorwiegend Parklandschaft mit Weiden, lichten Wäldern, auch offene Landschaften mit eingestreutem Grün in Tiefebenen und Hügelland. An den Brutplätzen erkennt man ihn eindeutig an der Stimme, die Vögel kann man an offenen Stellen oder auf ihren Strichflügen beobachten.

Lebensweise: Zugvogel, der an den Brutplätzen von IV.—IX. anzutreffen ist und einzeln lebt. Der Wiedehopf nistet nicht besonders hoch in Baumhöhlen, seltener in Erdlöchern oder Hohlräumen in Gebäuden. Die 5—8 grauen Eier (26,0×17,9 mm) werden in den Monaten IV.—VI. gelegt. Der Vogel nistet einzeln 1mal jährlich, das ♀ brütet 16 Tage und wird vom ♂ gefüttert. Beide Altvögel füttern die Jungen 26 Tage lang im Nest, anschließend noch einige Tage außerhalb.

Nahrung: Größere Insekten, gelegentlich auch kleinere Wirbeltiere, am Boden erbeutet.

Gefährdungsgrad: Der Wiedehopf ist bei uns bereits „vom Aussterben bedroht."

2

1

Wendehals
Jynx torquilla
Spechte
Picidae

Merkmale: Stimme — Aussehen — Verhalten
Sperlingsgroß (16 cm), schlanker Körper, zum kräftigen, geraden Schnabel ausgezogener kegelförmiger Kopf, längerer Hals. Der ad. Vogel (**1**) ist unauffällig graubraun mit feiner dunkler Fleckzeichnung; ♂ = ♀ = juv. Der Wendehals ist sehr unauffällig, selten zu sehen. Er sitzt quer und längs auf Baumästen, hüpft mit gehobenem Schwanz am Boden umher. Er fliegt nur selten, geradlinig, gleichmäßig. Oft ruft der Vogel ein sehr auffälliges, lautes und lang wiederholtes „quiquiqui“, die Nestlinge zischen bei Störungen.
Ähnliche Arten: Unverkennbar.
Lebensraum: Parklandschaften mit hohlen Bäumen von der Tiefebene bis in die Montanstufe, auch Gärten und Parkanlagen. Nach dem Eintreffen an den Brutplätzen (III.—VI.) bemerkt man ihn an der Stimme, ansonsten kommen nur Zufallsbeobachtungen in Betracht.
Lebensweise: Einzeln lebender Zugvogel, der sich von III.—IX. an den Brutplätzen aufhält. Er nistet in Baumhöhlen, Nistkästen, seltener auch in Erdhöhlen, an Gebäuden usw. Die 7—11 weißen Eier (20,7×15,5 mm) werden in den Monaten IV.—VII. gelegt. Der Wendehals nistet einzeln 1—2 (3)mal jährlich und brütet 20 Tage. Beide Altvögel füttern die Jungen 20 Tage lang im Nest, anschließend außerhalb noch weitere 10 Tage.
Nahrung: Der Wendehals ernährt sich vorwiegend von Ameisen und deren Puppen, die er aus den Nestern auf Bäumen und im Boden ausscharrt und ausnimmt, aber auch von Käfern, Spinnen usw. Vereinzelt nimmt er auch Holunderbeeren an.
Gefährdungsgrad: Eine schwindende und bei uns „gefährdete“ Art.

1

Grünspecht

Picus viridis

Spechte

Picidae

Merkmale: Stimme — Aussehen — Verhalten

Erreicht Dohlengröße (30 cm). Typisch sind der große Kopf mit dem starken, geraden Schnabel, der kürzere keilförmige Schwanz und die breiten, abgerundeten Flügel. Der ad. Vogel ist insgesamt grün, das ♂ (**1**) hat einen roten, schwarz umsäumten Bart, das ♀ einen nur schwarzen Bart (**2**). Der juv. Vogel ist matter, gefleckt, auf der Unterseite dunkel, auf dem Rücken hell. Diese Merkmale treten aber nur bis November des Schlupfjahres auf. Der Grünspecht klettert auf Baumstämmen umher, oft auch auf Gebäuden, hüpft am Boden, wo er Ameisennester aufscharrt. Er bewegt sich in einem niedrigen, auffallend welligen Flug (**4**), er wechselt laute Flügelschläge und sinkende Flugphasen mit angelegten Flügeln ab. Oft ertönt der sehr laute Ruf „glüglüglüglü“. Im Frühjahr trommelt er in langsamem Rhythmus auf Bäumen.

Ähnliche Arten: Der Grauspecht (*P. canus*) mit schlichterer Kopfzeichnung (**3**).

Lebensraum: Wälder, vor allem Laubwälder von der Tiefebene bis zur Montanstufe, Parkbestände, in Gärten und Städten. An den Brutplätzen entdeckt man diesen Specht an der Stimme (II.—VI.), ansonsten kann man kletternde und fliegende Vögel beobachten.

Lebensweise: Standvogel, lebt einzeln. Nistet in Baumhöhlen, die alljährlich neu gemeißelt werden. Die 5—7 weißen Eier (31,2×23,3 mm) werden in den Monaten IV.—VI. gelegt. Der Grünspecht nistet einzeln 1mal jährlich und brütet 16 Tage. Beide Altvögel füttern die Jungen 27 Tage lang im Nest, anschließend außerhalb noch weitere 21 Tage.

Nahrung: Vorwiegend Ameisen, ihre Larven und Puppen, und zwar Arten, die ihre Nester im Boden anlegen oder Haufen bauen. In den Sommermonaten frißt er in geringem Umfang verschiedene Früchte und Sämereien (z.B. Eicheln, Vogelbeeren), in den Frühjahrsmonaten hackt er mit Vorliebe die Baumrinde ringsum bis auf den Bast an und leckt an den herausrinnenden Safttropfen.

Gefährdungsgrad: Geht stellenweise zurück. Besonderer Schutz ist nicht nötig.

2 ♀ 3

4

1

Schwarzspecht
Dryocopus martius
Spechte
Picidae

Merkmale: Stimme — Aussehen — Verhalten
Der größte europäische Klettervogel (50 cm), so groß wie eine Krähe, aber schlanker, hat einen kleineren Kopf mit kleinem Käppchen und starkem, geradem Schnabel, einen dünnen Hals. Der ad. Vogel ist schwarz, das ♂ (**1, 2**) hat einen roten Scheitel, das ♀ nur einen roten Genickfleck (**3**). Der juv. Vogel ist matter mit einem hellen Kinn, die rote Farbe auf dem Scheitel nimmt nur eine kleine Fläche ein oder fehlt ganz. Der Schwarzspecht klettert auf Baumstämmen herum, nickt stark mit dem Kopf, fliegt in geringer Höhe langsam und in kurzen Bögen. Oft ertönt sein lautes „rü rü rü" und ein klagendes, langgezogenes „kliäh". Im Frühjahr betrommelt er intensiv die Bäume, sein Rhythmus ist langsamer als der von Buntspechten. Die Nestlinge rufen mit klagender Stimme.
Ähnliche Arten: Unverkennbar.
Lebensraum: Größere Wälder von der Tiefebene bis zur Montanstufe. An den Brutplätzen erkennt man den Schwarzspecht an Stimme und Verhalten. Außerhalb der Brutzeit stellt man die Anwesenheit des Schwarzspechts an den Meißelspuren auf Stämmen fest.
Lebensweise: Standvogel, tritt einzeln auf. Dieser Specht nistet in alljährlich neu gemeißelten Höhlen. Die 3—5 weißen Eier (34,4×25,4 mm) werden in den Monaten IV.—V. gelegt. Schwarzspechte nisten einzeln 1mal jährlich und brüten 12 Tage. Beide Altvögel füttern die Jungen im Nest 26 Tage, nach dem Ausfliegen auch noch ein paar Tage.
Nahrung: Der Specht meißelt aus Baumstämmen rinden- und holzbewohnende Insekten heraus, vorwiegend Käfer und Ameisen. Die pflanzliche Komponente macht nur einen ganz geringen Teil seiner Nahrung aus — er frißt Kiefernsamen, Heidelbeeren und Vogelbeeren, nascht am Saft von Bäumen, die von anderen Spechtarten geringt wurden.
Gefährdungsgrad: Nicht zahlreich. Die dem Schwarzspecht in der Forstwirtschaft zu Last gelegten Schäden sind nicht objektiv belegt.

2♂

3♀

1

Buntspecht

Dendrocopos major

Spechte

Picidae

Merkmale: Stimme — Aussehen — Verhalten

Erreicht Drosselgröße (23 cm), hat einen großen Kopf mit einem geraden, starken Schnabel und einer charakteristischen Zeichnung (**2**). Der ad. Vogel ist rot-schwarz-weiß, das ♂ (**1**) hat im Nakken einen roten Querstreifen, das ♀ hat einen schwarzen Nacken. Bei juv. Vögeln ist der ganze Scheitel rot. Der Buntspecht klettert in Bäumen umher, hängt sich auch an Zapfen. Er fliegt nicht hoch, im Bogen, die Flügelschläge sind weithin zu hören. Ziemlich häufig ertönt sein lautes, abgehacktes „ki ki". Im Frühjahr trommelt er oft in schnellem Rhythmus auf Bäumen. Die Nestlinge geben klagende Rufe von sich.

Ähnliche Arten: Der Blutspecht (*D. syriacus*) unterscheidet sich durch einen ununterbrochenen weißen Streifen zu beiden Seiten des Kopfes (**3**); ähnlich ist auch der Weißrückenspecht (*D. leucotos* — **4**), bei dem der Anteil weißer Farbe größer ist, sowie der Dreizehenspecht (*Picoides tridactylus* — **5**), dem die rote Farbe fehlt.

Lebensraum: Wälder aller Art, größere Parks und Gärten, außerhalb der Brutzeit auch Orte mit einzelnen Bäumen. An den Brutplätzen erkennt man ihn an der Stimme, im Frühjahr am Trommeln und Verhalten. Außerhalb der Brutzeit entdeckt man den Vogel an der Stimme, am Beklopfen der Bäume und an den Spuren seiner Tätigkeit (Spechtschmieden, abgerissene Zapfen usw.).

Lebensweise: Größtenteils Standvogel, lebt einzeln. Das Nest sitzt in einer Baumhöhle, die der Vogel meißelt, doch benutzt er auch Höhlen von Schwarz- und Mittelspechten oder kehrt zur Höhle aus dem Vorjahr zurück. Die 5—6 weißen Eier (26,4×19,8 mm) werden in den Monaten IV.—VI. gelegt. Der Buntspecht nistet einzeln 1mal jährlich und brütet 12 Tage. Beide Altvögel füttern die Jungen im Nest 25 Tage, nach dem Ausfliegen noch weitere 14 Tage lang.

Nahrung: Insekten und deren Larven, verschiedene Früchte und Samen. Die Insekten holt er aus Rinde und Holz hervor, offen herumkriechende Lebewesen sammelt er auf Stämmen und am Boden.

Gefährdungsgrad: Zahlreiche Art.

2 ♂ 3 4 5

1

Mittelspecht

Dendrocopos medius

Spechte

Picidae

Merkmale: Stimme — Aussehen — Verhalten

Ähnelt in Größe (21 cm) und Gesamtaussehen weitgehend dem Buntspecht, hat aber einen kleineren Kopf und schlankeren Schnabel. Der ad. Vogel (**1**) ist schwarz, weiß und braunrosa, der Scheitel ist rot, ♂ = ♀, das ♀ ist manchmal an der matteren Färbung und der kürzeren roten Nackenkappe kenntlich. Der juv. Vogel ist matter als der ad., der rote Scheitel ist schwarz gefleckt. Der Mittelspecht klettert auf Stämmen und Ästen umher, hängt sich an. Er fliegt normalerweise nicht hoch, in bogigem Flug. Ziemlich häufig ist sein Lockruf „geck geck" zu hören. Im Frühjahr gibt das ♂ ein unverkennbares, laut klagendes „koä-kä-koä" von sich. Dieser Specht trommelt nur selten und ganz kurz.

Ähnliche Arten: Den Mittelspecht kann man vor allem mit juv. Bunt- und Blutspechten verwechseln, die aber kräftigere Schnäbel, weniger weiße Flügeldecken und anders geformte dunkle Flecken unter den Wangen haben.

Lebensraum: Hauptsächlich alte Eichenwälder in den Tiefebenen. An den Nistplätzen orientiert man sich an der eigenwilligen Stimme (II.—V.) sowie am Verhalten. Außerhalb der Brutzeit sucht man die Vögel nach der Stimme oder beobachtet sie beim Herausmeißeln der Beute.

Lebensweise: Einzeln lebender Standvogel. Nistet in Baumhöhlen, die er selbst an weichen, holzpilzbefallenen Stellen der Stämme meißelt. Manchmal benutzt er eine Höhle mehrmals. Ausnahmsweiße nistet er auch in einem Kasten. Die 5—6 weißen Eier (23,8×18,2 mm) werden in den Monaten IV.—V. gelegt. Der Mittelspecht nistet einzeln 1mal jährlich und brütet 12 Tage. Beide Altvögel füttern die Jungen im Nest 20 Tage, außerhalb weitere 15 Tage lang.

Nahrung: Insekten und deren Larven, Sämereien und Früchte. Den größten Teil seiner Nahrung sammelt er auf der Oberfläche bzw. in Spalten von Stämmen oder an Boden, seltener meißelt er sie aus dem Holz, das dazu morsch oder anders geschwächt sein muß.

Gefährdungsgrad: Eine bei uns „stark gefährdete" Art. Die Ursache für den Rückgang liegt wahrscheinlich im Schwinden alter Waldbestände.

1

Kleinspecht
Dendrocopos minor
Spechte
Picidae

Merkmale: Stimme — Aussehen — Größe — Verhalten
Der kleinste europäische Klettervogel (15 cm) ist nicht größer als ein Sperling. Er hat einen kleinen Kopf mit einem kurzen Schnabel, breite, runde Flügel und einen kurzen, keilförmigen Schwanz. Der ad. Vogel ist kontrastreich schwarzweiß; das ♂ (**1**) hat einen roten, das ♀ einen bräunlich-weißen Scheitel. Der juv. Vogel hat eine bräunliche, dunkel gefleckte Unterseite, das ♂ zeigt auf dem Scheitel rote Federspitzen. Der Kleinspecht klettert in Bäumen auf Stämmen und Geäst umher, hängt sich dabei an dünne Zweigenden, ein ähnliches Verhalten zeigt er auch auf stärkeren Krautpflanzen. Niedriger Flug in Bögen. Ruft oft ein lautes, wiederholtes „kikik". Im Frühjahr trommelt der Kleinspecht auf Bäumen, schwach, aber anhaltend und in einem sehr schnellen Rhythmus.
Ähnliche Arten: Unverkennbar, die Stimme ähnelt der des Turmfalken.
Lebensraum: Laubwälder und Kulturlandschaften in tieferen Lagen einschließlich größerer Parks und Gärten in Ansiedlungen. An den Brutplätzen erkennt man ihn von III.—V. an Stimme und Verhalten.
Lebensweise: Einzeln lebender Standvogel. Nistet in Baumhöhlen, die er sich alljährlich in weichem, pilzbefallenem Holz, oft in Nebenästen meißelt. Die 4—6 weißen Eier (18,8 × 14,4 mm) werden in den Monaten IV.—VI. gelegt. Der Kleinspecht nistet einzeln 1 mal jährlich und brütet 12 Tage. Beide Altvögel füttern die Jungen 20 Tage im Nest, 12 Tage außerhalb.
Nahrung: Der Vogel ernährt sich von Insekten und deren Larven, geringfügig auch von Sämereien. Alles sammelt er auf Bäumen und Krautpflanzen.
Gefährdungsgrad: Keine häufige Art.

Literatur

Austin, O. L. jr.; Singer, A.: Birds of the World, 2nd ed. London, New York, Sydney, Toronto 1970

Bergmann, H. H.; Helb, H. W.: Die Stimmen der Vögel Europas. München 1982

Bezzel, E.: Kompendium der Vögel Mitteleuropas. Nonpasseriformes — Nichtsingvögel, Wiesbaden 1985

Bruun, B.; Singer, A.: The Hamlyn Guide to Birds of Britain and Europe. London, New York, Sydney, Toronto 1970 (mehrere Neudrucke). Dt. Übersetzung: Bruun, B.; Singer, A.; König, C.: Der Kosmos-Vogelführer, Stuttgart 1971

Bub, H.: Vogelfang und Vogelberingung. Teil I.—IV. Die neue Brehm-Bücherei, Heft 359, 377, 389, 409. Wittenberg-Lutherstadt 1967—72

Bub, H.: Vogelfang und Vogelberingung zur Brutzeit. NBB 470; 1974

Bub, H.: Kennzeichen und Mauser europäischer Singvögel. Teil I.—IV. (wird fortgesetzt), NBB 540, 541, 550, 570; 1980

Bub, H.; Oelke, H.: Markierungsmethoden für Vögel. NBB 535; 1985 (2. Ausg.)

Campbell, B.; Lack, E. (Eds): A Dictionary of Birds. Calton 1985

Cramp, S. (Chief-editor): Handbook of the Birds of Europe, the Middle East and North Africa (The Birds of the Western Palearctic). Vol. I.—V. (wird fortgesetzt), Oxford, London, New York 1977

Glutz von Blotzheim, U.; Bauer, K. u.a.: Handbuch der Vögel Mitteleuropas, Bd I.—XII. (wird fortgesetzt) Wiesbaden 1966

Harrison, C.: An Atlas of the Birds of the Western Palearctic. London 1982

Harrison, C. O.: A Field Guide to the Nests, Eggs and Nestlings of British an European Birds. London 1985
Dt. Übersetzung Herlingen, E.: Jungvögel, Eier und Nester aller Vögel Europas, Nordafrikas und des mittleren Ostens. Berlin, Hamburg 1975

Howard, R.; Moore, A.: A Complete Checklist of the Birds of the World. Oxford Rev. ed. 1984

King, W. B.: Red Data Books. Vol. 2: Aves. Morges: IUCN 1978

Makatsch, W.: Die Eier der Vögel Europas. Bd. 1—2. Radebeul 1974—76

Palmer, S.; Boswall, J.: The Peterson Field Guide to the Bird Songs of Britain and Europe. 15 Langspielplatten, 16 Kassetten.

Parslow, J. R. F.; Everett, M. J.: Birds in Need of Special Protection in Europe. Strasbourg 1981

Peterson, R. T.; Moutfort, G.; Hollom, P. A. D.: A Field Guide to the Birds of Britain and Europe. London, 4. ed. 1984. Dt. Übersetzung H. E. Wolters: Die Vögel Europas. Berlin, Hamburg 1965

Svensson, L.: Identification Guide to European Passerines (3rd ed.). Stockholm 1984

Register der deutschen Namen

Adlerbussard 129, 130
Alpenbraunelle 168
Alpendohle 222
Alpenkrähe 222
Alpenschneehuhn 253
Alpenstrandläufer 91
Amsel 149, 178, 179, 184
Auerhuhn 254, 255
Austernfischer 81

Bachstelze 149, 163
Bartgeier 123
Bartgrasmücke 195
Bartkauz 141, 144
Bartmeise 203
Baßtölpel 34
Baumfalke 134, 135, 136, 137
Baumpieper 157, 158, 159
Bekassine 93
Bergente 70
Bergfink 232, 233, 238
Berghänfling 238, 239, 240
Berglaubsänger 196
Beutelmeise 213, 248
Bienenfresser 251, 273
Bindenkreuzschnabel 241
Bindenseeadler 122
Birkenzeisig 238, 239, 240
Birkhuhn 252, 254, 255
Bläßgans 54
Bläßhuhn 80
Blaukehlchen 171
Blaumeise 208, 209
Blaumerle 177
Blauracke 276
Blauwangenspint 273
Blutspecht 281, 282
Brachpieper 156
Brachvogel, Dünnschnabel- 96
Brachvogel, Großer 96, 261
Brandente 60
Brandgans 60
Braunkehlchen 174, 175
Braunschnäpper 200
Brillenente 73
Brillengrasmücke 193
Bruchwasserläufer 100

Buchfink 209, 232, 233, 235
Büffelkopfente 74
Buntfuß-Sturmschwalbe 33
Buntspecht 281, 282
Buschrohrsänger 188
Buschspötter 189

Chileflamingo 48
Chukarhuhn 256

Dickschnabellumme 114, 115
Distelfink 236
Dohle 223, 224
Dompfaff 243
Doppelschnepfe 93
Dorngrasmücke 192, 193
Dreizehenmöwe 105, 110
Dreizehenspecht 281
Drosselrohrsänger 188, 189
Dunkler Wasserläufer 97, 98
Dünnschnabel-Brachvogel 96

Eichelhäher 218
Eiderente 71
Einfarbstar 228
Eisente 72
Eissturmvogel 32
Eistaucher 26
Eistaucher, Gelbschnabel- 26
Eisvogel 251, 275
Eleonorenfalke 135, 137
Elster 219
Eule, Schnee- 141

Falkenraubmöwe 104
Fasan 251, 259
Feldlerche 150, 151, 152, 168
Feldrohrsänger 188
Feldschwirl 185, 186
Feldsperling 229, 230, 235
Felsenkleiber 210
Felsenschwalbe 153
Felsentaube 251, 265
Fichtenkreuzschnabel 241
Fischadler 133
Fischreiher 43
Fitis 197

Flamingo 48
Flamingo, Roter 48
Flußregenpfeifer 84, 85
Flußseeschwalbe 111
Flußuferläufer 101

Gabelweihe 121
Gänsegeier 119, 123
Gänsesäger 76
Gartenbaumläufer 149, 167, 206, 212
Gartengrasmücke 191, 194
Gartenrotschwanz 172, 173
Gebirgstelze 161, 162
Gelbschnabel-Eistaucher 27
Gelbspötter 190
Gerfalke 138
Gimpel 142, 243
Girlitz 234, 237
Goldammer 246, 247
Goldhähnchen 149, 207
Goldregenpfeifer 87
Grauammer 249
Graugans 54, 55
Grauortolan 247
Graureiher 43, 44
Grauschnäpper 200
Grauspecht 279
Große Raubmöwe 104
Großer Brachvogel 96, 261
Großtrappe 263
Grüner Laubsänger 197
Grünling 230, 232, 233, 235, 236, 238
Grünschenkel 25, 99
Grünspecht 279
Gryllteiste 115, 116

Habicht 119, 127, 128
Habichtskauz 144
Halbringschnäpper 202
Halsbandschnäpper 202
Hänfling 236, 238, 239, 240
Haselhuhn 252
Haubenlerche 150
Haubenmeise 205, 206
Haubentaucher 29, 30
Hausente 64
Hausrotschwanz 172, 173
Haussperling 149, 229, 230
Heckenbraunelle 167
Heidelerche 151, 152
Heringsmöwe 108, 109
Höckerschwan 49, 51
Hohltaube 265, 266
Hopfkuckuck 270

Isabellensteinschmätzer 176

Japanwachtel 258
Jungfernkranich 260

Kaiseradler 131, 132
Kammbläßhuhn 80
Kampfläufer 92
Kanadagans 56
Kapohreule 145, 146
Karmingimpel 242
Kernbeißer 244
Kiebitz 88, 90
Kiebitzregenpfeifer 87
Kiefernkreuzschnabel 241
Klappergrasmücke 192, 193
Kleiber 149, 210
Kleines Sumpfhuhn 78
Kleinspecht 283
Knäkente 63, 66
Knutt 89
Kohlmeise 208, 209
Kolbenente 68, 75
Kolkrabe 149, 225, 227
Kormoran 37
Kornweihe 125
Korsenkleiber 210
Krabbentaucher 114
Krähenscharbe 37
Kranich 251, 260
Krauskopfpelikan 35
Krickente 63, 66
Kuckuck 251, 270
Kuhreiher 41
Kurzfangsperber 128
Kurzschnabelgans 53, 55
Küstenseeschwalbe 111

Lachmöwe 25, 106, 107
Lannerfalke 138
Lapplandmeise 205
Lasurmeise 208
Laubsänger, Grüner 197
Laufhühnchen 258
Löffelente 67
Löffler 47

Mantelmöwe 108
Mariskensänger 187, 188

/armelente 62
/laskengrasmücke 195
/lauerläufer 211
'auersegler 272
äusebussard 120, 129, 130, 218
eerstrandläufer 89
ehlschwalbe 153, 154, 155
lerlin 134, 136, 137
/listeldrossel 184
Mittelmeersteinschmätzer 176
Mittelsäger 76
Mittelspecht 282
Mollymauk 32
Mönchsgeier 123
Mönchsgrasmücke 195
Moorente 69
Moorschneehuhn 253
Mornellregenpfeifer 86

Nachtigall 151, 170
Nachtreiher 40
Naumanndrossel 183
lebelkrähe 225, 226
Neuntöter 215, 217
Nonnengans 57
Nonnensteinschmätzer 176
Nordamerikanische Rohrdommel 38

dinshühnchen 103
hrentaucher 31
livenspötter 189
rientturteltaube 269
rpheusgrasmücke 195
rpheusspötter 190
rtolan 247

mtaube 269
pageitaucher 117
feifente 61
fuhlschnepfe 95
'irol 214
Polarbirkenzeisig 240
Prachteiderente 71
Prachttaucher 25, 26
Purpurreiher 44

Rabenkrähe 224, 225, 226
Rallenreiher 41
Raubmöwe, Große 104
Raubwürger 216
Rauchschwalbe 153, 154, 155
Rauhfußbussard 129, 130
Rauhfußkauz 142, 143, 147
Rebhuhn 252, 257, 258
Regenbrachvogel 96
Reiherente 69, 70
Ringdrossel 178, 179
Ringelgans 58
Ringeltaube 265, 266, 267
Rohrammer 213, 248
Rohrdommel 38
Rohrdommel, Nordamerikanische 38
Rohrschwirl 185, 186
Rohrweihe 126
Rosapelikan 35
Rosenseeschwalbe 111
Rosenstar 228
Rostgans 59
Rotdrossel 181, 183
Rötelfalke 134
Rötelschwalbe 154, 155
Roter Flamingo 48
Rotfußfalke 135, 137
Rothalstaucher 29, 30
Rothalsziegenmelker 271
Rothuhn 256
Rotkehlchen 169, 201
Rotkehldrossel 183
Rotkehlpieper 158
Rotkopfwürger 215, 217
Rotmilan 121
Rotrückenwürger 215
Rotschenkel 97, 98

Saatgans 53, 54, 55
Saatkrähe 149, 223, 224, 225
Säbelschnäbler 83
Samtente 73
Samtkopfgrasmücke 195
Sanderling 89
Sandflughuhn 264
Sandregenpfeifer 84, 85
Schafstelze 161, 162
Schelladler 131, 132
Schellente 74, 75
Schilfrohrsänger 187
Schlagschwirl 185, 186
Schleiereule 139
Schmarotzerraubmöwe 104
Schmutzgeier 123
Schnatterente 62
Schneeammer 231, 245
Schnee-Eule 141
Schneefink 231, 245

Schreiadler 131, 132
Schwanzmeise 204
Schwarzhalstaucher 27, 29, 31
Schwarzkehlchen 174, 175
Schwarzkehldrossel 183
Schwarzkopfmöwe 106
Schwarzmilan 121
Schwarzschnabelsturmtaucher 32
Schwarzspecht 251, 280
Schwarzstirnwürger 216
Schwarzstorch 45, 46
Seeadler 122
Seeregenpfeifer 84
Seggenrohrsänger 187
Seidenreiher 25, 41
Seidenschwanz 164
Sichelstrandläufer 91
Silbermöwe 107, 108, 109
Silberreiher 41, 47
Singdrossel 181, 183, 184
Singschwan 49, 51
Skua 104
Sommergoldhähnchen 198, 199
Spatelente 74
Spatelraubmöwe 104
Sperber 127, 128, 134, 136
Sperbereule 141
Sperbergrasmücke 191, 194
Sperlingskauz 142, 147
Spießente 65
Spießflughuhn 264
Spornpieper 156
Sprosser 170
Star 164, 228, 273
Steinadler 119, 132
Steinhuhn 256, 258
Steinkauz 142, 143, 147
Steinrötel 177
Steinschmätzer 176
Steinwälzer 102
Stelzenläufer 82
Steppenadler 131, 132
Steppenweihe 125
Steppenhuhn 264
Sterntaucher 26
Stieglitz 230, 236, 238
Stockente 25, 64
Sturmmöwe 107, 110
Sturmschwalbe 33
Sturmschwalbe, Buntfuß- 33
Sumpfhuhn, Kleines 78
Sumpfläufer 91
Sumpfmeise 205
Sumpfohreule 145, 146
Sumpfrohrsänger 149, 188

Tafelente 69
Tamariskengrasmücke 195
Tannenhäher 221
Tannenmeise 205, 207
Teichhuhn 79
Teichrohrsänger 149, 188, 189
Teichwasserläufer 99
Temminckstrandläufer 90
Theklalerche 150
Tordalk 115
Trauerente 68, 73, 75
Trauermeise 205
Trauerschnäpper 202
Trauerseeschwalbe 105, 113
Trauersteinschmätzer 176
Triel 261
Trottellumme 114, 115
Türkenammer 247
Türkentaube 268
Turmfalke 119, 134, 136, 137, 283
Turteltaube 269

Uferschnepfe 95
Uferschwalbe 153, 155
Uhu 140

Wacholderdrossel 180
Wachtel 258
Waldbaumläufer 149, 166, 212
Waldkauz 119, 144
Waldlaubsänger 196, 197
Waldohreule 145, 146
Waldschnepfe 94
Waldwasserläufer 100
Wanderfalke 138
Wanderlaubsänger 197
Wasseramsel 165
Wasserläufer, Dunkler 97, 98
Wasserpieper 157, 158, 159
Wasserralle 77
Weidenmeise 205
Weidensperling 229
Weißbartseeschwalbe 113
Weißflügelseeschwalbe 113
Weißrückenspecht 281
Weißstorch 45, 46
Weißwangengans 57
Wellenläufer 33

Wendehals 278
Wespenbussard 120, 129
Wiedehopf 147, 277
Wiesenpieper 157, 158, 159
Wiesenweihe 125
Wintergoldhähnchen 198, 199, 206
Würgfalke 138

Zaunammer 246
Zaunkönig 166, 167, 201
Zeisig 234, 237
Ziegenmelker 271
Zilpzalp 197
Zippammer 167, 247
Zitronenstelze 161, 162
Zwergdommel 39
Zwerggans 54
Zwergmöwe 105, 110, 113
Zwergohreule 142
Zwergsäger 75
Zwergschnäpper 201
Zwergschnepfe 93
Zwergschwan 49, 51
Zwergseeschwalbe 112
Zwergstrandläufer 90, 91
Zwergsumpfhuhn 78
Zwergtaucher 27, 29
Zwergtrappe 263

Register der lateinischen Namen

Accipiter brevipes 128
— *genilis* 127
— — *arrigonii* 127
— — *buteoides* 127
— *nisus* 128
Acrocephalus agricola 188
— *arundinaceus* 189
— *dumetorum* 188
— *melanopogon* 187, 188
— *paludicola* 187
— *palustris* 188
— *schoenobaenus* 187
— *scirpaceus* 188
Actitis hypoleucos 101
Aegithalos caudatus 204
— — *alpinus* 204
— — *caudatus* 204
— — *europaeus* 204
Aegolius funereus 147
Aegypius monachus 123
Alauda arvensis 152
Alca torda 115
Alcedo atthis 275
Alectoris chukar 256
— *graeca* 256
— *rufa* 256
Anas acuta 65
— *clypeata* 67
— *crecca* 63
— *penelope* 61
— *platyrhynchos* 64
— *querquedula* 66
— *strepera* 62
Anser albifrons 54
— — *albifrons* 54
— — *flavirostris* 54
— *anser* 55
— *brachyrhynchus* 53, 55
— *erythropus* 54
— *fabalis* 53
— — *fabalis* 53
— — *rossicus* 53
— — *serrirostris* 53
Anthropoides virgo 260
Anthus campestris 156
— *cervinus* 158
— *novaeseelandiae* 156
— *pratensis* 158
— *spinoletta* 159
— — *kleinschmidti* 159
— — *littoralis* 159
— — *petrosus* 159
— — *spinoleta* 159
— *trivialis* 157
Apus apus 272
Aquila chrysaëtos 132
— — *fulvescens* 132
— *clanga* 131, 132
— *heliaca* 131, 132
— *pomarina* 131
— *rapax* 131, 132
Ardea cinerea 43
— *purpurea* 44
Ardeola ralloides 41
Arenaria interpres 102
Asio capensis 145, 146
— *flammeus* 146
— *otus* 145
Athene noctua 143
Aythya ferina 69
— *fuligula* 70
— *marila* 70
— *nyroca* 69

Bombycilla garrulus 164
Bonasa bonasia 252
Botaurus lentiginosus 38
— *stellaris* 38
Branta bernicla 58
— — *bernicla* 58
— — *hrota* 58
— *canadensis* 56
— *leucopsis* 57
Bubo bubo 140
Bubulcus ibis 41
Bucephala albeola 74
— *clangula* 74
— *islandica* 74
Burhinus oedicnemus 261
Buteo buteo 129
— *lagopus* 130
— *rufinus* 129, 130

Calidris alba 89

— *alpina* 91
— *canutus* 89
— *ferruginea* 91
— *maritima* 89
— *minuta* 90
— *temminckii* 90
Caprimulgus europaeus 271
— *ruficollis* 271
Carduelis cannabina 236
— *carduelis* 238
— *chloris* 235
— *flammea* 240
— *flavirostris* 239
— *hornemanni* 240
— *spinus* 237
Carpodacus erythrinus 242
Cepphus grylle 116
Certhia brachydactyla 212
— *familiaris* 212
Charadrius alexandrinus 84
— *dubius* 84
— *hiaticula* 85
Chlidonias hybrida 113
— *leucopterus* 113
— *niger* 113
Ciconia ciconia 46
— *nigra* 45
Cinclus cinclus 165
— — *aquaticus* 165
— — *cinclus* 165
Circus aeruginosus 126
— *cyaneus* 125
— *macrourus* 125
— *pygargus* 125
Clangula hyemalis 72
Coccothraustes coccothraustes 244
Columba livia 265
— *oenas* 266
— *palumbus* 267
Coracias garrulus 276
Corvus corax 227
— *corone cornix* 226
— — *corone* 225
— *frugilegus* 224
— *monedula* 223
— — *soemmeringii* 223
Coturnix coturnix 258
— *japonica* 258
Cuculus canorus 270
— *saturatus* 270
Cygnus columbianus 49, 51
— *cygnus* 49
— *olor* 51
— — *immutabilis* 51

Delichon urbica 155
Dendrocopos leucotos 281
— *major* 281
— *medius* 282
— *minor* 283
— *syriacus* 281
Diomedea melanophris 32
Dryocopus martius 280

Egretta alba 41, 47
— *garzetta* 41
Emberiza caesia 247
— *cia* 167, 247
— *cineracea* 247
— *cirlus* 246
— *citrinella* 246
— *hortulana* 247
— *schoeniclus* 248
Erithacus rubecula 169
Eudromias morinellus 86

Falco biarmicus 138
— *cherrug* 138
— *columbarius* 136
— *eleonorae* 135, 137
— *naumanni* 134
— *peregrinus* 138
— — *brookei* 138
— — *calidus* 138
— — *peregrinus* 138
— *rusticolus* 138
— *subbuteo* 137
— *tinnunculus* 134
— *vespertinus* 135
Ficedula albicollis 202
— *hypoleuca* 202
— *parva* 201
— *semitorquata* 202
Fratercula arctica 117
Fringilla coelebs 232
— *montifringilla* 233
Fulica atra 80
— *cristata* 80
Fulmarus glacialis 32

Galerida cristata 150
— *theklae* 150
Gallinago gallinago 93
— *media* 93

Gallinula chloropus 79
Garrulus glandarius 218
— — *atricapillus* 218
— — *brandtii* 218
— — *glandarius* 218
Gavia adamsii 26
— *arctica* 26
— *immer* 26
— *stellata* 26
Glaucidium passerinum 142
Grus grus 260
Gypaëtus barbatus 123
Gyps fulvus 123

Haematopus ostralegus 81
Haliaëtus albicilla 122
— *leucoryphus* 122
Himantopus himantopus 82
Hippolais caligata 189
— *icterina* 190
— *olivetorum* 189
— *polyglotta* 190
Hirundo daurica 154, 155
— *rupestris* 153
— *rustica* 154
Hydrobates pelagicus 33

Ixobrychus minutus 39

Jynx torquilla 278

Lagopus lagopus 253
— — *scoticus* 253
— — *variegatus* 253
— *mutus* 253
Lanius collurio 215
— *excubitor* 216
— *minor* 216
— *senator* 217
Larus argentatus 109
— *canus* 107, 110
— *fuscus* 108
— — *fuscus* 108
— — *graellsii* 108
— *marinus* 108
— *melanocephalus* 106
— *minutus* 105, 110
— *ridibundus* 106
Limicola falcinellus 91
Limosa lapponica 95
— *limosa* 95
Locustella fluviatilis 185, 186
— *luscinioides* 186
— *naevia* 185
Loxia curvirostra 241
— — *rubrifasciata* 241
— *leucoptera* 241
— *pytyopsittacus* 241
Lullula arborea 151
Luscinia luscinia 170
— *megarhynchos* 170
— *svecica* 171
— — *cyanecula* 171
— — *svecica* 171
Lymnocryptes minimus 93

Marmaronetta angustirostris 62
Melanitta fusca 73
— *nigra* 68, 73, 75
— *perspicillata* 73
Mergus albellus 75
— *merganser* 76
— *serrator* 76
Merops apiaster 273
— *superciliosus* 273
Miliaria calandra 249
Milvus migrans 121
— *milvus* 121
Monticola saxatilis 177
— *solitarius* 177
Montifringilla nivalis 231
Motacilla alba 163
— — *yarrellii* 163
— *cinerea* 162
— *citreola* 161, 162
— *flava* 161
— — *beema* 161
— — *cinereocapilla* 161
— — *feldegg* 161
— — *flava* 161
— — *flavissima* 161
— — *iberiae* 161
— — *thunbergi* 161
Muscicapa latirostris 200
— *striata* 200

Neophron percnopterus 123
Netta rufina 68
Nucifraga caryocatactes 221
— — *caryocatactes* 221
— — *macrorhynchos* 221
Numenius arquata 96
— *phaeopus* 96
— *tenuirostris* 96

Nyctea scandiaca 141
Nycticorax nycticorax 40

Oceanites oceanicus 33
Oceanodroma leucorrhoa 33
Oenanthe hispanica 176
— *isabellina* 176
— *leucura* 176
— *oenanthe* 176
— *pleschanka* 176
Oriolus oriolus 214
Otis tarda 263
Otus scops 142

Pandion haliaëtus 133
Panurus biarmicus 203
Parus ater 207
— *caeruleus* 208
— *cinctus* 205
— *cristatus* 206
— *cyanus* 208
— *lugubris* 205
— *major* 209
— *montanus* 205
— *palustris* 205
asser domesticus 229
— — *italiae* 229
- *hispaniolensis* 229
- *montanus* 230
elecanus crispus 35
- *onocrotalus* 35
erdix perdix 257
ernis apivorus 120
halacrocorax aristotelis 37
- *carbo* 37
- — *carbo* 37
- — *sinensis* 37
halaropus lobatus 103
hasianus colchicus 259
- — *tenebrosus* 259
hilomachus pugnax 92
hoenicopterus chilensis 48
ruber 48
— *ruber* 48
oenicurus ochruros 172
phoenicurus 173
ylloscopus bonelli 196
borealis 197
sibilatrix 136, 196, 197
trochiloides 197
a pica 219
oides tridactylus 281

Picus canus 279
— *viridis* 279
Platalea leucorodia 47
Plautus alle 114
Plectrophenax nivalis 245
Pluvialis apricaria 87
— *squatarola* 87
Podiceps auritus 31
— *cristatus* 29
— *griseigena* 30
— *nigricollis* 31
Porzana parva 78
— *pusilla* 78
Prunella collaris 168
— *modularis* 167
Pterocles alchata 264
— *orientalis* 264
Puffinus puffinus 32
Pyrrhocorax graculus 222
— *pyrrhocorax* 222
Pyrrhula pyrrhula 243

Rallus aquaticus 77
Recurvirostra avosetta 83
Regulus ignicapillus 199
— *regulus* 198
Remiz pendulinus 213
Riparia riparia 153
Rissa tridactyla 110

Saxicola rubetra 174
— *torquata* 175
Scolopax rusticola 94
Serinus serinus 234
Sitta europaea 210
— — *caesia* 210
— — *europaea* 210
— *neumayer* 210
— *whiteheadi* 210
Somateria mollissima 71
— *spectabilis* 71
Stercorarius longicaudus 104
— *parasiticus* 104
— *pomarinus* 104
— *skua* 104
Sterna albifrons 112
— *dougallii* 111
— *hirundo* 111
— *paradisaea* 111
Streptopelia decaocto 268
— *orientalis* 269
— *senegalensis* 269

— *turtur* 269
Strix aluco 144
— *nebulosa* 141, 144
— *uralensis* 144
Sturnus roseus 228
— *unicolor* 228
— *vulgaris* 228
Sula bassana 34
Surnia ulula 141
Sylvia atricapilla 195
— *borin* 194
— *communis* 193
— *conspicillata* 193
— *curruca* 192
— *hortensis* 195
— *melanocephala* 195
— *mystacea* 195
— *nisoria* 191
— *rueppelli* 195
Syrrhaptes paradoxus 264

Tachybaptus ruficollis 27
Tadorna ferruginea 59
— *tadorna* 60
Tetrao tetrix 254
— *urogallus* 255
Tetrax tetrax 263
Tichodroma muraria 211
Tringa erythropus 97
— *glareola* 100
— *nebularia* 99
— *ochropus* 100
— *stagnatilis* 99
— *totanus* 98
Troglodytes troglodytes 166
Turdus iliacus 181
— *merula* 179
— *naumanni eunomus* 183
— — *naumanni* 183
— *philomelos* 183
— *pilaris* 180
— *ruficollis atrogularis* 183
— — *ruficollis* 183
— *torquatus* 178
— — *alpestris* 178
— — *torquatus* 178
— *viscivorus* 184
Turnix sylvatica 258
Tyto alba 139
— — *alba* 139
— — *guttata* 139

Upupa epops 277
Uria aalge 114
— *lomvia* 114, 115

Vanellus vanellus 88